陕西历史博物馆学术丛书

〔美〕戈登·R.威利

〔美〕杰瑞米·A.萨伯洛夫　著

张颖岚 等 译

# 美洲考古学史

### 第三版

文物出版社

**图书在版编目（CIP）数据**

美洲考古学史：第三版／（美）戈登·R. 威利
（Gordon R. Willey），（美）杰瑞米·A. 萨伯洛夫
（Jeremy A. Sabloff）著；张颖岚等译 . —北京：文
物出版社，2023.3
（陕西历史博物馆学术丛书）
ISBN 978 - 7 - 5010 - 7724 - 3

Ⅰ.①美…　Ⅱ.①戈…②杰…③张…　Ⅲ.①考古学
史 - 美洲　Ⅳ.①K887 - 097

中国版本图书馆 CIP 数据核字（2022）第 113483 号

著作权合同登记号：图字 01 - 2022 - 1810 号

Copyright Ⓒ 1974，1980 and 1993 by Thames & Hudson Ltd，London.

Reprinted by kind permission of Professor Jeremy Sabloff and Thames & Hudson Ltd，London.

# 美洲考古学史（第三版）
## A History of American Archaeology（Third Edition）

著　　者：〔美〕戈登·R. 威利（Gordon R. Willey）
　　　　　〔美〕杰瑞米·A. 萨伯洛夫（Jeremy A. Sabloff）

译　　者：张颖岚 等
责任编辑：陈　峰
封面设计：程星涛
责任印制：张　丽

出版发行：文物出版社
社　　址：北京市东城区东直门内北小街 2 号楼
邮政编码：100007
网　　址：http://www.wenwu.com
经　　销：新华书店
印　　刷：宝蕾元仁浩（天津）印刷有限公司
开　　本：787mm×1092mm　1/16
印　　张：31.25
版　　次：2023 年 3 月第 1 版
印　　次：2023 年 3 月第 1 次印刷
书　　号：ISBN 978 - 7 - 5010 - 7724 - 3
定　　价：188.00 元

考古学的现在永远无法与它的过去相分离。

格林·丹尼尔（Glyn Daniel）

致菲利普·菲利普斯（Philip Phillips）

对他而言，考古学始终是人类学。

# 中文版序言

得悉我和戈登·R. 威利合著的《美洲考古学史》（第三版）中文版即将出版，我非常高兴！在这里衷心感谢张颖岚教授为此所付出的艰辛努力！

萨伯洛夫教授和张颖岚在宾大的合影（2005 年）

正如我以前所写到的①，"我和戈登·威利之所以将此书命名为 *A History* 而不是 *The History*，就是因为我们希望这本书作为同类主题的第一部，能够激发其

---

① Sabloff，Jeremy A.，1989，"Analyzing Recent Trends in American Archaeology from a Historical Perspective，" in Tracing Archaeology's Past：The Historiography of Archaeology，edited by Andrew L. Christenson，pp. 34-40. Carbondale：Southern Illinois University Press.

他学者写出更多的专著。所以，我们并没有想过它要成为范本。"令人欣喜的是，自本书第一版在 20 世纪 70 年代早期问世以来，学术界对美洲考古学史，以及考古学发展史的研究讨论日趋活跃。

自《美洲考古学史》（第三版）问世以来的二十多年间，美洲考古学当然也出现了许多显著的变化。理论、方法与技术取得了关键性进展，研究资料也在不断积累，对美洲史前史和历史有了更深入的理解。不过，我希望中国的考古学家和历史学家仍然认为这本书对他们的研究有帮助，因为它记述和研究了一些重要的理论与实践发展，以及 18 世纪晚期到 20 世纪末考古学发展过程中的重要学者，这都有助于与其他国家和地区的考古学术史进行比较。

威利教授已于 2002 年去世。本书的读者可以再阅读《戈登·R. 威利与美洲考古学》（*Gordon R. Willey and American Archaeology*）[1]，这本书评述了威利教授所做出的一些关键性学术贡献；以及《美洲考古学家传略》（*Portraits in American Archaeology*）[2]，威利教授在这本书中亲笔记述了在他漫长的专业生涯中所熟知的几位著名的考古学家。

衷心期待中国学者喜欢这部《美洲考古学史》。

杰瑞米·A. 萨伯洛夫[3]

美国圣达菲研究院前院长、外聘教授

宾夕法尼亚大学荣休教授

2021 年 9 月

---

[1] Sabloff, Jeremy A. and William L. Fash, editors, 2007, Gordon R. Willey and American Archaeology: Contemporary Perspectives. Norman: University of Oklahoma Press; also see Jeremy A. Sabloff, 2004, "Gordon Randolph Willey," Proceedings of the American Philosophical *Society*, vol. 148, No. 3, pp. 406-410.

[2] Willey, Gordon Randolph, 1988, *Portraits in American Archaeology: Remembrances of Some Distinguished Americanists*. Albuquerque: University of New Mexico Press.

[3] 杰瑞米·A. 萨伯洛夫教授研究领域涉及古代玛雅文明、前工业社会城市化问题以及考古学在当代世界的价值与意义。他曾出版多部专著，发表论文 130 余篇，并先后在哈佛大学、宾夕法尼亚大学任教，曾担任美国宾夕法尼亚大学考古学与人类学博物馆馆长（1994-2004），圣达菲研究院院长（2009-2015）。此外，他还曾兼任美洲考古学会会长，2017 年起任美国"文化资产顾问委员会"（Cultural Property Advisory Committee）主席。——译注

# 第一版前言

像所有的考古学分支一样，美洲考古学现在正处于重要的自我评估时期。近来考古学理论和方法的变革已经在其学科范围内以前所未有的方式引起了关注和讨论。我们相信，这是一个全面回顾美洲考古学发展历程的机会。通过这种方式，我们可以正确评估那些与过去紧密相关的考古学新发展，而且透过学科发展史的视角，我们可以更清醒地评估学科发展新方向的意义。作为首次尝试，这本书无论如何都不可能是权威性的。然而，我们希望它作为美洲考古学发展史的首部专著，能够抛砖引玉，激励学界对考古学思想史做进一步的思考和总结。

这本书的完成不仅需要参考许多正式出版的著作，还必须吸取多年来与专业同行们谈话和交流的意见。对那些帮助过我们的学者，我们将在正文和注释中特别注明以表示感谢；对于那些无法一一提及的学者，我们将表示诚挚的谢意。史蒂芬·威廉姆斯（Stephen Williams）为我们提供了大量与美洲考古学早期历史相关但却不为人知的参考书目，我们对他所付出的努力表示特别的感谢。应该指出的是，本书的一些构想是作者之一，萨伯洛夫教授（Sabloff）1969年秋季在哈佛大学开设的关于"美洲考古学史"的研习班上首先提出并探讨的，我们对研习班同学的热情帮助表示感谢。

这里应该说一下本书的注释和参考书目体系，这绝对不是过分地卖弄学问。虽然我们曾尝试撰写一个不需要基本的注释就能读懂的内容，但注释是本书的有机构成部分，尤其是对学生读者。我们显然不可能详细地描述本书所提及的各种考古发掘和研究思路的具体事例，许多读者自然希望查阅和参考原始资料，我们尽可能使读者通过注释和参考书目了解线索。

我们要借此机会感谢凯瑟琳·W. 威利（Katherine W. Willey）和波拉·L. W. 萨伯洛夫（Paula L. W. Sabloff）对本书手稿提出的重要审阅意见，以及玛丽亚·冯·梅灵·哈金斯（Maria von Mering Huggins）的最终打印工作。本书所附参考书目由伊莎贝尔·森特（Isabelle Center）排定；地图和表格由哈佛大学皮博迪博物馆（Peabody Museum）的赛米·伯斯坦（Symme Burstein）完成。

最后，我们由衷地感谢考古学家、主编、考古学系列书籍的发起者——格林·丹尼尔（Glyn Daniel），感谢他约请我们撰写这本书。正是他的鼓励，以及 Thames and Hudson 出版社编辑的耐心与帮助，促成了本书的问世。

戈登·R. 威利（Gordon R. Willey）

杰瑞米·A. 萨伯洛夫（Jeremy A. Sabloff）

# 第二版前言

肇始于 20 世纪 60 年代早期的美洲考古学变革一直持续至今，并且促成了《美洲考古学史》第二版的问世。在第二版中，我们对前五章的摘要、脚注和参考文献做了一些很小的改动，对第一版第六章的文字在适当增删后做了重新调整，新增加了第七章和第八章。第七章主要涉及 60 年代晚期和 70 年代有关新大陆考古学的研究，侧重于过去二十年的变化；第八章是关于 70 年代"新考古学"理论和方法的形成。有关这两章的定位和性质在本书第一章末尾有更详细的介绍。

有一些学者认为，本书有三个章节是有关过去二十年考古学的发展史，这种安排似乎过分关注现今的和流行的内容。而另一些学者则认为，过去二十年的史实应当构成这本书的真正主体，对现代阶段以前一些不合时宜的理论和瑕疵仅作简单介绍即可。针对这两方面的批评，我们都采取中立的方针。对于第一种意见，我们将采用关注未来的历史视野适当地简化第六、七、八章的内容；但是我们对于 20 世纪 60 年代、70 年代考古学史的记述，将真实地记录我们的时代里两派学者的相关观点、论战和倾向性意见。对于第二种意见，我们只能回应说"历史造就现在"。没有任何一个人、一所研究机构和一种理论体系能完全脱离其历史，考古学当然也不能例外。

在第二版中，我们将脚注安排在了每一章节的结尾，给已经很丰富的参考文献又增加了许多新的条目。就像我们在第一版中所说的那样，这本书就是计划让读者能通过检索参考文献来获得大量与自己感兴趣研究方向相关的信息。第一版中的所有图表都保留了下来，而且在新章节中还增加了一些图表。

在准备第二版的过程中，我们得到了 L. A. 宾福德（L. A. Binford）、L. S. 科德尔（L. S. Cordell）和 R. S. 麦克尼什（R. S. MacNeish）的帮助和建议。哈佛大学皮博迪博物馆的惠特尼·鲍威尔（Whitney Powell，艺术家）和希勒尔·伯杰（Hillel Berger，摄影家），帮助我们准备了第七、第八章的图片。玛丽亚·冯·梅灵·哈金斯（Maria von Mering Huggins）准备了新的索引，W. H. Freeman and Company 出版社的理查德·J. 拉姆（Richard J. Lamb）一直都在为我们的书稿提供帮助。

戈登·R. 威利（Gordon R. Willey）

杰瑞米·A. 萨伯洛夫（Jeremy A. Sabloff）

1979 年 10 月

# 第三版前言

《美洲考古学史》首次出版于 1974 年。二十多年前，当我们开始着手撰写这部书时，美国正处于新考古学发展的早期中段，因此我们认为非常有必要将 20 世纪 60 年代考古学理论的发展置于历史的视野中认真思考。本书出版后，专家学者们提出了许多中肯的建议和意见，鉴于美洲考古学的发展速度和读者对本书的持续需求，我们很快就意识到有必要修订和充实本书的第一版。令我们惊喜和兴奋的是，1980 年出版的第二版再次得到了考古学家和学生们广泛的关注。

由于 20 世纪 80 年代、90 年代考古学理论的发展和日趋复杂（有时甚至有些尖锐），有时会令人感觉考古学科可能已经迷失了方向。我们不认为这是事实。实际上，我们相信考古学科已经为深入研究美洲历史做好了新的跨越发展的准备。然而，学生们几乎没有什么参考书以帮助他们用宏观的视角来看待当前美洲考古学的争论，也无法找到指南以帮助他们架构起美洲考古学未来发展方向的评价体系。我们希望本书第三版可以为当代学术方向和理论探讨提供一个有价值的历史背景。

最后需要特别强调的是，我们把这本书看作是一本导论性质的书。不同版本的美洲考古学史显然是需要的。我们自认为这本书不可能包罗万象，也不试图讨论诸如社会历史方面的许多变化多端的问题。我们希望在不久的将来能出现更多新版本的美洲考古学史。

作为此前致谢的补充，我们要特别感谢梅里利·萨蒙（Merrilee Salmon）和罗伯特·W. 博鲁塞尔（Robert W. Preucel）对第六章修订所提出的有益建议和鼓励。我们同时还要向那些为我们提供新的参考文献、提供资料和附图的同事和学生们表示谢意，因人数众多我们就无法在此一一说明。最后，非常感谢杰瑞·里昂（Jerry Lyons）、黛安·马斯（Diane Maass），以及他们在 W. H. Freeman 出版社的同事们的热情帮助和大力支持。

戈登·R. 威利（Gordon R. Willey）

杰瑞米·A. 萨伯洛夫（Jeremy A. Sabloff）

1992 年 12 月

# 目　录

# 第一章 导　言

考古学：1. 通常与古代历史相关；对古物的系统描述和研究。

2. 专指对史前时期遗存和古迹的科学研究。
——《牛津通用词典》，1955 年版。

## 考古学的性质

对综合性学科主旨和含义的概括，字典里的定义很少能令人完全满意，"考古学"这门学科同样如此。我们在此引述的这个考古学定义虽然采用了高度概括的方式，却仍不令人满意。事实上，大多数考古学业内人士，无论是专业人员还是业余爱好者，都同意考古学主要与史前时期有关，在对这一时期进行思考研究时重点关注物质遗存或人工遗迹。考古学的研究资料是通过描述、分类和比较等方式系统获得的。但是我们不能接受这一定义的主要原因，是它并没有明确说明考古学这门学科的一些基本目标，至少没有说明我们所构想的学科目标。因此，在详述美洲考古学史的开篇，我们首先提出这样一个经过修订的"考古学"定义：考古学[1]是研究人类文化和社会历史的一门学科，考古学通过调查、发掘和分析古代文化的遗物、遗迹以及埋藏环境，来达到其记录、解释和理解人类历史及其发展进程的学科目标。

按照这一定义，考古学与历史学有着紧密的联系，因为历史学和考古学都是以人类的历史为研究对象，都关注对历史的描述并做出解释。它们之间的不同与其说是在哲学观方面，不如说是在它们采用的具体研究方法上。历史学是借助于历史上留存的文献来研究和揭示人类的过去；考古学，正如字典里的定义告诉我们的那样，是以人类留存下来的物质遗存、遗迹为基础，并依赖考古学所特有的复原方法和保护技术以达到这一目的。当然，也有许多将两个学科结合起来共同阐释人类过去的实例，比如有些因同时期文献数量较少，或没有记载，或被误读的古代文化，就需要通过对遗迹、遗物的考古学复原与解释来进行补充。

[1]

　　考古学也和人类学有关联。人类学主要是一门归纳和比较的学科。人类学主要研究人类社会和文化的特质，但它最大的特征是其比较的视野。进行比较的目的，最终是解释和理解文化形态与社会形态的形成方式、功能和变化，简而言之，就是对其演进过程的理解。从这一点来说，传统上作为历史学的考古学与作为人类学的考古学之间就存在一些哲学意义上的区别。那就是，许多历史学家用特定的或者独特的术语来研究过去，而在考古方面却在某种程度上更趋向于比较性的概括——然而，那些经过训练掌握方法的历史学家，如斯彭格勒（Spengler）和汤因比（Toynbee），愿意采用全面比较或者特定的术语来解释过去。相反地，考古学家过去和现在则常常关注于某一特定现象，而不是从众多现象的比较中进行归纳。

　　这就是我们对考古学的定义——无论是在美洲范围还是在其他地区——考古学的目标是描述、解释和理解，它与历史学和人类学都有着一定的联系，而且它的研究程序就是列举（个例）和归纳（规律）（见 Trigger，1970，1989；Spaulding，1968；Clarke，1968，pp. 12-14；也见本书第六章）。虽然这两方面在概念上可以分开，但它们并不是彼此孤立的。相反，它们存在着必然的联系。这种相互关系可以通过一个简单的事实来理解，为了解释过去的事件而必须在时间和空间上对其进行描述和架构，反过来，这些事件只有在某种程度上被理解之后才能被很好地描述出来。

## 世界考古学简史

虽然人们对历史的兴趣由来已久而且相当普遍，但考古学作为一门学科则是在西欧发展起来的（见 Daniel：1950，1964，1967，1968；Clark 1939；Bibby 1956；Lynch and Lynch 1968；Clarke 1968，pp. 4-11；Trigger 1989）。它的发展扎根于意大利文艺复兴时期人文主义的古物研究。古物学是建立在发现古希腊时期文物的基础之上的。文艺复兴时期的这些发现第一次给西欧人提供了一个和其他文化进行比较的视角，这就是考古学和人类学萌芽的种子。人们此时才知道，曾经存在于遥远过去的另一种生存方式、另一种文明，足以媲美甚至在许多方面超越了 14、15 世纪的意大利。文化在时间上存在不同这一观念（考古学的本质）被延伸到接受了在地理空间上同时代文化也存在不同之处（人类学的基本信条）（Rowe 1965）。

文艺复兴时期之后，作为古物学的考古学向两个方向发展。在北欧，英格兰、法国和斯堪的纳维亚半岛，一些古物学家，如威廉·卡姆登（William Camden，1551～1623）、约翰·奥布里（John Aubrey，1626～1697）、威廉·斯图克利（William Stukeley，1687～1765）和拉斯姆斯·尼拉普（Rasmus Nyerup，1759～1829），研究了本国的坟冢和古迹，并且写下了调查报告。另一个发展方向则是像乔凡尼·贝尔佐尼（Giovanni Belzoni，1778～1823）这样的学者，到旧大陆和近东地区旅行，并给他们在北欧的资助者带回了大量当地的财宝。贝尔佐尼与其说是学者，不如说是披着浪漫外衣的盗墓人；但是在 18 世纪末和 19 世纪初，很多严肃的学者曾追随在

[2]

这样的人身后。例如，拿破仑远征埃及的一个有价值的意外收获是使法国学者接触到了埃及古物，并最终成就了像德农（Denon）和商博良（Champollion）等人的研究工作，取得了释读埃及象形文字这一真正意义上的考古学成就。

然而，正是古物学发展的第一条轨迹直接引发了所谓的考古学的第一次体系化。1819 年，J. C. 汤姆森（J. C. Thomsen，1788～1865）在丹麦接手了尼拉普（Nyerup）的工作，根据三期说体系来组织丹麦国家博物馆的展览。这个体系是建立在古代欧洲居民（可能世界其他地方也是如此）所经历过的，以石质、铜质和铁质工具、武器为特征的时代基础之上。这个思路本身并无新意，希腊、罗马的历史学家和古典时期的哲学家都曾经提出过，而且在 17 世纪晚期和 18 世纪，在欧洲也有一些古物学家这样认为，到了 19 世纪早期，这一观点在丹麦的历史著述和学校课本中也屡有记述。然而，却是汤姆森第一个应用"石器—铜器—铁器"分类法对大量实物标本进行分类，以证明这种分类是与年代学上确定的时期序列相一致的，而石质、铜质和铁质文物的分类和武器、工具形制的排序，是可以与三个不同的历史时期相互关联的。（Trigger，1968b；1989，pp. 78-81）。

［3］

汤姆森的工作在他年轻的同事手中得到延续，J. J. A. 沃尔索（J. J. A. Worsaae，1821～1885）首先提出了考古学的一些重要理论，包括同一墓葬伴出的器物群通常是在同时期被使用，并且是同时期被放入墓葬的理论（Rowe 1962a）。这是区分墓葬群和排列墓葬群年代序列的基础。

大约与此同时，考古学研究的另一条发展轨迹也开始出现，并与丹麦考古学的进展共同推动了考古学的发展。许多年来，燧石人工制品在地质沉积层中虽然屡有发现，但是直到莱尔（Lyell）在他的《地质学原理》（*Principles of Geology* 1830～1833）一书中提出的沉积理论变革了地质学，燧石人工制品的意义才为人们所重视。随后，在 1836～1837 年，法国学者布歇·德·彼尔特（Boucher de Perthes）宣布在很深的地层里发现了人工制品，认为它们是远古的遗物。人类和人类遗存可能存在于非常久远的过去这一认识，在宗教界和科学界都激起了一片反对浪潮；但不管怎样，这一认识被证明是旧石器时代考古学的开始。到 1860 年，在约翰·埃文斯爵士（Sir John Evans）和其他学者的支持下，科学界接受了布歇·德·彼尔特的发现。在丹麦三期体系的推动下，古物学向考古学转变，时间的维度也由历史时期延展至史前时期。与此同时，考古资料存在于不同的且相互叠压的地质地层这一认识，把关键的地层学理论引入了正在形成中的考古学。

在 19 世纪中期，还有另一股学术力量推动了考古学和人类学的发展。1859 年，达尔文发表了《物种起源》（*The Origin of Species*）。这本书赢得了赫胥黎（Huxley）的热烈支持，也给所有的学科和学术思想带来了革命性的冲击。这一前卫的理论从单纯的生物进化领域延伸到人类社会和文化史的研究；人类学的两位奠基者，E. B. 泰勒（E. B. Tylor，1832～1917）和 L. H. 摩尔根（L. H. Morgan，1818～1881），通过思考文化进化原理，观察"三期体系"下的考古学发现和所揭示的大量人类遗物，认为这些资料可以重建人类历史的社会、文化发展模式。这个模式（蒙昧、野蛮到文明的序列）反过来又对考古学以及历史学、社会学等所有学科带来了深远的影响[2]。

最后还需提及的是，19 世纪早、中期的其他一些因素共 [4] 同促进了考古学的发展。始于 18 世纪理性主义的科学昌盛此时正方兴未艾。与此紧密相关的就是西欧和美国正在兴起的工业文明，以及这些地区的力量向未经探索的世界其他地区的扩张。工业与地质学、物理学等领域，与世界边远地区的勘查开发等方面有着明显、直接的联系；工业化在造就一个适合人类学、考古学兴盛发展的学术环境过程中起到了虽然微妙但却是真实有效的作用。

　　自 19 世纪后半叶、20 世纪初，直到第一次世界大战，考古学取得了重大的进展。谢里曼（Schliemann）、皮特里（Petrie）、亚瑟·埃文斯爵士（Sir Arthur Evans）和其他学者在旧大陆和近东地区进行了长期的考古发掘；斯蒂芬斯（Stephens）、卡瑟伍德（Catherwood）和其他学者探索了新大陆的一些玛雅遗迹；皮特—里弗斯（Pitt-Rivers）将军在英格兰建立了新的专业发掘标准；普特南（Putnam）在美国开始训练一批职业的考古学家。第一次世界大战以后，考古学家更加意识到了年代学的重要性，不是简单地将人类历史看作三期或由蒙昧到文明这样的大时间跨度，而是作为区域考古学序列研究中排列文化单位或文化组合的手段。文化之间的时空关系和文化向外部的传播轨迹等更具历史性的问题也被提了出来。通常，这个问题是在区域框架范围内解决的，因为这是区域专业化工作逐步细致的时期，但是仍出现了一些杰出的综合性历史研究成果，其中以 V. 戈登·柴尔德（V. Gordon Childe）的《欧洲文明的曙光》（*The Dawn of European Civilization*，1925）和《最古老的东方》（*The Most Ancient East*，1934）最为重要。

　　美洲考古学从专注于严格的历史框架，开始逐步转向更详尽地重建个别遗址和文化区域内的史前生活方式，以及研究文化的作用或功能。这种转变始于学者对文化和自然环境间联系的思考，并由此向其他文化领域，尤其是社会结构方面扩散。这些趋势甚至早在第一次世界大战之前就已经出现，但是在一战之后才在欧洲和美洲变得重要起来（Trigger，1968b）。这些趋势把考古学家引向尝试了解文化进程、解释人类历史的发展方向；他们在探索的过程中，越来越多地引入了其他自然科学——数学、物理学、化学、地质学、生物学和植物学——并且组织了一些跨学科的研究项目。与此同时，理解人类行为

（尤其是象征行为）的探索也不断将考古学和其他人文科学联 [5]
系在一起。

## "美洲考古学"的定义

在美洲，"考古学"（*archaeology*）这个词既可以指考古学
科本身，也可以指研究领域。也就是说，"考古学"（*archaeol-
ogy*）和"史前史"（*prehistory*）是可以互换使用的。在欧洲，
"考古学"（*archaeology*）更倾向于用作"学科"，而"史前
史"（*prehistory*）则是指实际内容。这不是很重要的问题，但
在此处提及是为了避免在后面的章节中发生混淆和误解。

需要注意的是，这两个词还有其他区别。因为美洲没有关
于年代学或文化发展水平的文献资料，整个史前历史的范围可
以用"史前史"（*prehistory*）或者"考古学"（*archaeology*）来
指代；与之相反的是，在欧洲，"史前史"指更早或更简单的
文化，还有一些如"古典考古学"（*Classical archaeology*）、
"埃及古物学"（*Egyptology*）等术语，则专门用于更晚或更高
级文化的研究（Clark，1939，第一章）。

通过这些初步的考察，我们可以这样认为，"美洲考古
学"（正如该术语所揭示的）就是指美洲的考古学研究。通常
来说，研究的对象就是美洲史前或前哥伦布时期的历史。更明
确地讲，研究的是美洲印第安人和爱斯基摩—阿留申人的祖
先。地理范围包括南、北美洲以及北极、格陵兰岛及安的列斯
群岛。年代跨度是从这些地区出现最早的居民开始（公元前
10000 年或更早），一直到公元 1492 年欧洲人的到来[3]。虽然
美洲考古学主要关注美洲前哥伦布时期的居民，但它也与欧洲
历史时期有关。因此，18 世纪在佐治亚州美洲土著中建立的
欧洲贸易商栈，目前主要还是依赖考古学家的田野工作才得以
了解。美洲考古学也不仅限于研究美洲土著，历史时期遗址的

考古学可能和欧洲来的美洲人相关，例如，殖民地时期的威廉斯堡或美国内战的战争遗址。

简而言之，从最宽泛的定义来说，如果考古学是通过方法和技术来描述、解释和理解人类历史，那么"美洲考古学"只不过是因特定的地理区域范围而产生的一个概念。

像我们已经阐述过的那样，美洲考古学的研究并不是独立于欧洲考古学之外而存在的（Hallowell 1960；Willey 1968a）。几乎和欧洲一样，它最初也出现过一个长期的古物学阶段。这个阶段始于欧洲对美洲的征服，并一直持续到了 19 世纪。和欧洲一样，美洲的古物学也沿着两个方向发展。从事阿兹特克（Aztecs）和玛雅文化（Maya）研究的瓦尔德克伯爵（Count Waldeck）和金斯布罗勋爵（Lord Kingsborough），与在欧洲做古希腊、古罗马研究的那些学者非常相似；而托马斯·杰弗逊（Thomas Jefferson）和加勒布·阿特沃特（Caleb Atwater）等人对美国东部土墩遗址的发掘，让我们联想到英国、丹麦的古物学家。19 世纪中期，丹麦的三期体系、对人类遗存的地质学认知以及达尔文的进化论等出现后，很快就由欧洲传播到了美洲。美洲考古学在这之后的发展也与欧洲非常同步。古代文明程度较高的墨西哥和中美洲考古研究，则倾向于对艺术、图像和文献材料进行人文研究；而北美洲其他一些原始文化考古学，则更多体现着自然科学传统，关注人工制品的类型、地层甚至是发掘技术。但是，即使是在 19 世纪，这种分化也不完整；像在欧洲一样，在美洲，这两条发展路线在 20 世纪已经交汇在一起。

[6]

美洲的三个主要区域：北美洲、中美洲和南美洲。

## 关于本书

本书旨在为大家提供一段考古学科在美洲过去和现在发展的历史。这样，我们的重点将是考古学自身的发展。我们将关注考古学家提出的文化史问题和相关概念如何随时间而产生变化。在研究这个主题的过程中，我们将检验研究过程中运用的研究策略和方法——材料是如何获取、分析并从中得到结论的。换句话说，我们揭示的是这个学科的思想史。这将胜过仅仅罗列发展过程中出现的新的考古方法和发现。我们将通过论述曾对美洲考古学产生过影响的其他学科、思潮，使读者了解不同时期的学术环境。我们认为，美洲考古学几乎等同于一系列的考古学理论，美洲考古学的发展史实际上与一些应用于形态、空间和时间维度以及情境、功能和进程等因素的理论更新 [7] 直接相关。为此，我们将着重讨论和关注那些与新的重要理论的引入和实践最紧密相关的论著。有时，这些论著的作者将其作为考古学理论和方法的革新直接提出，而在另一种情况下，可能是通过具体的资料和解释婉转揭示。秉持这一撰写思路，我们在编写这部书时既不可能面面俱到，同时也有意识地对内容做了筛选。

这本《美洲考古学史》不是具体考古发现的总结。尽管考古学的理论与方法是不可能与考古学资料完全分开的，但是本书不会大量涉及具体的考古发现资料[4]。

在本书第一版出版的时候，还没有全面综述美洲或者新大陆考古学史的同时期著作[5]。不过，我们在组织本书的体例、框架等方面，参考了许多文章和没有公开出版的课程材料，这些参考文献给了我们许多启发。其中最早的是 W. D. 斯特朗（W. D. Strong）1940 年在哥伦比亚大学开设的"美洲考古学的方法与收获"课程[6]。斯特朗是克罗伯（Kroeber）的学生，他继承了克罗伯的"作为历史学的人类学"的观点；不过，斯特朗认为考古学是一门科学，用他的话说，考古学是"一半历史学，一半人类学"的学科。他对历史的特征非常感兴趣，认为可以用文化进化论的基本方法研究这些特征。在一次讲座中，他曾这样说："只有经过训练的人类学家才能够成为一名

优秀的考古学家。"在那些涉及美洲考古学方法和理论发展史
的公开出版著作当中，我们应该提到的是沃尔特・W. 泰勒
（Walter W. Taylor）在 1948 年出版的《考古学研究》（*A Study
of Archaeology*）一书。这本书主要是评述当时美洲考古学的理
论趋势和实践，它也为这门学科的发展提供了历史的视角。其
他一些书籍和文章多多少少都有涉及新大陆，在不同程度上探
讨了美洲考古学的发展史，包括 N. C. 纳尔逊（N. C. Nelson）
的论文（1933），W. D. 斯特朗（W. D. Strong）的报告摘要
（1952），J. B. 格里芬（J. B. Griffin）的评述（1959），A. I. 哈
洛韦尔（A. I. Hallowell）的民族学与人类学简史（1960），弗
雷德里克・约翰逊（Frederick Johnson）的评论（1961），
E. N. 威尔姆森（E. N. Wilmsen）对更新世晚期研究的思考
（1965），罗伯特・西尔弗伯格（Robert Silverberg）关于"土
墩建造者"的通俗读本（1968），J. E. 费丁（J. E. Fitting，
1973，Ed. ）、P. J. 里昂（P. J. Lyon，1969）、F. B. 科尔伯斯
（F. B. Kirbus，1976）、布赖恩・费根（Brian Fagan，1977）对
不同地区和时期的研究，D. W. 施瓦兹（D. W. Schwartz，1967，
1968）、G. R. 威利（G. R. Willey，1968）以及雪莉・戈伦斯
坦（Shirley Gorenstein，1976）对考古学科的综合性概述。我
[8]　们不可能罗列出近年来的完整书目，因为考古学家对学科发展
史的关注度在不断提高。尤其是在 20 世纪 80 年代，学者们发
表了大量考古学史研究论文，本书将会引用其中一些文章[7]。
此外，一个非常重要的新资料值得我们在这里特别指出：
B. G. 特里格（B. G. Trigger）的《考古学思想史》（*A History
of Archaeological Thought*，1989），该书包含了大量与美洲考古
学相关的信息。

　　斯特朗的讲座和上述的多篇文章都持有一个共同的观点，
那就是认为美洲考古学的发展经历了大致相似的几个时期。本
书的架构也同样遵循这样的分期体系。我们在每章的标题里都

明确地标示了出来。然而，正如施瓦兹在他的文章中已经讨论过的，我们是在研究理论的发展趋势，虽然这些趋势的发展史可以被概念化地划分为几个阶段或时期，但鉴于两个发展阶段或时期间往往会有重合，这些时期应当被理解为动态的。

我们将划分的第一个时期（趋势）命名为"推测时期"（*Speculative Period*，本书第二章）。这一术语来自施瓦兹的研究文章，我们认为这个定义恰当地反映出这一时期对美洲古物和原住民的基本研究方向。这一时期的开始可以定在美洲被"发现"的 1492 年。此后，欧洲的军人、探险家、神父、殖民者和学者都沉醉于对美洲和原住民研究的推测性写作和讨论之中。我们把这一时期结束的时间（尽管有些武断）设定在大约 1840 年。在这个时候，整个世界刚刚步入科学时代，而 19世纪 40 年代的十年间，美洲第一次出现了以系统描述古物为主的主流考古学著作。虽然这种基于客观事实的描述性考古学在此前已现端倪，但从此时开始逐渐成为主流。

我们采用"分类—描述"（*Classificatory-Descriptive*）来命名那种基于客观事实的考古学发展趋势和这一新的阶段（即本书第三章）。这个标题表明此时的重点在于对考古学遗存和古迹的系统描述，以及运用正规类型学方法对这些资料进行分类。标志着美洲考古学这一时期开始的专著有：斯蒂芬斯（Stephens）和卡瑟伍德（Catherwood）的《中美洲旅行纪述：恰帕斯和尤卡坦半岛》（*Incidents of Travel in Central America：Chiapas and Yucatan*，1841）和《尤卡坦半岛旅行纪述》（*Incidents of Travel in Yucatan*，1843），以及斯夸尔（Squier）和戴维斯（Davis）的名著《密西西比河谷的古迹》（*Ancient Monuments of the Mississippi Valley*，1848）。在这个从 1840 年延续至 1914 年的时期里，分类—描述性的考古研究工作持续增多，推测性研究虽然没有完全消失，但却被有意地规避。这一时期 [9] 的另一个特点是，在 19 世纪的后三十年，一些博物馆的建立和大学考古学系的设置，标志着美洲考古学科开始了专业化进程。这一阶段与英国的达尔文、赫胥黎和斯宾塞（Spencer）处于同一时期，是进化论向世界其他地区传播的时代。早在19世纪60、70年代，大西洋另一侧的美洲就已经感受到了这些理论思想的影响。事实上，进化论最初就是由美洲的考古学家关注或应用的（虽然是在无意识的情况下）。

第一次世界大战的开始可以作为美洲考古学第三个发展阶段，即"分类—历史时期"（*Classificatory-Historical* Period）的开始。按照通常的说法，1914年被作为美洲首次严谨而主动开展的（文化史意义上的）考古地层学研究出现的标志性时间，传统上以加米奥（Gamio）在墨西哥谷（Valley of Mexico）的发掘（1913）[8] 和纳尔逊（Nelson）在新墨西哥（New Mexico）的加利斯特奥盆地（Galisteo Basin）更为细致的考古工作（1914，1916）为标志。这一时期的定名旨在强调，当时整个研究领域是对历史或者年代学的重点关注。前一个时期的分类目标与建立考古年代学紧密相关，其研究结果是某个地区、区域遗址、文化类型的年代学，或者时空谱系。当然，这与对遗址内涵的深入了解，地层学、类型学的发展以及绝对测年技术的引入息息相关。在这一时期里，美洲考古学与民族学和社会人类学仍保持着密切的联系，这种关系甚至较以前更为紧密。这种联系的建立，在行政方面，是借由大学内设的院系结构，在理论方面，是通过理论概念从民族学、社会人类学向考古学的传播。在这一时期，直接—历史的方法，或借助当代民族志资料研究考古学遗存，以及在考古学研究中应用民族志的推演方法开展研究都非常盛行，这是各学科间相互刺激渗透的例证。令人遗憾的是，这一时期美洲社会人类学强烈的反进化论倾向也影响到了考古学。我们所划分这一时期的时间跨度较大，从1914年直到1960年，几乎包括了被称作美洲"现代考古学"（*modern archaeology*）的时期。鉴于此，我们将分两部

分来阐述"分类—历史时期"。第一部分（本书第四章）主要
介绍该时期前半段，即 1914 年到 1940 年。考古学在这几十年
中所做的大部分工作都是倾向于历史学的，很少对遗物、遗迹
进行地层学、年代学的划分。当然也有一些例外，有些考古学
家试图突破这些研究，描绘和重建出那些有许多推测因素的过
去。在 20 世纪 40 到 60 年代间，学者们向这个研究方向转变， ［10］
尝试揭示文化源流，建立遗物类型的时空框架，以及把遗物类
型和组合，置于史前人类行为模式中来研究以揭示其功能。所
有这些包括了对遗存本身更深入的研究，尤其是和它们所处的
自然生态环境间的联系以及从这些联系中获取的生态学成果。
在这一时期，考古学家和社会人类学家之间的理论交流探讨也
日渐增加。美洲考古学在这些方面的发展将在"分类—历史时
期"的第二部分（本书第五章）中进行论述。

在本书之前的版本中，我们把最近的一个时期称为"解释
时期"（*Explanatory Period*），但是我们感觉到这个标题局限性
太强，无法概括自 1960 年以来美洲考古学发生的所有内容。
我们在本书第三版中称作"现代时期"（*Modern Period*），其所
包含的许多因素在此前已初见端倪，尤其是在"分类—历史时
期"的后半段，但是直到 1960 年以后，当美洲考古学家试图
把握文化变化进程中的问题和过去人类社会行为的本质时，对
于考古学方法和理论的思考才逐渐被学者重视。这些革新性的
尝试经常被称作"新考古学"（*New Archaeology*）或"过程考
古学"（*Processual Archaeology*）。

我们在讨论这些革新内容时，试图将新的进展从旧的因素
中划分出来。我们首先将审视上一阶段"文化—历史研究方
法"的延续，并将其与"过程主义"和"文化进化论"的再
度出现相联系。而后还将讨论新考古学的两大基本原则，即系
统论和生态系统概念，以及演绎—推理和实证科学哲学。同
时，我们将在"文化—历史"和"功能—过程"的大背景中

探讨民族志和历史类比的实质和应用。我们将如实地记述这些内容，关注"后新考古学"（*Post-New Archaeology*）"后过程考古学"（*Postprocessual Archaeology*），或者是 70 年代后期和 80 年代的所谓情境考古学与批判考古学。

　　整本书中，我们将尽量用一些从最近美洲考古学研究中挑选出的案例，来说明美洲考古学理论和方法的讨论。

　　我们给"现代时期"安排了单独一个章节的篇幅，即本书的最后一章（第六章）。在本书 1974 年的第一版中，我们在这一部分讨论了 20 世纪 60 年代的十年，主要是过程考古学或新考古学。在第二版（1980 年）中，我们用了三章的篇幅重新回顾了 20 世纪 60 年代至 20 世纪 70 年代的二十年时间。我们认识到，对于记录美洲考古学整个发展史的专著而言，用如此篇幅详细讨论过去的二十年是有些文辞冗长，不合比例。所[11] 以在第三版中，我们重新作了安排，只用一章的篇幅记录过去的三十年（1960～1990 年）。即使如此，考虑到本书的整体篇幅，这样的章节设计也许仍然不太相符。我们非常清楚，只有经过一定的时间，考古学家才能对这个"现代时期"有更加透彻的评价。但是，正如我们在前一版本中所说的："我们对这个学科领域正在前进的方向很感兴趣。我们在这里所说的可能转瞬即逝，但它将为未来的史学家保存当代的记录。"

## 注　释

　　[1] 考古学（Archaeology）通常的拼写有"ae"（作为独立的字母或作为连在一起的字母），本书采用这种写法；但是有些美洲考古学家和研究机构省略为字母"e"。

　　[2] 关于人类社会和文化的进化论思想在 19 世纪中叶之前就已出现（Harris，1968，pp. 29-31）。

　　[3] 这并不意味着排除 1492 年之前偶然到达新大陆的欧洲人和旧大陆其他地方来的人。这样，维京人（文献记载他们在公元 1000 年到达纽芬兰）当然也包括在美洲考古学的范围

内，也包括任何也许有可能到过南美洲和中美洲海岸线的亚洲人（像公元前3000年绳纹文化的日本人）。

［4］关于美洲考古学的综合性研究，参见威利（Willey，1966～1971），詹宁斯（Jennings 1968，1989）和费德尔（Fiedel，1987）的著作。考虑到本书的大跨度、丰富的研究资料和有限的篇幅，我们基本立足于公开发表的资料，而不是未发表的非正式资料。

［5］19世纪的一些著作，像黑文（Haven）的《美国考古学》（*Archaeology of the United States*，1856）和温莎（Winsor）的《北美洲历史述要》卷I：《原始时期的美洲》（*Narrative and Critical History of North America*，Vol. I：*Aboriginal America*，1889），记述了那个时代关于美洲古物和原住民理论研究的发展。

［6］威利（Willey）曾听过这门课程，继而于1942至1943年间又在哥伦比亚大学教授了该课程。也见斯特朗相关记述（Strong，1952）。这里还应该提到哈佛大学的课程"美洲考古学史"（*History of American Archaeology*），它由斯蒂芬·威廉姆斯（Stephen Williams）在1960年到1965年开设（Belmont and Williams，1965），给我们编写这本书很多启发。

［7］当这个版本即将付梓时，关于美洲考古学史的一本非常有用的新论文集出版了，那就是由乔纳森·E. 瑞曼（Jonathan E. Reyman）主编的《重新发现我们的过去：美洲考古学史文集》（*Rediscovering Our Past*：*Essays on the History of American Archaeology*）。

［8］加米奥（Gamio 1913）的开拓性工作是在A. M. 托泽（A. M. Tozzer）和弗朗茨·博厄斯（Franz Boas）的推动下于1911年进行的。纳尔逊的田野工作（Nelson，1914，1916）于1912年到1915年进行。在更早一些时候，霍尔姆斯（Holmes，1885）对墨西哥谷（the Valley of Mexico）的文化层做了较全面的了解。

# 第二章　推测时期
# （1492~1840）

> 我们不能忽略这样的事实：任何特定时代的思维模式
> 都坚定地扎根于那个时代的社会思潮之中，而且受到当时
> 知识体系的严格限制。
>
> 埃德温·N. 威尔姆森（EDWIN N. WILMSEN）

## 对这一时期的定义

"推测时期"（Speculative Period）的确是美洲考古学史的序幕。事实上这一时期内所揭示的所有考古资料，除了一些特例外，都是其他学科的副产品。直到 1840 年以后，美洲考古学才得以成为一种职业或一门学科，19 世纪初叶之前甚至还没有成为流行的业余爱好。然而，美洲存在的许多土墩、人工制品和大量的各类古物，以及美洲的土著，都是不能被忽视的，对这些方面的推测在当时十分盛行。1492 年到 1840 年间，关于美洲古物和美洲土著的讨论和文章数量非常庞大，我们仅能列举其中一小部分[1]。然而，我们希望能够较好地揭示出美洲考古学史第一个时期的一些特点。

在长达整整三个半世纪的这一时期里，美洲一直弥漫着对于美洲土著起源的闭门臆测氛围。然而，正是由此产生的三种思维趋势，包含着美洲考古学学科萌芽的种子。

第一个趋势大体上在 16 到 17 世纪。研究的焦点在拉丁美

洲（Latin America），主要包括随西班牙征服者而来的人们所做的大事记，以及由神职人员和其他行政长官所撰写的描述美洲土著文化的文章。后者的研究用现代语言来说可以被称作 [13]
"行政衍生品"。

第二个趋势开始于 18 世纪，并且在 19 世纪初发展渐盛。包括探险家和旅行者以北美洲为主（间或在拉丁美洲）的旅行记录。他们在报告中描述了古迹和墓葬，并尽可能推测这些发现的来源。他们旅行的目的通常是写一本有文学价值的书。尤其是在 19 世纪，他们研究的方法属于自然科学，把观察到的几乎所有事情都进行了记录。应该强调的是，这里仅涉及那些对历史和古物有兴趣的早期编年史学家和探险者。从 16 到 19 世纪，大量学者提供了有关美洲土著的民族学记述。这些民族学的文献对于考古学家进行从普遍性和特殊性两方面开展的民族学对比研究，以及揭示不同社会习俗的源流，一直发挥着巨大的作用（Hole and Heizer，1969，pp. 181-183）。然而，我们特别关注那些不仅记录了美洲土著，而且对美洲本土的习俗和工具的历史感兴趣并推测它们起源的作者。例如，许多人描述了阿兹特克和玛雅人在被征服阶段的生活，而且这些原始资料已经被考古学家们广泛使用。但是，少数几个作者，如伯纳狄诺·德·萨哈冈（Bernardino de Sahagun）和迪亚哥·德·兰达（Diego de Landa），也显示出了对考古的兴趣，并在他们的著作里提出了我们将要思考的考古学问题。后者是 18 世纪后期至 19 世纪的探险者和考古学家们的先驱，他们在描述美洲土著的习俗和偶遇的考古遗迹时，同样提出了诸如"由何处来""发生了什么"这样的问题。

第三个趋势非常短暂，实际上标志着由 1840 年开始的"描述—历史"趋势。它包括了一些以考古学作为主要关注点的努力成果。18、19 世纪间，那些到田野进行发掘或者考古学调查的学者，像杰弗逊（Jefferson）和阿特沃特（Atwater），充其量算是业余的考古学家。不过，他们开创的趋势在 19 世纪以后开始盛行，尤其是在整个美洲和欧洲的考古新发现激发起人们对考古学的普遍兴趣之后。

很显然的是，这些趋势没有形成严谨的类型学，学者们也没有这样的主观意识。它们之间在时间上，甚至偶尔在内容上都有明显的重叠之处。例如，16 世纪由迪亚哥·加西亚·德·帕拉西奥（Diego Garcia de Palacio）领导的到洪都拉斯科潘（Copan）玛雅遗址的考古探险队，和 19 世纪由安东尼奥·德尔·里奥（Antonio del Rio）带领前往墨西哥帕伦克（Palenque）的一支考古探险队，都是由政府派出的。此外，编年史学家和早期考古学先驱们沉迷于对美洲土著起源的假想推测，不亚于那些探险者和纯文学作家。事实上，这种普遍的推测，不论是狂热的或是严谨的，合乎逻辑抑或不合乎逻辑，是贯穿这个时期的所有趋势和特点。

[14]

这一时期推测方式之所以能占据主导地位，必然有许多原因。最重要的原因包括：没有可靠的考古资料，欧洲还没有考古论证模式可以供美洲考古学家效仿（Hallowell，1960，p. 74），考古学著作受文学手法的影响，加之缺乏科学解释的传统，以及用神学对自然和文化现象进行解释的习惯。除此之外，随着对新大陆探险的深入，人们对其异域风情的好奇与困惑在持续增加，并急需为新大陆（尤其是北美洲）创造一部英雄史（Silverberg，1968）。上述原因使得"推测"成为学者们在讨论新大陆远古居民留下的建筑遗迹和物质文化时的主流方式。

当我们提到"推测"时，我们明确指的是非科学的臆想[2]。在这一时期，这种臆想非常盛行，那是因为几乎没有什么确定的资料可供考古现象的观察者借鉴，以便与所发现的古迹进行对比。在许多情况下，他们也找不到任何资料支撑他们的假说。很显然，没有可靠的资料作为良好的基础，要建立令人信服的复原是非常困难的。即便能够获取一些原始的发掘或者调查资料，这一时期的学者也没有认真地利用这些资料去建立或验证他们的假说。相反，这些原始资料和推测却被人为地划分开。一个典型例子就是加勒布·阿特沃特（Caleb Atwater）的工作（我们随后还会谈到），他在极为仔细地描述了他对俄亥俄州所发现土墩的研究之后，随即把这些土墩与远古时期从印度迁徙来的人联系在了一起（Atwater，1820）。这种想法产生的原因之一就是缺乏任何科学推理的传统。真正的考古学观念的建立还要等到欧洲的相关著作传播至美洲，比如19世纪30年代查尔斯·莱尔（Charles Lyell）的《地质学原理》（Principles of Geology）这样的著作。直到19世纪初，美洲考古学家才在考古学的理论和方法方面有了他们可以遵循的欧洲 [15] 范例。在汤姆森、沃尔索（Worsaae）以及后来的布歇·德·彼尔特的工作之前，美洲考古学家没有任何可借鉴的考古学研究指导他们自己的工作方向。

在推测时期，科学的考古学没有任何学术传统的土壤供其萌芽，神学的解释仍然是公认的复原历史事件的方式。这是一把双刃剑，因为神学思潮的力量对纯粹的科学思考模式产生了不利的影响。与欧洲大陆相同的是，美洲更新世晚期人类的发现和认知还要等到达尔文进化论的诞生（参阅 Wilmsen，1965，p. 176）。

## 美洲：美洲土著的发现和起源

在我们看来，许多历史著作中出现的"美洲的发现（discovery of the Americas）"这个词组是完全基于欧洲中心论的观点使用的。哥伦布"发现"美洲这一观念对于那些早已居住在新大陆的数百万美洲土著来说，就是一个令人难以置信的笑话，因为他们的祖先少说也在早于哥伦布的远征队 12000 年之前就率先到达了这里（Deloria，1969；Josephy，1970）。即使与欧洲的航海相比较，挪威人早于哥伦布几个世纪到达北美洲的这个史实多年来也已为人们所熟知。然而，却是哥伦布的航海和16世纪的多次航行给欧洲的思维带来了如此巨大的知识冲击。从这个意义上或许可以说，这些探险性质的航海是欧洲人观念上的发现。就像劳斯（Rowse，1959）所指出的："众所周知，美洲的发现是欧洲历史上最重大的事件。"

　　除了对当时政治和经济的重要价值以外，这些新的探险活动对于欧洲的哲学思想有着非常重大的意义。它们令人振奋，并且激发起了16世纪知识分子的想象力。克龙（Crone，1969，p. 176）曾经做出很好的评价："这个发现时代……与其说是在破旧启新，不如说是发展的加速器、新思想的催化剂。新大陆好像提供了一个巨大的实验室，文艺复兴时期人类的推测可以在此得到验证、修正和发展。"

　　15世纪末、16世纪的探险活动，给欧洲的哲学家和知识分子提出了很多需要立即解答的紧迫问题。其中一个问题，也是有助于理解美洲考古学之所以开始的重要问题就是："美洲印第安人[3]是谁？"这是体现尊重美洲土著身份或来源的第一个问题。这是一个很自然的问题，而且它也是在当时唯一一个不需要等待冗长乏味的相关资料积累，就能够进行推测性思考的问题（Nelson，1933，pp. 88-89）。这个问题很快就有了很多答案，而且答案是各种各样的，非常丰富。对于现代考古学家而言，许多答案听起来都千奇百怪，但是在当时这些解释都被很认真地对待。就如斯平登（Spinden）曾中肯地说（1933，p. 220）："那些看上去显然不可能的解释比仅仅不大可能的解释更能激发想象力。"

　　"美洲土著是谁"和"他们从哪里来"这两个问题非常重要，因为欧洲人一直以来都受着这样的教育，那就是每个人都是亚当和夏娃的后代，在全世界遭遇大洪水灾难的时候，只有

[16]

诺亚和他的家族得以幸免（Hallowell，1960，p. 4），对于欧洲人而言，除非美洲的土著能与诺亚的某支后裔相联系，否则他们就不能归属于人类。一些早期的西班牙探险者和殖民者相信两者并没有联系，还认为印第安人是野兽。但是，在 1537 年罗马教皇保罗三世（Pope Paul Ⅲ）颁布包含几个重要终裁的著名训令（Papal Bull）之后①，通过安东尼奥·德·蒙特西诺斯（Antonio de Montesinos）和巴特洛梅·德·拉斯·卡萨斯（Bartolomé de las Casas）等人的努力，人们接受了这样的观念，即：美洲土著的确是属于人类，他们应该得到相应的对待，而且应该努力向他们传播基督教信仰（Hanke，1949，1951）。

从早期探险活动带来的各种新发现信息传遍欧洲的那一刻开始，就有无数的学者希望推测出美洲土著的来源。对于倾向于神学的人们而言，最受欢迎的一个观点就是，印第安人是"十个遗失的以色列部落"（Ten Lost Tribes of Israel）的后裔[4]。迪亚哥·杜兰（Diego Duran）是这种假说支持者的其中一员（Huddleston，1967，pp. 38-41）。18 世纪很有影响力的美国作家詹姆斯·埃德尔（James Adair）（Adair，1775），以及 19 世纪著名的古物学家金斯布罗勋爵（Lord Kingsborough）（1831-48），也都持这种观点。

另一种流行的解释是美洲土著都来自消失的大陆——亚特兰蒂斯（the lost world of Atlantis）。这种假说源于柏拉图对亚特兰蒂斯的论述，最早在 1530 年和 1535 年就分别由诗人弗拉卡斯托罗（Fracastoro）和冈萨洛·费尔南德斯·德·奥维耶多－瓦尔德斯（Gonzalo Fernandez de Oviedo y Valdes）提出（Wauchope，1962，pp. 30-31）。这个解释〔以及来自"穆大

---

① 1537 年 6 月 9 日，教皇保罗三世裁定印第安人的确属于人类，不能冷血地一杀了之，他们可以信仰基督教。——译注

陆"（the land of Mu）的相似假说①］早已不流行，但直到 20
世纪仍然偶尔会被那些坚定的支持者重新提起。

[17]

17 世纪后期的美洲地图。这幅
选自桑松（Sanson）的地图，
把新大陆想象为"亚特兰蒂
斯"。（引自 Winsor，1889）

　　在 17 世纪中期，几位荷兰学者也加入了这场异常激烈的
讨论之中。德·格鲁特（De Groot）认为美洲土著应当来自大
西洋对岸的古代挪威人领地——斯堪的纳维亚半岛。另一方

---

① 穆大陆，即"利莫里亚"（Lemuria），传说中沉入印度洋海底的一块大
　陆，据说与亚特兰蒂斯共存，并出现过更早的远古文明。——译注

面，德·莱特（De Laet）和霍恩（Horn）相信中亚的斯基泰
人（Scythians）等民族是美洲土著的祖先（De Groot，1963；
De Laet，1643，1644；Horn，1652，转引自 Spinden，1933）。

　　许多学者将目光投向了亚洲国家，如中国、朝鲜或印度，
以探寻新大陆土著的来源。一些人认为这些移民是乘船长途迁
徙过来的。美洲印第安人来自亚洲的观点算是首个具有现代色
彩的假说。早在 1590 年，神父约瑟·德·阿科斯塔（Fray
José de Acosta）在《西印度群岛的自然史》（*Historia Natural y
Moral de las Indias*）一书中就提出，美洲人是通过漫长的陆上
迁徙方式从亚洲来的。尽管阿科斯塔（Acosta）没有排除登陆
新大陆的人们发生船难的可能性，但是他认为这些采取陆路和
小段水路结合方式到达的"小群原始狩猎者"是早期大部分
美洲土著的先祖。他推测这次迁徙可能早在西班牙征服美洲之
前 2000 年就已发生（Beals，1957；Wilmsen，1965，p. 173；
Huddleston，1967，第二章）。对于那个地理知识相对贫乏的时
代来说，阿科斯塔的观点的确不同凡响。对那个时代的学者而
言，新旧大陆之间存在有大陆桥或者狭窄海峡只不过是一种猜
测而已。

　　到 17 世纪中期，至少早在 1637 年（Wauchope，1962，
p. 85），关于土著最早是从亚洲经由白令海峡（Bering Strait）
迁徙到达新大陆的假说被认真地讨论。1648 年，托马斯·盖
奇（Thomas Gage）提出，新大陆的早期居民是从亚洲经过白
令海峡迁徙来的。他也是最早注意到美洲土著和东北亚蒙古人
之间存在人种相似的学者之一，并且他利用这个证据来支持自
己的观点（J. E. S. Thompson，1958，p. 92）。到库克（Cook）
绘制了白令海峡地区的地图以后，普费弗科恩（Pfefferkorn）
在 1794 年出版的一本书中指出："基本可以确定美洲最早的居
民的确是通过白令海峡这条路过来的。"（Treutlein，1949，
p. 161，转引自 Ives，1956，p. 420；也见 Wilmsen，1965，

[18]

科尔特斯（Cortez）正在与阿
兹特克人交谈。（引自 Sahagún，
1950–3）

p. 173）

　　到 18 世纪末，美洲土著来自亚洲，而且他们是经由白令海峡迁徙到新大陆这一观点得到了一定的认可。但是，这并没有完全终结自新大陆发现以来三个世纪里各种推测的流行（这些推测甚至持续到了 19 世纪）。美洲土著起源于亚洲这一观点逐步被接受也不等同于那些侧重考古研究的学者对美洲早期迁徙发生的时间，以及美洲早期居民的生业方式有足够的了解，尽管他们没有停止提出种种推测[5]。直到 1845 年，著名学者艾伯特·加勒廷（Albert Gallatin）明确提出（p. 177）："不管[19]美洲人来自何方，首要的问题是他们到达这里的时间。"正如威尔姆森（Wilmsen）所指出的，我们称之为推测时期的学者在研究一些当代考古学家称为"早期人类（Early Man）"的问题时，没有时间、空间和文化的概念（Wilmsen，1965，p. 173）。这些概念直至"分类—描述时期"考古学学科正式诞生后才出现[6]。

## 早期编年史学者和对历史的关注

　　这里需要简要介绍一下那些我们认为是美洲考古学先驱的学者，更准确地说，他们是先驱中的先驱。在西班牙征服时期及之后很短的时间里，一些西班牙及美洲土著记述了征服过程，以及土著文化在征服前后的状况。这些民族志的记录为考古学家提供了中亚美利加洲[7]（Mesoamerica）和秘鲁（Peruvian）[8]地区的文化在被西班牙征服者毁灭前的丰富信息。一些学者也表现出对这些土著文明过去历史的强烈兴趣。我们认为，这种兴趣和好奇心标志着最早的探究精神的萌芽，正是在它的引领下，美洲考古学在三个多世纪以后发展成为一门独立的学科。

　　我们还应当进一步指出，美洲土著自己对历史也有深厚的兴趣。例如，一些中美洲本土的文件或法典、雕刻和绘画，包含有编年史、族谱和历史记录的信息，这些信息借助于原物或是征服时期以后制作的复制品被保存了下来[9]。如利昂－波蒂利亚（Leon-Portilla）所说（1969，p. 119）："前哥伦布时期的土著已经认识到了历史的重要性。"

《纪事》（*Historias*）的主要内容，以及其他的文献包含有中亚美利加洲和秘鲁地区土著被征服以前历史的论述，后者包含从随笔到多卷本巨著等不同的规模，相对来说非常丰富。这些文献的可靠性和实用价值也不尽相同。然而，其中的一些著作，比如天主教圣方济各会（Franciscan）的神父伯纳狄诺·德·萨哈冈（Bernadino de Sahagún）[10]和圣多明尼克教派（Dominican）的神父迪亚哥·杜兰（Diego Duran）[11]对于阿兹特克文化的记录，以及加尔希拉索·德·拉·维加（Garcilaso de la Vega）的《印加王室纪事》（*Royal Commentaries of the Incas*）[12]，以上三例无疑显示了我们可以标记为历史的知识倾向。既然征服新大陆以前的历史被纳入考古学家的研究范畴，这些著作自然受到我们的关注。我们对这些著作的讨论不必着墨太多，但是它们作为考古学科建立前的背景资料必须予以足够重视。

在关于美洲土著和西班牙征服早期历史的编年史研究者中，主教迪亚哥·德·兰达（Diego de Landa）和修士巴特洛梅·德·拉斯·卡萨斯（Bartolemé de las Casas）值得特别关注。在 16 世纪和 17 世纪早期所有的学者中，兰达主教对考古遗址，以及复原古代玛雅等美洲本土文化的历史和生活方式表现出了最浓厚的兴趣。在他的《尤卡坦纪事》（*Relación de las Cosas de Yucatán*）一书中[13]，他记录了奇琴伊察（Chichen Itza）等遗迹，甚至绘制了主神殿的平面图。他研究了玛雅的政治史，讨论了玛雅社会的性质、日常生活和技术，还记录了许多重要的人工制品和宗教活动。此外，他详细描述了古代玛雅

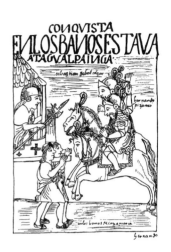

皮萨罗（Pizarro）和印加帝国，编年史学者瓦曼·波马·德·阿亚拉（Guaman Poma de Ayala）的画作（1613）。

[20]

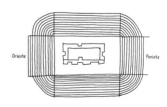

16 世纪墨西哥尤卡坦奇琴伊察遗址（Chichen Itza）的城堡平面图。该图被认为是最早正式出版的美洲遗迹考古平面图之一。（引自 Landa, Tozzer, ed., 1941）

的象形文字和历法体系。托泽（Tozzer）在《尤卡坦纪事》（Landa，1941，pp. 276-282）一书摘要"考古"类的许多词条都得益于兰达主教提供的考古学资料。这位主教的确引人关注，因为他既是玛雅文献的毁灭者，却又因在其著作中详细记述了玛雅生活方式成为保护者。然而，就像托泽述及《尤卡坦纪事》（*Relación*）一书的内容和重要性时所说："兰达提供的原始资料实际上包括了古代玛雅人社会人类学角度的方方面面，西班牙人的发现、征服和传教的历史，土著的历史以及对象形文字最早的正确认知。"（Landa，1941，p. vii）

巴特洛梅·德·拉斯·卡萨斯修士也曾短暂担任过墨西哥与危地马拉（Mexico-Guatemala）恰帕斯（Chiapas）地区的主教。但是人们更为熟知的是，他作为美洲印第安人权利的拥护者，他一生中的大部分时间都在努力说服他的牧师同事和西班牙王室，用公平和仁慈的方式对待美洲土著，并且正确认识他们文明的价值。拉斯·卡萨斯的其中两部著作就是长卷本的《西印度群岛史辩》（*Apologetica historia de las Indias*）（Casas，1909）和《西印度群岛史》（*Historia de las Indias*）（Casas，1927）。在众多深入研究拉斯·卡萨斯的著作中，刘易斯·汉克（Lewis Hanke）在他其中一部书里用了整整一章的篇幅证明拉斯·卡萨斯是一位人类学家（Hanke，1951，第三章）。他不仅证明这一事实，也提出证据说明，有足够的理由把拉斯·卡萨斯看作是 19、20 世纪美洲人类学家的先驱。首先，"他将所有的民族，无论是古代希腊人、16 世纪的西班牙人，还是新发现的新大陆土著，视作处于从人类文化的原始启蒙到更高阶段的不同发展阶段"（Hanke，1951，p. 62）。这表明早在 16 世纪，拉斯·卡萨斯至少已经有了文化发展进化阶段的初步观念。

[21]　　此外，如果不能说是最早，拉斯·卡萨斯也应当是较早讨论新大陆环境和文化关系的学者之一。在《西印度群岛史辩》一书中，拉斯·卡萨斯用我们今天看来非常确信的语气在前

32 章描述"新大陆优越的自然条件必然造就了具备聪慧才智的印第安人。由此表明，拉斯·卡萨斯是欧洲首位环境学家让·博丹（Jean Bodin）的先驱"（Hanke，1951，pp. 70-71）。

第三，正如赫德尔斯顿（Huddleston）（1967，pp. 23-24）所指出，拉斯·卡萨斯在他的《西印度群岛史》一书中指出新大陆土著历史可能是非常古老的。遗憾的是，拉斯·卡萨斯没有详细阐述美洲的人类遗物。可惜的是，兰达和拉斯·卡萨斯这些神职人员的兴趣和研究方向，在以后许多年甚至几个世纪内都鲜有追寻者继续研究。

## 探险家和"纸上谈兵"的推测者

在西班牙征服新大陆和早期编年史作品问世之后的 150 至 200 年间，大量新的欧洲探险活动和移民遍及整个新大陆，欧洲在美洲的殖民地也快速增长。

然而在这一时期里，与美洲考古学和民族志历史相关的著作仅仅是零星出现，如杜·普拉茨（Du Pratz）的著作（1758）。17 到 19 世纪间，早期学者的作品被重新出版，编成文集，或进行评论——包括克拉维耶罗（Clavijero）在 1780 ~ 1781 年首次出版的《墨西哥史》（*The History of Mexico*）[14] 和罗伯逊（Robertson）1777 年的《美洲史》（*The History of America*），一些未公开发表的文献被发现并最终出版。不过总体而言，这些著作在史学立场上与我们已经提及的那些著作没有什么不同。

从 18 世纪后半叶开始，一个新的趋势出现了，那就是研究的侧重点由拉丁美洲转向北美洲。虽然这时考古仍不是一种爱好，更不要说成为一个专业，但是大量的新探险活动带来了遗迹、土墩和文物的新资料。对这些遗存的推测研究由此拥有了真正的资料基础，并且立论更为扎实。

许多考古遗迹的新资料，是那些并不热衷于收集考古信息的探险者调查活动的副产品。其实，他们只是尽量完整地记录旅行过程中看到的所有信息。他们的方法可以更好地称为"自然科学"，其中以威廉·巴特拉姆（William Bartram，1791）等人的著作为代表。对土墩的解释既有严肃的探讨，也有怪诞的推测。

[22] 　　与自然科学—探险倾向并存的另一个倾向，可称之为"文学"（literary）倾向。许多探险者的最终目标就是返回家中写一本有文学价值的著作，记录作者观察到的所有事物。实际上一个人并不是一定要去旅行才能写这样的书。有很多"空想探险家"写了不少关于美洲历史的著作。许多坐在家中的作者有传教士或军人这样的朋友，写信给他们描述"西部"的状况——"西部"直到 19 世纪初，仍然指阿勒格尼山脉（Allegheny Mountain）以东的区域。这些报告不仅提到了土墩，还提供了许多美洲土著的新资料。

　　从一些旅行者和纸上谈兵的学者笔下诞生了北美土墩建造者的神话。虽然这个虚构的故事盛行于 19 世纪，但是罗伯特·西尔弗伯格（Robert Silverberg，1968，p. 57）认为其发端可以追溯至 1785 年。大体说来，这个故事宣称在俄亥俄州和殖民者西进的前哨区域连续发现的大量土墩和遗迹，不可能由现在居住在这些地区的人数稀少的美洲土著建造，它们一定是由一个已经消失了很久的有更高文明和更多人口的种族建造。

　　直到 19 世纪末，赛勒斯·托马斯（Cyrus Thomas，1894）向民族学研究部报告了对土墩建造者的研究后，那些神话才平息下来。土墩建造神话的产生有很多原因，其中最重要的一个原因，是创造与欧洲一样的英雄史诗的需要。西尔弗伯格（1968，p. 57）曾说，"在美洲内陆曾存在消失的史前种族这样的传说令人醉心；如果这些消失的种族是巨人、白人、以色列人、丹麦人、托尔特克人（Toltecs），或者伟大的白种犹太族—托尔特克—维京人那就更好了。"

第二个重要的原因是北美洲的人们广泛认为，美洲土著是野蛮人，不具备建造土墩的能力。西班牙人看到了阿兹特克首府特诺奇蒂特兰（Tenochtitlan）的建筑奇迹，印加帝国（Incas）的公共建筑，或者中美洲、南美洲其他的伟大成就，并且他们更乐意将美洲土著视作劳力。北美洲的英国人，尤其在法国和印第安人战争之后，把美洲土著看作是占有新殖民者想据为己有的土地、并且随时准备挑衅的退化野蛮人[15]。北美洲东部的大多数知识阶层无法相信美洲土著或他们祖先的文明程度能够达到修建土墩那样高的水平。然而，另一些人认为这种说法是有一定道理的。到 19 世纪初，出现了两种关于土墩起源的观点：一种观点认为土墩建造者和美洲土著（或他们的直接祖先）是同一个民族；另一种观点认为土墩的建造者是一个已经灭绝或者迁走的古代种族，其来源假说就如同关于新大陆最早居民的假说一样多种多样[16]，只是到了后来，这片土地才为美洲土著所居住。

对于那时大多数考察者而言，土墩和当代土著之间并不存在联系。尽管德·索托（De Soto）的探险团在美国东南部所做的考察［记载于加尔希拉索·德·拉·维加（Garcilaso de la Vega）[17]和"埃尔瓦斯绅士"（"Gentleman of Elvas"）[18]的著作中］，明确说明那一带的美洲土著建造并使用了土墩，但这些资料被人们遗忘了。相反，对土墩起源的各种推测被提出，而且对于这些假说的争论变得非常激烈。事实上，人们在争论初期对土墩知之甚少，甚至于像本杰明·富兰克林（Benjamin Franklin）和诺亚·韦伯斯特（Noah Webster）这两位著名的人物在 1787 年曾认真地表态，那些土墩很可能是德·索托自己建造的[19]。

接近 18 世纪末，一些更好的土墩新资料开始涌出，土墩

[23] 17 世纪末，纳齐兹部族（Natchez）的葬礼仪式。背景中的土墩上有一座神殿。死者被担架抬着，他的几个仆人正在被勒死为他陪葬。（引自 Le Page Du Pratz，1758）

[24]

在雅克·勒·莫因（Jacques Le Moyne）的图录（1591）中，收录了一幅欧洲人观察到的东南部美洲土著活动的重要图画。雅克·勒·莫因在 16 世纪 60 年代与法国殖民者一起到达佛罗里达州的东北部。这幅画展示了一个葬礼仪式，一座墓葬（或小瘗埋坑）周围有一圈箭，顶上放了一个海螺形饮水器。哀悼者围着坟堆，背景是一个木栅围着的村庄。这类题材的画作并不为那些关于土墩建造的早期研究者所了解，或者是被忽略了。

建造者身份问题的答案逐渐清楚，并且引起公众关注。许多类似卡姆（Kalm）这样的旅行者对土墩做了考察（1772），卡姆还在新泽西州的第四纪或全新世地质学时代的地层发现了人工制品［参见 Nelson，1933，p. 90；Zeisberger，1910；Carver，1779；Barton，1787，1797，1799；·Bartram，1791；Madison，1803；Harris，1805；Stoddard，1812；关于路易斯安娜（Louisiana），Brackenridge，1813；关于田纳西（Tennessee），Haywood，1823；以及拉菲内克（Rafinesque 1824），他在肯塔基州找到了数百处

遗址]。

本杰明·史密斯·巴顿（Benjamin Smith Barton）在俄亥俄州旅行并于1787年出版了一本书。书中指出，他在旅行期间所考察的土墩由丹麦人（Danes）建造，这些人后来迁居到墨西哥并成为托尔特克人。他在随后于1797年出版的著作和1799年发表的文章里不再坚持这一观点，而是把更多的注意力集中到现存的美洲土著上，提出很可能是美洲土著的祖先修建了部分土墩："我不认为这些更进步的美洲民族已经全部消亡，当然其中一些很可能已经消失了。但是其他的，我认为主要是他们的能力与辉煌消失了，他们的后裔仍广布于这个洲的很多地方……"（Barton，1799，p.188）。巴顿认为美洲土著来自亚洲——这个观点到18世纪末已经被普遍接受。而且，他认为到达的日期可能比宗教上提出的创世纪时间［公元前4004，由爱尔兰乌舍尔（Ussher）大主教提出］还要早（Barton，1797；Wilmsen，1965，p.174）。巴顿的这个观点是建立美洲前哥伦布时期真正时间维度的早期尝试之一。

自然史学家威廉·巴特拉姆（William Bartram）是费城著名植物学家约翰·巴特拉姆（John Bartram）的儿子。他与父亲一起游历了美国东南部的广阔地区，后来在18世纪70年代独自游历，并在1791年出版了关于他的旅行的重要著作。这本书包括了对众多土墩的描述，巴特拉姆得出了被西尔弗伯格称为"保守的"结论，即：虽然古代土墩不是由现代美洲土著建造的，但它们是由其他仍不了解的美洲土著所建。巴特拉姆也与巴顿保持着通信联系，提供给巴顿许多东南部地区的土墩资料，包括了对克里克（Creek）印第安人土墩修建和使用的描述。不幸的是，因为一系列的变故，巴特拉姆的这些考察成果直到1909年才为公众所知（Silverberg，1968，pp.33-42）。[25]

主教詹姆斯·麦迪逊（James Madison）和牧师撒迪厄斯·

哈里斯（Thaddeus Harris）在关于美洲土著是土墩建造者的争论中意见相左，麦迪逊支持这种观点而哈里斯则认为不是。约翰·海伍德（John Haywood）在他关于田纳西州的书中，认为切诺基（Cherokee）印第安人至少修建了部分土墩。传教士约翰·赫克伍尔德（John Heckewelder）在介绍数年前他在伦尼·雷纳佩（the Lenni Lenape）印第安部落传教的书中（1819），提及这样的传说：在密西西比河附近曾居住着文化发达、身材高大的部族，雷纳佩印第安人曾尝试穿过这个区域。那些支持美洲土著是土墩修建者的人说，这群人就是后来迁到南部的切诺基人；"消失的种族"和"神秘土墩建造者"假说主张者认为，这些传说为他们的观点提供了决定性的证据（Silverberg，1968，第二章）。H. H. 布拉肯里奇（H. H. Brackenridge）在1813年发表了一篇关于土墩问题的文章，1814年出版了一本关于路易斯安那州的书。在他的文章里，他把用于墓葬和宗庙的土墩做了重要的区分，并且认为前者要更早一些。这无疑是一个超前的观点，并且预示着随后几十年里年代学和概念的发展（Belmont and Williams，1965）。然而，布拉肯里奇坚持一种比较流行的观点，认为像托尔特克人这样的种族在向南迁徙到墨西哥之前已经建造了北美的土墩。阿莫斯·斯托达德（Amos Stoddard）写了另外一本关于路易斯安那州的书，在有关古物的章节中表示他支持威尔士人（Welshmen）是伟大的土墩建造者的假说。

18 世纪末期驻守在俄亥俄州的军人—帕森斯（Parsons）将军、普特南（Putnam）将军和哈特（Heart）上尉，在信件和地图中也提供了有价值的信息[20]。普特南绘制的俄亥俄州玛利埃塔（Marietta）土垒建筑的平面图曾被施特朗（Shetrone，1930，pp. 9-13）称为"美洲考古学科学性的起点"。我们却不愿这样过度评价，这张地图仅仅是 18 世纪末期开始积累并迅速增长的土墩资料的一部分。

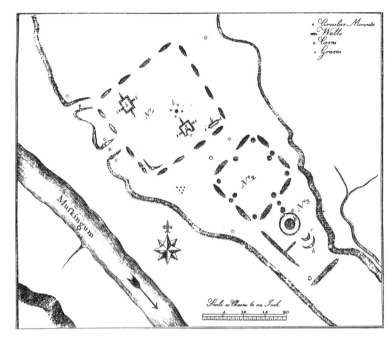

哈特于 1787 年绘制的俄亥俄河谷土垒建筑平面图。（引自《美国人类学家》，American Anthropologist，10，1908）

牧师卡特勒（Cutler）也勘查了玛利埃塔一个殖民小镇附近的土墩，他尝试着通过计算生长在土墩顶部的树木年轮来确定土墩的年代（Silverberg，1968，p. 30）。这是我们目前所见在新大陆测算绝对年代最早的一次尝试。当然，在最近几十年里树轮测年方法已经发展得非常准确，现在在一些地区（特别是美国西南部）是一种有用的测年方法。 [26]

一些知名的公众人物也卷入了谁是土墩建造者的争论中。德·威特·克林顿（De Witt Clinton）州长在 1820 年发表文章提及纽约州西部的土墩，认为它们是由斯堪的纳维亚的维京人（Scandinavian Vikings）建造的。财政部部长、著名语言学家和民族学家艾伯特·加勒廷（Albert Gallatin）把土墩建造者和向南迁徙的墨西哥人联系在了一起（1836），然而他敏锐地指出农业的传播方向很可能与此相反，是从墨西哥向北传到北美洲。此外，后来成为美国总统的威廉·亨利·哈里森（William Henry Harrison）将军，也描述了俄亥俄河谷的一些古物（1839）。在土墩建造者的争论中，他支持不是美洲土著，而是"消失的种族"这一方的观点。另一位对考古学有兴趣的总统，托马斯·杰弗逊（Thomas Jefferson）没有参加这场论[27] 战，不过他为考古学的发展做出了重要贡献，我们将在后文中再次提到他。

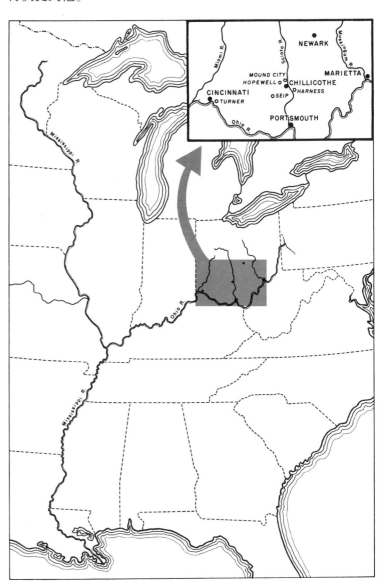

俄亥俄河和密西西比河河谷
地图

当土墩建造者的论战在参与者、各种假说和派别等方面不断升级时，普通公众也加入这些争论并融入整个学术界的狂热之中。1833 年，约西亚·普里斯特（Josiah Priest）的《美国西部的古物与发现》（*American Antiquities and Discoveries in the West*）在三十个月里卖了 22000 本，这在当时是个很庞大的数字，证明了公众对此争论的兴趣。这本书很快"确立了……外行人眼中的考古学经典著作的地位"（Silverberg，1968，p. 83）。不幸的是，这本书没有做出什么考古学贡献，因为它支持了最怪诞的假说和资料。不过它确实反映了当时支持土墩建造者是"消失的种族"学派这种普遍看法。

[28]

　　不过，当著名的体质人类学家 S. G. 莫顿（S. G. Morton）于 1893 年出版了他的《美洲头盖骨》（*Crania Americana*）时，"消失的种族"假说受到了沉重的一击。莫顿测量了土墩中的八个头盖骨和最近死亡的美洲土著头盖骨，而后认为，所测试样品仅仅代表一个种族，他进一步表示，这个种族是由两个部族组成，那就是托尔特克人和巴巴罗斯（Barbarous）人，这是单纯从文化角度，而不是从自然科学角度进行的区分（Silverberg，1969，pp. 106-109）。这样一来，虽然那些坚持把早期文明的土墩建造者与原始的美洲土著区分开的人们不再宣称土墩建造者是一个不同的种族，但他们其余的论据在这时并没有被动摇。

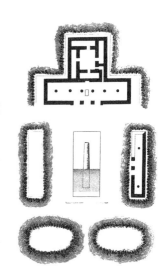

墨西哥瓦哈卡（Oaxacan）的米特拉（Mitla）遗迹平面图（引自 Humboldt，1814）

　　另外还有几位学者为推测时期末段为数不多的考古学研究资料做出了重大贡献。温思罗普·萨金特（Winthrop Sargent）收集了我们现在鉴定为霍普韦尔（Hopewellian）的器物，并于 1799 年在《美国哲学学会学报》（*Transactions of the American Philosophical Society*）发表了相关报告（Sargent，1799）。N. F. 海尔（N. F. Hyer）在 1837 年首次描述了现在著名的威斯康星州阿兹塔兰（Aztalan）遗址（Hyer，1837），一年以后，R. C. 泰勒（R. C. Taylor）记录了威斯康星州的土墩，特别关注了引人瞩目的雕刻形式（Taylor，1838）。其后，化石搜寻者艾伯特·科赫（Albert Koch）于 1839 年在密苏里州（Missouri）挖出了一具已经灭绝的乳齿象骨架，与它一起出土的还有一些石质人工制品。科赫就像个生意人和展览策划商，在卖掉这具乳齿象化石之前举行了一次巡回展览。随后，这副骨架被卖给了大英博物馆（British Museum），那些伴出的人工制品则到了德国（Montagu，1942），人工制品和骨架之间的联系没有受到足够的重视，以致没有把它们保存在一起。那个时代还没有进步到接受人类的石器具有如此悠久的历史，而且，与科赫同时代的人们不愿认可出土物或它们之间联系的重要价值。科赫受到奚落，他的发现也被人们遗忘了好多年。

瓦哈卡印第安人骨灰坛［阿尔班山类型（Monte Alban style）］。虽然某些特征是正确的，但还是存在一些错误。（引自 Kingsborough，1831～1848）

在 17 世纪到 19 世纪早期，我们把所有注意力都放在了美国考古的发展上，尽管绝大部分考古事件发生在北美洲，但这并不意味着拉丁美洲（Latin America）没有考古活动。举例来说，生于墨西哥的克里奥尔（Creole）学者唐·卡洛斯·锡古恩萨·伊·贡戈拉（Don Carlos Siguenza y Gongora），在特奥蒂瓦坎古城（Teotihuacan）开展了真正的考古学发掘，并收集了标本和早期的历史手稿（Bernal，1980，pp. 49-54）。其他重要的人物包括游历了整个美洲的亚历山大·冯·洪堡（Alexander von Humboldt）。他的著作可以被看作是前文讨论过的自然科学方法的缩影，在书中他描述了许多遗迹，尤其是秘鲁和墨西哥地区（Humboldt，1811）。洪堡对美洲的研究也做出了其他贡献，最值得注意的是在制图方法上。H. E. D. 波洛克（H. E. D. Pollock）曾说："［洪堡］……尽力地收集资料，客观地罗列素材，以及将古物作为历史碎片对待的态度，就如同一个里程碑式的人物"（Pollock，1940，p. 183）。

对于中美洲的史前建筑，德·拉伦诺迪尔·瓦尔克纳尔（Walckenaër，de Larenaudiére）和尤玛德（Jomard）（1836）呼吁结束臆测，着手对考古遗存做适当的记录和绘图（Pollock，1940，p. 184）。他们明确反对主观臆测的态度，在之后几年里得到了来自斯蒂芬斯（Stephens）和卡瑟伍德（Catherwood）的响应。其他旅行家，如瓦尔德克（Waldeck，1838）、迪佩（Dupaix，1834）和加林多（Galindo）（Ian Graham，1963）也做出了一些小贡献。在南美洲，伦德（Lund）在 19 世纪 30 年代中期开始了对巴西圣湖镇（Lagoa Santa）洞穴群的考古工作，但是他的成果直到下一时期才得以完成并出版（Lund，1842；讨论见 Nelson，1933，p. 90）。

在本章的前面，我们讨论了在推测时期里出现的有关征服时期和前征服时期收藏品的文献。在这些收藏、评论和记述的历史当中，可能最重要的就是金斯布罗勋爵（Lord Kingsbor-

［29］

［30］

玛雅祭司的肖像和象形文字的图像。这幅图像的绘制有许多不准确的地方，远远逊色于卡瑟伍德（Catherwood）后来的作品。（引自 Del Rio and Cabrera，1822） ough）在 1831～1848 年间出版的、内容丰富的九卷本巨著——《墨西哥古物》（*Antiquities of Mexico*）。金斯布罗把众多文献收集起来，并加上自己对各类古物的分析，希望证明中美洲当地居民就是"十个遗失的以色列部落"的后裔[21]。金斯布罗的多卷本著作显示出他对墨西哥古物的极大热情，这种热情反映出 19 世纪人们对新大陆历史逐步增长的兴趣，这推动了考古学在美洲的诞生。虽说《墨西哥古物》的多数内容是推测时期的产物，但它的作者将自己的一生都致力于古物研究。尽管金斯布罗不需要靠考古谋生，但他这种全职的研究标志着随后时期里考古职业化趋势的发端。

到 1840 年的时候，公众和学者对新大陆古物的兴趣非常高涨；但绝大部分针对土墩和其他考古学遗迹出版的报告仍处于推测阶段，而且通常是其他领域的副产品。对土墩建造者问题的争论十分激烈，但基本都是没有科学依据的。当时还没有出现全职的考古学家，也没有太多人把考古作为职业，并愿意开展田野考古工作以验证或者判断他们的理论和推测。然而，[31] 在这方面还是有一些不容忽视的例外，这些卓尔不群的学者在今天看来显然是在 1840 年后确立的考古学科的先驱。

## 考古学科的先驱

到目前为止，我们一直关注着美洲考古学短暂的开端。我们追溯着考古报告中各种细微的线索，其中一些线索显然是与后来的发展轨迹紧密相连的；另一些则只有表面的联系。然而整体看来，这一时期缺少成熟的考古学科的所有特征，包括明确的目标、职业的考古学家、大学的考古学课程，包含公认的方法、概念和理论的考古学教材，以及详细的文化历史复原。几乎没有任何田野工作和著作能标志着随后的描述—历史时期的到来。立足于有限的资料基础开展推测性研究成了惯例。然

而，有三位特殊的人物超越了同时代学者，他们的确是美洲
考古学真正的先驱。这些先驱中最重要的两位很大程度上避
开了主观臆测。他们其中一位进一步认识到考古学必须通过
提出问题、进行发掘、提取资料并以审慎的态度解答问题等
程序来进行，正是从他开始，古物学家的兴趣开始向考古学
的研究转变。

后来成为美国第三任总统的托马斯·杰弗逊，在 1784 年
决定搞清楚他在弗吉尼亚拥有的地产上存在的那些古墓或土墩
墓的性质。"所有人都清楚它们是死者的坟墓；但是它们在什
么样的情况下被建造却仍是个谜"（Jefferson，1944，p. 222）。
为了解决这个问题，杰弗逊采取了较为严谨的发掘[22]，他仔
细地在土墩上开设探沟，并辨别出相对独立的地层。他发现了
大量的骨骼遗迹，搞清楚了这些骨架被放进土墩后再掩埋，并
且这个步骤被重复多次。经过骨架的反复堆积，这个土墩最终
达到了 12 英尺的高度（Jefferson，1944，pp. 222-224）。正如
莱曼 – 哈特雷本（Lehmann-Hartleben）（1943，p. 263）所述，
杰弗逊的发掘"在整整一个世纪之前率先实践了现代考古学的
基本方法和技术。"在考古发掘方面极负盛名的权威专家——
莫蒂默·惠勒爵士（Sir Mortimer Wheeler）认为，杰弗逊的发
掘是"考古学历史上第一次科学的发掘"。他进一步评论说，
"这次发掘不仅在当时，而且在以后很长一段时间里都是无与
伦比的"（Wheeler，1956，p. 6）。

托马斯·杰弗逊（Thomas
Jefferson，1743～1826）。（源
自 American Philosophical Soci-
ety）

杰弗逊发掘的真正意义有三个方面：首先，他的发掘本身
非常重要，因为在整个推测时期几乎没有人按照这样的方法进
行发掘；第二，杰弗逊的发掘非常细致，故而他能够在开设的
探沟中观察到地层的变化；第三，而且可能算是最重要的一
点，"他进行发掘的目的不是为了找到古物，而是为了解决一
个考古学问题"（Lehmann-Hartleben，1943，p. 163）。

[32]

对于土墩建造者这个广为关注的问题，杰弗逊不愿意发表

自己的意见。他采取了非常慎重，但在他那个年代值得赞许的态度，认为回答这个问题需要更多的资料。杰弗逊也成为设于美国费城的美国哲学学会（American Philosophical Society）的会长，费城在"推测时期"的大部分时间里是美国的文化中心。该学会的会员在当时积极地参与到土墩建造者的讨论之中，发表了很多与考古相关的文章，并且收集了许多古物。1799 年，杰弗逊以学会会长的名义给相关人士发表了公开信，希望获得有关考古遗存的资料。这封公开信是这样开始的（Sargent：American Philosophical Society，1799，p. xxxvii）："美国哲学学会始终将美国的古物、国家的发展和现状作为主要的研究对象。"除了其他内容，这封信呼吁大家"（在不能收集原物的情况下）获取任何所关注对象的准确平面图、绘画和描述记录，特别是对于古代的防御工事、墓冢和其他印第安人艺术作品，要弄清它们的构成材料，包含物和设计目的等等"。

这封公开信中提出所需要的各类信息还包括如下内容：

> 关于［以上所述］，对大部分墓葬而言，学会建议从不同的方向解剖来搞清楚它们的包含物。墓葬上部生长的最粗壮树木的年轮和树种可能为遗址年代提供一些佐证。如果对象是石质建筑，应当仔细地测量墙体的长、宽、高，描述石材的形状和种类，并将胶泥和石材的样本寄给委员会。

在许多方面，这段文字的主旨、方向都可以被看作是接下来的"分类—描述时期"中一个主要特征。因此，我们可以看到考古学学科定位的主要内容至少在 18 世纪末就已出现，但公开信所呼吁的考古方法则直到 19 世纪 40 年代以后才开始付诸实践。

[33]　　虽然杰弗逊已经被看作是"美洲考古学之父"，但他并没

有直接的学术传人。令人遗憾的是，对于与他同时代或者甚至
下一代人而言，杰弗逊在考古学方面的影响显然不是那么重
要[23]。我们希望澄清的是，我们不认为某个人可以被推崇为
美洲考古学的鼻祖，我们必须依据欧洲与美洲大陆的整体学术
水平，以及具体的古物学家这两个方面来考察这门学科的
兴起。

美国哲学学会在致力于鼓励考古学资料的收集和出版工作
方面不是孤立无援的。1812 年，出版商伊赛亚·托马斯（Isa-
iah Thomas）在马萨诸塞创建了美国古物学会（American Anti-
quarian Society）。学会的目的是（Shipton，1945，pp. 164-
165）："收集和展示我国的古物，以及在艺术、自然方面有助
于扩大人类知识视野，推动科学进步，使精神和重大事件的历
史不朽，提升和教导后代的独特的、有价值的成果。"这个学
会是美洲同类学会中最早设立的，它的早期会员包括托马斯·
哈特·本顿（Thomas Hart Benton）、刘易斯·凯斯（Lewis
Cass）、亨利·克莱（Henry Clay）、德威特·克林顿（DeWitt
Clinton）、C. C. 平克尼（C. C. Pinckney）和丹尼尔·韦伯斯特
（Daniel Webster）等著名人物（Shipton，1945，p. 165）。它是
与欧洲的古物学会对应的美洲同类组织（Wissler，1942，
p. 195；Silverberg，1968，p. 59），它的创建反映了公众对北美
历史不断增长的兴趣和科学求知欲（Shipton，1967，p. 35）。
该学会的创建是美洲考古学史上的一个重要事件，因为它给予
不断发展但却分散的考古学研究方向一个核心的关注点。这个
学会本身并没有把当时古物研究的兴趣变成真正的考古学的研
究方向，但是它确实出版了"推测时期"最重要的一项研究
成果，而且与"分类—描述时期"早段的一些重要研究工作
相关。

在 1820 年美国古物学会《会刊》（Transaction）的第一卷
中，加勒布·阿特沃特发表了题为《俄亥俄州及其他西部诸州

发现的古物记述》（*Description of the Antiquities Discovered in the State of Ohio and other Western States*）的文章。阿特沃特住在俄亥俄州的瑟克维尔镇（Circleville），是那里的邮政局长（Hallowell，1960，p. 79）。他考察了他的家乡和俄亥俄州周围地区的许多土墩，并对这些土墩做了之前从没有过的最好的记录和平面图绘制。米特拉（Mitra）在他的《美洲人类学史》（*A History of American Anthropology*）（1933，p. 99）中曾说："第一位真正的考古学家是……加勒布·阿特沃特。"阿特沃特在某些方面的确走在时代的前面，从他对同时代的学者和追随者的影响来看，他是推测时期最重要的人物。

［34］

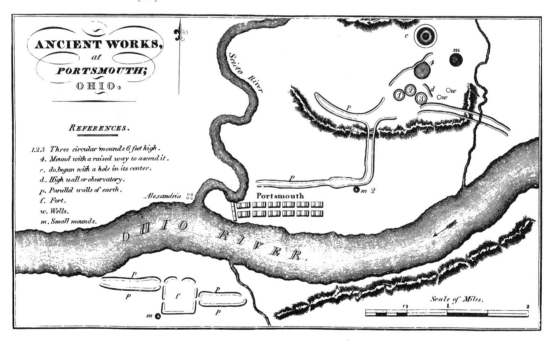

俄亥俄州朴次茅斯古代土墩分布图。（引自 Atwater，1820）

　　　阿特沃特的书实际上包括描述和推测两部分。令人遗憾的是，后者并没有真正遵循前者。纯粹的推测部分是与描述部分截然分开的。在他的描述中，阿特沃特对观察到的遗存采用了相对简单的三部分分类法：（a）现代欧洲人；（b）现代美洲土著；（c）土墩建造者。在推测部分，阿特沃特提出土墩是由自印度迁徙而来，后来又迁至墨西哥的印度人所建造。阿特沃特的这一观点显然是受到了洪堡著作的影响。他还认为，文化上相对原始的美洲土著是在文化更发达的土墩建造者之前到达美洲的，之后他们移居到了土墩建造者迁出后空出的区域（Atwater，1820）。与当时的其他学者相比，阿特沃特对于他的推测性假说是相对谨慎的（Silverberg，1968，p. 74）。

正如我们现在所知，阿特沃特的观点是不正确的；但是在这一时期还有另外一位值得一提的学者，他的观点相对来说没有错误——小詹姆斯·H. 麦卡洛博士（Dr. James H. McCulloh，Jr.），一位"沙发"古物研究者[24]。他写过两本书：1817 年的《美洲研究（第二版）》（*Researches in America*，second edition）和 1829 年的《美洲土著历史的哲学和古物学研究》（*Researches Philosophical and Antiquarian Concerning the Aboriginal History of America*）。他的主要贡献是否认曾存在一种独立的早期土墩建造者文化。在 1829 年著作的附录二（实际上是这本书最重要的部分）中，他认真筛选了以前的研究论著里所有的证据，并得出结论，认为土墩建造者和印第安人是属于同一个种族，美洲土著有能力建造土墩。麦卡洛（McCulloh，1829）也研究了拉丁美洲的发达文明和北美洲土著文化的研究资料。 [35]

塞缪尔·F. 黑文（Samuel F. Haven）赞同麦卡洛的观点，他在 1856 年这样评价麦卡洛的著作，"关于这个问题迄今最完美、最精心的研究成果已经出版了"[25]。赛勒斯·托马斯（Cyrus Thomas）与他意见一致，认为麦卡洛的结论在那个时代是"非凡的"[26]。然而，麦卡洛的观点并未被广泛接受，有些人认为这本书晦涩难懂。克拉克·韦斯勒（Clark Wissler）（1942，p. 201）曾说："如果麦卡洛拥有像加勒廷（Gallatin）一样的伟大思想，他应当首先写出一部关于墨西哥和安第斯地区土著文明的文化起源方面评述的杰作，而不是出版一本框架混乱、没有成效的书。不过他在1800～1860年间人类学思想史中仍拥有一席之地。"我们更愿意认同黑文和托马斯的看法，韦斯勒的批评对于与麦卡洛同时代的任何美洲古物学家而言都显得期望过高。

## 对未来的评估与预言

到1840年为止，并不存在作为专业学科的美洲考古学。当时还没有出现真正的全职考古学实践者和专业考古学家。没有出现系统的田野考古方法，概念架构也非常有限，资料基础非常薄弱，对于绝对年代、相对年代的年代学认识充其量只能算是初级的。新大陆的居民是经由白令海峡从亚洲来的观点已经被普遍接受，但是除此以外几乎没有一致的意见或认识。当时出现了一些关于俄亥俄河谷和美国东南部土墩的调查资料。墨西哥、危地马拉和秘鲁的一些主要遗址被认知，并掌握了一些详细资料。北美洲的绝大部分地区和南美洲、中美洲的广阔区域还都是考古学的"未知领域"（terra incognita）。

然而，一些指引学科未来发展的光标和路标已经出现。在北美洲按照基本步骤收集研究资料的工作思路已经为1799年美国哲学学会的公开信所阐明；考古研究方法的模式通过托马斯·杰弗逊的发掘得以展现；考古调查的结构也可以在阿特沃特对俄亥俄州土墩的研究中见到。

[36]　　　此外，到1839年秋季时，约翰·L.斯蒂芬斯（John L. Stephens）和弗雷德里克·卡瑟伍德（Frederick Catherwood）已经开始了他们的中美洲考察。俄亥俄州的格雷夫克里克土墩（Grave Creek Mound）已经被挖掘，而且亨利·R.斯库尔克拉夫特（Henry R. Schoolcraft）随即进行了研究并发表了他的研究成果。1826年，英国人詹姆斯·史密森（James Smithson）

捐献给年轻的美利坚合众国 50 万美元遗产，希望建立一个"用于增进和传播人类知识"的机构（Washburn，1967，p. 106）。而后，对美洲考古学发展历史影响相当深远的史密森学会（the Smithsonian Institution）在 1846 年成立。

在 1840 年的欧洲大陆，莱伊尔（Lyell）已经出版了他的《地质学原理》（*Principles of Geology*），达尔文已经完成了他的具有重要意义的"贝格尔"号（Beagle）之行。此外，丹麦人已经开始取得重要的考古学发展。美洲学者缺少可资借鉴的欧洲模式的状况很快将得到改变。

最终，在美洲腹地的旅行变得更容易，美国也开始向西部扩张。在这种不断发展的扩张中，一种新的潮流开始出现。正如威廉·H. 戈茨曼（William H. Goetzmann，1966，p. 232）所述：

> 19 世纪 40 年代，职业探险家和科学家开始涉足这个领域，随之而来的是具有重要意义的新进步。这不仅表现在对西部的科学探知，同时还表现在对知识探索的各个方面。地理发现的主体内容从对于地标物和自然奇观、聚落居址和陆路通道的简单标注，转变为对基本资源的科学评估和对迥异于我们自身文化的原始文化的认真研究……

到了 19 世纪的后半叶，所有的这些事件和初萌的趋势推动了美洲考古学科的诞生。但是在 1840 年，这个新生的学科还要走过漫长的路才能成为一门科学。

## 注　释

［1］补充阅读材料参见 Belmont 和 Williams（1965）；Hallowell（1960）；Haven（1856）；Silverberg（1968）；Wauchope（1962）；Willey（1968）；Wilmsen（1965）；Winsor（1889）；Huddleston（1967）；和 S. Willliams（1964）。

［2］推测（*Speculate*）：未经检验而形成的猜想。引自《新大学标准字典》（*New College*

*Standard Dictionary*）（*Funk and Wagnall*，1956）。

　　[3] 误用名称，源自哥伦布认为自己在印度大陆登陆。

　　[4] 赫德尔斯顿（Huddleston，1967）认为这一观点直到16世纪后半期才开始流行，并且许多被认为是提出这个理论的学者（如拉斯·卡萨斯，Las Casas）并不相信它。

　　[5] 对于土墩建造者和美洲原住民的讨论到了19世纪才开始成为严肃的学术问题。

　　[6] 关于美洲原住民起源的各类奇思异想的深入论述，参见 Robert Wauchope（1962）和 Williams（1991）的文章。

　　[7] 中亚美利加洲包括墨西哥的中部和南部以及中美洲的北部地区（见 Willey，1966，p. 85，文章中的更准确定义）。

　　[8] 秘鲁的海岸和高地以及毗邻的玻利维亚高地（Willey，1971）。

　　[9] 米斯特克法典（Mixtec codices）是其中一个例证（见 Spores，1967）。

　　[10] Sahagún，Anderson-Dibble 译本（英语、阿兹特克语，1950~1963）。

　　[11] Fray Diego Duran，Hayden-Horcasitas 译本（英语，1964）。

　　[12] Garcilaso de la Vegu，Livermore 译本（英语，1966）。

　　[13] Landa，Tozzer 译本（英语，1941）。

　　[14] Clavijero，Cullen 译本（英语，1817）。

　　[15] 也有一些西班牙人认为美洲土著是野蛮人；不过，西班牙人、英国人和法国人的看法有明显不同（Spencer 等，1965，pp. 496-497）。

　　[16] 这两个问题显然是基本相同的，因为普遍认为北美土墩建造者之前没有任何先民。

　　[17] Garcilaso de la Vega，Varner 译本（英语，1951）。

　　[18] Gentleman of Elvas（英语，1907）。

　　[19] 著名的词典编纂人韦伯斯特（Webster）后来收回了这个观点（Shetrone，1930，p. 14）。

　　[20] 帕森斯（Parsons，1793）和1786年的一封信，以及（Heart，1792）。

　　[21] 关于金斯布罗（Kingsborough）的背景和同时代学者，参见 Wauchope（1962，pp. 50-53）和 Ian Graham（1977）的文章，关于同时期中美洲学者的情况参见 Bernal（1977）的文章。

　　[22] 早在16世纪，以发现古代遗迹为目标的探险活动已经开始；但是加西亚·德·帕拉西奥（Garcia de Palacio）到科潘（Copan）玛雅古城的旅行（1840）和德尔·里奥（Del Rio）的帕伦克（Palenque）之旅（1822）对美洲考古学的发展影响甚微，或者可以说没有影响。

［23］莫蒂默·惠勒爵士（Wheeler，1956，p. 43）提及杰弗逊（Jefferson）的发掘说："遗憾的是，这个科学新方法的种子落入了贫瘠的土壤里。"

［24］虽然麦卡洛（McCulloh）曾在俄亥俄州服役（Silverberg，1968，p. 58），但他基本上还是"沙发学者"（armchairbound）（McCulloh，1829）。

［25］黑文（Haven，1856，p. 48），引自 Mitra（1933，p. 104）。

［26］托马斯（Thomas，1894，p. 600），引自 Silverberg（1968，p. 58）和 Hallowell（1960，p. 81）。我们将在本书第三章再次回到关于土墩建造者与美洲土著的问题上。这并不是一个简单的问题；从早期开始，有学者（例如麦卡洛 McCulloh）相信美洲土著的历史非常悠久，包含着美洲东部墓冢的建造者和他们更晚近的后代。在早些时候，这类学者人数较少，他们不赞同当时更为盛行的、认为土墩建造者是"消失的种族"的观点（见 Dunnell，1991 年的另一种观点）。

# 第三章　分类—描述时期
# （1840 ~ 1914）

　　［美国西部的］田野调查者被世界范围内最快速、全面的资源调查行动所激励，即使是最具科学思维的学者都忙于记录海量的信息，以至于没有时间去构想关于研究对象的含义和用途的假说。

威廉·H. 戈茨曼（WILLIAM H. GOETZMANN）

## 对这一时期的定义

　　"分类—描述时期"（Classificatory-Descriptive Period）与此前"推测时期"的显著不同之处，在于许多主要的考古工作者和作者在研究态度和视野方面的明显变化[1]。然而，标志着"推测时期"特征的学术趋势并没有在 1840 年戛然而止——思想上的推测模式在"分类—描述时期"仍是一个非常重要的因素。但是新时期主要关注点是对考古学材料（尤其是建筑和古迹）的描述和初步分类。在这一时期，考古学家都在努力把考古学转变为一门系统而科学的学科。虽然他们没有成功，但是他们为 20 世纪的许多成果奠定了基础。

　　欧洲知识的发展和新思潮的出现对 19 世纪中、后期美洲考古学的兴起有着重要的影响。这包括旧大陆重要的人类遗存的发现、达尔文《物种起源》（Origin of Species）的出版和地质学的兴起。与此同时，欧洲考古学专业的出现，以及随着摒弃宗教教条而兴起的科学与科学思想，都相继影响了美洲大陆。

纵观整个"分类—描述时期"，伴随着美国向西部的扩张和欧美人进入南、北美洲的其他区域，古物的发现与描述也在稳步增长[2]。在美国，这类工作由政府、大学、博物馆和学术团体资助。考古学既是一个被确认的职业，也是一项被认可的业余爱好。到这一时期结束时，考古学课程开始在大学里设立，因而这一代受过专业训练的考古学家在 20 世纪初期开始活跃起来。这一时期开始，美洲考古学和普通人类学在理论和田野工作两方面都开始了合作。正如我们后来所看到的，这种联合对美洲考古学，尤其是对美国考古学的理论发展影响深远。 [39]

在北美洲，早前对美国东部土墩和建筑遗址的研究兴趣还在延续，人们还在继续关注"谁建造了土墩"这个有争议的问题。土墩建造者是"消失的部落"，还是仅仅是美洲土著的祖先？另一个关注焦点是美洲最早居民的问题。欧洲更新世时期人类的发现鼓舞着美洲考古学家在大西洋西岸寻找同样古老的遗存。遗憾的是，这一时期的特点仍是缺乏严密的年代排序观念以及促使这种观念产生的方法论上的发展。另一方面，对类型学、分类学和地理分布的研究在向前发展。中美洲的状况虽然大致相似，但也存在一些明显的不同。这是由异常丰富的前哥伦布时期遗存、土著文字体系的存在以及欧洲人文主义学术成就的强烈影响等因素引起的。这些因素造成了中美洲地区与北美洲考古的不同风格。南美洲的考古调查活动相对较少，但在那里也存在"分类—描述时期"的特点。其中一个特例是德国学者麦克斯·乌勒（Max Uhle）在秘鲁所做的地区年代学的研究。

## 北美洲的考古学研究

北美洲东部考古学家在这一时期的研究重心是俄亥俄和密西西比河谷及其周围地区发现的土墩。关于土墩建造者的讨论贯穿整个 19 世纪，尤其在通俗性读物中。直到 1894 年赛勒斯·托马斯（Cyrus Thomas）编写的具有里程碑意义的（美洲）民族学研究部①土墩考察报告出版后，这种讨论才彻底平息[3]。

这一时期的第一个重要贡献是 E. G. 斯夸尔（E. G. Squier）和 E. H. 戴维斯（E. H. Davis）在 1848 年出版的《密西西比河谷的古迹》（*Ancient Monuments of the Mississippi Valley*）。这本书是当时出版的最好的描述性研究成果，它的学术定位标志着在"分类—描述时期"出现的新趋势（Haven，1856，p. 122）。斯夸尔，这位后来成为外交官并广泛游历拉丁美洲的俄亥俄州新闻记者（Tax，1975），和来自俄亥俄州奇利科市（Chillicothe）的戴维斯医生，准确勘测了大量土墩，发掘了其中的一部分，并在他们的书中收入了其他学者的勘测资料。他们的工作也具有抢救性质，因为许多土墩在拓荒者向西部推进时遭到了破坏。

《密西西比河谷的古迹》一书的整体风格属于描述，而非推测。如斯夸尔（1848，p. 134）所述：

> 在开始时，要摒弃所有预先形成的观念，研究工作开始后，对散布于周围的每一处遗存，我们都不能受任何推测以及基于已知事物经验的影响。总而言之，一方面，田野工作要彻底放弃诗人和传奇作家的思维；另一方面，

[40]

伊弗雷姆·乔治·斯夸尔（Ephraim George Squier，1821 ~ 1888）。（史密森学会国家人类学档案馆提供）

---

① 民族学研究部（Bureau of Ethnology），1879 年经过美国国会立法建立，创立的目的在于由美国的内政部向史密森学会移交与北美印第安人相关的档案、记录和资料，但从创立之初，该机构具有远见的创始人和管理者，J. W. 鲍威尔就组织了一系列美洲人类学的研究项目。1894 年，民族学研究部更名为美国民族学研究部，以强调其特定的研究领域。1965 年，该机构与史密森学会的人类学部合并，组成了下设于美国国立博物馆（今天的美国国立自然史博物馆）的史密森人类学办公室。1968 年，史密森人类学办公室档案馆成为国家人类学档案馆——译注

如果这些古迹有可能为研究美洲大陆早期历史、美洲人类的起源、迁徙和早期状态等重大考古学问题提供任何线索，那么它们就应当被认真、仔细、（最重要的是）系统地调查。

这本书的描述风格显然不仅应当归因于作者的学术倾向，还应当归功于著名科学家、史密森学会会长约瑟夫·亨利（Joseph Henry），本书出版前他修订了斯夸尔和戴维斯手稿。威尔科姆·沃什伯恩（Wilcomb Washburn，1967，p.153）在研究亨利的信件时注意到："亨利坚持去掉斯夸尔准备的一些雕版图，因为它们不具有'本初的特征'，他对文稿本身也设定了严格的标准，以便使'你们的研究工作面世时尽可能摒弃任何推测成分，你们积极增进人类知识体系的成果中绝不夹杂其他学者的研究。'"

这本书是新成立的史密森学会的第一部出版物，被列入学会的《学术贡献》（*Contributions to Knowledge*）丛书中。此外，斯夸尔和戴维斯也得到了美国民族学学会的支持，在野外工作时学会与他们保持着联系，并帮助安排了专著的出版工作。政府部门和专业人类学团体积极地介入考古学田野工作；该成果的出版，也标志着新大陆考古学发展趋势的一个显著变化[4]。

埃德温·汉密尔顿·戴维斯（Edwin Hamilton Davis，1811～1888）。（史密森学会国家人类学档案馆提供）

[41]

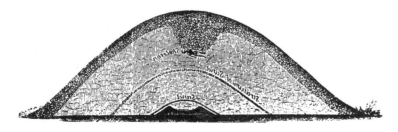

俄亥俄芒德城（Mound City）2号土墩的内部结构及墓葬剖面图。（引自 Squier and Davis，1848）

值得注意的是，斯夸尔和戴维斯对土墩进行了初步的功能分类学研究，并就这类考古遗址的可能用途或者建造目的提出了一些问题。他们把这些问题作为相当明确的假说提出来，并

西弗吉尼亚格雷夫克里克土墩（Grave Creek Mound）。（引自 Squier and Davis，1848）

对可能证实或者否定这些假说的调查方法提出了进一步的建议。这样，他们从某种程度上预见了提出和验证假说的现代方法。

[42]　　　虽然《密西西比河谷的古迹》一书有许多值得称道的方面，但是主观臆断仍然在这本书中占据了重要地位。斯夸尔和戴维斯坚持"土墩建造者是伟大的种族"理论，并且认为美洲土著或他们的祖先没有能力建造这些土墩，认为土墩建造者有可能后来迁徙到了墨西哥。他们反对惠特尔西（Whittlesey）认为俄亥俄有北部和南部两个族群的假说[5]。惠特尔西在尝试区分俄亥俄的两种土墩文化——而事实上这两者的不同是时代上的差异，而非地域分布上的区别，这是许多年以后才认识到的；然而斯夸尔和戴维斯认为，这两种土墩文化在地域分布上的区别没有居民结构上的差异大。

19 世纪中期，艺术家绘制的土墩墓群。（引自 Squier and Davis，1848）

　　在担任尼加拉瓜外交官职位之前，斯夸尔也考察了纽约西部的土墩，史密森学会在 1849 年公布了这次考察工作（Squier，1849）。斯夸尔在纽约开展了田野调查，他认为俄亥俄土墩建造者可能来自纽约西部，因此希望通过此次调查获得更多土墩建造者的信息，他推测两个地区的遗存可能会非常相似。但是令斯夸尔惊奇的是，他发现了易洛魁印第安人（Iroquois Indian）在纽约建造大量土墩的确凿证据。这个发现显然并没有改变他对于俄亥俄土墩建造者身份的观点，但 [43] 是他不得不将俄亥俄和纽约西部两个地域区分开，并放弃了他的假说。

　　同时期的另一项土墩研究是由 I. A. 拉帕姆（I. A. Lapham）在威斯康星州开展的。在美国古物协会（American Antiquarian Society）的支持下，拉帕姆调查了威斯康星州的许

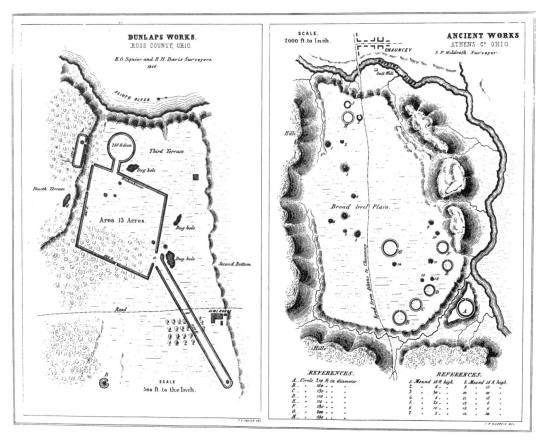

两张土墩和建筑遗址平面图。左图为俄亥俄州罗斯县（Ross County）的邓拉普斯（Dunlaps works）遗址。右图为俄亥俄州阿森斯县（Athens County）的古代遗址。这两张图绘制得远比之前的任何地图都精心与准确。（引自 Squier and Davis，1848）

　　多象形丘（Effigy Mounds）[①]，史密森学会于 1855 年公布了他的发现。

　　尽管在 19 世纪中期，流行的观点和一些学术论断支持

———————————————

① 象形丘，指美国中部偏北一带的飞鸟走兽形状的土丘。象形丘文化的时期上起 4 世纪，下迄 17 世纪中叶。很多象形丘呈鸟形，但也有其他动物的形状，如熊、鹿、海龟和野牛。最大的鸟形象形丘翼距有 190 米，坐落在威斯康星州的麦迪逊（Madison）城附近。许多其他象形丘坐落在威斯康星州南部和西南部，以及毗邻明尼苏达州、爱荷华州和伊利诺伊州的一些地区。最大的象形丘坐落在俄亥俄州的南部，是一条口衔蛋形物而伸展着的蛇的形状。——译注

"单独的土墩建造族群"理论，但是我们也注意到，那时已经有了一些相反的观点，认为就是现代美洲土著的祖先建造了土墩，并且美洲土著与土墩建造者是同属一个族群的。最早持有此观点的学者有塞缪尔·F. 黑文（Samuel F. Haven）和亨利·罗·斯库尔克拉夫特（Henry Rowe Schoolcraft）。

[44]

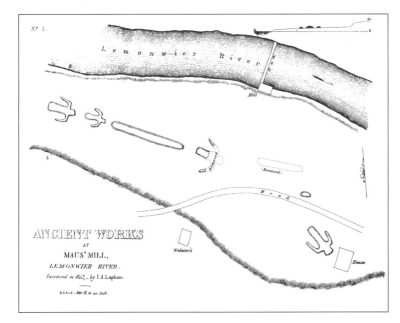

拉帕姆（Lapham）绘制的古遗址图，位于威斯康星州的茂斯磨坊（Maus' Mill）。（引自 Lapham，1855）

1856 年，时任美国古物学会图书馆馆长的黑文，在他对北美洲考古学现状回顾的重要文章中，仔细梳理了能收集到的考古学资料，而后他认为，"消失的古老土墩建造者种族"的假说不可靠（Haven，1856）。他受史密森学会委托开展的这项研究（史密森学会后来发表了这项研究。Fewkes，1897，p. 751），与在当时研究论述中占主导地位的推测性研究相比，是思辨性描述和讨论的典范。黑文的考古学视野代表了不断上升的专业性描述新趋势，这种研究思路在这一时期结束时占据了主要地位。

尽管亨利·罗·斯库尔克拉夫特在此前曾支持过土墩建造者假说，但是在此时的文章中他开始反对这一流行的论点。斯

塞缪尔·F. 黑文（Samuel F. Haven，1806～1881）。（引自 Winsor，1889）

库尔克拉夫特对美洲土著总是怀有同情，在调查了西弗吉尼亚州的格雷夫克里克土墩后，他确信土墩建造者和美国东部现代土著之间是有文化连续性的（Schoolcraft，1854，pp. 135-136）。在此基础上，他认为，土墩并不是非得由文明程度较高的族群来建造不可的，完全有可能由处于野蛮阶段的族群建造。令人遗憾的是，斯库尔克拉夫特的观点被深深地埋没于他那套于

[45]　　1851～1857 年间出版的，（在当时）没有编目[6]且杂乱无章的六卷本著作《关于美国印第安部落历史、现状和未来的历史学和统计学资料汇编》（*Historical and Statistical Information Respecting the History，Condition，and Prospects of the Indian Tribes of the United States*）中，当时可能就没有多少人读过（以后也是同样）。

当时出版的另外一部重要著作是丹尼尔·威尔逊（Daniel Wilson）的两卷本《史前人类：旧大陆和新大陆的文明起源研究》（*Prehistoric Man：Researches into the Origin of Civilization in the Old and New World*）（1862，后来又再版两次）。虽然威尔逊并不认同黑文和斯库尔克拉夫特所提出的美洲土著的祖先建造了土墩这种前瞻性的观点，但是他没有沉溺于墨西哥是土墩建造者故乡的那种随意推测之中（Silverberg，1968，p. 179）。威尔逊对于考古学的总体认识就当时而言是比较进步的。正如他在著作的开篇所指出的那样（1862，p. ⅶ）："将我们的研究仅囿于古物，就像在正午的阳光中用烛光阅读；但是在科学（尤其是民族学）发展的过程中抛弃考古学的帮助，就如熄灭了学生手中赖以求知的灯。"

关于土墩建造者的争论在 19 世纪 50 年代至 90 年代期间盛行了数十年，其间伴随着业余人士对土墩的"挖掘翻搅"。这些挖掘与研究都是由个人或者当地的业余团体资助的[7]。许多流行一时的书籍质量参差不齐，作者都来自欧洲和美洲，如皮金（Pidgeon，1858）、卢伯克（Lubbock，1865）、鲍德温（Baldwin，1872）、福斯特（Foster，1873）、拉金（Larkin，1880）、班克罗夫特（Bancroft，1882）和纳迪拉克（Nadail-

lac，1884）。这些书使公众保持着热情，并且给关于土墩建造
者从哪里来、何时兴盛、又去了哪里等问题的假说增加了许多
新的内容。普通公众依然被这令人兴奋的论争吸引。但是对许
多人来说，利益远远胜过纯粹的好奇心。当美国向西扩张时，
北美洲的土著处于被灭绝的过程中。显然如果他们被认为越是
原始，就越容易证明对他们的毁灭或取代是正义的。西尔弗伯
格（Silverberg，1968，pp. 159-160）指出："对于土墩起源的
争论不仅仅源于一个抽象的学术论战，更深层根源在于 19 世
纪针对美洲印第安人的大规模灭绝运动。"

　　在这个阶段的尾声，反对这一盛行趋势的另一股浪潮逐渐
强大起来，将此前流行一时的业余研究方法逐步清除。这股新
浪潮的第一波我们此前曾提及，就是逐渐发展起来的专业化考
古学。它显然是与美国科学的巨大进步和大学的迅速兴起与发
展紧密相关的（Freeman，1965）。在 20 世纪初，地方科学团 [46]
体的全盛时期很快就结束了，业余爱好者也被地方高等院校的
学者和研究者所取代，在考古研究领域的这一趋势同样也出现
在其他学科里（McKusick，1970，pp. 2-3，1991）。

　　此外，许多考古学期刊和专业团体也在这一时期出现。在
期刊中，1878 年由牧师史蒂芬·D. 皮特（Stephen D. Peet）创
办的《美国古物学家》（American Antiquarian）（Haynes，1900，
p. 32；Peet，1892～1905）和 1888 年创刊的《美国人类学家》
（American Anthropologist）比较重要。"美国科学促进会"人类学
分会（Anthropology Section，The American Association for the Ad-
vancement of Science）①、"华盛顿人类学学会"（Anthropological

① 美国科学促进会成立于 1848 年，是世界上最大的科学和工程学协会
的联合体，也是最大的非盈利性国际科技组织，下设 21 个专业分
会，涉及的学科包括数学、物理、化学、天文、地理、生物等自然
科学和社会科学，《科学》杂志的主办者、出版者，现有 265 个分支
机构和 1000 万成员。——译注

Society of Washington，即后来的"美国人类学学会"American Anthropological Association）和"美国考古学会"（Archaeological Institute of America，现在学术重点主要在旧大陆考古学）是其中比较重要的团体。事实上，1879 年，美国考古学会曾邀请著名的美国人类学家路易斯·亨利·摩尔根①（Lewis Henry Morgan）制定了一个美国领土考古调查和研究计划（Hallowell，1960，p. 54）。

在 19 世纪，有两个学术团体对专业考古学的兴起产生了不可估量的影响。它们是 1846 年成立的"史密森学会"和 1866 年成立的哈佛大学皮博迪博物馆（Peabody Museum），而史密森学会则为美洲考古学的"分类—描述时期"奠定了基础，并在此时期居于主导地位。史密森学会以及它的两个下属机构，"民族学研究部"（Bureau of Ethnology，1879 年成立，鲍威尔是第一任主管，1894 年更名为"美国民族学研究部"Bureau of American Ethnology）和"国立博物馆"（National Museum，也成立于 1879 年），培养了许多在这一时期较有影响力的学者，如鲍威尔（Powell）、托马斯（Thomas）和霍尔姆斯（Holmes）等人。对此，哈洛韦尔（Hallowell，1960，p. 84）直言道："在美国民族学研究部的资助下，通过一系列大范围的测绘项目，美国考古学在广阔的地理空间里积累了经验。"[8]

1894 年，史密森学会民族学研究部的赛勒斯·托马斯最终推翻了"消失的土墩建造者种族"假说。时任民族学研究部和美国地质调查局②负责人（Darrah，1951；Judd，1967）的约

[47]

赛勒斯·托马斯（Cyrus Thomas，1825 ~ 1910）。（史密森学会国家人类学档案馆提供）

① 路易斯·亨利·摩尔根（1818 年 11 月 21 日 ~ 1881 年 12 月 17 日），出生于纽约州奥罗拉，他是美国知名的人类学和社会理论的先驱人物，并且是 19 世纪美国最伟大的社会科学家之一。他最广为人知的成果是讨论亲属和社会结构的作品、社会演化理论。摩尔根在早期就支持古代美洲土著是由亚洲迁徙而来的观点。——译注
② 美国地质调查局（the United States Geological Survey）是美国政府内政部下辖的科学机构，总部设在弗吉尼亚州雷斯敦，主要研究美国的地形、自然资源和自然灾害与应对之法。——译注

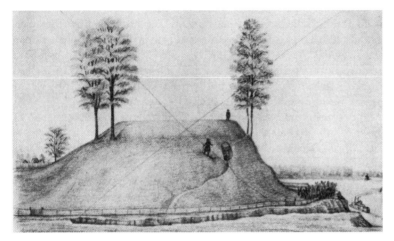

田纳西州孟菲斯南部皮克林堡（Fort Pickering）的一座土墩。（赛勒斯·托马斯土墩调查报告手稿中的一幅铅笔素描原作，史密森学会国家人类学档案馆提供）

翰·韦斯利·鲍威尔①（John Wesley Powell，伟大的探险家，他曾乘小船在大峡谷沿科罗拉多河漂流而下），在1882年从伊利诺伊州邀请昆虫学家托马斯来负责土墩考察部门。鲍威尔想集中精力在民族学和语言学的研究上，但是美国国会要求民族学研究部每年将5000美元用于土墩研究（Judd，1967，pp. 18-19）。

[48]

　　托马斯起初相信"独立的土墩建造者种族"假说，但是在开展田野工作以后改变了认识，并且很快成了反对这一观点的倡导者。鲍威尔也持反对意见，关于这一点，我们可以从他在19世纪80年代后期到90年代早期为民族学研究部《年度报告》（Annual Reports）所写的任何一篇序言中看到。民族学研究部的其他学者，如亨肖（Henshaw，1883），也用不容质疑的言辞抨击了"消失的种族"假说。鲍威尔所领导的民族

① 约翰·韦斯利·鲍威尔（1834～1902），美国地质学家、地理学家、人类学家。1834年3月24日生于纽约州的芒特－莫里斯。1869年，鲍威尔组成了美国本土的第一支大峡谷探险队，计划探测整个科罗拉多大峡谷区。在没有任何先进仪器的情况下，靠观察峡谷夹层沉积的石英岩和泥层，解释大陆板块上下错动和河流的切割作用，在美国本土和欧洲引起极大的震动。他的探险也为地质学的研究开拓了新的领域，使他在探险界和科学界树立了极高的声望，并得以出任美国史密森学会主席。——译注

学研究部因而成为"美洲土著的祖先建造了土墩"这一观点的主要倡导方。这个观点在"分类—描述时期"结束时得到了广泛认同，在今天已经作为事实被接受。但令人遗憾的是，正如我们后来所知道的那样，这个学术上的胜利带来的结果却颇具讽刺性，一方面，它在一定程度上阻碍了美国东部地区和北美洲考古学的发展，另一方面，它也丝毫没有改变公众对美洲土著的态度。

在亚利桑那州北部科罗拉多河大峡谷附近的凯巴布高原（Kaibab Plateau），约翰·韦斯利·鲍威尔少校（John Wesley Powell，1834 ~ 1902）与一位美洲土著在说话。这张照片由 1871 ~ 1875 年间鲍威尔探险队的希利尔斯（Hilliers）拍摄。（史密森学会国家人类学档案馆提供）

托马斯在接受鲍威尔的聘任伊始就意识到，他必须开展大规模的调查发掘项目，调动人手夜以继日地工作，以抢救那些正在被迅速破坏的土墩遗址（也见 Jeter，ed.，1991）。他那些精干的助手所发掘出来的资料，让他坚信土墩遗址与美洲土著之间有着直接的关联，而且，他认为不同的土墩是由不同的土著族群建造的（Thomas，1894，p. 528）。虽然托马斯将许多土墩遗址归于殖民时期的建筑，而没有意识到不同的遗址可能是文化序列或文化演进的结果，但是就其他方面而言，托马斯的基本观点是先进的[9]。

托马斯的研究结果于 1894 年在民族学研究部具有里程碑意义的第 12 期《年度报告》上发表。通过运用"文化—区域"单位（culture-area units），报告公布了民族学研究部在土墩调查工作的所有资料，至少在本领域的专业学者间，终结了美洲考古学漫长的推测时期。因此有考古学家曾评价，这本报告标志着"现代美洲考古学的诞生"（Jennings，1968，p. 33）。

除了土墩遗址，托马斯对玛雅的象形文字也有研究。他于 1898 年写了一本总结北美洲考古学的著作①，在当时的考古学家中，他可能是最有资格承担这项任务的学者。

解开"土墩建造者"之谜的另一位主要贡献者是弗里德里克·沃德·普特南（Frederic Ward Putnam），他在 1875～1909 年任哈佛大学皮博迪博物馆馆长，1887～1909 年任美洲考古学和民族学教授。普特南是"分类—描述时期"的学术领军人物之一，既是发掘者和发掘项目资助人，又是人类学系和博物馆的创建者与管理者。

在讨论普特南在美洲考古学发展过程中的地位之前，我们应该先关注一下哈佛大学皮博迪博物馆，这个与普特南有着多年紧密联系的研究机构的早期历史。皮博迪博物馆是在乔治·皮博迪的外甥 O. C. 马什（O. C. Marsh）的努力下于 1866 年建立的。马什曾受莱尔（Lyell）影响，莱尔建议马什在美洲从事考古学。马什参加了在俄亥俄州的发掘，而且是皮博迪向哈

| 贝壳堆积剖面 |
| --- |
| 现代土壤（6 英寸） |
| 晚期堆积（3 英尺）带有美丽装饰的精致薄胎陶；精致的骨质、贝质等工具；石质手斧、箭头、矛头；用于游戏的石珠等。 |
| 包含有陶片的 2 英尺土壤堆积。 |
| 中期堆积（4 英尺）带有简陋装饰的陶器；骨质、贝质的简单工具。 |
| 早期堆积（3 英尺）没有装饰的粗糙厚胎陶器。 |

S. T. 沃克（S. T. Walker）在佛罗里达州发掘贝冢（shell-mound）的典型地层表。（引自 Walker，1883）

[49]

---

① Cyrus Thomas. Introduction to the study of North America archaeology, The Robert Clarke Company，1898. ——译注

佛大学捐赠的主要推动者[10]。皮博迪博物馆的第一任馆长杰弗里斯·怀曼（Jeffries Wyman），是当时著名的自然学家。怀曼发掘了大西洋沿岸的贝冢，以及更为重要的佛罗里达州圣约翰河（St. Johns River）沿岸的遗址（Wyman，1868a；1875）。

佛罗里达州欧德－恩特普赖斯（Old Enterprise）的贝冢。（引自 Wyman，1875）

怀曼的贝冢发掘工作反映出欧洲同类研究对他的影响。史密森学会将丹麦贝丘（shell-middens）和瑞士湖居遗址（Swiss lake dwellings）的研究文章译成英文发表后，对美洲考古学产生了直接的推动作用（Morlot，1861）。这些文章也激励了 J. J. 琼斯（J. J. Jones）对加拿大新斯科舍省（Nova Scotia）贝冢的发掘[11]。怀曼的发掘有助于确凿地证明贝冢是人工建造的，并且其建造时间要早于美洲土著的时代[12]。怀曼也能够辨识出贝冢的一些堆积层，揭示出圣约翰河区域的贝冢堆积与其他地区有所不同。

[50]

[51]

考古学家在俄亥俄州的奇利科
土墩群。最右侧为弗里德里
克·普特南（Frederic Putnam，
1839～1945）①，C. L. 梅斯（C.
L. Metz）在他旁边。（哈佛大
学皮博迪博物馆提供）

普特南任馆长时的哈佛大学
皮博迪博物馆，拍摄于 1893
年。（哈佛大学皮博迪博物馆
提供）

　　当时另一项重要的贝丘发掘是 S. T. 沃克在佛罗里达州的锡
达基（Cedar Keys）进行的（Walker，1883；Bullen，1951）。
沃克区分了贝丘的地层，并根据陶器样式的变化划分了几个时
期。然而，沃克却用地质分层来对待文化层，并且简单化地将

---

① 此处为原书笔误。弗里德里克·普特南（Frederic Putnam）于 1915
　年 8 月 17 日去世。——译注

整个区域归为一种堆积顺序；更令人遗憾的是，怀曼和沃克的发掘对佛罗里达州的考古工作没有产生什么推动作用，也未能给当地文化序列的建立提供帮助。

在美国伊利诺伊州芝加哥市举办的 1892 年哥伦布纪念博览会①的中美洲展览。（哈佛大学皮博迪博物馆提供）

在 1874 年怀曼逝世后，弗里德里克·W. 普特南成为皮博迪博物馆馆长。普特南起初的研究兴趣在动物学，但是在他担任馆长后就转向了考古学和人类学领域。普特南曾被称作"美洲考古学之父"（Dexter，1966b）。虽然我们在此不采用这一美誉，但是我们也认为普特南是美洲考古学发展史上的一个重要人物。如果必须要给这个伟大人物冠以某种美誉的话，"美洲考古学专业发展的推动者"可能是对普特南最好的称呼。除了将皮博迪博物馆建设成美国人类学的领军研究机构以外，普特南还负责了 1892 年芝加哥世界博览会人类学展馆和展览的筹备，帮助建立了芝加哥菲尔德自然史博物馆（the Field Museum of Natural History in Chicago）、加利福尼亚大学伯克利分

① 哥伦布纪念博览会（Columbian Exposition），亦称"芝加哥世界博览会"，是 1893 年 5 月 1 日至 1893 年 10 月 30 日在美国芝加哥举办的世界博览会，以纪念哥伦布发现新大陆 400 周年。博览会的开幕式于 1892 年 10 月 21 日举行，但博览会直至 1893 年 5 月 1 日才对外正式开放。——译注

校的人类学系，以及美国自然史博物馆的人类学部（the An-
thropology Department of the American Museum of Natural History,
Dexter，1966a）。同时他还担任"美国科学促进会"秘书长长
达25年。

[52]

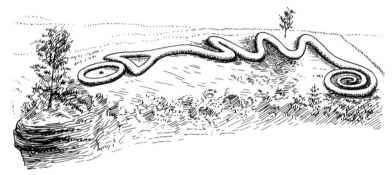

艺术家绘制的俄亥俄州蛇形巨
丘[①]（Great Serpent Mound）。
（引自 Putnam，1890）

　　普特南在考古学领域研究的关注点有两个：即俄亥俄河谷
的土墩和更新世晚期人类研究。对于前者，他和他的同事在麦
迪逊维尔（Madisonville）进行了发掘，包括特纳土墩（Turner
mounds）和蛇形巨丘（Great Serpent Mound；Dexter，1965；
Morgan and Rodabaugh，1947，p. 6）。为了保护蛇形巨丘免遭
破坏，他甚至为皮博迪博物馆买下了这个区域；博物馆后来把
它移交给了俄亥俄州。普特南也在田纳西州进行了发掘，并整
理和公布了惠勒地理探险队（Wheeler Geographical Expedition）
从加利福尼亚采集的史前文物。他的发掘工作是当时田野规范

———————————

① 蛇形巨丘（Great Serpent Mound），位于美国俄亥俄州布拉什克里克
　河谷的山峰上。该遗迹长380米，宽6米，高1.2米，"蛇"的上下
　颚间含着一个直径约5米的"蛋"。考古学家还在"蛋"上发现了一
　个用深色石头镶砌出来的圆圈，可见蛇丘曾被用作祭祀活动。蛇丘
　是1846年由北美考古先驱斯夸尔（Squier）和戴维斯（Davis）在一
　次地形测绘时发现的，并详细记载在他们1848年出版的《密西西比
　河谷的古迹》（Ancient Monuments of the Mississippi Valley）中。由于
　缺乏古文化的人工制品，也找不到人类的骸骨，所以很难判断这一
　蛇形巨丘的建成年代。之所以称为蛇形巨丘，是因为其形状和蛇相
　似。——译注

技术的典范，许多学生经过他的培养掌握了科学调查、测绘、发掘、绘制剖面图，以及出土物的准确绘图和记录等方面的基本技能（Putnam，1886）。普特南也辨识出俄亥俄河谷土墩的地层，但是他没有进一步深入研究当地或区域的文化序列。

特伦顿（Trenton Gravel）的"旧石器"。（引自 Haynes，1889）

普特南的另一个关注点是证明人类在美洲大陆的定居由来已久。也就是说，他相信，并且希望明确地证实人类在几万年前就已出现在美洲大陆，而且早在更新世冰期结束之前就已经到达这里。为了这个目的，他支持了许多考古学研究项目，包括 C. C. 艾博特（C. C. Abbott）在新泽西州特伦顿（Trenton Gravels）的发掘。艾博特（1876）发现了一些"看起来"很古老的泥岩工具；有些工具出土于他认为的冰河时代的地层中。在当时，艾博特和普特南的观点得到了学界的一些认同，虽然后来证明这些地层的年代距今很近。（参阅 Richards，1939）[13]。

[53]

特伦顿的考古发现只不过是在"分类—描述时期"尾声延伸至"分类—历史时期"期间主要学术论争的一个小侧面。许多其他发现也被学者们引作美洲早期人类居住的证据，这种观点得到了亨利·海恩斯（Henry Haynes，1889）等学者的支持，并且在 19 世纪的大部分时间里占据主导地位。

欧洲大陆的考古新发现激励美洲考古学家尝试证明人类很早就在美洲大陆定居，欧洲大陆更新世和旧石器时代的年代已经被布歇·德·彼尔特（Boucher de Perthes）在法国的发现证实。这些发现，以及达尔文进化论的成功，打破了宗教对人类起源年代的禁锢[14]。这些风行一时的书籍，如卢伯克（Lubbock）曾多次再版的《史前时代》（*Prehistoric Times*），进一步激发出美洲学者在这个领域的兴趣。许多人相信人类早在冰河时代就首次到达美洲大陆，还有一些人甚至认为这个时间有可能会在更新世之前（Whitney，1872）。令人遗憾的是，虽然在其他几大洲已经找到了早期人类存在的证据，美洲的第四纪地

[54]

1890 年，普特南在俄亥俄州小迈阿密河谷（Little Miami Valley）的土墩发掘现场。（哈佛大学皮博迪博物馆提供）

1889 年，在 C. L. 梅斯指导下俄亥俄土墩遗址的探沟发掘现场。（哈佛大学皮博迪博物馆提供）

俄亥俄土墩出土的雕刻石牌饰。这些小而奇特的物体很可能被用作纺织品或身体上的印章。它们与阿迪纳文化（Adena）或霍普韦尔文化（Hopewellian）有关，也可能和二者都有关。此类发现有助于支持"神秘的土墩建造者"的流行假说，这些假说在普特南、托马斯以及与他们同时代的学者做了科学发掘之后还持续了很久。（哈佛大学皮博迪博物馆提供）

质在 19 世纪时仍未得到全面的认识。人们还不了解更新世在什么时候结束，也不知道像乳齿象这些灭绝动物生存于什么时代。地质学与考古学的发掘技术也没有成熟到能够帮助解答更新世人类出现的问题。

即使到今天，美洲更新世晚期的整体面貌在许多方面仍存在着不同的认识。更新世的出现是清楚的，但是早期人类如何到达新大陆却仍然处于争论之中。美洲大陆与欧洲大陆是无法类比的，在欧洲，人属（genus *Homo*）遗存的年代可以上推至数十万年前，在埋藏深厚的大量更新世堆积中，可以找到丰富的古人类石器，[55] 所以，19 世纪的考古学家迫切需要严谨的方法论与严格的证据标准，这样的状况突然出现也就不足为奇了。每一个新的考古发现，如果有一些出土物，或者看上去像是原始工具，或者与古地质学有一定的联系，都被宣称是新大陆人类历史的重要证据。

但是，实际上所有被宣称为冰河时代的发现（不管是人工制造的还是人类的）最后都被证明是不可信的，学界的观点开始向另一个方向摆动。这一变化的推动者是威廉·亨利·霍尔姆斯（William Henry Holmes）和阿莱斯·赫尔德利奇卡（Aleš Hrdlička）。

霍尔姆斯起初是受过训练的艺术家，但是，在参加了美国地质调查局在美国西部地区的田野调查后，他的兴趣很快转向了地质学，之后又转向了考古学。他的大部分职业生涯是在美国国家博物馆和美国民族学研究部度过的，并于 1902 年接替鲍威尔担任了民族学研究部主任。我们在随后还要提及，他也在墨西哥做了少量的田野工作。霍尔姆斯对史前陶器和石器制作工艺非常感兴趣，他的分类工作为之后的类型学发展奠定了

威廉·亨利·霍尔姆斯（William Henry Holmes，1846～1933）。（史密森学会国家人类学档案馆提供）

基础（参阅 Holmes，1903）。在石器工艺研究领域，他对那些其他学者认为是冰河时代人工制品的"旧石器"进行了研究，认为这些"工具"实际上是晚近的土著工匠的废弃物（Holmes，1892；Hough，1961，p.195）。这项研究使他确信人类在更新世之后才到达新大陆，并成为这个观点的强烈拥护者。

虽然赫尔德利奇卡常常被误解，但是他对美洲考古学也有着重要的影响[15]。作为一位体质人类学家，他在 1903 年进入了美国国家博物馆，1910 年成为体质人类学部的主任[16]。赫尔德利奇卡对早期的发现尤其感兴趣，他几乎研究了 20 世纪早期发现的所有所谓的早期遗址和相关的骨骼材料。他毫不客气地批驳了学者们对这些发现的早期年代断言，以及草率的发掘方法。虽然他仍然认为人类在 10000 多年前到达新大陆的证据终有一天会被发现，但他不相信当时所有的"早期"发现（Hrdlička，1925）。随着时间推移，赫尔德利奇卡对新发现的驳斥逐渐变得有些武断（Schultz，1945，pp.312-313），而且如小弗兰克·H.H.罗伯茨（Frank H.H.Roberts）所说，一种恐慌的氛围在更新世晚期研究领域蔓延，许多学者害怕面对赫尔德利奇卡的刻薄攻击。"对美洲早期人类进行研究实际上已经成为一种禁忌，没有一位渴望成功的人类学家，甚至是地质学家和古植物学家，愿意冒着被排斥和孤立的危险对外宣布他 ［56］发现了与印第安人相关的文物"（Roberts，1940，p.52）。

然而，克卢洛（Clewclow）曾敏锐地指出，赫尔德利奇卡的作用应当根据他所处的历史背景来评价（Clewclow，1970，p.32）。与其将赫尔德利奇卡视作一股消极的力量，倒不如将他对各类考古学家的批评看作是将田野考古和研究工作引向严谨并建立实证成熟模式的一种努力。也就是说，他可能在一定程度上阻碍了更新世晚期的研究，但是通过促进研究方法变得更为科学规范，他从整体上推动了美洲考古学学科的发展。由此，赫尔德利奇卡为"分类—描述时期"向"分类—历史时

期"过渡奠定了基础。至于说这种努力与所取得的发展是否相
等，那倒是另外一个问题了。

霍尔姆斯是北美洲东部地区陶器分类研究最伟大的学者。他从其他物品中辨别并区分出了佛罗里达州有
织物状纹饰的器物。许多年后，这些器物被证明是墨西哥以北的美洲地区最早的陶器。（引自 Holmes，
1903）

[57]　　　　所有此前考古发现的结论，以及霍尔姆斯、赫尔德利奇卡
的质疑和驳斥造成的结果是，直至此时期结束，美洲史前史的
时间维度几乎没有拓展。导致这种状态发生的整体氛围对美洲
考古学的发展产生了重大影响。在"分类—描述时期"总体
评述和随后的章节中，我们将对此做进一步的讨论。

我们此前已经提及，在"分类—描述时期"，考古学（至
少是对古物的兴趣）在空间维度上得到了广泛传播。当探险家
和后来的新移民进入美国西南部美洲印第安人的保留地时，描

述性的（descriptive）考古学成果大幅增加。在其他地区，如美国的东南部、东北部，甚至阿拉斯加地区，不断壮大的职业考古学家队伍开展了很多有价值的新研究项目。

　　美国西部地区的许多早期考古工作都是由探险队，或者是联邦政府支持的各类勘查队的成员们开展的（Goetzmann，1959，1966）。通常情况下这些考古工作只是简单的遗迹记录，特别是在西南部地区；但是随着时间的推移，出现了越来越多的田野发掘工作。在西南部地区，威廉·H. 埃默里（William H. Emory）［他几乎是单枪匹马地开展西南地区的考古学研究（Goetzmann，1966，p. 255；Emory，AFM1848）］，J. H. 辛普森（J. H. Simpson）、克恩夫妇（the Kerns）以及其他由美国军方组织的地形测量队成员做了考古遗存的首次记录。后来的调查者包括来自民族学研究部和私人探险队成员，如詹姆斯·史蒂文森［James Stevenson，民族志学家玛蒂尔达·考克斯·史蒂文森（Mathilda Coxe Stevenson）的丈夫和鲍威尔少校（Major Powell）的同事］、曼德列弗夫妇（the Mindeleffs）、韦瑟里尔夫妇（the Wetherills）、A. 班德利尔（A. Bandelier）、F. H. 库欣（F. H. Cushing）、J. W. 富克斯（J. W. Fewkes）、B. 卡明斯（B. Cummings）、古斯塔夫·诺登舍尔德（G. Nordenskiold）和埃德加·L. 休伊特（E. L. Hewett）等，他们都勇敢地面对恶劣工作环境，推动了考古学学科描述阶段的发展。弗兰克·汉密尔顿·库欣（Frank Hamilton Cushing）作为私人资助的海明威探险队（Hemenway Expedition）的领导者，在西南部地区开创性地应用了"直接—历史"的研究方法（direct-historical approach），并且在他的工作中将民族学和考古学相结合（Cushing，1890）；班德利尔、富克斯和霍夫（Hough）等学者对西南部地区年代学显现出超前的兴趣，并做出了一些相对准确的关于文化序列的推测（Bandelier，1892；Hewett，1906；Hough，1903）。也就是说，内尔斯·C. 纳尔逊（Nels C. Nelson）和艾尔

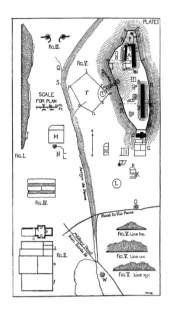

班德利尔（Bandelier）绘制的新墨西哥州佩科斯遗址（Pecos）的平面图。（引自Bandelier，1881）

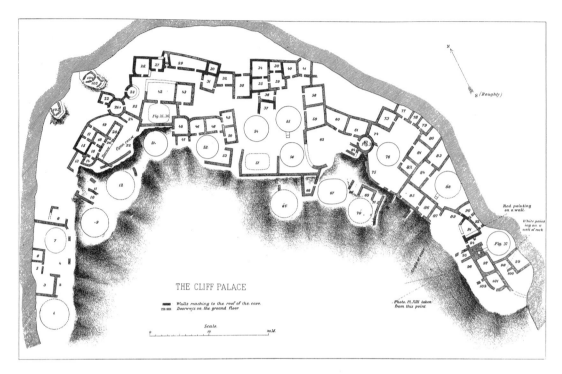

古斯塔夫·诺登舍尔德绘制的科罗拉多州梅萨维德遗址（Mesa Verde）的悬崖宫殿（Cliff Palace）平面图。（引自 Nordenskiold, 1893）

在世纪之交拍摄的科罗拉多州梅萨维德云杉树屋遗址的照片。（哈佛大学皮博迪博物馆提供）

弗雷德·文森特·基德尔（A. V. Kidder），作为随后的"分类—历史时期"的开创者，并不是横空出世地取得了那些令人瞩目的考古学进步，他们的成功是建立在前人的研究基础之上的。

在美国东南部地区，克拉伦斯·B. 摩尔（Clarence B. Moore）乘着他的私人船屋实地考察了许多重要的遗址。他所考察的大部分遗址分布在这个区域内不同河流的岸边，或邻近区域。摩尔后来出版了一系列包含大量绘图资料的遗址记录报告，公布了这项工作（参见 Moore，1896，1902，1910）。此前，查尔斯·科尔科克·琼斯（C. C. Jones）研究了佐治亚州的遗址，盖茨·P. 瑟斯顿（Gates P. Thurston）于 19 世纪末在田纳西州做研究，再稍晚一些，H. I. 史密斯（H. I. Smith）在肯塔基州发掘了福克斯农场遗址（Fox Farm site）（Smith，1910）[17]。在东海岸和俄亥俄河谷地区工作的学者还包括，在东南部地区发掘的杰勒德·福克（Gerard Fowke），在缅因州和俄亥俄州等地区工作的威洛比（Willoughby），以及在普特南支持或资助下开展发掘工作的沃尔克（Volk）、克雷森（Cresson）和梅斯（Metz）等学者。 [58]

沃伦·金·穆尔黑德（Warren King Moorehead）研究了俄亥俄州的一些土墩，包括古堡遗址（Fort Ancient）和霍普韦尔土墩群（Hopewell Mound group），此后，他出版了对缅因州和伊利诺伊州卡霍基亚等遗址（Cahokia）的研究成果（Moorehead，1892，1922，1928）。他还写了两卷本的《北美洲的石器时代》（*The Stone Age of North America*），并且在很多年里担任马萨诸塞州菲利普斯学院（Phillips Academy）美洲考古学系主任。

地质学家、麦吉尔大学（McGill College and University）校长约翰·威廉·道森（John W. Dawson）曾在加拿大魁北克地区做了一些重要的考古工作。最令人关注的是，他尝试将蒙特 [59]

利尔西部发掘出土的人工制品和 1535 年卡地亚（Cartier）考察和记录过的郝舍拉加（Hochelaga）地区易洛魁族（Iroquois）村落联系起来。理查德·S. 麦克尼什（Richard S. MacNeish）在 1981 年曾这样评价说："这里不仅是加拿大考古学的诞生地，也许还是直接—历史研究方法的发源地。"道森在他首次出版于 1880 年的《化石人类和他们的现代后裔》（*Fossil Men and Their Modern Representatives*）一书中系统阐述了他的许多发现。

道森采取了与众不同的思路，他试图通过与美洲的考古学资料进行比较来还原欧洲史前生活的图景，而不是反过来。在比较密西西比河谷土墩建造者的"锄头"（Hoe）和法国索姆河谷（Somme Valley）的燧石工具时，道森指出（1880, p.17）："在进行这些比较的同时，我不希望把自己仅仅限定在工具和其他遗存相似性的比较上，希望能揭示出美洲印第安人真实生活的场景，并将我们设定于他们的位置上，从他的角度去观察事物。通过这样一种与印第安人相同的视角，我们可能有机会找到那些欧洲博学的考古学家们未能了解的历史真相，有望揭示出欧洲大陆和美洲大陆原始人类生动而有价值的场景。"

[60] 在简要回顾"分类—描述时期"为我们积累北美洲东部地区史前史研究资料的那些学者时，我们还应当关注威廉·C. 米尔斯（William C. Mills）对俄亥俄河谷土墩的研究工作。米尔斯的后半生一直担任俄亥俄州考古历史学会（Ohio Archaeo-logical and Historical Society）博物馆馆长，他被认为是"分类—描述时期"推翻假说的赛勒斯·托马斯和"分类—历史时期"做出文化类型划分的威廉·C. 麦克恩（W. C. Mckern）之间转型时期的一位重要人物。

C. B. 摩尔在佛罗里达州圣约翰河的沙丘墓中发现的陶器。(1) 杜瓦尔码头 (Duval Landing) (2、3) 提克岛 (Tick Island)。（引自 Moore，1894）

在发掘了俄亥俄的各类土墩遗址之后，米尔斯已经可以将古堡文化与霍普韦尔文化区分开 (Mills，1906，1907；Schwartz，1967，pp. 26ff.)，但年代序列仍然不能确定。也就是说，在 20 世纪之初，学者们已经开始尝试在 "土墩文化" 中找寻出文化的多样性。而且，对那些新认知的文化不再仅仅是从地理分布（或者空间分布）上进行分类，而是通过文化的相似性来进行分类，在这个方面，托马斯的研究工作就是一个典型的例子 (Thomas，1894)。米尔斯不是第一位尝试这样做的学者，例如，此前瑟斯顿已经在田纳西州确认了石墓文化 [Stone Grave culture，或者瑟斯顿所称的 "族群" (race)] (Thurston，1890；Schwartz，1967，p. 26)。但是，米尔斯将他的文化定义建立在细致的发掘和分析的基础之上。然而，米尔斯未能基于地层学资料将这些考古学文化进行排序以重建区域文化序列。这并不是说米尔斯没有意识到时间概念[18]，只不过是因为他缺乏一定的考古学资料基础而难以开展这方面的科学研究。

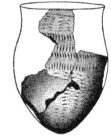

缅因州贝丘遗址出土的陶器。威洛比 (Willoughby) 陶器属于阿尔冈昆族① (Algonquian)。虽然这种从民族语言学角度的认知可能是正确的，但是现在人们认识到这类陶器可以追溯至公元 1000 年，并且与广义的霍普韦尔文化有一定的联系。（引自 Willoughby，1909）

---

① 使用阿尔冈昆语的部落之统称，散居于加拿大渥太华河上游两岸的密林中，到 20 世纪后期仅存 2000 人。——译注

遗址栅格平面图。包括墓葬、
圆形房址（由柱洞和火塘表
示）、其他用火区和窖穴等遗
迹。在此例中，米尔斯的发掘
比此前在俄亥俄河谷的考古工
作公布资料更全面，资料记录
更为精确。（引自 Mills，1906）

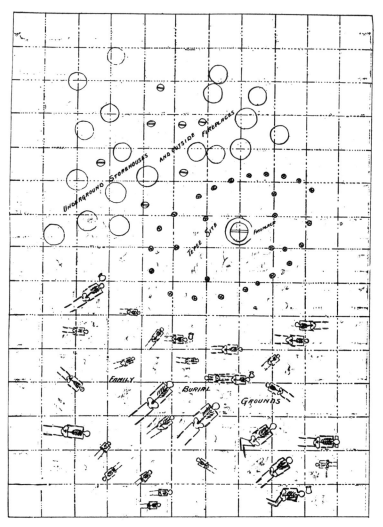

鹿角状铜质头饰。出土于霍
普韦尔土墩墓中。同时出土
的还有淡水珍珠项链、铜护
胸甲和其他装饰品。（引自
Moorehead，1892）

[61]

在遥远的西部（Far West）和阿拉斯加，像 H. I. 史密斯、
麦克斯·乌勒（Max Uhle）和内尔斯·C. 纳尔逊，以及著名
的博物学家威廉·希利·多尔（William Healey Dall）等学者
都做出了重要贡献，多尔和乌勒运用地层学方法建立年代序列
的努力尤显重要。多尔是一位贝类学家和自然科学家，曾参加
过几次赴阿拉斯加的探险考察。在其中的一次考察过程中，
他有机会发掘了阿留申群岛的多处贝丘遗址。他题为《阿留
申群岛贝丘遗址的演进序列》（*On Succession in the Shell-Heaps*

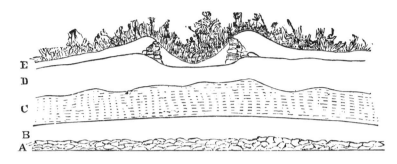

多尔在阿拉斯加阿留申群岛发掘的一个贝丘遗址的剖面图。（A）原生土（B）出土有海胆遗存的地层（C）出土有鱼骨遗存的地层（D）出土有哺乳动物遗存的地层（E）现代沉积物和植被。（引自 Dall，1877）

of the Aleutian Islands）的文章公布了研究成果，这篇文章被收录于鲍威尔少校 1877 年编选出版的《对北美洲民族志的贡献》（Contributions to North American Ethnography）第 I 卷中。

　　多尔在几处贝丘遗址上开设探沟发掘，并且辨别出探沟剖面上的不同地层。在此基础上，他依据地层资料区分了贝丘三个不同时期的年代特征。如多尔所说（1877，p. 47）："［探沟］使我们能够清晰地了解贝丘的构造和组成；辨认出不同的地层和包含物；能够反复地观察分析；能够通过若干地点的经验充分确认；由此也为这篇文章提出的概括性结论奠定了基础。"他继续总结道（pp. 49-51）：　　　[62]

　　　　从原始的因纽特阶段（Innuit stage）到现在的阿留申阶段（Aleut）存在一个渐进的发展过程，中间没有明显的中断。关于这一点，可以从群岛上贝丘遗址的堆积物和包含遗物的连续性上得以清楚地揭示……

　　　　根据在这些贝丘遗址不同地层中发现的食物类别、获取食物的工具和加工食物器具的各自特点，可将遗址基本分为三个阶段：

　　　　I．滨海阶段（The Littoral Period），即出土有海胆（Echinus）遗存的地层。

　　　　II．捕鱼阶段（The Fishing Period），即出土有鱼骨遗存的地层。

Ⅲ. 狩猎阶段（The Hunting Period），即出土有哺乳动物遗存的地层。

这些地层是与形成它们的人群发展的实际阶段基本一致的；因此，地层中的包含物在一定程度上可以揭示在该地层沉积形成过程中，当时人们的生存状况。

虽然多尔还在使用"低级阶段""高级阶段"等 19 世纪典型的、不合适的学术术语来评定不同类型的考古学文化，但是他也认识到了生态环境对群岛上文化的不同发展状况可能产生的影响。也许正是多尔所具备的地质学知识和学术背景，使他能够以比许多同时代的学者更高超的方法来研究考古学资料[19]。

令人遗憾的是，多尔没有在更多的遗址进行发掘。他的论[63] 文与三期说结论，以及形成这一结论的方法似乎并没有对同时代的其他考古学家产生什么影响。阿留申群岛的偏远无闻以及没有后续的发掘，可能是使他的贡献被逐渐淡忘的原因。

麦克斯·乌勒刚从秘鲁发掘回来，就在加利福尼亚州旧金山湾的爱莫利维尔贝丘遗址（Emeryville Shell-mound）的发掘中取得了重大突破（Uhle，1907）。德裔考古学家乌勒在来美国之前曾在他的祖国接受过专业训练，他受宾夕法尼亚大学和加利福尼亚大学的委托在秘鲁进行考古发掘，这些重要的发掘我们将在本书南美洲章节里再叙述。在爱莫利维尔贝丘遗址的发掘中，乌勒"一层接一层"（乌勒原书页码 p. 8）清楚地发掘了贝丘遗址。他认为贝丘的时代和文化阶段可以由十个主要的地层揭示出来，他甚至还列出一张表来说明贝丘遗址每一层中包含的工具数量（乌勒原书页码 p. 39），他明确指出："发掘资料表明，上部地层包含物的特征与下部地层包含物的特征是完全不同的"（乌勒原书页码 p. 39）。乌勒也认识到了地层之间的连续性。乌勒将爱莫利维尔贝丘遗址与西海岸、东海岸，甚至丹麦发现的其他贝丘遗址进行了对比研究，认为这个遗址的延续时间超过了一千年，连续地层中包含物的变化是文化变迁的确凿证据。乌勒的工作被阿尔佛雷德·路易斯·克罗伯（Alfred Louis Kroeber）的学生内尔斯·C.纳尔逊（Nels C. Nelson）所延续，纳尔逊对埃利斯码头贝丘遗址（Ellis Landing Shell-mound）和旧金山湾的其他贝丘遗址做了发掘（Nelson，1909，1910）。然而，与后来在美国西南部所做的开创性工作相比，纳尔逊此时对这些遗址的解读要比乌勒谨慎得多，没有取得更多的创新（Rowe，1962）。

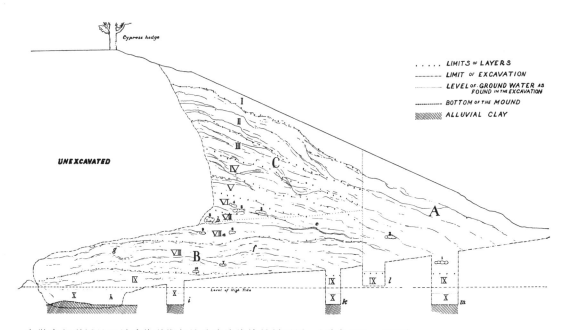

乌勒在加利福尼亚州爱莫利维尔贝丘遗址的地层剖面图。（引自 Uhle，1907）

令人遗憾的是，乌勒的研究工作并没有获得应有的认可并产生影响。虽然他的爱莫利维尔贝丘遗址发掘报告的确还不是尽善尽美，但是乌勒认识到了地层的延续所展现出文化变迁的重要价值。然而，阿尔佛雷德·路易斯·克罗伯，作为加利福

尼亚大学人类学系的负责人和支持乌勒及其他考古学家工作的
"赫斯特基金"（Hearst Fund）的管理者，却并没有认可乌勒
的结论。具有讽刺意味的是，在随后的十年间，曾经不接受乌
勒研究成果的克罗伯，自己却成为将考古资料用于历史解读的
拥护者。克罗伯在 1909 年为《普特南纪念文集》（*Putnam An-
niversary Volume*）①所写的文章中，虽然没有直指其名，但是严
厉地批评了乌勒的结论。他说，"那位虽然只对旧金山湾贝丘
遗址做了部分发掘却发布了系统报告的学者，坚持这样一种观
点，认为文明的显著进步和发展可以反映在地层堆积中。对形
成这一观点所依据材料的客观检验却倾向于否定而不是证明此
观点"（Kroeber，1909，p. 15）。克罗伯不认为考古记录可以
作为文化的小幅度演进和微观变化的证据。罗维（Rowe）敏
锐地指出："克罗伯在当时（1909 年）是依据技术和生业的主
体变化来构想文化演进的，他认为短期内的任何变化都是不重
要的，因此他不能理解乌勒对所有变化（无论多么小的变化）
的关注。"（Rowe，1962，pp. 399-400）。在乌勒加利福尼亚发
掘之后的十年间，北美洲西南部地区和墨西哥的考古学家确实
掌握了对文化微观变化的描述，这为"分类—历史时期"奠
定了基础。然而，对这些变化的解读却直到 1960 年以后才开
始在美洲出现。

[64]

## 中美洲的考古学研究

中美洲（Middle America 或者 Mesoamerica）考古学的发展
趋势与北美洲基本同步，虽然它的发展速度和关注重点与北美
洲完全不同。中美洲考古学同样也受到了欧洲的影响，但更多
是受到欧洲学者个人的影响，而不是像北美洲那样受到整体学

---

① 该文集为祝贺普特南（1839～1915）七十岁生日而编撰出版。——
译注

术体系或者考古学学科发展的影响。中美洲与北美洲考古学发展的不同，显然是因为中美洲保留有相对丰富和壮观的历史遗迹，以及大量的本土文献记录和文字书写系统。而后者吸引了许多欧洲和北美学者的关注，研究者将大部分精力投入到对文献和文字系统的研究和解读中。西班牙的征服与英法的殖民两者在观念和结果上的不同（前一章已经提及）也对这两个地区考古学的发展产生了影响。

　　中美洲"分类—描述时期"的肇始以约翰·L. 斯蒂芬斯律师（John L. Stephens）（Von Hagen，1947）和建筑师、艺术家费德里克·卡瑟伍德（Federick Catherwood）在尤卡坦半岛（Yucatan）和中美洲的两次考察，以及他们撰写的《中美洲、恰帕斯和尤卡坦半岛旅行纪述》（*Incidents of Travel in Central America，Chiapas，and Yucatan*，1841 年出版）和《尤卡坦半岛旅行纪述》（*Incidents of Travel in Yucatan*，1843 年出版）的发表为标志（Catherwood，1844）。斯蒂芬斯早先已经广泛游历了欧洲大陆，并出版了三本考察报告（Stephens，1837，1838，1839）。斯蒂芬斯和卡瑟伍德的研究工作在真正意义上开创了中美洲考古学，特别是玛雅考古学。波洛克（Pollock，1940，p. 185）曾这样评价道：

> 　　单单这些人的考察本身就将使他们成为玛雅考古的重要人物，而且，斯蒂芬斯直白朴实的描述记录，以及在银板照相术和投影描绘器帮助下卡瑟伍德精确的绘图，为我们留下了具有巨大价值的资料。此外，斯蒂芬斯提出的遗迹是本土来源且年代并不久远的明智观点，在那个对研究对象草率下结论的年代是非常难得的。

洪都拉斯科潘遗址[①]（Copan）2 号石碑的图像。（引自 Maudslay，1889～1902）

[65]

---

① 科潘玛雅遗址，位于洪都拉斯首都特古西加尔巴西北部的科潘省。1980 年被列入"世界遗产名录"。——译注

这两本书被广泛传阅并激发了新的考察和记录，斯夸尔和戴维斯的《密西西比河谷的古迹》（*Ancient Monuments of the Mississippi Valley*）一书就是以斯蒂芬斯和卡瑟伍德的著作为范本。

这两位开拓者拥有各种各样的追随者，包括法国人萨赫内（Charnay），首次拍摄了玛雅遗迹照片（Charnay，1887）；勒·普朗根（Le Plongeon）这位在美洲考古学史上具有最独特个性的人物，进行了一些早期的发掘（Wauchope，1962，pp. 7-21）；英国人阿尔佛雷德·P. 莫兹利（Alfred P. Maudslay）考察和测绘了许多遗址，包括亚克奇兰（Yaxchilan）和科潘，出版了四卷本的考古学巨著《中美洲生物》（*Biologia Centrali Americana*）（Maudslay，1889～1902；Thomas，1899）；泰奥伯特·梅勒尔（Teobert Maler），受皮博迪博物馆委派，测绘、拍摄并且仔细记录了许多玛雅遗迹（Maler，1901，1903，1908）；德国人阿道夫·巴斯蒂安（Adolph Bastian）和 S. 哈贝尔（S. Habel），记录了危地马拉高地圣卢西亚·卡祖玛华帕遗址（Santa Lucia Cotzumalhuapa）的石雕（Bastian，[66] 1876；Habel，1878）；地理学家和民族学家卡尔·萨珀（Karl Sapper），将遗迹按照建筑类型分类，并将其与族群和语言分布区域联系起来（Pollock，1940，p. 190；Sapper，1895）；托马斯·甘恩医生（Thomas Gann），在洪都拉斯和英属洪都拉斯（British Honduras）进行调查发掘（Gann，1900）；美洲驻尤卡坦领事 E. H. 汤普森（E. H. Thompson）发掘了奇琴伊察[①]（Chichen Itza）的圣井遗址（Sacred Cenote），并考察了其他遗迹（E. H. Thompson，1897，1898，1904）。

玛雅地区是大部分考察工作的核心区域，但是在墨西哥中

---

① 奇琴伊察（Chichen Itza），玛雅城邦遗址，曾是古玛雅帝国最大最繁华的城邦。遗址位于尤卡坦半岛中部，始建于公元 514 年。城邦的主要古迹有：千柱广场，武士庙，高 30 米的呈阶梯形的库库尔坎金字塔。以及圣井（石灰岩竖洞）和玛雅人古天文观象台。1988 年被列入"世界遗产名录"。——译注

亚克奇兰（Yaxchilan）的一处宫殿遗址。这个遗址被萨赫内（Charnay）命名为"罗瑞拉德城"（Lorillard City）。（引自 Charnay，1887）

部也有一些考察工作。李奥波度·巴特雷斯（Leopoldo Batres）在特奥蒂瓦坎古城①（Teotihuacan）进行了发掘（Batres，1906）；齐利亚·纳托尔（Zelia Nuttall）发表了他对墨西哥诸多考古问题的研究（Nuttall，1910）[20]；W. H. 霍尔姆斯（我们此前曾述及）也对中美洲考古学做出了重要贡献。在《墨西哥古代城市的考古学研究》（*Archaeology Studies among the Ancient Cities of Mexico*）一书中，霍尔姆斯将陶器和各种类型的礼仪建筑进行了分类，并尝试着进行细致的考古学比较研究（Holmes，1895～1897）。

---

① 特奥蒂瓦坎古城（Teotihuacan）位于墨西哥首都墨西哥城东北约 40 公里处，1987 年被列入"世界遗产名录"。——译注

[67]

洪都拉斯科潘遗址2号石碑
背面和侧面的首字母序列和
象形文字正文。这类图像对
如 J. T. 古德曼（J. T. Good-
man）这样的玛雅符号解读学
者而言，价值不可估量。（引
自 Maudslay，1889～1902）

正是上述这些人的共同努力，帮助构建了中美洲考古学 [68]（尤其是玛雅考古学）"分类—描述时期"的基础，并且为之后"分类—历史时期"的发展铺平了道路。

梅勒尔（Maler）拍摄的精美遗迹照片。这是危地马拉佩滕省（Peten）赛巴尔（Seibal）11号石碑。（哈佛大学皮博迪博物馆提供）

中美洲第一次大规模的重要发掘，是由哈佛大学皮博迪博物馆在洪都拉斯科潘地区玛雅文化古典时期（Classic Maya）[①]的主要中心区域进行的。

———————————————

① 依据中美洲编年，玛雅历史分成前古典期、古典期及后古典期。前古典期（公元前1500年~公元300年）也称形成期，历法及文字的发明、纪念碑的设立及建筑的兴建均在此时期；古典期是全盛期（约公元4世纪~9世纪），文字的使用、纪念碑的设立、建筑的兴建及艺术的发挥均在此时期达到极盛；后古典期（约公元9世纪~16世纪），此时期北部兴起奇琴伊察及乌斯马尔等城邦，文化逐渐式微。玛雅从来不像希腊及埃及等文明拥有一个统一的强大帝国，全盛期的玛雅地区分成数以百计的城邦，然而玛雅各邦在语言、文字、宗教信仰及习俗传统上却属于同一个文化圈。16世纪时，玛雅文化的传承者阿兹特克帝国被西班牙殖民者消灭。——译注

1890 年左右，爱德华·赫伯特·汤普森将墨西哥尤卡坦半岛拉博纳宫室（Labna）的一个房间用作办公室。（哈佛大学皮博迪博物馆提供）

［69］

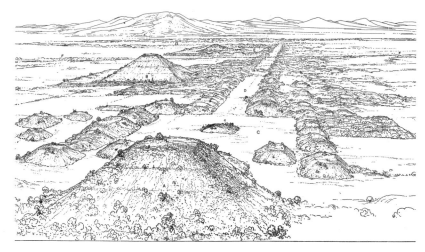

威廉·亨利·霍尔姆斯（W. H. Holmes）绘制的墨西哥河谷特奥蒂瓦坎古城遗迹分布图。透过艺术视角，从月亮金字塔①（Pyramid of the Moon）的背后向"亡灵之路"（the Street of the Dead）远眺，著名的太阳金字塔②（Pyramid of the Sun, B）位于左边，左侧还有被误称作"城堡"③（Ciudadela）的围场遗址（enclosure, E）。这幅素描是霍尔姆斯精湛技艺的范例。虽然是凭借印象绘制，但是非常准确。（引自 Holmes, 1895~1897）

---

① 玛雅文明特奥蒂瓦坎古城的重要遗迹之一，在中轴线"亡灵之路"（the Street of the Dead）的北端。——译注
② 玛雅文明特奥蒂瓦坎古城的重要遗迹之一，在中轴线"亡灵之路"（the Street of the Dead）中段的东侧。——译注
③ 亡灵之路南端矗立的四边形建筑遗址，每边长约 400 米，总面积近 7 公顷。曾被西班牙人误认为是城堡要塞。——译注

[70]

皮博迪博物馆在19世纪
90年代发掘期间拍摄的
科潘石碑照片。可以与
卡瑟伍德绘制的科潘2
号石碑（英文版扉页插
图）进行比较。（哈佛
大学皮博迪博物馆提
供）

墨西哥恰帕斯州的帕伦克（Palenque）①玛雅遗址。照片拍摄于 20 世纪初期。（哈佛大学皮博迪博物馆提供）

[71]　　　　　这项工作由 M. H. 塞维尔（M. H. Saville）、在田野工地去世的约翰·欧文斯（John Owens）以及 G. B. 戈登（G. B. Gordon）三人指导，其研究成果作为皮博迪博物馆的新调查报告系列之一正式出版（Gordon，1896，1902；Saville，1892）。但是这些调查报告从内容到风格基本上都是描述性的。学科前进的新步伐是由阿尔佛雷德·M. 托泽（Alfred M. Tozzer）[21]与 R. E. 默温（R. E. Merwin）在玛雅低地，以及埃德加·L. 休伊特（Edgar L. Hewett）和西尔韦纳斯·G. 莫利（Sylvanus G. Morley）在基里瓜（Quirigua）的工作迈出的。在遗迹描述的处理方式上，他们在记录的准确性和介绍的完整性方面都是非

---

① 墨西哥历史文化名城，位于东南沿海平原，是典型的玛雅古国城市遗址。古城兴起于公元前 1 世纪，顶峰时期是公元 600 年至 700 年间，1987 年被列入"世界遗产名录"。——译注

危地马拉玛雅低地蒂卡尔遗址（Tikal）①的 1 号神殿。照片拍摄于托泽探险队在此调查时期（大约 1911 年）。（哈佛大学皮博迪博物馆提供）

[72]

洪都拉斯科潘出土的玉米神（Maize God）头像。（哈佛大学皮博迪博物馆提供）

---

① 蒂卡尔（Tikal）坐落于危地马拉的佩滕省，曾是玛雅文明的文化和人口中心之一，1979 年被列入"世界遗产名录"。——译注

常先进的。他们也尝试着做了一些年代学研究，但这是通过将所发掘的建筑、墓葬与象形文字铭文，以及在相关遗迹上发现的玛雅纪年日期联系起来进行的研究（Tozzer，1911，1913；Hewett，1912；Morley，1913；Pollock，1940，pp. 191-192；Merwin and Vaillant，1932）。

象形文字铭文和土著文献研究是我们在回顾"分类—描述时期"中美洲考古学时要关注的另一个重要领域。在这一研究领域，虽然赛勒斯·托马斯（Cyrus Thomas）、丹尼尔·G. 布林顿（D. G. Brinton）、约瑟夫·T. 古德曼（Joseph. T. Goodman）、查尔斯·P. 鲍迪奇（Charles P. Bowditch）等美洲学者也做出了贡献，但主要还是欧洲学者占据主导地位，如阿贝·布拉瑟尔·德·布赫布尔（Abbé Brasseur de Bourbourg），欧内斯特·W. 佛兹曼（Ernest W. Förstemann），爱德华·泽勒（Edward Seler）和利昂·德·罗斯尼（Léon de Rosny）[22]。这些学者的主要关注点本质上是人文，而且除了托马斯以外都不是真正意义上的田野考古学家。然而，他们的研究在几个重要的方面的确给予了中美洲考古学家许多帮助。

查尔斯·P. 鲍迪奇（Charles P. Bowditch，1842～1921）。鲍迪奇精通玛雅天文学和数学，是哈佛大学皮博迪博物馆早期玛雅考古项目的主要资助人。（哈佛大学皮博迪博物馆提供）

佛兹曼被称作"玛雅象形文字研究之父"（J. E. S. Thompson，1958b，p. 43），他对《德雷斯顿抄本》（Dresden Codex，一部原始的玛雅文献）进行了研究，并解读了其中的许多数字和历法资料[23]，这一研究成果可以帮助考古学家判断玛雅地区带有铭文遗迹的年代；布拉瑟尔·德·布赫布尔（Brasseur de Bourbourg）研究了兰达（Landa）的《尤卡坦纪事》（*Relación de las Cosas de Yucatán*）[24]①，以及尤卡坦半岛和危地马拉高地的玛雅文献（Brinton，1882，1885），为考古学家提供了许多非常有价值的早期玛雅文明类比资料，以及西班牙征服前玛雅

---

① 原书文中缺失注释24的位置，根据注释内容和上下文关系，暂列于此。——译注

文明发展与富庶程度的重要认知。

此后，当考古学家开始采用科学方法研究诸如聚落村庄与文明的兴起，以及城市、城邦的发展进程等问题时，玛雅文明（及中美洲其他古代文明）丰富的研究资料使他们受益匪浅。然而，丰富的资料也带来了一些消极影响。在"分类—描述时期"和"分类—历史时期"，玛雅文明精英阶层相对丰富的研究资料（尤其是宗教方面），以及卓越超群的建筑和富丽堂皇的艺术吸引住了考古学家的注意，使他们将研究局限于人为设定的狭小领域。中美洲的历史重建变成了辉煌史的重建。这一狭隘的研究视野直到"分类—历史时期"结束时才得以修正。

最后，从更宽泛的角度来说，我们应该关注威廉·H. 普雷斯科特（Prescott）对西班牙征服墨西哥史诗般的记述（Prescott，1843）。此外，路易斯·亨利·摩尔根（Lewis Henry Morgan）和班德利尔（Bandelier）对阿兹特克帝国（the Aztec state）① 文明高级程度的质疑也应当被提及（Morgan，1876；Bandelier，1877，1878，1879）。这个问题涉及阐释与等级划分。摩尔根和班德利尔从进化论假说的角度提出质疑，倾向于低估阿兹特克人的成就，认为没有真正意义上的土著美洲文明。虽然现在看来摩尔根和班德利尔的观点明显是错误的，但是他们提出的对阿兹特克社会政治组织特征和文明发展程度的诸多问题，则预示了下一阶段考古学家转向研究文明发展问题的学术方向。 [74]

1914 年，在这一时期结束之时，英国考古学家托马斯·A. 乔伊斯（Thomas A. Joyce）已经能将所有关于中美洲考古学的研究资料收录于名为《墨西哥考古学》（*Mexican Archaeology*）

---

① 阿兹特克文明与印加文明、玛雅文明并称为中南美洲三大文明，主要分布在墨西哥中部和南部，1521 年为西班牙人所毁灭。——译注

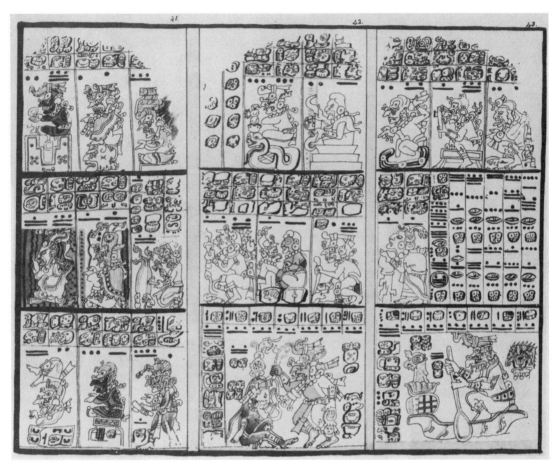

《德雷斯顿抄本》中的几页。佛兹曼就是依据此文献完成了他对玛雅象形文字的大部分解读工作。（引自 Kingsborough，1831～1839）

的综述性著作中（Joyce，1914）。他尝试着根据玛雅遗迹上刻写的时间铭文和土著传说提供的事件序列为该地区建立年代序列。此前一年，H. J. 斯平登（H. J. Spinden，1913）做出了一项更为重要的研究，《玛雅艺术研究》（*A Study of Maya Art*）毋庸置疑是一部超前的著作，它提出了许多关于玛雅文明的令人兴奋的假说。最重要的是，斯平登尝试以艺术风格演进特点为年代序列框架，并据此对玛雅艺术进行年代排序。到 1914 年时，中美洲考古学的新时代已初现端倪。

[75]

## 南美洲的考古学研究

在南美洲的许多地区，逐步开展了"分类—描述时期"的传统考古学研究工作。这些工作在很大程度上接近斯蒂芬斯和卡瑟伍德的风格，即游历者撰写的报告包含精细绘图和对事实的准确记录。南美洲拥有最壮观遗迹的秘鲁吸引了大多数人的关注，有关秘鲁考古学（和现存土著居民）的著述从 19 世纪 50 年代就开始出现，并且一直持续到了 20 世纪。其中最著名的，包括丘迪（Tschudi，1869）、卡斯泰尔诺（Castelnau，[76] 1852）、维纳（Wiener，1880）、米登多夫（Middendorf，1893～1895）和以密西西比河谷发掘成名的斯夸尔（1877）所完成的

秘鲁奥兰塔坦博（Ollantaytambo）的印加遗迹。（引自 Squier，1877）

那些著作。就学术素养而论，克莱门茨·马卡姆爵士（Sir
Clements Markham）应当算是当时非常重要的秘鲁学家
（1856，1871，1892，1910）。许多发掘报告也在这一时期出
版，包括里斯与斯图拜尔（Reiss and Stübel，1880～1887）以
及班德利尔（Bandelier，1910）的报告。不过，对于"分类—
描述时期"的秘鲁和整个南美洲而言，麦克斯·乌勒（Max
Uhle）是一位杰出人物。以今天对考古学家的定义来衡量，
与其他学者相比，乌勒是一位真正意义上的考古学家，他
的实际贡献是巨大的，而且从方法论的角度来说，他应该
被看作是由"分类—描述时期"向"分类—历史时期"转变的

玻利维亚蒂亚瓦纳科（Tiahuanaco）遗址的"太阳门"。（引自 Squier，1877）

重要人物。

乌勒[25]在德国出生并接受了教育，他最初的专业是语言学，但是在获得学位后很快就转向了考古学和民族志的研究。在德累斯顿博物馆任职时，乌勒遇到了刚刚与威廉·里斯（Wilhelm Reiss）共同发掘了秘鲁海岸安孔墓地（Ancon cemetery）的阿尔方斯·斯图拜尔（Alphons Stübel）。斯图拜尔与年轻的乌勒一起研究了在蒂亚瓦纳科遗址①所做的记录和拍摄的照片。他们于 1892 年共同出版了《蒂亚瓦纳科的废墟》（*Die Ruinenstaette von Tiahuanaco*）。同年，乌勒开始在南美洲进行田野研究，并在那里陆续工作了大约 30 年。他最辉煌的成就是 19 世纪 90 年代和 20 世纪最初十年在秘鲁和玻利维亚取得的。后来，他又到智利和厄瓜多尔开展研究工作。

[77]

麦克斯·乌勒（Max Uhle，1856～1944）。（引自汉堡的民族学与史前史博物馆，Museum für Völkerkunde und Vorgeschichte）

乌勒在德国博物馆的工作使他有机会熟悉印加文化和蒂亚瓦纳科文化陶器及雕塑风格的相关资料，这有助于他在秘鲁的田野发掘工作——位于秘鲁海岸利马南部的帕恰卡马克遗址（Pachacamac）②。正是在这里，他打下了秘鲁地区年代学研究的第一块基石。在认识到遗址出土的印加器物时代就在西班牙征服之前，且蒂亚瓦纳科文化和蒂亚瓦纳科风格完全属于前哥伦布时期后，他推论那种未受到蒂亚瓦纳科文化影响而有时与印加文化陶片有一定联系的第三类陶器，在年代序列中应当处于中间位置。换句话说，此时乌勒开始将陶器风格和关联序列

---

① 蒂亚瓦纳科（Tiahuanaco，或 Tiwanaku）是一个重要的南美洲文明遗迹，位于今玻利维亚，曾是蒂亚瓦纳科文化的中心。——译注
② 帕恰卡马克（Pachacamac）兴起于公元前 200 年左右，15 世纪达到鼎盛时期，1533 年被入侵的西班牙殖民者毁坏。它位于利马以南 20 余公里处的"鲁林谷地"，在秘鲁古文明史上占有重要地位。——译注

安孔墓地出土的陶器。这些
标本图绘制准确，能够很容
易地根据现在界定的类型进
行风格划分。（引自 Reiss and
Stübel，1880～1887）

[78]

秘鲁海岸安孔墓地发掘现场。（引自 Reiss and Stübel，1880～1887）

作为类似性原则加以应用。他熟悉地层学理论，帕恰卡马克遗　[79]
址的一些墓葬和建筑的叠压关系进一步证明了这个序列；但
是，乌勒在秘鲁开展的大部分发掘工作的重点是找寻墓葬，并
对墓葬群之间的关系进行细致的记录，所以他从未将地层学原
理应用于堆积层的发掘以验证这些结果。此外，在秘鲁考察的
间歇，他应用地层学方法发掘了加利福尼亚的贝丘遗址。帕恰
卡马克遗址的考察报告于 1903 年在费城由宾夕法尼亚大学出
版，这本报告至今仍被视作美洲考古学的一项具有里程碑意义
的学术成果。乌勒在帕恰卡马克遗址研究成果的基础上，进一
步提出了秘鲁地区的年代序列。在滨海区域的其他发掘显示，
在帕恰卡马克风格传播和影响之前还存在一个更早的类型。因
此他提出了四期年代序列[26]：（1）早期地方类型；（2）受帕
恰卡马克文化影响的类型；（3）晚期地方类型；（4）受印加
文化影响的类型。这个年代序列结论在秘鲁沿海地区的许多遗
址中得到了验证，包括里马克（Rimac）、安孔（Ancon）、钱

凯（Chancay）和莫希河谷（Moche Valleys）等（Uhle, 1910,
1913a, 1913b；Kroeber, 1926）。基准风格（*Horizon Style*）被
应用于帕恰卡马克和印加的研究中，这一年代序列结论经历了
此后七十年的研究验证，仅仅在发现了更早的考古学文化和基
准风格后才进行了增订[27]。

蒂亚瓦纳科遗址的"太阳门"（Gateway of the Sun）。照片由斯图拜尔（Stübel）在 19 世纪末拍摄。可以
把它与下面斯夸尔绘制的遗迹图进行比较。（引自 Stübel and Uhle, 1892）

蒂亚瓦纳科遗址的"太阳门"遗迹图，该图是对象形文字进行图像学解读的重要资料。（引自 Stübel and
Uhle, 1892）

蒂亚瓦纳科的"太阳门"中部的人形图像。这幅高质量的照片反映了"分类—描述时期"后半段考古工作的特点。（引自 Stübel and Uhle，1892）

　　1912 年，乌勒离开秘鲁在智利开展研究，后来又去了厄瓜多尔。虽然他对这两个国家考古学科的发展都做出了重要贡献，但是所取得的成就与之前相比要稍显逊色。在智利，乌勒辨明了印加文化和蒂亚瓦纳科文化之间的关系，还辨认出了智利北部滨海地区的前陶文化（Uhle，1916，1919，1922a）。他将后者称为"旧石器时代"，但正如罗维解释的那样，乌勒也认为它们的年代没有那么久远，仅仅是"试着运用文化进化论的比较方法"而已（Rowe，1954，p. 15）。与智利的工作相比，乌勒在厄瓜多尔所做的工作更倾向于描述和记录考古学基础资料。回溯起来，费德里克·冈萨雷斯·苏亚雷斯（Fedérico Gonzáles Suárez）早在 1878 年就开始了此类研究的系统工作（Gonzáles Suárez，1878，1892，1910）。此后，普特

[80]

南的两个追随者——北美的 G. A. 多尔西（G. A. Dorsey，1901）
和 M. H. 塞维尔（M. H. Saville）（1907-1910），以及法国人类
学家保罗·里韦特（Paul Rivet）（Verneau and Rivet，1912-
1922）还进行了调查、发掘，并出版了相关的著述。当时学术
研究所需要的是合理的年代排序。然而，在厄瓜多尔开展这一
研究要比在秘鲁困难得多，原因就在于这里没有容易被辨识的
标准器。印加文化的影响在厄瓜多尔的一些地区能够被确认，
但是在北部地区却未能寻找到蒂亚瓦纳科的类型。乌勒在这一
时期的研究兴趣也局限在区域范围内，阻碍了他的研究进一步
深入下去。随后在他关于厄瓜多尔的著述中也显示出逐渐受极
端的文化传播主义理论影响的趋势，将未亲身参与发掘的中美
洲玛雅文明视作为新大陆更高级文明的起源地（Uhle，1922b，
1923）。乌勒在厄瓜多尔工作至 1933 年[28]，此后，他继续在
图书馆和博物馆做研究和著述，直到 1944 年去世。然而客观
来说，乌勒真正有影响的贡献是 1912 年以前在秘鲁做的那些
研究工作。

[81]

[82]

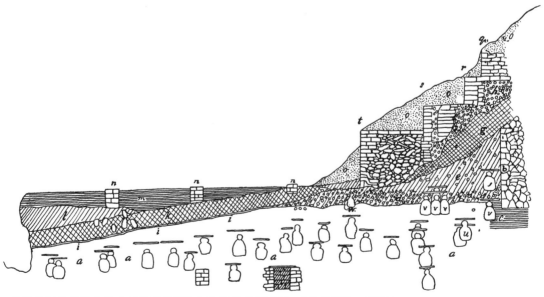

乌勒绘制的帕恰卡马克遗址建筑遗址和墓葬地层剖面图。（引自 Uhle，1903）

现在看来，乌勒显然处于"分类—描述时期"杰出考古学家名单的最顶端；事实上，他推动了这一时期美洲考古学的转型，并将它带入了一个崭新的时代。他对年代学重要性的认识要超过同时代的其他学者。关于这一点在他的文章中有很好的总结："在美洲学者的研究中，首先要做的就是引入时间的概念，让人们认识到类型是会变化的。"[29]这一表述显示出乌勒在当时受到由弗林德斯·皮特里（Flinders Petrie）提出的文化微观变化观点的影响（Rowe，1954，pp. 54-55），并对此有了更为成熟的认识。乌勒在考古学方面的素养很大程度上应当归因于他的欧洲背景和专业训练，以及与欧洲保持的紧密联系。在当时，南、北美洲的许多学者未能将美洲考古资料中美洲土著和他们的祖先区分在不同的时间层面上，但乌勒没有被这种狭隘视野所束缚，他已经能运用地层学方法解决年代序列问题。在对相对有限的文化地理区域（如秘鲁）所出土的器物进行研究时，乌勒的研究思路非常清晰。我们认为，这得益

[83]

秘鲁帕恰卡马克遗址的遗迹。（引自 Uhle，1903）

于乌勒所持的文化进化论导向[30]。这使他确信随着时间推移
"类型能够发生改变"。然而乌勒既没有掌握第一手资料，也
没有合适的比较研究方法，当他把这些理论运用于更广的研究
视野时，却又走入了摇摆不定的境地。不加甄别地过度引入传
播主义理论也影响了他后期的工作。

　　在南美洲没有哪个考古学家拥有乌勒这样的才干。如果巴
伦·厄兰·冯·诺登舍尔德（Baron Erland von Nordenskiöld）
对考古学有更多的兴趣，而不是把主要精力放在民族学上，或
许他有可能在史前史研究领域做出与乌勒一样的贡献。诺登舍
尔德在对玻利维亚低地聚落和土墩墓进行的一次严格的田野考
古发掘中，通过对其中一个土墩地层剖面的观察，分辨出早、
晚期文化。这一研究成果发表于"分类—描述时期"即将结
束的 1913 年（Erland von Nordenskiöld，1913）。另一个存在地
层叠压关系的遗迹在此前数年为阿根廷考古学家胡安·B. 安
布塞蒂（J. B. Ambrosetti）所发现，他在阿根廷西北部的大潘
帕（Pampa Grande）进行发掘，并提出了一个墓葬序列（Am-
brosetti，1906）。19 世纪末和 20 世纪初，在博物馆和大学工作
的阿根廷考古学家非常活跃。与美国的学者一样，他们采用分
类、空间分布等方法，借助于民族学和民族史资料研究考古遗
迹。安布塞蒂（1897，1902，1906，1908）是其中的佼佼者，
他在许多方面，如广博的知识和细致的记录等，都可以与北美
[84]　洲的威廉·亨利·霍尔姆斯相提并论。另一位阿根廷同行 S.
德班得迪（S. Debendetti，1910，1912）也应当被提及，他做
出了同瑞典探险家、考古学家埃里克·博曼（Eric Boman，
1908）和冯·罗森伯爵（Count von Rosen，1904，1924）一样
的贡献。在阿根廷低地，路易斯·M. 托里斯（L. M. Torres，
1907，1911）对巴拉那河（Paraná）三角洲地区的考古研究做
出了非常有价值的贡献。菲力克斯·F. 奥提斯（F. F. Outes，
1897，1905，1907）确立了自己在潘帕斯—巴塔哥尼亚（Pam-

pas-Patagonia）地区考古研究的权威地位。在同一时期，阿梅吉诺（Ameghino）宣称在阿根廷沿海地区发现了时代非常早的人工制品，这一断言很快就被赫尔德里卡（Hrdlička）和其他学者驳倒了（Ameghino，1911，1918；Hrdlička and others，1912）。

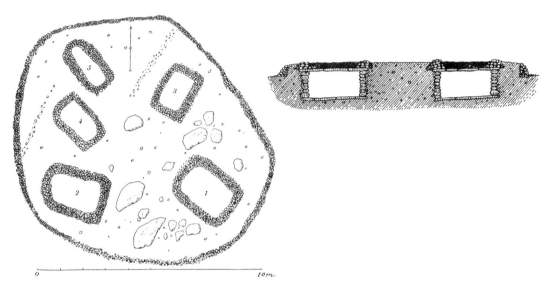

哥斯达黎加墓葬圈遗址的平、剖面图。（引自 Hartman，1901）

在南美洲的其他地方，这一时期的考古工作主要是描述，偶尔会有些分类研究，有时也会尝试将考古遗存与历史上的美洲土著人群相联系。但后者往往是不加辨别的，因为美洲土著从史前时期到历史时期的连续发展是基于假设。威廉·博拉尔特（William Bollaert，1860）发表了哥伦比亚考古的著述，维森特·雷斯特雷波（Vicente Restrepo，1895）发表了著名的关于奇布查人的（Chibchan）[①] 民族史和考古学专题报告，马卡诺（Marcano，1889）和卡尔·冯·登·斯泰因（Karl von den

_____

①　奇布查人（Chibcha）是南美洲哥伦比亚和中美洲部分地区印第安人的一支，现散居于哥伦比亚和中美洲的哥斯达黎加、巴拿马地区。16 世纪西班牙殖民者侵入前已形成早期国家，1536～1541 年被西班牙殖民者征服，其政治和宗教组织被摧毁。文化发展与玛雅人较接近（如象形文字和人祭等）。——译注

Steinen，1904）发表了在委内瑞拉发掘的报告。J. W. 富克斯
（J. W. Fewkes，1907，1922）是西印度群岛（West Indies）的
主要研究者。托马斯·A. 乔伊斯（Thomas A. Joyce，1916）
将一部著作①的部分章节用来叙述西印度群岛的考古研究，这
部书也含有中美洲的相关内容。斯夸尔（1852，1853）、霍尔姆
[85]　斯（1888）、麦柯迪（MacCurdy，1911）和哈特曼（Hart-
man）[31]都曾在中美洲工作过。C. V. 哈特曼在哥斯达黎加的考
古学研究值得特别关注，作为一位在欧洲受过专业训练的学
者，他能够洞察墓群的分组和墓葬的叠压关系。总体来说，
哈特曼是一位细心的田野工作者，他所撰写的报告因其精美
的插图和准确的描述在当时非常出众。在所有南美洲的学者
中（如果我们把哥斯达黎加也包括在这个地理概念中），除
了乌勒以外，他算得上是最优秀的考古学家。在巴西，德比
（Derby，1879）、哈特（Hartt，1871，1885）、法拉比（Farabee，
1921）、斯蒂尔（Steere，1927）和戈莱迪（Goeldi，1900）在
亚马孙河地区和巴西属圭亚那地区（Brazilian Guiana）都进行
[86]　过发掘。在更南的区域，赫尔曼·冯·赫林（Hermann von
Ihering）在滨海的萨姆巴凯（Sambaquis）②进行过发掘（Iher-
ing，1895）。在巴西内陆地区的米纳斯吉拉斯（Minas Gerais），
对圣湖镇（Lagoa Santa）出土头盖骨的争论仍在继续[32]。在
本节的最后，我们还应当提及托马斯·乔伊斯（Thomas Joyce）
综述南美洲考古学的一本著作③。这本书于 1912 年出版，和
他 1914 年出版的《墨西哥考古学》（*Mexican Archaeology*）一
样，是第一部以考古学—民族历史学视角研究整个南美洲的著作。

---

① 《中美洲和西印度考古》（*Central American and West Indian Archaeolo-
gy*, London，1916）——译注

② 萨姆巴凯贝丘，在巴西南部海岸。——译注

③ 《南美洲考古学》（*South American Archaeology*, Putnam, London,
1912）——译注

这部书完全基于乔伊斯在图书馆和博物馆的研究，是在"分类—描述时期"即将结束时总结南美洲考古研究现状的一本卓越而深受赞赏的著作。身处建立区域年代序列仍是考古学研究主要任务这样一个时代，乔伊斯关注于对艺术和图像信息的解读，并试图通过结合民族志和民族历史学资料研究当地的图像，以了解前哥伦布文化的观念形态。

巴西马拉若岛（Marajó）出土的马拉若类型陶器。（引自Hartt，1885）

## 概念和方法的发展

系统化考古学的兴起、科学意义上地质学的发端，以及达尔文的进化论（这些都是 19 世纪中期欧洲的产物）是考古学这门学科在美洲产生的推动因素。对历史留存下来的古迹完全陷入猜想的旧模式已被打破，对过去遗迹进行细致的记录和分类研究的新方法已经开始。类型学得以发展，遗迹的空间分布也被标绘，田野考古技术有了很大的改进，田野调查项目的数量远远超过以前，而这一切都伴随着（在与人类学的紧密合作中）考古学科专业化的稳步发展。上述几点是这一阶段的积极方面。而消极的方面则是，这一时期仍未掌握考古学资料的时间维度（特别是通过地层学），曾经激发和促进这一时期发展的进化论在这一时期的尾声也开始逐渐衰落。

首先来看积极的方面，北美洲"分类—描述时期"①对石器分类的开拓性工作是由史密森学会的查尔斯·劳（Charles Rau）开展的[33]。美国国家博物馆的主任②托马斯·威尔逊（Thomas Wilson，1899）和杰拉德·福克（Gerard Fowke，1896）也做出了类似的贡献。威尔逊的兴趣显然是来自于他的行政职务。美国国会希望国家博物馆成为美国各地具有重要价值和代表性本土文物的收藏机构，博物馆的主任们必须制定出收藏品的分类、展览和保管计划。然而这只是沿着正确的方向前进了一步，它同时也导致了一个将收藏品以孤立的跨文化类型进行分类的趋势。例如，将美国各地的所有石斧都集中归类在一起，而不是在文化组合或者文化系统的框架内去研究

[87]

---

① 原文作"描述—分类时期"（Descriptive-Classificatory Period）。——译注
② 美国国家博物馆史前人类学部主任（Curator，Department of Prehistoric Anthropology，U. S. National Museum）——译注

（Trigger，1968b，p. 529）。文化组合的概念当时仍然没有在美洲考古学中出现。虽然存在着这样的局限性，19 世纪的器物分类工作指向了对器物开展系统研究和客观分析的发展道路。

对美国东部地区土墩遗迹的研究也推进了分类研究工作。关于这一点可以通过比较斯夸尔、戴维斯 1848 年的报告与托马斯 1894 年出版的调查报告来了解。这一进步确实遵循了约瑟夫·亨利在《史密森学会年报（1874）》（*Annual Report of the Smithsonian Institution for* 1874）指出的方向（1875，p. 335）：“收集美国不同地区现存土墩遗迹的位置、特征等所有可能的信息被认为是很重要的工作，其目的在于对它们进行分类，并明确其分布与所在地域特殊的地形地貌特征，以及不同区域之间的关系。”

W. H. 霍尔姆斯对美国东部地区陶器的研究取得了这一时期在类型学和分类研究方面的杰出成就（Holmes，1903）。霍尔姆斯研究了所能找到的考古资料，以及几百件仅有大致来源地点信息的陶器。他的专著奠定了北美洲大部分地区陶器考古学研究的基础，是一个相当重要的研究成果。他的这部专著超越了以往的研究，因为他特别注意研究陶器在样式、形制，以及材质和可能的制作方法等方面所存在的细微区别，这在美洲考古研究领域是第一次。同时使用这几项标准使霍尔姆斯能够辨识出美国东部地区几个界限明确的陶器分布区。美洲考古学家很早以前就意识到了“地理—文化”的变化。最初，他们只是简单地认识到某个特定区域的考古遗存不同于另一个地区的遗存，如《田纳西州古物》（*The Antiquities of Tennessee*，Thurston，1890）。霍尔姆斯将研究对象置于系统的比较研究视野之中，在研究过程中，他参与并对梅森（Mason，1895，1905）和韦斯勒（Wissler，1914）建立的“文化区域”（culture area）理论做出了一定的贡献。

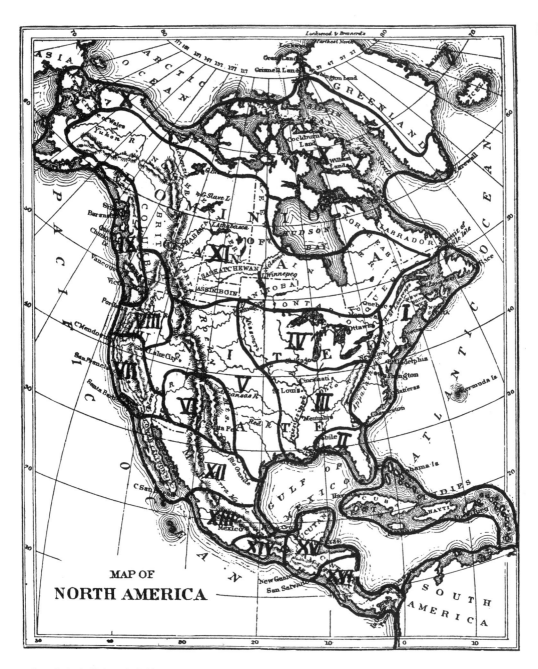

基于考古资料的"文化特征分区"

I 北大西洋区；II 佐治亚州—佛罗里达州；III 密西西比河谷中下游区；IV 密西西比河谷上游—五大湖区；V 北美大草原—洛基山脉区；VI 干旱地区；VII 加利福尼亚地区；VIII 哥伦比亚—弗雷泽地区；IX 西北海岸区；X 北冰洋滨海区；XI 北方大内陆区；XII 北墨西哥地区；XIII 中墨西哥地区；XIV 南墨西哥地区；XV 玛雅地区；XVI 中美洲。(引自 Holmes，1914)

在这一时期的一些研究工作中，有些学者通过熟练运用类型方法对考古资料进行研究并推动了其他概念的提出。然而，大部分学者在此方面没有更多的进展，直到下一时期，类型学才成为考古学理论体系的有机组成部分。比如，麦克斯·乌勒在秘鲁的研究中频繁而富有成效地使用了"文化"（*Culture*）这个整体性的概念。米尔斯也在俄亥俄州使用了这一概念（Mills，1907）。然而，这一概念在大多数研究中的定义仍含糊不清，根本没有被视作一个抽象的方法论工具。基准风格（*horizon style*）作为更具整体性的概念，为乌勒所成功运用，他借此首次建立了美洲的考古学年代序列。乌勒在这个研究领域（及其他研究领域）在那个时代居于前列；但他是自然而然地使用这一概念，从未以"基准风格"明确地命名，也没有将它作为一个概念来加以定义。文化阶段（*culture stage*）这一更具包容性的概念，包含历史与进化两个维度，曾被"分类—描述时期"的一些学者们提出；但多多少少是追随着当时源自欧洲的"蒙昧—野蛮—文明"概念，只能算是对"心理一致（psychic unity）"① 学说的虔诚信奉。假设的文化发展阶段并没有放在实际的美洲考古学资料中检验。而事实上，没有足够的年代研究资料（在当时几乎不存在）是无法完成这项工作的。

这一时期也有一些学者关注于用功能性解释对考古资料进

[89]

----

① 心理一致学说（Theory of psychic unity），"进化论"的基本理论之一。最早由德国人类学的创始人之一巴斯蒂安（Adolf Bastian，1826～1905）在1860年出版的《历史上的人》一书中提出。进化论的代表人物认为，人类有共同的起源，无论是白人还是黑人，也无论东方民族还是西方民族，人类本质是一致的，心理活动是一致的，基本想法是一致的，人类思想中一些基本的东西，是全人类共有的。人类心理的不断完善、智能的不断提高是人类文化和社会进化的动力。人的心理的发展都有一个由非理性向理性发展的过程，都有一个由低级到高级的过程。——译注

行研究。斯夸尔和戴维斯（Squier and Davis，1848）对他们调查和分类的土墩和土垒运用了简单的功能分类方法，用非常笼统的类推法推断它们的功能，将其分为墓葬、建筑地基、防御工事等。对人工制品使用功能的推测成分更多，甚至通过实验的方法来对其中的一些推测或者假说予以检验（Hough，1916）。极少数考古学家所做的研究更有意义，其中最为著名的是库欣（Cushing）对祖尼（Zuñi）[1]文化所做的研究。库欣通过将史前器物类型与那些在现存美洲土著中被认为是祖尼人后裔的器物加以比较，以对其功能进行解读（Cushing，1886）。这一时期的考古学家在自然环境对文化发展可能产生的影响方面也产生了一些兴趣，通常是关于遗址的选址和资源利用等方面的问题。在一些研究中，环境被视作对文化起真正决定性作用的因素。然而，这两类研究都没有对考古学研究中的环境因素进行任何系统化的思考，这有点类似于现代生态学的状况。

库欣描述的现代印第安人村落制陶技术。（引自 Cushing，1886）

[90]

正如我们曾经提及的，北美洲、中美洲和南美洲考古工作的绝对数量在整个"分类—描述时期"有了很大的增长。欧洲和美洲的博物馆通过资助田野工作以获取用于展览的标本，美国和拉丁美洲的一些政府部门对考古工作的兴趣也在不断增长。这些兴趣引发了新博物馆的建立，以及国际展览会（如1892年在芝加哥举办的哥伦布纪念博览会）与学术会议（如1875年开始两年一次定期召开的"国际美洲学者大会"，Congress of Americanists）的参与。

对考古学兴趣的与日俱增，考古学研究的不断活跃，以及考古学科职业化步伐的加快，与考古学的学术发展有着非常密切的联系，这一点在美国尤其明显。布林顿（Brinton）和普特南分别在宾夕法尼亚大学和哈佛大学成立了专业院系来教授考

---

① 祖尼人为北美印第安普韦布洛人，居住在新墨西哥州中西部与亚利桑那州交界处。祖尼人使用一种与佩纽蒂语（Penutian）有关的语言。他们的来源及早期历史已不可考。——译注

古学和人类学。

　　从一开始，美洲考古学就与人类学的其他领域有着紧密的联系。实际上，这种联系最初是由 J. W. 鲍威尔在史密森学会牢固地建立起来的。他作为民族学研究部（Bureau of Ethnology）的负责人，鼓励他的下属赛勒斯·托马斯对土墩和土垒遗迹进行考古调查。托马斯进行土墩类遗迹调查，并证明"土墩遗迹确实是由美洲土著的祖先建立"这一结论的重要意义之一，就是在工作中将考古学与民族学结合起来以探究美洲土著和他们起源问题的这种研究思路。对土墩遗迹中出土的骨骼遗存进行体质人类学的研究，也被证实在解答这一学术问题时具有重要价值，由此人类学的第三个主要分支①也被引入美洲特色考古研究的学科联盟中。这与欧洲大陆有着显著的差别，上述三门学科在欧洲基本上是各自独立发展的。美洲、欧洲考古学的许多不同之处都可以追溯到这一时期，以及由美洲的这些研究项目所形成的转折点上。

　　毋庸置疑，美洲的考古学从与人类学的这种合作中受益匪浅。通过这种合作，考古学家更能注意到简单的文化中所包含的结构差异。由民族学对现存民族的研究推衍至考古学对过去的认知这种"直接—历史"的方法，为考古学家提供了与史前状况相关的丰富的民族学类比资料，这有助于推进对文化历史领域问题的共同解决。但是，我们认为这种学科合作也有一定的弊端。美洲人类学界对进化论的怀疑和对历史特殊论（Historical Particularism）②的推崇使美洲考古学家陷入视野狭

---

①　指体质人类学——译注

②　历史特殊论（Historical Particularism）普遍被认定为美国的第一个人类学思想学派，由弗朗茨·博厄斯（Franz Boas）所创立。历史特殊论拒斥了单线演化论（Unilineal evolution）、平行演化论（Parallel evolution）。历史特殊论主张，每个社会都是其独特历史的一个集体表征（再现）。博厄斯建议用来解释文化习惯的三个特征是：环境条件、心理因素、历史连结，其中历史是最重要的，因此成为这个学派的名称。——译注

窄的樊笼。考古学的长处在于其剖析因时间演进而产生的文化变迁的研究视角，这显然不是 20 世纪美洲考古学—民族学科合作的目标[34]。其结果就是，考古学在人类学领域并没有得到应有的重视。

[91]　　　美洲人类学界对文化进化论的排斥开始于弗朗茨·博厄斯（Franz Boas）①和他的学生。对此学界已经有了许多讨论[35]，在此不再赘述。然而，客观地说，在 19 世纪末，许多进化论学者的观点已经走向荒谬。其中最明显的例子就是忽视文化的接触与传播；文化的相似性被冠之以"心理一致"，并采用统一的文化阶段进行非常僵化的解释。博厄斯呼吁学界回归实际的证据，推崇历史特殊论。这是对学术研究的一个有益修正，但是正如大多数类似的情形一样，往往会矫枉过正。学者们原本认为美洲考古学能够承受这样的修正，将从坚持确凿实证中受益，继续坚持学科所赋予的探求事物变化的研究使命。但是事情的发展却不是这样的，我们认为，主要源于三个因素。首先，在美洲缺乏资料翔实且延续时间较长的文化序列。"分类—描述时期"的学者们提出的一些关于更新世晚期的观点禁不住批判性检验。这样一来，在 20 世纪初，并没有充分的资料能够证明美洲土著在这块大陆已经生活了很久；第二，与美洲土著和他们的先祖相关的考古资料不能展现出重要的或者显著的文化变化；第三，也是关系最紧密的一方面，当时学界还没有意识到文化的微观变化及其研究的价值。如我们之前所述，乌勒是一个特例。但是直到"分类—历史时期"开始时，他的影响，或者是他所提出理论的影响才传播到了美洲的其他地区。在此之前，学者们只能以比较宽泛的线条研究文化演

---

① 弗朗茨·博厄斯（Franz Boas，1858 年 7 月 9 日 ~ 1942 年 12 月 21 日），或译法兰兹·鲍亚士，是德裔美国人类学家，现代人类学的先驱之一，享有"美国人类学之父"的名号，也是语言学家，美国语言学研究的先驱，在哥伦比亚大学任教 50 多年。——译注

进，其参考的模式是旧大陆从旧石器时代发展至新石器时代，或者是理论家所提出的蒙昧时代—野蛮时代—文明时代的阶段框架。当时的美洲考古学家并不认为他们能找到以新大陆为研究背景的文化宏观变化的证据，所以他们感到无法反驳那些推崇历史特殊论的学者。

　　上述的这些因素表明，美洲考古学自身的不足在一定程度上（如果不是更多的话）对博厄斯派反进化论主义所造成的影响负有责任。因为地层学方法没有被广泛地应用，处于 20 世纪之交的美洲考古学家无法明确判断文化序列，也无法提出任何随时间演进产生小幅度文化变迁的观点。直到这一观点被学者们接受，他们才为了达到这样的研究目标逐步开始采用地层学意义上的发掘。虽然有一些考古学家意识到了地层学方法，但是这种方法在当时的美洲没有被广泛地接受和采用。特里格（Trigger，1980a，1989）认为，北美洲部分地区存在的针对美洲土著的民族偏见，导致那个地区的考古学家忽视与土著相关的考古资料可能存在长时段文化延续和演进的证据。正是由于这些偏见，应用地层学方法的进展缓慢[36]。然而这种解释值得商榷，且需要再斟酌。在没有更明确的证据和事实的情况下，我们暂时还不能接受。应该注意到，在 19 世纪后半叶的这段时间里，在本身就数量有限的考古学家之间缺乏常态化交流——如年度学术会议、专业期刊、学术讲座或研讨等——因而阻碍了这一重要方法的传播。

[92]

　　所有这些因素都因处于反进化论的学术环境中而得以强化，在这种环境中，探寻文化演进成为一个微不足道的研究目标。在此后的二十年间，美洲考古学家将打破这个自我挫败（Self-defeating）的怪圈。具有讽刺意味的是，博厄斯将成为帮助他们完成这一行动的助力者之一[37]。然而就目前这个阶段来说，进化论理论模式的消失也就意味着美洲考古学对总体性问题研究方向的迷失。学术研究的问题仍然具有明显的历史方向，而关于文化演进、功能和进程等的总体性问题却被暂时搁置。直到"分类—历史时期"的"地层学革命"以后，美洲考古学才奠定了坚实的"文化—历史"（Culture-Historical）基础。在此基础上，美洲考古学凭借自身的资源重新构建了一个新的理论体系，并发展到今天，又与人类学建立了新的学科合作关系，但这不是本章要讨论的问题。我们接下来要关注的是"分类—历史时期"的发展情况。

## 注　释

［1］关于这一时期有价值的参考资料包括：Belmont 和 Williams（1965）；Bieder（1986）；Bernal（1980）；Clewclow（1970）；Fernandez（1980）；Goetzmann（1967）；Hallowell（1960）；Haven（1856）；Haynes（1900）；Hinsley（1981）；Kirbus（1976）；Morgan 和 Rodabaugh（1947）；Pollock（1940）；Silverberg（1968）；Thomas（1898）；Willey（1968）；Wilmsen（1965）。

［2］例如，黑文（Haven, 1856, p. 149）在这一时期开始时认为俄勒冈区域（Oregon Territory）没有古迹。到这一时期结束时，这样的说法就已经不再出现了。

［3］与西尔弗伯格（Silverberg, 1968）不同，邓内尔（Dunnell, 1991）认为，至少在开始发展的职业团体中，在 19 世纪中期的早段，这个争论已经平息了，而且严谨的学者不再支持"消失的种族"这种观点。

［4］基欧（Kehoe, 1989）把这样的陈述看作这本书中"辉格式（Whiggish）观点的证据［辉格式的历史（Whiggish history）又称为"历史的辉格解释"（whig interpretation of history），这一术语是由英国史学家巴特菲尔德（Herbert Butterfield）首先创用的，它指的是 19 世纪初期，属于辉格党的一些历史学家从辉格党的利益出发，用历史作为工具来论证辉格党的政见，依照现在来解释过去和历史。——译注］。虽然如此，不管我们讨论的性质被赋予什么特征，史密森学会成立的重要性在美洲考古学史上都不能不谈，也不能不强调。

［5］斯夸尔和戴维斯著《密西西比河谷的古迹》有关惠特尔西（Whittlesey）的部分（Squier and Davis, 1848, pp. 14-42）。

［6］现在编列了一个索引（F. S. Nichols, 1954）。

［7］见麦库西克（McKusick, 1970, 1991）关于其中一个社团的文章（爱荷华州达文波

特科学院，the Davenport Academy of Sciences，Iowa）。

［8］见 Meltzer（1985）和 Hinsley（1981）对这一时期美国民族学研究部（Bureau of American Ethnology）的讨论。

［9］由于缺乏足够的器物类型学资料，使得托马斯（1885，p. 70）倾向于有根有据的案例研究而不愿意涉及大的时间维度。

［10］见 Brew（1968）关于皮博迪博物馆创建的详细记述。

［11］Jones（1864）；Wyman（1868b）和 Schumacher（1873）甚至称贝冢为"Kjökkenmöddings"（厨房垃圾堆）。

［12］查尔斯·莱尔（Charles Lyell）与 F. W. 普特南（F. W. Putnam）（1883，1899）在此之前就表达了相似的看法；也见 Dexter（1966a，p. 152）。

［13］普特南的传记见 Tozzer（1935）。

［14］吉布斯（Gibbs，1862）撰写的《史密森学会年报（1861）》（*Annual Report of the Smithsonnian Institution for* 1861）"美国考古学调查条例"一节，可以清楚反映出这些欧洲的影响。

［15］见克卢洛的研究（Clewclow，1970），但也见于 Jennings（1968，p. 34）。

［16］见 Schultz（1945），关于赫尔德利奇卡的一生经历有更进一步的详细描述。

［17］特里格（Trigger，1989，pp. 270-275）认为，美洲对考古资料的功能思考开始于 H. I. 史密斯（H. I. Smith）在福克斯农场（Fox Farm）遗址的工作，而且可以进一步追溯到帕克（Parker）、韦伯（Webb）和威滕伯格（Wintemberg）等学者的研究。我们将在第四章中讨论。虽然 20 世纪 30 年代末之前的数十年里有许多类似案例，但是功能分析直到很久以后才进入普通考古学家的认知中。我们对此的观点类似于下面要提到的地层发掘，它在 20 世纪早期之前当然是很偶然的实践，但是直到纳尔逊（Nelson）和加米奥（Gamio）的研究之后才成为田野考古工作的常规部分。

［18］立足于简单进化论立场，米尔斯（Mills，1907）认为表面看起来较为复杂的霍普韦尔文化要比古堡文化晚一些。他甚至试图引用一些地层资料来支持这一论点。

［19］多尔的简历见 Merriam（1927）。

［20］基欧（Kehoe，1989）批评我们在书中引用的女性太少。纳托尔（Nuttall）是美洲考古学最早的女性之一。如果本书引用的女性数量少（显然确实如此），这应该归因于一直持续到最近的学科偏见，而不是本书作者的偏见。有趣的是，在本书第三版增加的 1980 年以后的参考文献中，有将近四分之一出自女性作者之手。

［21］托泽（Tozzer）是普特南（Putnam）的学生和哈佛大学早期的博士，培养了整整一代

的中美洲考古专业学生（Phillips，1955；Willey，1988）。

［22］伯纳尔（Bernal，1977）提供了1880年之前玛雅学家的更多细节资料。

［23］佛兹曼（Forstemann 1906；见 Ian Graham，1971）。约瑟夫·T. 古德曼（1897，1905）做了相似的发现，但佛兹曼的工作是否为独立完成，并不完全清楚。

［24］Landa（1864）；也见 Landa（1941），由托泽做的注解与翻译。

［25］见罗维（Rowe，1954）对乌勒的经历与影响力的讨论。许多年后，当克罗伯（Kroeber）等人研究了乌勒的笔记和收藏品之后，乌勒研究工作的重要价值才为人们所知晓（Kroeber，1925a，1925b，1926，1927；Kroeber and Strong，1924a，1924b；Gayton，1927；Gayton and Kroeber，1927）。

［26］乌勒在1900年形成了这一年代序列，在之后的出版物中又再次予以阐述（1903，1910，1913a，1913b）。

［27］在乌勒以后，人们认识到蒂亚瓦纳科文化对秘鲁海岸产生影响的辐射中心，可能是在阿亚库乔（Ayacucho）附近的瓦里（Huari）遗址（Menzel，1964）。

［28］乌勒是在厄瓜多尔著名考古学家哈辛托（Jacinto Jijón y Caamaño）的邀请下来到这里（见 Jijón y Caamaño，1914，1920，1927）。乌勒对这位厄瓜多尔学者的发展是有影响的，他也提升了智利考古学家里卡多·拉塔姆（Ricardo Latcham）的学术地位（见 Latcham，1928a，1928b）。

［29］罗维（Rowe，1954），扉页引用的乌勒话语。

［30］罗维（Rowe，1954，附录 A—乌勒的演讲）。罗维关于文化进化思想对乌勒影响的观点我们并不认同。

［31］哈特曼（Hartman，1901，1907）；也见罗维（Rowe，1959b）对哈特曼的评价。

［32］见马托斯（Mattos，1946）与此有关的书目。

［33］见（Rau，1876）；劳（Rau，1879）也对来自墨西哥恰帕斯（Chiapas）帕伦克遗址（Palenque）的一通石碑做了初步考察。

［34］关于这些目标的具体情况，参阅 Wright and others（1909，p. 114）。

［35］见马文·哈里斯（Marvin Harris，1968）。博厄斯学派（Boasian）的态度在罗伯特·H. 洛伊（Robert H. Lowie）对各种考古学泰斗人物的评价中可以看出来（1956）；也见 Boas（1940）。反进化论的态度抑制了对考古学中地层学方法的重视程度。然而，罗维质疑这一说法（J. H. Rowe，1975），他认为博厄斯直至1896年才在正式出版物上首次批评了文化进化论，而反对进化论思想的争论最早则始于1909～1916年期间，当时是由博厄斯的学生发起的。而早至19世纪后半期，学者们就已经提出了地层学，从时间上来说，这些对进化论的批评较晚，因此

不会阻碍地层学方法的引入。我们对此观点不认同。不过就如我们在第一版中所指出的，博厄斯应该享有墨西哥河谷地层学方法的倡导者这样的声誉。

［36］梅尔泽（Meltzer，1983，pp. 38-40）认同特里格（Trigger）的主张，也就是我们前面讨论的观点。他认为反进化论思想进入这个领域太晚了，因此未影响到当时的简单直线年代序列的观点。梅尔泽也认为虽然美国民族学研究部（BAE，Bureau of American Ethnology）都是进化论者，但他们的研究方法仍"潜意识里根植于对美洲土著人持贬低态度的陈旧观念之上"（Meltzer，1983，p. 40）。虽然这可能是事实，但我们很难相信鲍威尔（Powell）持有（或者仅倾向于）反美洲土著人的偏见。而且，我们认为梅尔泽误解了我们的讨论，因为我们不认为是反进化论主义造成美洲学者的研究缺乏时间维度，而是认为，因时间维度的缺失削弱了考古学家反击这种反进化论主义的能力。

［37］博厄斯（Boas，1913）是鼓励加米奥（Gamio）在墨西哥河谷进行地层学发掘的学者之一。

# 第四章 分类—历史时期：关注年代学（1914～1940）

> 年代学是探究事物的基础，是使沉寂的历史鲜活起来的神经。
>
> 伯特霍尔德·劳弗（BERTHOLD LAUFER）

## 对这一时期的定义

美洲考古学在"分类—历史时期"（Classificatory-Historical Period）的核心是对年代学的关注。对这一时期定名中的"历史"就包含了这层含义，至少就当时的理解而言，历史是一系列事件按照时间排序。我们将此时期分为两个阶段：前一阶段从 1914 年到 1940 年，也就是本章所要讨论的内容；后一阶段从 1940 年到 1960 年，我们将在第五章里进行讨论。对年代学的研究在此时期的前后两个阶段都非常盛行，但在前一阶段处于主导地位。1940 年以后，其他研究方向开始有了一定的影响。

地层学发掘是推动对考古资料进行年代序列研究的主要方法。在这一时期伊始，它被美洲考古学者广为接受，并在随后的二十年里，传播到了新大陆的绝大部分地区。排序原理（Principle of Seriation）与地层学一样，也为年代学服务。在此前的"分类—描述时期"出现的类型学（Typology）和分类法（Classification），现在也适用于地层学和排序过程。然而，对

器物的分类在以前仅仅是为了描述资料，现在则被看作是一种
用时间和空间来架构文化类型的方法。除了对器物进行分类，
美洲考古学家也开始对文化进行分类。这也是因为受到年代学
研究思路的强烈影响。

　　除了地层学、类型排序与分类方法，"分类—历史时期"
美洲考古学的最终目标是新大陆的地区和区域"文化—历史" [97]
整合研究。这类研究在 1940 年以前就已出现，但大多仅是简
单的历史框架，如陶器类型或者器物排序与分布。一些考古学
家也尝试为这些历史框架填充上更为丰富的文化背景。美洲考
古学与民族学已经建立起来的密切关系，使考古学家能够很容
易地运用民族学类比方法去解读史前人工制品的用途和功能；
对文化与环境间关系的兴趣来自于民族学家以"文化—生态"
为研究基础的"文化—区域"概念，但是在 1940 年之前，这
些趋势仅仅是在形成中，直到后来才真正被重视起来。最后要
提及的是，"分类—历史时期"的早段是以田野技术与发掘方
法的不断改进为特征。这些改进诚然是此时期居于主导地位的
地层学方法中必不可少的组成部分，但也有助于学者们进一步
认识到对考古材料和特征进行细致复原工作的重要意义。

## 地层学革命

　　地层学是从欧洲地质学中产生的，在欧洲与地中海考古工
作中得以完善。这种方法最晚在 19 世纪 60 年代就在美洲广为
人知。我们之前曾提及多尔（Dall）、乌勒（Uhle）等学者偶
尔进行过的地层发掘。这些工作包括对地层叠压关系的观察，
以及对不同地层中包含的人工制品及其特征的总体记录。但是
在当时这种方法并没有广泛流行，即使是极少数关注到这种方
法的学者也对其应用不多。

　　我们在前一章里已经讨论了美洲考古学迟迟未接受地层学

方法的原因：当时的考古学家没有能力分辨出突然而显著的文化变迁，也不能将一个时代（时期）与另一个时代（时期）划分开，而这一状况后来又被反进化论思潮所强化。极少有美洲考古学家去关注那些随时间推移而出现的微小而渐进的文化变迁[1]。

除了上述原因外，还有一些与理论联系较少但与具体工作直接相关的原因。许多美洲遗址（尤其是北美洲东部的那些遗址）的文化堆积层很薄，且较难辨认出不同的地层，不适合用地层学的发掘方法。土墩墓冢和其他的一些土垒遗迹也不是采用地层发掘方法的理想遗址。它们的构造往往很复杂，且存在次生堆积的包含物；对它们的发掘需要采用复杂的发掘技术和分析手段，而这些技术在当时的美洲考古学中还未被应用或者引入。同样的情况在中美洲和秘鲁的大土墩遗迹与金字塔的发掘中也曾出现。在这些区域的某些遗址中也存在着较厚的次生废弃物堆积层，但在发掘过程中并未引起足够的关注。因此，在第一次世界大战之前，在美洲基本没有开展采用地层学方法的发掘，并且考古学中的年代学研究也处于萌芽期。

[98]

地层学革命几乎是同时在中美洲和北美洲西南部地区开始的。推动这次革命的两位考古学家是曼纽尔·加米奥（Manuel Gamio）和 N. C. 纳尔逊（N. C. Nelson）。两位都是受过新兴人类学专业训练的年轻学者。加米奥曾在哥伦比亚大学师从弗朗茨·博厄斯（Franz Boas）；纳尔逊曾在加州大学伯克利分校的克罗伯（Kroeber，早先属博厄斯学派）手下工作。值得注意的是，博厄斯曾在加米奥的地层学发掘工作中发挥了一定的作用。在 1911 年，博厄斯是设于墨西哥城的"美洲民族学和考古学国际学院"（the International School of American Ethnology and Archaeology）这个昙花一现机构的负责人之一。他与 A. M. 托泽（A. M. Tozzer）和 G. C. 安格兰特（G. C. Engerrand）一起，鼓励加米奥进行墨西哥河谷的地层学发掘，以厘清和揭示墨西哥地区前哥伦布时期的文化序列[2]。早在19世纪80年代，W. H. 霍尔姆斯（W. H. Holmes, 1885）就已经注意到，在墨西哥河谷深层地层中发现了阿兹特克以及更早的陶器碎片与人工制品（Schavelzon, 1984），但是霍尔姆斯没有做进一步的地层学验证。1911年，加米奥与德国学者爱德华·泽勒（Eduard Seler）就请博厄斯关注阿茨卡波察尔科（Atzcapotzal-co）考古区域，在那里的地表和河谷堆积中发现了大量的陶器碎片。其中一部分属于阿兹特克文化，另一部分属于特奥蒂瓦坎（Teotihuacan）文化，然而还有一部分属于第三种文化，还不能辨识且比较复杂。当时想当然地认为特奥蒂瓦坎文化的陶器类型要早于阿兹特克文化的，而对于未辨识的第三种风格的排序却仍存疑。对此，博厄斯建议采用地层学的发掘方法来解决这个排序问题。

　　加米奥在阿茨卡波察尔科的堆积区域开设了一个七米的探方，以进行地层学研究工作。从探方的人工分层中发掘出了陶器和其他人工制品。这些人工分层每层的厚度不一，最薄的仅20厘米，最厚的达60厘米。文化遗存发现于地表以下5.75米深处，尽管发掘和出土分区是人为设定的深度，学者们将一部分关注点放在了遗物和土层的埋藏状况，以及所分布的自然堆积地层（physical strata）上。阿兹特克陶器发现于最上部相对较薄的两个含腐殖土和沙土的水平层中；该层之下直至4.15米深处为火山凝灰岩的风化层，出土有特奥蒂瓦坎的陶器；由此层向下至5.75米，为覆盖一层黏土的河沙和砾石层，出土有未命名的陶器群残片（暂称为 *Tipo de les Cerros*）。这个未命名的陶器群实际上很快就被定名为墨西哥河谷的古代期陶器（*Archaic* Pottery）。随后，它被后来的考古学家命名为前古典期（*Preclassic*）或者形成期（*Formative*）陶器。加米奥和他的同事认识到这类陶器的风格与萨卡滕克（Zacatenco）和其他地方的陶器相似，由此建立了墨西哥河谷地区的古代期陶器基准类

[99]

型。阿茨卡波察尔科的地层证据也支持了这种由古代期陶器基准类型向特奥蒂瓦坎文化（Teotihuacan culture）逐渐过渡的解读。这种文化渐变的解读被处于中间深度的地层中混杂的陶器类型，以及这些陶器和小雕像形制的渐变所证实。尽管加米奥他们通过称量探方中各层出土陶片的重量取得了对陶片的初步定量分类，但是他们在发掘中没有进行陶器统计。加米奥对各层陶器的相对占比和占比密度进行了年代序列排列总结，其研究方法值得探讨。加米奥研究的真正价值在于他建立了墨西哥中部考古学的基础序列。泽勒和其他学者在这一区域开展了多年的研究，但是其研究视角是基于描述、类型学和图像学的。尽管他们对民族史高度关注，但他们对整个前哥伦布时期历史的看法是含糊不清和短浅的。不过，在加米奥的这次探方发掘之后，中美洲考古学家开始意识到时间维度，更可喜的是，他们也认识到在这个方面应该做进一步的研究工作（R. E. W. Adams，1960）。

　　纳尔逊在地层学方面的工作要晚于加米奥三年，但是他在方法上的运用和创新要比之进步[3]。他的专业背景有助于我们探寻考古学理论、方法的传播过程。1913 年，纳尔逊在美国西南部工作的间歇到欧洲考察，参观了法国和西班牙的洞穴遗址，当时奥贝梅尔（Obermeier）和步日耶（Breuil）正在那里指导地层发掘。事实上，他还参与了西班牙卡斯蒂洛洞穴（Castillo Cave）的发掘。在他自己的记述中，说这次发掘的经历给他留下了深刻的印象（见 Woodbury，1960b）。此前纳尔逊在克罗伯的指导和麦克斯·乌勒（Max Uhle）的影响下，已经在加利福尼亚贝丘遗址的发掘中积累了一些地层发掘的经验（Nelson，1909，1910）。乌勒（我们在上一章里已经讨论过）尝试过用地层学方法发掘旧金山湾的贝丘遗址，并且提出过贝丘分布的文化序列。克罗伯划定明显的文化变化时，仍对这一

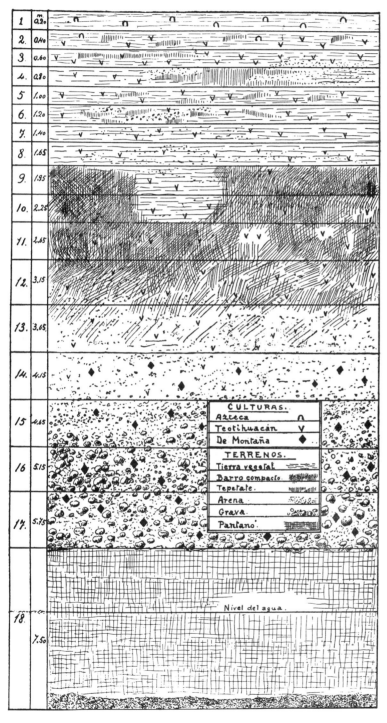

[100]

加米奥在墨西哥河谷阿茨卡波察尔科（Atzcapotzalco）发掘的剖面示意图。左边是水平层数和以米为单位的深度。倒"U"符号表示出土有阿兹特克陶器；"V"表示特奥蒂瓦坎（Teotihuacan）陶器；实心菱形表示古代期（Archaic）陶器。（引自 Gamio，1913）

[101] 序列的价值持怀疑态度，这对纳尔逊的研究（至少是他对遗迹的解读方面）产生了一些消极影响[4]。但是几年后的欧洲考察经历，使纳尔逊将研究方向再次调整了回来。他回到美国，并于 1913 年至 1915 年间在美国西南部地区再次实验地层学的发掘方法。他的部分成果早在 1914 年就公开发表了，但是直到 1916 年，他的地层学研究成果才因一篇重要学术论文的发表而广为人知[1]（Nelson，1914，1916）。

要想用适当的眼光审视纳尔逊在西南部的工作，就有必要先回溯一下过去。当他为美国自然史博物馆（American Museum of Natural History）在新墨西哥州的加利斯特奥盆地（Galisteo Basin）做调查与发掘时，格兰德河流域（Rio Grande）的考古研究已经有了一定的积累。班德利尔（Bandelier，1892）和休伊特（Hewett，1906）在他之前已经开展了工作，并且形成了一个共识，即"格兰德河流域的印第安人聚落（Pueblos）在史前时期经历了某些文化转型"（Nelson，1916，p. 161）。他们已经辨别出了几种陶器类型，这些陶器可确定分别与不同类型的印第安人聚落遗址有关联。其中一个类型与早期欧洲的遗物有明确的联系，对其他陶器类型时代序列也可以做出相对合理的假说。但是正如纳尔逊所说，仍然缺乏有关这一年代序列的实物证据（Nelson，1916，p. 162）。

纳尔逊通过对这一地区许多遗址的地层学发掘获得了年代学的证据，这些遗址包括圣佩德罗·维耶霍（San Pedro Viejo）、圣克里斯托瓦尔印第安聚落（Pueblo San Cristobal）和圣马可（San Marcos）等。他在几个遗址里找到了几种类型陶器的地层叠压关系，但是却未能找到包含该地区所有已知陶器类型的完整序列。在一些遗址里，纳尔逊注意到在叠压关系的早、晚类型之间有一个间断期，关于这个间断期，纳尔逊认为

---

① Nelson, Nels C. Chronology of the Tano Ruins, New Mexico. *American Anthropologist*, vol. 18, no. 2, 150-180, 1916. ——译注

该地区一、两个未被纳入年代序列的陶器类型可能应归于此。纳尔逊最终在圣克里斯托瓦尔印第安聚落遗址，发现了包含有加利斯特奥盆地所有陶器类型地层序列的文化堆积层。这处堆积有 10 英尺厚，位于印第安人村落附近的小河岸上，曾经被用作墓地，因河流冲刷而暴露出来。纳尔逊及时地记录下了这一迹象，他认为打破和扰动都有可能带来毁坏原始地层的危险，他选择了一处看上去没有被扰乱或者破坏、堆积层基本水平的区域进行发掘。他所拍摄的照片显示堆积层薄且细腻，没有明显的自然分层。也许正是因为如此，他采用人工分层进行发掘，每层厚 1 英尺，发掘区域为 3 英尺 ×6 英尺。

纳尔逊将每一层出土的陶片都单独存放，并以各层为单位进行分类和统计。虽然没有计算百分比，但是他采用了一种小型表格进行数据统计。在表格中标注垂直分布的陶片类型时，纳尔逊注意到，带有波纹装饰的陶器和"浅黄褐色"陶器从上到下都没有大的变化。相比之下，白地黑花装饰风格的陶器在探方的底部数量最多，向上层逐渐减少。所以，在圣克里斯托瓦尔印第安人居住时期（或者至少是在探方所处的这个特定的垃圾堆积层使用期间），白地黑花的陶器就完全消失了。早期釉陶在堆积的底层开始出现，在中间的几层数量达到最大，然后在顶层减少了。彩釉陶器仅出现在最上部的几个水平层，纳尔逊还注意到，如果这处堆积再进一步延续，这种类型的陶器也会大量增加。显然，他完全是依据陶器类型和使用风格单峰值曲线来进行分析研究，这种方法今天已经成为考古学家的基本做法。

[102]

纳尔逊在 1916 年发表的文章标题①，以及开篇几页的地层

① 《新墨西哥州塔诺遗址的年代学研究》，Chronology of the Tano Ruins, New Mexico. *American Anthropologist*，vol. 18，no. 2，150-180，1916.——译注

学论述显示出他已经意识到了这种方法的创新性，但是他并没有说过这是一种新技术、新方法的应用。在加米奥的文章以及同时期博厄斯对其的评论中，也没有明确提出这是一种新的技术。由此人们可能会认为，美洲考古学家在1914年前后已经将地层学方法视作很自然的事情。但是在当时公开发表的文献中并不能证实这一观点。没有资料表明加米奥此前曾做过比阿茨卡波察尔科探方发掘更早的发掘或者研究。纳尔逊虽然具备在加利福尼亚贝丘遗址发掘的经验，但是却还未掌握在加利斯特奥盆地（Galisteo）进行发掘时的逐层统计方法。我们只能得出这样一个结论，加米奥和纳尔逊共同开创了一种考古学方[103]法（至少在美洲大陆），尽管事实上这两位学者谁也没有声称是自己最先采用这种新的方法[5]。

**纳尔逊在新墨西哥州加利斯特奥盆地发掘中所做的各层陶器统计表（引自 Nelson，1916）**

| 各层深度 | 波纹陶器（1） | 淡黄褐色陶器（2） | 类型Ⅰ：两色和三色彩陶<br>白地黑花陶（3） | 类型Ⅱ：双色釉陶 | | | 类型Ⅲ：三色釉陶<br>灰色、黄色、粉色和红色陶器，彩饰及上釉混合装饰（7） |
| --- | --- | --- | --- | --- | --- | --- | --- |
| | | | | 红色陶器，饰黑色或棕色釉（4） | 黄色陶器，饰黑色或棕色釉（5） | 灰色陶器，饰黑色或棕色釉（6） | |
| 1英尺 | 57 | 10 | 2 | 24 | 23 | 34 | 5 |
| 2英尺 | 116 | 17 | 2 | 64 | 90 | 76 | 6 |
| 3英尺 | 27 | 2 | 10 | 68 | 18 | 48 | 3 |
| 4英尺 | 28 | 4 | 6 | 52 | 20 | 21 | |
| 5英尺 | 60 | 15 | 2 | 128 | 55 | 85 | |
| 6英尺 | 75 | 21 | 8 | 192 | 53 | 52 | 1? |
| 7英尺 | 53 | 10 | 40 | 91 | 20 | 15 | |
| 8英尺 | 56 | 2 | 118 | 45 | 1 | 5 | |
| 9英尺 | 93 | 1? | 107 | 3 | | | |
| 10英尺 | 84 | 1? | 69 | | | | |
| 8英寸 | (126) | | (103) | | | | |

　　纳尔逊的工作随即转向区域年代序列的构建方面。在同一篇文章中，他讲述了如何运用陶器类型的年代序列，通过研究地表采集的陶片，或者独立的印第安居址中出土的陶片来判断这些遗址的时代。在研究时，他没有计算陶片的比例，也没有将不同风格陶片的出现频率列表分析，只是记录了按年代顺序应该出土的陶片类型的"有"与"无"。纳尔逊认为，区域内陶器类型的这种稳定而渐进的变化（就如同在圣克里斯托瓦尔的地层、地表与居址中采集的陶片所揭示的一样），展示出遗址被不间断地连续使用的状况。美国西南部的考古学走上了立足于田野方法和由此推动的文化—序列假说的发展道路。

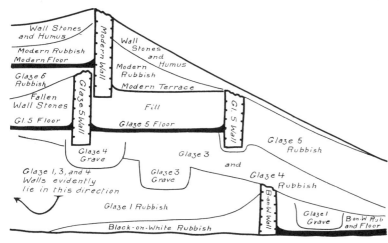

新墨西哥州佩科斯遗迹的堆积层、墙基及居住面的剖面图。各层发现的陶器类型分别被标注为黑花白地陶期、釉陶5期，等等。（引自Kidder，1924年，耶鲁大学出版社授权使用，Yale University, New Haven）

　　第一个大规模应用地层学方法的美国西南部考古学家是A. V. 基德尔（A. V. Kidder）（Woodbury，1973）。作为与纳尔逊同时代的学者，基德尔曾经在哈佛大学接受了托泽（Tozzer）的教育，上过著名埃及学家 G. A. 莱斯纳（G. A. Reisner）所讲授的田野方法课程，G. A. 莱斯纳是20世纪早期最著名的现代考古学发掘者之一。基德尔在美国西南部开始工作的时间与纳尔逊基本一致，之后，纳尔逊在他1916年文章的两个脚注中提及，基德尔在帕哈里托高原（Pajarito Plateau）（Kidder，

1915）和佩科斯（Pecos）的调查资料证实了他提出的加利斯特奥盆地的陶器序列。基德尔在佩科斯所做的发掘是那一时期在美国西南部地区同类发掘中规模最大的一次。事实上，在墨西哥以北的美洲地区，它仍然被看作是最重要的遗址发掘工[104]作[6]。新墨西哥州佩科斯河谷上游的佩科斯遗址实际上是由福克德莱宁（Forked Lightning）和佩科斯印第安村落（Pecos Pueblo）两处遗址所组成。遗迹显示，福克德莱宁遗址是一处年代较早的居址，年代可以追溯到普韦布洛文化Ⅲ期（Pueblo Ⅲ，大约公元 1000 年），它被废弃以后，村民们显然是穿过了干涸的沟壑转移到了更易防御的位置。这次迁徙应当发生在大约公元 1200 年。在整个普韦布洛Ⅳ期（Pueblo Ⅳ，公元 1300 ~ 1700 年）里，佩科斯印第安村落都建在这里，并且一直延续到了 19 世纪初。

该图表反映了福克德莱宁遗址（Forked Lightning）每个水平层出土各类型陶片的数量及百分比的变化。（引自 Kidder，1931）

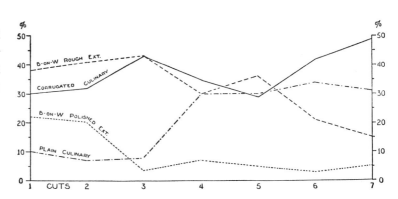

| | 陶片数量（个） | | | | | | | 大致比例（%） | | | | | | |
|---|---|---|---|---|---|---|---|---|---|---|---|---|---|---|
| 层号 | 1 | 2 | 3 | 4 | 5 | 6 | 7 | 1 | 2 | 3 | 4 | 5 | 6 | 7 |
| 白地黑花磨光陶器 | 63 | 65 | 20 | 28 | 9 | 10 | 12 | 22 | 20 | 6 | 7 | 5 | 3 | 5 |
| 白地黑花粗陶器 | 108 | 137 | 143 | 126 | 70 | 64 | 39 | 38 | 41 | 43 | 30 | 36 | 21 | 15 |
| 素面烹煮陶器 | 30 | 23 | 27 | 129 | 59 | 106 | 78 | 10 | 7 | 8 | 30 | 30 | 34 | 31 |
| 波纹烹煮陶器 | 82 | 104 | 141 | 144 | 58 | 129 | 127 | 30 | 32 | 43 | 33 | 29 | 42 | 49 |
| 合　计 | 283 | 329 | 331 | 427 | 196 | 309 | 256 | 100 | 100 | 100 | 100 | 100 | 100 | 100 |

这些遗址的垃圾堆积形成于居住房屋附近，有时也会被普韦布洛村落后期增建的房间所叠压。在当时的断崖等地方，垃圾被不断丢弃，而后在那里形成了 20 英尺厚的堆积层。基德尔非常详细地描述了这些垃圾的性质、可能的堆积历史和他采用的发掘方法（Kidder，1924，1931）。对于那些处于遗址边缘的垃圾堆，基德尔先开设了探沟纵贯它们以获取完整的剖面信息，并将经过筛选的陶片保留和记录下来。基德尔以探沟的剖面信息为依据，按照自然分层或人工分层的方法进行更全面细致的发掘工作，将出土的陶片按地层单位标明其出处。剖面被仔细观察来辨别是否有打破或扰动的痕迹，如果发现曾被破坏，则不适合进行地层验证。在一些情况下，堆积层被切分成方柱状关键柱，将其两面、三面或者四面的剖面都展示出来，[105] 以便发掘者更为严格地验证地层是否被破坏过。为便于研究，基德尔还使用楔子、绳等工具在保留下来的关键柱四面划分出自然分层。

这些经过严格控制的佩科斯遗址出土的陶片被分类并填入表格，在最终的报告里，这些表格提供了每一出土单位内各种类型陶片的数量和相关的百分比。这些结果也以线状图的方式展示出每个层位或出土单位中各类型陶器的百分比。大体说来，福克德莱宁—佩科斯地区的陶器演变与纳尔逊在加利斯特奥盆地（Galisteo Basin）发现的塔诺（Tano）垃圾堆积层几乎完全一致，即：白地黑花陶器逐渐减少而带釉陶器逐渐增加。事实上，纳尔逊的研究成果帮助了基德尔在佩科斯的发掘。基德尔开展的每一次单独的发掘是不可能获得对陶器序列的整体认识的，而在福克德莱宁地层中出土的陶器比例则与佩科斯印第安人村落遗址下部地层中的数据衔接。从所有发掘和研究分析中得出并经过反复校验的陶器年代序列，被用于对居住面之间、墙与墙之间等更复杂地层关系的年代判定。

从佩科斯的几次发掘开始，基德尔继续拓展他的思路，将他的地层学方法融入区域文化年代学的研究策略中。用他自己的话说（Kidder，1931，pp. 6-7），这个策略或者计划包括五个步骤：

1. 对所关注区域内的遗迹进行初步调查；

2. 选择对这些遗迹进行年代排序的判断标准；

3. 对这些标准的表现形式进行比较研究，以形成包含这些标准的遗址初步排序；

4. 寻找和发掘那些包含出土物且存在地层关系的遗址，以检验对遗址的初步排序，并获得可用于类型学和文化因素研究的大量标本；

5. 根据已掌握的信息，对区域进行更全面的复查，以便对所有遗址准确排序。如果有必要的话，可以选择对那些有助于澄清研究中所发现问题的新遗址进行发掘。

简而言之，就是（1）勘查；（2）确定标准；（3）初步排序；（4）按照地层学方法发掘；（5）更详细的区域调查与遗址断代。

在基德尔为他在佩科斯的工作做出结论之前，美国西南地区的其他学者也开始采用地层学方法。埃里希·施密特（Erich Schmidt）于 1925 年在吉拉河谷下游（Lower Gila）验 [106] 证了这种方法，并发表了陶器类型的频率统计与百分比的研究结果，以及相应的统计图表（Schmidt，1928）。随后，其他一些考古学家也采用了这种方法，包括格拉德温夫妇（Gladwin，1928；Winifred and H. S. Gladwin，1929，1935；Gladwin and others，1937）、豪里（Haury，1937，1936a，1936b，1940；也见 Gladwin and others，1937）、罗伯茨（Roberts，1929，1931，1932）和马丁（Martin，Roys，and Von Bonin，1936；Martin，Rinaldo，and Kelly，1940）。

在美国西南部以外，基德尔在佩科斯发掘时的一名学生助手，G. C. 瓦利恩特（G. C. Vaillant）在 1930 年出版了他关于墨西哥河谷的第一本详细的地层学著作[7]，将加米奥在阿茨卡波察尔科探方底层所了解到的古代期，或前古典期的认识进一步深化和延伸。1932 年，W. C. 班尼特（W. C. Bennett，1934）在玻利维亚的蒂亚瓦纳科（Tiahuanaco）进行了相似的试验，这个遗址确信与乌勒提出的秘鲁—玻利维亚地区早期年代学体系中的一种基准指标在风格上有一定联系。小亨利·B. 柯林斯（H. B. Collins，Jr.，1937，1940）和弗雷德里卡·德·拉古纳（Frederica De Laguna，1934）通过组合运用地层学和序列法（seriation）构建了阿拉斯加北极圈地区（Alaskan Arctic）的爱斯基摩考古年代序列。在 20 世纪 30 年代后期，精细的地层学操作程序在美国东部地区被普遍接受，尤其是在福特（Ford，1935，1936，pp. 257-258）、韦伯（Webb）[8]和其他学者[9]领导下的东南部地区。

[107]

霍霍卡姆区（Hohokam subarea）斯内克敦（Snaketown）序列的陶器类型及演变。（引自 Gladwin and others，1937）

地层学方法在美洲考古学发展过程中一个很有趣的方面，就是它着重强调人为划分的地层（metrical stratigraphy），而不是自然层。我们之前已经提及，这种人为划分地层的发掘始于加米奥和纳尔逊。在评价纳尔逊在加利斯特奥盆地的工作时，美国学者 R. B. 伍德伯里（R. B. Woodbury）认为，纳尔逊借助于人为划定统一深度地层进行的发掘（而不是自然层发掘法），深化了对地层叠压关系的认识[10]。另一方面，人为划定地层发掘法的价值也受到许多欧洲考古学家的质疑。其中，莫蒂默·惠勒爵士（Sir Mortimer Wheeler，1954，p. 53）认为，可见的或者自然的地层才是揭示历史连续性的唯一可靠指引。在 20 世纪 20 ~ 30 年代，基德尔是推崇自然层发掘的极少数（甚至可以说是唯一的）美国考古学家。他明确指出（Kidder，1931，pp. 9-10）：“在将（堆积）遗迹单元分成若干层（准备进行发掘）时，应当小心地遵从自然的地层，如一层灰迹、木炭或者坚硬的居住面等等，而不是一条任意的直线。最终的层并不总是相同的厚度，它们也不一定非得是统一的分布，但是它们的确代表了堆积的真实结构……”但是他的美国同行们看来却相信（或者至少是采用了）另外一种方式①的发掘。施密特（Schmidt）、豪里（Haury）、瓦利恩特（Vaillant）、班尼特（Bennett）、柯林斯（Collins）以及美国东部的考古学家，都采用人工划定地层的方法进行发掘。虽然在差不多所有发掘项目里，考古学家在发掘的过程中都意识到，自然层作为历史记录的物证是非常重要的，自然土层区域与主观划定的地层、剖面图上的出土区域以及相关文字描述等息息相关。然而，自然分布区域和地层等却很少被用作研究人工制品或陶器的出土单位。

美洲地层学发掘方法与欧洲考古中更常用的自然层发掘方

---

① 指人为划分的地层。——译注

法（或土层自然分布区域）不同的原因，就如同美洲考古界
为何迟迟未接受这一方法一样，目前仍不得而知。当然，一些
发掘者给出了自己的解释。豪里（Gladwin and others，1937，
pp. 22-25）解释了他为什么在斯内克敦的垃圾堆积发掘中更愿
意采用人为划定的方形单位进行发掘，他指出，与按照垃圾堆
积中大量细微而复杂的自然地层进行发掘相比，用这种方法进 [108]
行发掘能够从垂直和水平两方面更好地控制发掘对象。他认为
那些自然状态的地层太过细微，所反映的时间跨度太短暂，不
足以反映出垃圾堆积形成的时期或阶段。瓦利恩特（Vaillant，
1930，pp. 19-30）认为，萨卡滕克（Zacatenco）遗址的自然堆
积过于复杂，垃圾堆积层和坍塌的建筑分布于山坡上，不可能
（或不适合）按照自然地层进行发掘。大部分美洲学者在讨论
这一问题时，也都依据发掘对象形成堆积的特点，来解释为什
么倾向于人为划分地层的发掘方法。我们也认为，人为划分地
层发掘方法在美洲（尤其是美国）被广泛应用的这种现象，
说明在许多堆积相对薄的遗址中缺少可明显辨识的自然层堆
积[11]。最后，我们还要提及一点，虽然我们同意欧洲同行的
观点，人为划分地层发掘方法的确具有一定的局限性和冒险
性，但我们并不认为它是完全不可取的。它的确永远不能取代
自然地层发掘方法，但它可以在自然地层发掘方法的框架内进
一步地细化，同时，当客观条件限制只能采用人为划分发掘方
法时，可以采用这种方法更好地研究文化变迁[12]。

## 序　列

　　所谓"序列"（seriation），最简单的定义就是按照某些一
致的排序原则，将若干现象或资料排列为系列。然而在考古学
中，序列差不多总是与资料的时间顺序相关。其他种类的排
序，如文化类型的地理或者功能排序当然也是可能的，但这种

性质的序列在考古学研究中相对较少。

序列是通过研究考古材料自身的特征及这些特征之间的差异产生的。从这个意义上讲，这种方法比地层学更具有鲜明的考古学学科特点。地层学作为另一种判定相对年代的基本方法，是源自地质学中的叠压理论。序列可以说在文化史研究中拥有自己完整的理论框架（Dunnell，1970；Rouse，1967）。

考古学序列是通过分析两个基本原则而得出的。其中之一是假定某种必然的顺序引导着文化随时间而演进。通常而言，就是事物由简单向复杂发展的进化论观念，因此这种序列被称为进化序列（evolutionary seriation）。序列的第二个原则是依靠相似性，由此称之为相似序列（similiary seriation）（Rowe，[109] 1961）。这意味着资料单元（考古遗物、遗物组合或遗物的特征）被按照它们之间一个与另一个的相似性排成一个系列；相似的事物被紧连着放在一起。这种假设基于至少在相同的文化传统范围内，文化的变迁是渐进的这一前提。考古学上第一个也是最著名的进化序列案例，是汤姆森（Thomsen）对丹麦国家博物馆（Danish National Museum）藏品的排序，他假设当地文化发展经历了石器、铜器和铁器时代这样的顺序（Rouse，1967；Daniel，1950）。之后的考古学研究已经多次证明这个案例中进化序列的正确性。然而，其他的一些进化序列有时是无法得到地层学或者绝对年代验证的，所以，序列的进化原则被认为不是常规有效的考古程序。在另一方面，通过相似性原则取得的排序结果，如果所采用的方法比较合理，其结果是可靠的，通常可以得到地层学和各种绝对测年方法的佐证。因此，无论是在美洲还是其他地方，按照相似原则进行排序成为进行年代排序研究时被广泛接受的方法。事实上，现在使用"序列"这一概念时，实际上指的就是相似性排序。然而，进化原则和相似原则经常被混合使用。在美洲考古学中，一个经典的例子就是斯平登（Spinden）的《玛雅艺术研究》（A Study of

*Maya Art*），此书我们在前一章曾提及。这部发表于 1913 年的
著作，通过对艺术形式进行基于进化论的推理和基于相似性的
排序，从而将玛雅的遗迹和雕刻按年代顺序进行了排序。

　　追溯相似原理排序方法在美洲的兴起与发展，我们首先认
识到，这种方法早在 19 世纪后半叶就成为了欧洲考古界普遍
接受的方法。沃尔索（Worsaae）在 19 世纪 40 年代所做的墓
葬群研究就以墓葬的出土物为单位进行了比较，体现出了序列
的思路（Rowe，1962b）。之后不久，约翰·埃文斯（John Ev-
ans）和其他学者对英国的考古资料采用相似序列原理进行了
研究。到 19 世纪末，这个概念已经发展成熟，特别是弗林德
斯·皮特里爵士（Sir Flinders Petrie）在埃及所做的具体实践
和阐释（Rouse，1967；Petrie，1899，1904）。我们知道，皮
特里影响了乌勒，这表明序列原理可能通过这种个人间的联系
传播到了新大陆。当然，更为可能的是，乌勒在了解皮特里的
研究之前，就已经关注到了欧洲学者在此前所做的墓群序列研
究。相似序列传播到美洲的另一个可能来源是弗朗茨·博厄斯
（Franz Boas）。这位"美洲人类学之父"在德国出生并接受了
专业训练，他也许很熟悉欧洲序列类型的研究。而且我们知
道，博厄斯在加米奥于墨西哥河谷进行地层学发掘前不久，就　　[110]
对该区域表层的陶片做了一次初步的序列研究。事实上，对这
些采集品的研究及对年代序列的解读，是促使博厄斯鼓励加米
奥开展地层学研究的原因。同样值得关注的是，第一位在美国
西南部证明相似序列对年代学研究具有意义的学者 A. L. 克罗
伯（A. L. Kroeber），既是博厄斯的学生和同事，也是乌勒的亲
密助手。

　　克罗伯于 1915 年撰写了题为《祖尼陶片》（*Zuñi Pot-
sherds*）的序列研究论文，这篇立足于田野发掘结论的论文于
第二年正式发表（Kroeber，1916）。这篇论文与我们后面要讨
论的莱斯利·斯皮尔（Leslie Spier）发表于 1917 年的专题论

文，共同证明了在美洲考古学中序列方法传播的良好开端。克罗伯说他的田野工作是非常偶然的，他在美洲西南部的祖尼村落进行他的首次人类学研究时，经常会在下午时分在村子附近散步并在地表收集一些陶片作为消遣。在散步过程中，他在所居住的祖尼村落步行半个小时距离的范围里发现了十八个废弃的遗址。起初，甚至在收集标本之前，克罗伯就注意到在一些遗址的地表找到的是红地黑花纹的陶片，而在另一些遗址，仅发现有白色条纹（white-slipped）或白地黑花（black-on-white）的陶片。后来，他开始系统地采集所有遗址地表的陶片。与此同时，他研读了祖尼的历史，发现那些能确知在 17 世纪由祖尼人居住的遗址中主要是红陶和红地黑花陶（black-on-red）。相比之下，那些大多为白陶和白地黑花陶（black-on-white）的遗址在同时期没有被记载。这就确定了红陶和红地黑花陶器组合在假定的历史年代序列的上部，或者说是"历史时期"（有资料记载的时期），白陶和白地黑花陶在序列的下部（或者说是遥远的史前时期）。其他那些混杂有红地黑花陶和白地黑花陶的遗址，根据陶器组合所占的相对比例，被排序在中间的位置。通过这样一个排序程序建立起六个子阶段，每一个阶段都以在序列范围内陶器样式（和时间）的不同变化为标志。这一顺序可以通过在整个排序时间范围内波纹陶器由最早阶段到最晚阶段稳步减少而得到进一步的确认。

虽然克罗伯在研究伊始是采用了所谓的出现序列（occur-rence seriation）方法进行调查（Dunnell，1970），即只记录被排序单位（陶器组合）的出现或者缺失，但他在研究过程中 [111] 又采用了频率序列（frequency seriation）方法，即通过计算组合中不同类型陶器的百分比，对六个子阶段序列进行细化研究；他对资料的诠释包括采用列表的方式统计遗址，以及在每个遗址中发现的可用于断代的陶器类型的比例。这种频率方法使他能够推断祖尼地区的文化史，这种推断是由上述的十八处遗址得出的，以红地黑花陶和白地黑花陶组合作为例证，不能"代表两种不同的移民、族群或者文化浪潮"，"但能代表这片土地上存在稳定而连续的（文化）发展"。如例所示，暗示了一个群体（或类型）被另一个群体（或类型）逐步取代，以及波纹陶器在整个时间段里的连续存在（Kroeber，1916，p. 15）。克罗伯得出结论，认为他的序列需要地层学证据支持，在以后开展此类研究时，首先应对相类似的小区域进行研究，然后再进行跨区域的比较研究，以建立起更全面的年代序列。但有意思的是，克罗伯从来没有使用过"序列"一词。

紧随着克罗伯的研究工作，莱斯利·斯皮尔（Leslie Spier，1917）开展了时间跨度更长、更为详细的祖尼地区年代序列研究。斯皮尔很熟悉克罗伯所做的工作，而且还在1916年夏天与纳尔逊一起在田野工地工作了三个星期。他在报告中用了30页的篇幅来介绍遗迹的区位与描述，其中包括了他的调查与一张精确的遗址地图。他将克罗伯的研究称之为基于"标本相关部分一致变化"的"联合序列"（"associational seriation"）。这好像是第一次在美洲考古学中使用"序列"一词。他也注意到了纳尔逊的地层学研究，并声称他的目标就是通过交叉检验以验证两种方法。他所采用的其中一种方式是在克罗伯做过地表陶片采集的同一遗址上进行地层发掘，发掘结果证明了地表采集所得出的序列。

关于他自己的地表采集序列，斯皮尔（1917，p. 282）这样说：

> 第一个（陶器）子群包含了来自多个遗址的35件标本。这些陶器有波纹、白地黑花、红地黑花和红地黑花加白花。按照这些标本纹饰的所占比率由高到低排序，并结合伴出陶器以检验这个序列是否符合历史规律；例如，当陶器具有三个或以上特征明显的并存特点时，按照假设规

律对其中一个特点进行排序，如果发现其他的陶器特点也随之变化，则证明这种排序结果不是偶然的。

[112]　　　　这是文献所见较好且非常简洁的考古学"序列"定义。斯皮尔将数据资料用表格和比率表的形式表示以支持他的陈述。他用其他遗址的第二个陶器子群在克罗伯排序基础上向早期进一步扩展。在这个子群里，纹饰器物与彩绘器物之间也有一致的变化，但是斯皮尔意识到这些一致性和彩绘类型与遗址的第一个子群不同，这意味着他获知了纹饰器物早半段的比率曲线，在较早期时段内这类器物在增加。扩展完整后的序列顺序呈现了波纹陶器的整体发展曲线，最初在陶片样品中的占比略高于0%，而后增长到了50%，又在序列末期从峰值再次下降到了0%。在这个延续时段中，波纹陶器最初与白地黑花的陶器类型一起出现，后来又与红地黑花型一起出现。斯皮尔用一段支持"序列"的话作为他报告的结语（1917，p.326）："我们既然不怀疑从灰土堆积的连续地层中出土的陶片样品所展示的年代序列是真实有效的，为什么还要质疑从灰土堆积表面所采集到的相似样品呢？"

　　　　在斯皮尔的研究工作之后，序列在北美洲西南部成了标准的考古方法，尤其是用在采集地表陶器和判定相对年代的遗址调查中，相似序列原理并不总局限于陶器。纳尔逊（1920）将其应用于西南部的石构建筑类型研究，F. H. H. 罗伯茨（F. H. H. Roberts，1939）将印第安村落西南部的建筑形式按照时间顺序进行了排序——由地穴式单间发展到地上多间。与建筑形式的序列相似性一样，在此过程中，罗伯茨也受到了建筑—陶器组合的启发；而且这与在西南部地区范围内全面建立年代序列是相一致的。已知信息越多，新发现的资料适用于现有信息框架会变得越容易，这是地层学和序列相互印证的结果。

当西南部的考古学家着眼于陶器组合，以及这些组合单元中陶器类型的频率比例时，一种不同的序列程序正在秘鲁被使用。这是一种风格相似性排序（stylistic similiary seriation），即，将陶器划分成不同的风格组合群（style groups），然后列表比较这些风格组合群之间的不同特点。这种特别的相似性排序由皮特里在埃及进行了实践；乌勒借鉴了皮特里的经验，并将其应用于秘鲁。但乌勒在这方面发表的文章很少，秘鲁的序列通过克罗伯和其学生的研究才清晰起来。这一成果反映在 20 世纪 20 年代发表的系列论文中，克罗伯从他在美国西南部探索的陶片频率排序方法转向一种更适合乌勒器物群的墓葬群和器物风格研究方法。这些器物组合来源于大量的秘鲁墓地。幸运的是，乌勒已经仔细地把这些标本做了列表，并通过标本与墓葬群之间的联系判定了它们的起源。秘鲁南部海岸伊卡河谷（Ica Valley）的采集品可以作为克罗伯序列研究的一个例子。当时还在伯克利做研究生的 W. D. 斯特朗（W. D. Strong）是论文的合作作者[13]。所有采集的 600 余件标本被克罗伯和斯特朗分成七种不同类型。这些器物与墓葬群的联系为划分类型的年代提供了清晰的线索："一座墓葬所包含的器物不可能超过一种风格类型。"（Kroeber and Strong，1924a，p. 96）所以，序列研究的重点不是墓葬单位，而在于各种类型自身的特性。他们将七种类型的每一种作为一个基本单位，将所有经过类型划分的器物列表，以详细记录器物样式的特点、颜色或制作工艺，以及装饰的图案元素。通过这些列表得出一个相似序列，由此将这七种类型按照年代顺序进行排列。因为其中一种类型被确认源自印加，这给了该序列一个年代上限；在它之前的是晚期伊卡 II 类型，这样排序是因为它与印加类型共有特定的器物样式与装饰特点；基于与晚期伊卡 II 类型的相似性，晚期伊卡 I 型年代更早。由此将其余的四种类型（也被推定为不同的文化分期）向后推演出来。

[113]

　　克罗伯与他的同事对乌勒在秘鲁其他河谷的采集品做了相似的研究。一个令人关注的创新是斯特朗在对陶器类型序列整理时采用了关联性的统计系数（Strong，1925）。这个研究案例的材料来自安孔大墓地（Ancon Necropolis），乌勒之前已经发现一些可以用于推断年代顺序的墓葬叠压关系，统计学研究验证了对陶器特征的观测分析和乌勒的发掘记录。

　　约翰·H. 罗维（John H. Rowe）及其学生在秘鲁继续沿用了乌勒、克罗伯和斯特朗的风格相似性序列方法，但是这些研究是迟至 20 世纪 50、60 年代的。而西南部地区地表陶片组合与类型频率模式则是对相似性序列方法更直接的实践。对此最有贡献的考古学家是在美国东南部地区工作的詹姆斯·A. 福特（James A. Ford）。

[114]

　　在 20 世纪 30 年代初，福特与小亨利·B. 柯林斯（Henry B. Collins，Jr.）一起在阿拉斯加做考古。这里的相对年代关系是通过地层学，以及史前爱斯基摩村庄与多重古海岸线之间的关系得出的（较古老的村庄深入内陆，较晚近的村庄接近现代海岸）（Collins，1937）。这些信息提供了一个年代标尺，可以据此将骨质、象牙工具与装饰品进行排序，并研究这些人工制品的样式和装饰随时间推移而发生的变化。然而柯林斯的研究起初并不是序列，它们是次要的。福特本人特别感兴趣的是类型与风格的兴衰所展现出的文化渐变[14]。

　　带着这种思路，福特回到他在美国东南部的家乡，并在路易斯安那州地质调查局获得了一个考古学研究助理的职位。20 世纪 30 年代中期，他做了一些地层发掘，不过他在这段时间最重要的成果则是发表于 1936 年的一部关于史前村落遗址陶片采集的专著。在这部著作的序言中，福特针对美国东南部的年代学研究指出，这个地区的考古遗址堆积很薄，限制了地层学的应用。为了克服这个困难，他采用了一种遗址勘查、地表采集的途径和年代学的方法，从欧洲殖民历史时期地层向前推演。他也关注许多方法论的问题。在论述他所调查地区的陶器风格是逐步演变成统一风格这个观点时，他注意到所选择的地区（路易斯安那州和密西西比州的毗连部分）相对较小，在这一区域内的陶器风格必然是在具有相对清晰边界的范围之内。换句话说，他试图定义一种陶器或者文化传统，并辨析这种文化传统作为相似性序列前提的必要性，这是我们直到几十年以后才在美洲考古学序列研究的论著中看见的观点[15]。他意识到单独研究地表采集陶片的一些局限性，承认遗址里的一些陶器遗存可能完全被掩埋起来，而没有反映在地表采集的陶片中。而对于东南地区美洲原住民村落遗址堆积相对薄这一点，他认为这是一种特别的情况并且并不常见。为了进一步研究地表随机采集陶器的代表性，福特在一些遗址区域进行了多达三次的独立采集。把一次采集与另一次采集的陶器类型比率 [115] 差异列表，得出了一个平均变量，且发现采集品越多变量就越小。由此，福特为他的方法提供了一个令人信服的案例。

　　福特的实质性收获是定义了七种陶器组合。每一种组合以一定数量遗址的采集品为代表。基于遗址的历史、空间位置、文献记录，以及与玻璃珠或其他欧洲早期贸易品的关联等。福特对其中的四种组合予以确定，分别为喀多（Caddo）、图尼卡（Tunica）、纳齐兹（Natchez）和乔克托（Choctaw）部落。这些部落在 16 和 17 世纪居住于密西西比河谷的下游地区。其他三个组合——科尔斯·克里克（Coles Creeks）、迪森维尔（Deasonville）和马克斯维尔（Marksville）——则被认为完全是史前时期的。对于历史时期组合和它们彼此之间的年代关系，实际上是通过所谓的"出现相似序列"（*occurrence simil-iary seriation*）取得的。即，历史时期的一些组合与科尔斯·克里克组合共有一些陶器类型。而根据科尔斯·克里克组合和迪森维尔组合之间的贸易证据，两者被认为至少部分阶段是同时的；但是迪森维尔组合与历史时期的组合之间没有类型上的重合。由此推测，作为一种文化或陶器组合的迪森维尔组合在科尔斯·克里克组合消亡之前就已经走到了尽头。最后，从马克斯维尔组合经由科尔斯·克里克组合再到纳齐兹组合，在某些特定陶器图案之间存在一些类型学上的重叠和相似的连续性。此处的论证是按顺序进行的，即克罗伯等人所运用的秘鲁风格序列。

两年以后，福特发表了一篇关于序列方法在美国东南部适用性的论文（Ford，1938）。而在更早的专题论文中，他好像已经摸索到了通向这一方法的道路，这条道路如今已在他的头脑里变得清晰了，然而它仍是一个相当简略的雏形。他似乎提到了"出现"（occurence）而不是频率序列，不过在另一部专著中他指出，每一组合陶片类型的频率、定量分析是非常重要的。虽然福特在其第二篇文章中没有明确引用参考书目，但是他列出了参考文献的题目，包括斯皮尔对西南部地区地层学（和序列）的回顾性著作（Spier，1931）和克罗伯的著名论文《以风格演变为例说明对文化排序的原则》（*On the Principle of Order in Civilization as Exemplified by Changes of Fashion*）（Kreober，1919）。后一篇论文关注的是逐步而有节奏的趋势形态或变化曲线——如女性连衣裙长度变化所说明的问题——而不是严格意义上的序列；不管怎样，克罗伯的概念无疑是支持了福特的想法。在福特早期的所有工作中，他的方法论大部[116]分都是自我探究的。只是到后来，当他变得更成熟，并且广泛阅读了人类学著作时，福特才开始感受到人类学和考古学文献对他的影响。多年以后，他提出了更加完善的频率序列理论（Ford，1962）。

如果我们将时间严格限定在"分类—历史时期"的早期，欧文·劳斯（Irving Rouse）完成了美洲考古学最详尽而精细的相似序列研究，并于1939年发表在他的专著《海地史前史的方法论研究》（*Prehistory in Haiti，A Study in Method*）中。顾名思义，这本书本质上是关于方法论的，对于海地考古资料更为具体的研究则出现在别的著作中（Rouse，1941）。在为西印度群岛的这些文明建构时间序列时，由于缺乏堆积较厚的遗址，劳斯不得不依赖于陶器序列，就像福特研究陶器那样。这些陶片采集品都是从该岛上一系列的遗址发掘中选取的，并被分为十二种类型。劳斯所分类型（type）基本上与福特的组合（complex）相当，按更精细的类型分析又分为 51 种样式（modes）。这些样式涉及了器物外形特征（如顶端扁平的边沿）、表面装饰元素（如自然题材的装饰）、制作原料或工艺（如硬度和烧制）。按照这种方法，这些样式在两个类型之间所呈现的一定程度的重合，为年代学意义上的类型排序提供了线索。为了证明这个序列，劳斯选择了遗址中在出现频率方面区别最大的八种样式，计算样式出现的百分比并绘制曲线图，还将这些遗址采集品按照百分比的趋势排列起来。这一序列的时间顺序是借助一些遗址非常简单的地层序列所确定的。在这些序列中，劳斯的研究建立在这样一个假设前提下，即他所有的陶器材料同属于一个单独的文化—陶器传统（cultural-ceramic tradition）。他认识到如果没有这个假设，序列将不可能存在。事实上，这个假设是他从早期的梅拉克（Meillac）陶器类型与之后的卡里尔（Carrier）陶器类型之间多种样式中存在非常清晰的连续性中得到的。他也明确了其他两个假设：即样式的变化频率是各自独立的，每种样式都可以被描述成一种标准的或周期性随着时间变化的频率曲线。事实上，这些不同的样式频率变化曲线都各不相同，并呈单峰状分布，因而劳斯认为这些假设都是有效的。

　　劳斯的序列比福特的序列条理更为清晰，尤其是在样式分类的使用上；不过，或许比这更重要的是，劳斯在描述和解释他所有序列操作细节时更加谨慎而详尽。在当时的美洲考古学中，即使包括斯皮尔 1917 年的研究在内，都没有像《海地史前史的方法论研究》这样的研究，能够反映出学者对考古学假 [117]

设与分析方法如此清楚明确的认识。

## 类型学和人工制品（陶器）分类

类型学和分类法是考古学的绝对核心。我们的章节名"分类—描述"（*Classificatory-Descriptive*）和"分类—历史"（*Classificatory-Historical*）标示出这两个时期在类型—分类方面程序和目标的不同。前一时期的分类法实际上就是描述性的分类学，为确定人工制品类型所选择的判断特征和样式揭示了这些人工制品的内在性质。但除此之外，类型学的目标没有被表述。如果是为了在博物馆展柜中合理布置展品的目的，对史前史资料的研究已经足够系统。在"分类—描述时期"末段，地理维度观念逐渐被融入分类研究中。虽然最初仅是在描述层面，霍尔姆斯（Holmes）等注意到某些陶器和人工制品类型确实存在与某些地理分布上的关联，不过也仅限于此。

随着年代学被引入"分类—历史时期"的资料研究，考古学家必须采用更加细致且清晰明确的分类方法，以便将研究对象恰当地归入时间列表之中。如劳斯所说，这些分类不仅仅是描述性的，显然已具有了历史意义[16]。这种历史分类法在这一时期（尤其是早期）居于主导地位。直到 1940 年以后，当对背景（context）和功能（function）的相关研究与年代学一起成为考古学的共同关注点时，其他类别的人工制品分类法才开始出现（Rouse，1960）。

但是回溯"分类—历史时期"之初，我们可以观察到一些介于纯粹描述性分类法与建立年代序列的分类法之间的过渡性研究。S. K. 洛思罗普（S. K. Lothrop）的两卷本专著《哥斯达黎加与尼加拉瓜的陶器》（*Pottery of Costa Rica and Nicaragua*）就是这样的例子。该书是基于 3500～4000 件博物馆陶器的研究，成书于 1920～1921 年，经过几次修订后于 1926 年正式出版。这些研究的标本是来自非专业人员发掘的墓葬，除了一般性的地点分类外没有其他出土信息。洛思罗普认识到这批资料的不足，知道他只能做一些基本的描述性工作。然而，他也尝试做了一些简单的出土地分布研究，希望将这些标本与能够提供年代学信息的相邻地区的出土物（如中美洲）做一些比较分析。事实上，他之所以能够这样做，是因为他注意到一些尼科亚（Nicoya）风格的哥斯达黎加—尼加拉瓜彩绘陶器上 [118] 存在某些玛雅古王朝（或古典）的元素，他也注意到墨西哥中部（托尔特克和阿兹特克）与其他尼科亚文化之间的关系（Lothrop，1926；pp. 392-417）。然而，用这种方式建立年代序列仍是一件冒险的事，洛斯罗普最终的结论还是有所保留的：虽然哥斯达黎加—尼加拉瓜的采集品一定是代表着相当长的时间跨度，但任何的区域年代序列都必须通过地上或地下的田野工作来建立[17]。现在回顾起来，看上去很有可能是相似序列方法帮助洛斯罗普建立了年代序列，不过他并没有明确说明。

在这本书里，洛斯罗普真正用于讨论分类方法的篇幅不足两页（1926，pp. 105-106）。他建立了器物群分类：多彩器物群、中间型器物群（两种颜色）和单色器物群。在一个群里（以多彩器物群为例），他再根据装饰的图案和制作工艺对器物予以命名（例如尼科亚彩绘），有时他会把这些器物再分为不同的亚型。但是洛斯罗普的注意力集中于单个的标本而非一个种类或类型，而且无论是对器物群整体还是对某些属性都没有进行统计或数值上的分析。

在为年代学研究提供合适的陶器分类方面，美国西南部地区的考古学家再次领先。就其本身而言，这些陶器分类是将地层学和序列方法用于研究陶片产生的自然结果。依其自身特性，这些陶片成为一种适合于统计和操作的标签和统计单位。这也推动了西南部地区年代学的迅速发展。然而，方法论整体上所取得的成果并不都是令人满意的。对陶片的研究逐渐远离了完整的器物，远离了更大的文化背景，也远离了制作这些陶器的人群。几年以后，开始出现反思这种倾向的声音，但在当时，这样的陶片考古则代表着美洲的研究趋势。

　　H. S. 格拉德温（H. S. Gladwin）是最早开展美国西南部陶器分类工作，且最有才干和最持之以恒的代表性考古学家。他的工作开始于一个由私人基金会支持的在美国亚利桑那州南部的考古调查项目。他与威妮弗蕾德·格拉德温（Winifred Gladwin）一起于 1928 年发表了系列论著，概述了遗址的描述与选定、陶片采集、陶器分类与系统命名法等[18]。在随后的 20 世纪 30 年代，描述和说明陶器类型的出版物以操作手册的形式风靡一时（W. and H. S. Gladwin, 1931; Haury, 1936b; Sayles, 1936）。格拉德温夫妇着手于具体的研究（即类型描述），并没有过多地关注方法论或理论上的问题。因此，他们的实践有许多是模糊的，几乎没有什么是明确的。尽管如此，他们显然是把陶器类型看作文化变迁的敏感指标，并且把陶片作为文化时空变化的关键要素。他们与西南部的其他同行一样[19]，都认识到了把陶器类型作为便于操作的基本单位是有必要的。这样，在类型命名时，"应该尽可能地避免按时间因素或比较特征进行命名的方式，因为采用它们会增加一些有可能在后期需要纠正的因素"（W. and H. S. Gladwin, 1930）。生物学分类法成为建立陶器类型二项式命名系统的借鉴。按此系统，陶器的颜色组合或器表特征成了*属名*（*genus* name）（例如，白地黑花），而出土地点成了*种名*（*specific* name）（例如，图拉罗萨）。类型的描述采用固定的格式发表，包括名称、器形、图案、遗址类型、地理分布、已知的文化归属和年代数据（Colton and Hargrave, 1937）。"生物学"分类法因其可能的含意困扰了一些考古学家。当时一位著名的体质人类学家曾讥讽道，"陶片可不会生儿育女"。尽管如此，这种方法还是因为非常有用而流行起来。关键在于，将陶器按照大家公认的标准进行

［119］

分类，考古学家们就可以相对容易地在时间与空间上进行分析验证。不过这是不太可能的，除非把陶器的制作与演变简单地想象成生物血缘传递的那种相似性。由一种陶器类型到另一种陶器类型的发展脉络的确可以被标注在文化演进的时间表上（Colton and Hargrave，1937，p.4），这被认为是形象化展示文化在空间和时间传播的最有用规则。这种方法和模型的局限性不是因为其生物遗传方面的含意，而是在于缺少相关联的背景。尽管如此，这种包括类型、空间和时间的研究架构还是在美国西南部建立了起来，并且在细节和成熟度方面是美洲其他地区所无法比拟的。

与地层学和序列的情况一样，历史类型学在 20 世纪 30 年代从美国西南部传到了东部，对此做出最大贡献的考古学家还是 J. A. 福特。起初，该地区描述性类型学的出现被认为是受到了年代学的影响。霍普韦尔陶器群（Hopewellian pottery）、伍德兰陶器群（Woodland pottery）和密西西比陶器群（Mississippian pottery）这样的分类是 20 世纪 20、30 年代考古学话语的一部分。福特的真正贡献是在此基础上提出，陶器类型学是地层学—序列—类型学组合方法的组成部分，这使得在美国东南部和俄亥俄河谷—密西西比河上游地区首先构建区域年代序列成为可能。在 1936 年出版的系列调查报告中，福特首次提 [120] 出将陶器类型作为分析文化在时间、空间上变化的工具（Fort，1936）。在另一篇关于美国东南部陶器分类和命名系统的会议论文中，福特就这一主题做出了最明确的表述："我们已经认识到，对陶器进行'类型'划分只是为满足材料描述这一目的是不够的。这只是介绍原始资料的一种方式。类型学这一分类方法应该有望成为阐释文化史的有效工具。"[20] 并且，为了使大家能够理解类型作为历史研究工具这一定义，他继续写道，陶器类型必须被定义为所有可见特征的组合——原料、火候、制作方法和纹饰等等——"按照这套标准，两组几乎所有特征都相似，而因某些特征（如火候差别造成的陶胎不同）区别开的研究材料，如果确信有某些基于史实的原因，可以被分为两种类型"（Ford，1938）。换句话说，除非陶器组合确实与空间、时间上的差异有关，否则不要进行正式的类型拆分（Krieger，1944）。同时，强调选择一套各自独有的特征作为陶器分类基本框架的必要性，因为分类通常应用于陶片，所以这些特征对那些表面有修整和装饰的陶器来说是最适用的。最后得到的二项命名法方式也与西南部非常相似。例如，对于史威夫特溪复杂印纹陶（*Swift Creek complicated stamped*）这种类型来说，复杂印纹（*complicated stamped*）这种器表处理方式，成了类型的属名，而遗址地点史威夫特溪（*Swift Creek*）则成了种名。东南部第一篇关于此类陶器类型描述的论文发表于1939 年的《东南部考古学会议通讯》（*Newsletter of the Southeastern Archaeological Conference*）[21]。

在美洲的其他地方，这种系统的历史类型学较少。在 20世纪 30 年代的中美洲，瓦利恩特（Vaillant）提出了描述性的名字：器物（*wares*）和类型（*types*）。但这些基本上仍是描述性的术语。他称之为标志类型（*marker types*）的那些才真正是历史层面的，他使用这些术语揭示地层学反映的序列[22]。班尼特（Bennett）在蒂亚瓦纳科（Tiahuanaco）的类型学与之相类似，他的一些分类富有年代学意味（Bennett，1934）。瓦利恩特和班尼特都倾向于把陶器组合或陶器分期作为一个整体。也就是说，以某些形式、特征作为一个时期的特点，与另一个时期形成对比。这种分析资料的方式也在 R. E. 史密斯（R. E. Smith）于玛雅低地的乌夏克吞遗址（Uaxactun）工作中有所展现（Smith，1936a，1936b，1955）。在那里，遗址的自然特征（灰坑堆积层与其他堆积层被建筑地面和其他石质建筑所分隔）使得建筑的使用或建造时期成了年代学的依据。然后再把陶器组合与这些时期相关联。因此，这些研究不太关注各

[121]

个陶器类型的使用年代范围，而且对陶器的出现频率在年代序列构建方面的重视程度也要比美国西南部和东南部弱很多。

欧文·劳斯在他1939年的专著中将分析（*analytical*）类型方法介绍到了美洲考古学领域。这种方法重点在于属性（attribute）或样式（mode）而不是器物本身，它是分析原住民生产过程和动机的一种考古学探索。虽然类型学仍有着年代学的目的（而且我们已经注意到，劳斯非常关注序列），但现在有了背景和功能的新目标。

## 文化—分类体系

"分类—历史时期"早期的另一个主要关注点是文化分类（culture classification）。在此前并没有学者真正涉猎这一方向。显然，对资料在时空维度上的把握是文化分类研究的必然前提。与此相符的是，最早的文化分类体系的确是在美国西南部出现的，主要是从基德尔的早期研究发展形成的佩科斯分类法（*Pecos Classification*）。

1927年，当时在西南地区工作的顶尖考古学家们在新墨西哥州的佩科斯召开了一次会议。这次佩科斯会议的目的是建立一个全面的分类体系，以便于研究相似问题的考古学者彼此交流沟通（Kidder，1927）。年代学是出席会议的学者们考虑的首要问题，他们想要一种能普遍适用于整个西南部地区的文化年代学分类法。早在三年前，基德尔在他对该地区的首篇综合研究论文中做出了一些探索（Kidder，1924），他所提出的概念和术语在此次会议上被广泛认可。

那时考古学家发现的西南部较早族群是前陶时代的制篮人（Basketmakers），居住于亚利桑那、新墨西哥、犹他和科罗拉多四个州的交界之处。因此，佩科斯分类法的年代序列也始于制篮人。由于仍没有发现这种文化的源头，与会者决定将当时已发现的最早时期命名为制篮人Ⅱ期，以给还未发现的制篮人Ⅰ期留下余地。制篮人Ⅱ期的人们住在地穴式房子中并从事农业生产。他们的后继者制篮人Ⅲ期也是如此，不过这一时期的显著特点是出现了陶器。而在建筑、聚落布局、陶器样式和其[122]他人工制品方面的变化被视作为随后的普韦布洛（Pueblo）Ⅰ~Ⅴ期的判别标准。最后还有两个时期，分别连接从前哥伦布时期到殖民历史时期早期，以及从历史时期到现代美洲土著的普韦布洛村落时期。佩科斯分类法得到了后来考古学研究的验证，一些学者提出了修订建议（见 Roberts，1935，1937），树轮测年提供了更高的精确度。然而测年的精确度也引发了理论问题，佩科斯分类法的时期（*periods*）这一概念描述为阶段（*stages*）或许会更好。例如，西南部一些区域看起来比其他区域要更早地达到普韦布洛Ⅲ期或Ⅳ期的条件（因为分类是以建筑样式为标志的）；格拉德温夫妇等人就批评说，佩科斯分类法只是衡量文化发展的标准，而不是判定时间的标尺（W. and H. S. Gladwin，1934）。因为区域之间存在的时间不一致问题，并且相比南部霍霍卡姆（Hohokam）文化与东南部莫哥伦（Mogollon）文化区，佩科斯分类法实际上更适用于美国西南部偏北地区，或西南部的制篮人文化村落（或称为阿纳萨齐文化，Anasazi），因此格拉德温夫妇提出了另外一种文化分类法。

　　格拉德温夫妇的文化分类法是他们开展遗址调查和陶器分类的直接产物。1934 年，他们发表了《文化及其变化的命名方法》（*A Method for the Designation of Cultures and Their Variations*）一文。正如这篇短文的标题所揭示，格拉德温夫妇认为这个问题的本质是命名方法。他们的陶器分类法似乎不太关注基因型年代体系的隐含意义。以一棵树来作比喻，他们的文化分类法中最基本和最基础的群体被命名为根（*root*）文化。这些根文化就是西南地区主要的文化构成，包括当时所知的制篮人根文化（后来称为阿纳萨齐根文化）、霍霍卡姆根文化和喀多人根文化（Caddoan，后来命名为莫哥伦文化）[23]。根可以再细分干（*stems*），冠之以区域名称，如圣胡安（San Juan）或普拉亚斯（Playas）（属于制篮人根文化）。干可以再划分为枝（*branches*）这个更小的文化单位，这些枝则用具体地名命名——如查科（Chaco）或凯恩塔（Kayenta）。最后可以把这些枝分为阶段（*phase*），也以地名命名——如杰迪托（Jeddito）、普埃科（Puerco）等等。"阶段"才是真正用于研究的考古学单位，是通过不同遗址及遗存间的比较，基于文化特征高度相似性原则确立的。

虽然格拉德温分类法主要是通过文化特征的相似性划分文化，但是也考虑了空间和时间的因素。根、干和枝的构想包括了文化形态和地域因素，也都与文化形式一样包括在地理区域内。时间维度是通过遗传型模式体系得以体现：即它们本身就意味着，根要早于干，干又早于枝。当然，美国西南部的文化单源论可以进一步将其体现出来：当考古学家在时间上回溯或沿着这棵"树"向下研究时，他们会发现文化的祖先越来越少。这种单一起源论虽然存在可能性，但在西南地区没有得到任何证明。换句话说，这个体系构建于一种需要验证的基础之上。事实上，当这种分类法提出后，那些基础层面的分类在实际应用中没有遇到什么困难。经过发掘或调查的遗址及遗存被划分成"阶段"这种工作单位；这些阶段按照地层和序列被排进详细的区域年代框架中。在现在的美国西南部地区，格拉德温体系的修正版仍然被使用着，还保留有"阶段"和"地区序列"作为主要应用方面，但是僵化的遗传结构已经被大幅减少了。虽然比起佩科斯分类法的参照系，格拉德温体系的区域序列可以使考古学家能够从年代方面更好地把握资料，但是它却缺乏佩科斯年代序列的普适性。

[123]

如果我们把"佩科斯分类法"看作为进化型年代序列（*evolutionary-chronologic*），把"格拉德温体系"看作为遗传型年代序列（*genetic-chronologic*），那么第三种文化分类方式则可以被看作为遗传分类型（*genetic-taxonomic*）。这就是 20 世纪 30、40 年代在美国中西部和东部广泛流行的中西部分类法（*Midwestern Taxonomic Method*）。它的主要倡导者是 W. C. 麦克恩（W. C. McKern），因此有时也被称作麦克恩分类法（*McKern Classification*）。不过，这个体系最开始是在 1932 年美国中西部考古学家会议上讨论提出的，之后又在 1935 年的会议上做出了修订（McKern，1939）。这个体系的形成几乎与格拉德温体系同时期[24]。"中西部分类法"在分类机制上有意识地避开了空间和时间维度。不过我们认为，处于那种非常关注年代序列的考古研究环境中，这种方法的提出是较为合情合理的。当时在美国中西部和东部的研究难点在于，因为缺乏可用于地层学研究的厚堆积遗址，考古的年代序列无法建立。虽然随后几十年的探索揭示出这种认知并不是完全准确的，至少在 20 世纪 30 年代，很少发现这种（厚地层堆积）遗址。除了没有合适的地层这个问题之外，促使中西部分类法出现的另一种因素，就是在博物馆或私人收藏者手中有大量的、多年来通过地表采集或发掘出土的藏品。这些藏品大部分是由非专业人员收集的，许多藏品除了遗址或地点外几乎没有其他信息。然而，这些资料是构建区域史前史的资源，必须找到一种方法来研究它们。这种方法是能对这些资料进行排序的体系。"中西部分类法"就是对当时这种现状和需求的回应。

[124]

　　美国中西部体系是采用基于自身文化形态的类型方法。分类工作基于由考古遗址出土的遗物、遗迹所获得的文化组合单位（cultural complex）。这样的单位被命名为组合（*component*）。绝大多数情况下，组合指的是一处遗址，不过如果在一些遗址中能够获取地层信息，组合也可以指遗址中的某一层。这样的组合被分为关键点（*foci*），这是遗传分类体系的第一个，也是最基础的分类环节。组合中的关键点具有非常高比例的相似特征。关键点由此又被归类为若干形态（as-pects）——即体系中更高一级的单位，这个层次仍具有较多的共有特征。遗传分类体系的更高一级单位是阶段（phase）。这一层级与"形态"层级相比，共有特征的数量减少了。随后，又将阶段按照更宽泛的标准归类于模式（patterns）。例如，美国东部地区的史前陶器文化，公认只有两种模式，即伍德兰（Woodland）和密西西比（Mississippian）。前者的文化特征是随地域而变化的半定居生活，绳纹或其他表面粗糙的近圆锥形陶器，以及有柄或有 V 字形缺口的石质尖状器。形成对比的是，密西西比模式较明显的特征是定居生活，带有刻纹或模制的各类陶器，以及三角形的小抛射尖状器。最后，中西部体系最高级的分类层级是基型（base），在这一层级上区分耕作陶器类型与那些缺乏农业与制陶技术的类型。

无论是麦克恩还是中西部分类体系的其他支持者，都没有完全拒绝空间和时间这两个文化史不可缺少的维度。事实上，这个体系的基本前提是相似性所揭示的共同的文化起源和发展。因此，历史是隐含于研究方法之中的。麦克恩和其他学者认为，一旦取得合理的分类结果，就可以通过研究最终成果，将这一分类和组成分类的考古学文化放置于时、空维度之中。美国东南地区的考古学家反对这一观点，这一区域的研究工作已经因地层学和序列方法有了良好的开端。这些研究者不能容 [125] 忍严格的分类方法，他们认为这减缓了通向文化史终极目标的进度。事后看来，这次争论通过一种可以预见的方式得到了解决。当更多学者（尤其是从年代学的角度）了解了东部考古学之后，对于中西部分类方法优点与局限的争论开始减弱，分类类型也逐步加入了年代维度[25]。

佩科斯分类法、格拉德温分类法和中西部分类法都是在田野考古工作的背景中发展起来的，但是还有另一种文化分类体系则来自民族学，这就是奥地利的文化圈学派（*Kulturkreislehre* school）[26]。它在美洲考古学中的应用比较有限，我们简述一下基本情况。它的理论假设是，世界范围的文化传播或是通过人类迁徙，或是通过扩散，要么两者兼具。某些确定的文化组合，或文化圈（kreise），就由此而传播开来。在传播过程中，这些组合常因文化特征的消失、增加或变化而发生改变。时间延滞因素在传播中发挥了作用，因而不能认为世界范围内发现的所有同类组合属于同一个绝对时间。不过，文化组合在其起源中心所具有的原始相对时间关系，则往往在它们传播到遥远地区时仍被保持。早在 20 世纪 30 年代，阿根廷的乔斯·安贝约尼（José Imbelloni）就是将此方法应用于美洲体质人类学（考古学的某些方面）的倡导者[27]。后来，在阿根廷工作的欧洲史前学家 O. F. A. 孟京（O. F. A. Menghin）用这种理论来研究美洲的考古学资料[28]。但是，除了孟京和乔斯·安贝约尼的一些学生外，文化圈学派的理论并没有引起美洲学者的广泛关注——无论是在建立美洲本土文化分类体系方面，还是在解释大陆间文化的传播方面。大多数美洲考古学家虽然也很关注传播和迁徙的进程，但是并不愿意将其纳入分类体系之中。

## 直接—历史法

　　在之前几个章节，我们已经提到了美洲考古学与民族学的紧密合作。这种合作最重要的表现之一就是考古学中的直接—历史法（direct-historical approach）。简而言之，直接历史法就是从文献记载的历史时期回溯到史前时代。在考古研究时可以应用于已知的美洲土著在历史时期早期居住过的遗址，对这些

[126]

遗址的发掘可以揭示器物组合与一些可确认的部落或族群之间的联系。在此基础上，考古学家通过研究该地区的其他遗址，发现这些遗址出土的部分器物组合风格与历史时期已确认的器物组合相同，但这些遗址的源头可以追溯到更早的史前时代。

直接—历史法这一术语由 W. R. 韦德尔（W. R. Wedel，1938）第一次使用并正式命名，但它背后的基本原理却几乎与考古学本身一样古老。在 16 世纪的中美洲和秘鲁，它被西班牙探险家用于确认某些现存的美洲土著人群与早期遗迹之间的联系。赛勒斯·托马斯（Cyrus Thomas）和 F. H. 库欣（F. H. Chshing）分别在土墩遗迹和西南部普韦布洛部落研究中使用了这种方法，尽管非常有限。正是基于这个原理，他们将克罗伯史前陶器序列与历史时期以及现代祖尼人的遗址联系起来。而早在 1916 年，直接历史法也受到了 A. C. 帕克（A. C. Parker）的追捧，当时他在调查纽约州美洲土著的村落遗址，并把它们与历史时期的易洛魁族（Iroquoian）土著部落联系在了 [127] 一起（Parker，1916；也见 Wintemberg，1928，1936，1939）。之后，W. A. 里奇（W. A. Ritchie）延续了帕克的工作，扩展了该地区历史时期易洛魁人（Iroquoian）和阿尔冈昆人文化（Algonquian）之前的史前序列（Ritchie，1932，1938）。柯林斯（Collins）在美国东南地区率先使用了这种方法，福特（Ford）追随了这一方向（Collins，1927；Ford，1936；Stirling，1940）。不过，正是 W. D. 斯特朗（W. D. Strong）在 1935 年发表的重要研究报告《内布拉斯加州考古学导论》（*An Introduction to Nebraska Archaeology*），给予直接—历史法最有力的推动[29]。

斯特朗在 W. R. 韦德尔的帮助下，从民族学家和非专业考古学者已研究的、具有丰富资料的历史时期遗址入手[30]。他们发掘了历史时期的波尼族（Pawnee）印第安人遗址群，以及同一部落与之紧密关联的原史时期（protohistoric-period）①

---

① 史前时代与信史时代中间的一段时期，指在一种文明还没有发展出自己的书写系统，但被外部其他文明以其文字所记载的时期。——译注

### 已确定的内布拉斯加（及科罗拉多）遗址文化分类表

| 基本文化 | 阶　段 | 形　态 | 关键点 | 组　合 |
|---|---|---|---|---|
| 密西西比 | 上密西西比 | 内布拉斯加 | 奥马哈<br>圣·海伦娜 | 陡岩遗址、盖茨·桑德斯遗址、沃克·吉尔摩遗址Ⅱ期、比尤特遗址、圣·海伦娜遗址等 |
| | 中部平原 | 里帕布利肯河上游 | 劳斯特·克里克<br>淡水溪<br>药溪<br>北普拉特河 | 劳斯特·克里克遗址、土拨鼠溪遗址、淡水溪遗址、芒森溪遗址等；<br>药溪遗址、西格诺·比尤特遗址Ⅲ期等 |
| | | 卢普河下游<br>（史前波尼族印第安人） | 比弗溪 | 伯克特遗址、斯凯勒遗址等 |
| | | 普拉特河下游<br>（历史时期波尼族印第安人） | 哥伦布（市）<br>里帕布利肯河 | 霍斯克里克遗址、富勒顿遗址、林伍德遗址等；希尔等 |
| | 伍德兰文化 | 爱荷华"阿尔冈昆人" | 斯特恩溪 | 沃克·吉尔摩遗址Ⅰ期 |
| 大平原 | 早期狩猎阶段 | 西格诺·比尤特Ⅱ期（?） | 西格诺·比尤特 | 西格诺·比尤特遗址Ⅱ期 |
| | | 西格诺·比尤特Ⅰ期 | 西格诺·比尤特 | 西格诺·比尤特遗址Ⅰ期 |
| | | 福尔松 | 北科罗拉多 | 林登迈尔遗址（科罗拉多州） |

　　斯特朗（Strong）根据中西部分类法对大平原文化的分类。不过斯特朗在分类时已经采用了年代排序（这不是中西部分类法的必要步骤）。（引自 Strong，1935）

遗址群。接下来，他们继续发掘了这个地区完全属于史前时期的遗址。这些发掘和随后的研究（Wedel，1936，1938，1940；Strong，1940），厘清了内布拉斯加州的史前上里帕布利肯文化（Upper Republican）、原史时期和历史时期波尼族文化的连续序列，为美洲大平原的考古学奠定了坚实的基础。斯特朗的研究成果揭示出大平原文化演进中的显著文化变化，进一步促进了年代学和民族史方面的研究。可以看到，在史前时代晚期至历史时期的几个世纪里，河岸边居住的农耕人群逐渐转变成了马背上的游牧人群（Strong，1933）。这种方法在阐释文化与考察文化变化方面具有的潜力是很可观的。随着这种方法在20世纪30年代后期被应用到美洲的其他地区，斯特朗的"内布拉斯加考古"成为这类考古研究的典范。

直接—历史法非常适合被称为方法（*approach*），而不是分类（*classification*）。曾经有一段时间，J. H. 斯图尔德（J. H. Steward）把它与中西部分类法对立起来，作为一种替代的、更好的考古学研究方式（Steward，1942）。但是两种方法在方法论基础上并没有真正的冲突。中西部体系是分类与比较，直接—历史法是考察特定文化历史的一种方法[31]。然而，正是后者引发了考古学文化的功能性解释。

## 目标：区域综合分析

地层学和排序方法、陶器和人工制品的类型学、文化单位分类法，以及直接—历史法都在美洲考古学"分类—历史时期"的早段得以应用，其目的就是最终重建文化史。重建文化史（*reconstruction of cultural history*）这个术语可能有很多不同的解释，当代考古学家所理解的内涵也与50年前很不一样；[128]但是，对于20世纪40年代的绝大部分美洲考古学家来说，这种重建的目标（或者确切地说是一个中间目标）就是区域综合分析（*area synthesis*）。这种综合分析通常指将特定区域内的考古遗存按照时空框架排序。这种排序的实质就是考古学年表（*chronology chart*），即一个纵轴排列年代时期、横轴排列地理位置的图表，使不同文化单位（阶段、关键点）可以被列入适当的表格内。到1940年，许多这样的美洲地区年表可以被合理地绘制出来。北美洲西南部地区在树轮测年法（*dendro-chronology*）的帮助下，时间纵轴可以精确到绝对年代；中美洲的部分地区，也基于前哥伦布时期的玛雅历法（Maya calen-

dar）建立了绝对年代。而在其他地区，相对年代仍然较为普
遍。除了美国西南部和中美洲以外，在秘鲁、美国东部、阿拉
斯加州和西印度群岛也开始了大范围区域综合分析的探索。除
了这些地区（这些区域与民族志学者的文化区较为一致）之
外，其他地区也基于有限的遗址开始了相关研究，但还没有拓
展到区域的层面。

前哥伦布时期的秘鲁陶器，
一件彩绘底层阴刻图像装饰
的雷夸伊（Recuay）风格容
器。（柏林国家博物馆提供，
the Berlin Staatliche Museum）

[129]　　　　我们在第三章已经提及，美洲地区的首次考古学综合分析
实际上是发生在"分类—历史时期"之前，这是麦克斯·乌
勒取得的成就，早在 1900 年，他就基于风格排序、蒂亚瓦纳
科（Tiahuanacoid）和印加（Inca）风格基准指标，以及零星
的地层材料，建立起了秘鲁地区的年代序列。但在之后一段时
间内，乌勒的综合分析没有进一步发展。乌勒的后继者有秘鲁
的 J. C. 特略（J. C. Tello）和 P. A. 米恩斯（P. A. Means）。他
们都是有能力的学者，但却都对民族史和印加民族学更感兴趣，

一件莫希（Moche）样式的人形容器。这件器物与雷夸伊风格都始于乌勒所命名的"早期"（现在被考古学家称为早期中段 Early Intermediate Period）。（哈佛大学皮博迪博物馆提供）

也没有为乌勒的考古观点提供更充分的支持性证据。特略对秘鲁过去的重建几乎没有提及乌勒的年代体系，相反，他是从亚马孙河上游起源的角度看秘鲁文明的兴起[32]。米恩斯则更多地受到乌勒的影响。例如，他使用了一个蒂亚瓦纳科基准类型的概念[33]，但他并不是一位田野考古学家，他没有通过实践来确认或验证乌勒的年代框架。

[130]

　　乌勒综合分析法的首倡者和主要概念提出者是克罗伯（Kroeber）。如前所述，他在 20 世纪 20 年代对乌勒的采集品做了详细的序列研究，同时也在秘鲁进行了田野考察。1927年，他发表了一篇重要的文章：《史前秘鲁的海岸与高地》（*Coast and Highland in Prehistorical Peru*）。在文章中，他简述了乌勒的研究和他自己的调查情况，评价了特略与米恩斯的体系，继而提出他认为什么是秘鲁考古学的主要问题。他思考这些主要是为了阐明年代的相互关系。在 W. C. 班尼特（W. C. Bennett，1934，1936，1939）和拉斐尔·拉尔科·霍伊尔（Rafael Larco Hoyle，1938 ~ 1940，1941）三十年代的发掘工作之后，克罗伯再一次访问了秘鲁，在境内进行了全面考察，重新检视了遗址和藏品，并与许多正在此地进行发掘的年轻同行进行了讨论。这次访问的成果就是一篇短文《1942 年的秘鲁考古学》（*Peruvian Archaeology in* 1942，Kroeber，1944）。在文章中，他认同拉尔科·霍伊尔和特略对查文（Chavin）文化的早期年代判定，并且把查文文化视作秘鲁地区区域综合分析中另一个重要的基准风格。除了具体的年代学综述外，克罗伯1942 年综合分析中令人瞩目的成果，是第一次明确了基准风格（*horizon style*）这个概念的定义。

可以想见，北美洲西南部在年代学综合分析上并没有落后于秘鲁太多。1924 年，基德尔（Kidder）发表了《西南部考古学研究导论》（*An Introduction to the Study of Southwestern Archaeology*）。在这篇《导论》里，他将西南部地区划分为九个亚区[34]，然后根据下列的年代体系进行每个区域的考古学研究，即（1）制篮人时期（Basket Maker）；（2）后制篮人时期（Post-Basket Maker）；（3）前普韦布洛时期（Pre-Pueblo）和（4）普韦布洛时期（Pueblo）。这些基本相当于1927 年会议上提出的佩科斯分类法的几个时期。当认识到制篮人文化虽属于前陶器时期，但是为西南部文化序列中耕作的起源阶段后，制篮人文化被调整为制篮人文化Ⅱ期（Basketmaker Ⅱ）；后制篮人时期（Post-Basket Maker）被变更为制篮人文化Ⅲ期（Basketmaker Ⅲ），即拥有陶器、更先进的制篮人文化；前普韦布洛时期（Pre-Pueblo）拥有小型地上建筑和相对简单的陶器，与后来的佩科斯分类法的普韦布洛文化Ⅰ期（Pueblo Ⅰ）有些相似；完全成熟的普韦布洛时期（Pueblo）相当于普韦布洛文化（Pueblo）Ⅱ、Ⅲ和Ⅳ三个时期。基德尔在详述考古学研究之前，用了一小章篇幅介绍了现代普韦布洛印第安村落的生活方式和历史，也提出了一些关于现存各种印第安人群体是如何从更早的史前文化发展而来的观点。基德尔的绝大部分考古资料来自北部地区和格兰德河流域（Rio Grande）。对于西南部的其他地区（例如南方沙漠地区），在1924年时，除了诸如一些"浅黄底红纹"陶器和土坯建筑这样的记述外，几乎没有更多的资料了。 [131]

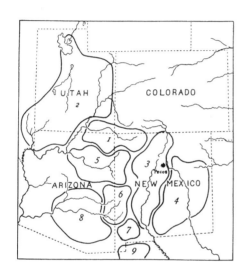

基德尔1924年进行综合分析的西南部九个文化区域（或地域）。（1）圣胡安（San Juan）；（2）北部外围区域（Northern Peripheral）；（3）格兰德河（Rio Grande）；（4）东部外围区域（Eastern Peripheral）；（5）小科罗拉多河（Little Colorado）；（6）希拉河上游（Upper Gila）；（7）明布雷斯河（Mimbres）；（8）希拉河下游（Lower Gila）；（9）奇瓦瓦盆地（Chihuahua Basin）。（引自 Kidder，1924）

　　尽管存在局限性，基德尔的这篇《导论》标志着西南部作为一个考古学区域的时代的到来。新的研究成果能纳入一个时空框架之中，并且这个框架也指出了前进的道路。20世纪30年代考古学取得了巨大的进步，其中之一就是方法论上的跨学科。天文学家 A. E. 道格拉斯（A. E. Douglass）一直在研究西南部树轮的生长形态以作为一种探索太阳黑子周期的辅助手段。他从树木活体材料起步，后来将研究扩展到保存有树木遗迹的普韦布洛印第安村庄考古遗迹。到1929年，他已经建立了两个长时段树轮序列。一个是从当代经过历史时期，回溯到史前普韦布洛晚期；另一个树轮序列则因为其史前时期还存在未明确部分而没有确定下来。1929 年夏天，在亚利桑那州东部的史前遗迹发现了一些树木遗迹，使道格拉斯将两个树轮年表衔接起来，最后得到了一种能够准确判断逐年年份的方法，它可以被应用于美国西南部地区偏北的遗址，因为在那里有合适的树木和适合树木生长的环境。通过将一段木头或木炭标本与主树轮年表进行简单比对，将其与树轮生长形态相同（正常年份的宽年轮与干旱年份的窄年轮对照）的部分进行比较（McGregor，1941，pp. 69-85；Bannister，1963），就可以得到匹配的结果。到了 20 世纪 30 年代中期，适用于美国西南部偏北和东北区域的年代序列就开始采用绝对年代。于是，人们开始知道制篮人文化 II 期是早于公元 500 年；制篮人文化 III 期在公元 500 至 700 年之间；普韦布洛 I 期在公元 700 至 900 年之间；普韦布洛 II 期在公元 900 至 1100 年之间；普韦布洛 III 期在公元 1100 至 1300 年；普韦布洛 IV 期在公元 1300 至 1600 年之间（McGregor，1941，p. 322）。这个精确的测年结果使考古学家意识到文化传播与扩散的时间滞后因素，这也揭示出，佩科斯分类法的"时期"只是文化发展的阶段而不是绝对年代时期。随着年代序列成为超越文化的常量，考古学家现在能够认真思考文化传播与变化的速率，而在此之前，他们只能将文化自身的变化作为度量时间的标准。

其他方面的进展就是非常具体的认知。格拉德温夫妇（Gladwins）和他们的团队采用系统的年代学分布研究（我们在讨论地层学、序列和分类法时曾提及），提出了美国西南部的南亚利桑那州霍霍卡姆（Hohokam）文化的分期。豪里（Haury）和马丁（Martin）在莫哥伦（Mogollon）地区做了相似工作。霍霍卡姆文化看上去与墨西哥文化有着紧密联系，而[132] 莫哥伦文化可能与霍霍卡姆和阿纳萨齐（Anasazi，制篮人文化—普韦布洛文化序列的新名字）都有联系。总之，这个地区的文化多样性要比想象中还要丰富。

　　20 世纪 30 年代的区域综合分析新方法试图阐释这种文化多样性。罗伯茨（Roberts）在两篇综述性文章中做出了尝试（1935，1937），H. S. 格拉德温（H. S. Gladwin）在关于斯内克敦（Snaketown）发掘的总结性研究报告中提出了另一种认识（1937，vol. 2）。当 J. C. 麦格雷戈（J. C. McGregor）于 1941 年出版他的专著《西南部考古学》（*Southwestern Archaeology*）时，他不得不为适应更多样的地区差异和扩充年表而增加篇幅。当时明确可知处于狩猎采集阶段的科奇斯文化（*Cochise culture*）比制篮人文化和其他早期的西南部农耕人群要早几千年[35]。麦格雷戈（McGregor，1941，p. 67）甚至提出了新的西南部总体年代体系，包括一套试图体现每个时期突出特点的术语，但他在实际的资料列举中没有使用这个体系，反而恢复了更为传统的年代学分区——阿纳萨齐（Anasazi）、霍霍卡姆（Hohokam）、莫哥伦（Mogollon）和派特恩（Patayan）。

[133]

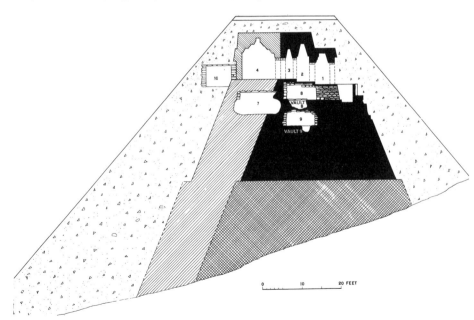

危地马拉霍穆尔（Holmul）金字塔的剖面图。这座玛雅低地的建筑 1912 年由默温（Merwin）发掘，因其建筑的地层学意义而在玛雅考古学中占有重要地位（这一点直到 1932 年才为人所知）。金字塔的外部被定为古典时期晚段；有穹顶房间的内部建筑部分被定为古典时期早段；最早的建造阶段（即没有穹顶建筑，墓葬 8 和 9）定为前古典时期最晚段。这些墓中出土的来自玛雅低地的陶器，首次被确认与来自墨西哥河谷斯平登（Spinden）所划分的古代期陶器有相似之处。（引自 Merwin and Vaillant，1932）

1914 年以前，学者们对中美洲玛雅低地已进行了一些年代排序的工作。这得益于对玛雅历法铭文的释读，以及将这些历法日期与基督历法日期建立联系。虽然学者们对于两个历法间的关联还存在一些具体争论，但还是得出了一个大约 600 年的"浮动年代表"（"floating chronology"）[36]，这个年代表应当在公元后一千年内的某个时间段。令人遗憾的是，这个重要的断代依据只限于发现此类碑文的玛雅低地。在中美洲的其他地方几乎没有断代的办法。当然，加米奥在墨西哥河谷开展了初步的相对年代研究，但那只是个特例。斯平登关于墨西哥的论著是 20 世纪 20 年代中美洲地区最好的综合分析成果，但因缺乏区域年代学信息而受到影响（Spinden，1928）。尽管这是一个不错的综合研究成果，已经不限于对他所提出的古代期文化概念进行描述，但对于不同中美洲文化年代排序的探索还是未能取得预期成果。他不得不完全靠推测来进行研究，比如，他推测古典玛雅文明要早于特奥蒂瓦坎（Teotihuacan）和阿尔班山（Monte Alban）文明，但这样的排序经不起进一步研究的检验。

实际上早在 20 世纪 20 年代后期，G. C. 瓦利恩特（G. C. Vaillant）就开始质疑斯平登的年代排序。瓦利恩特自己在墨西哥河谷的实践（玛雅陶器的研究），卡内基研究所（Carnegie institute）在玛雅低地（Ricketson and Ricketson，1937；J. E. S. Thompson，1939）和高地的发掘[37]，以及阿方索·卡索（Alfonso Caso）在瓦哈卡州（Oaxaca）的阿尔班山的考察[38]，这些资料都与斯平登研究的那些解释有着重大区别。事实上，瓦利恩特在 1927 年未发表的博士论文中就已经开始了这样的综合分析（Vaillant，1927）。他在 1935 年的一篇文章中进一步延伸了这些思路，并且于 1941 年在其著作《墨西哥的阿兹特克人》（*Aztecs of Mexico*）中详细表述了这些观点[39]。他在书中提出了整个区域的术语，为尚未发现的古印第安人（Paleo-Indian）文化保留了时间表中最底部的位置。他接着把斯平登命名的下一个时期，即古代期（Achaic）文化改为中期文化（Middle Cultures），因为他认识到它们极有可能不是中美洲最早的文化。之后，瓦利恩特将今天称为的古典时期（Classic）早段和晚段，命名为完全独立的文明（Full Independent Civilizations）和独立文明晚期（Late Independent Civilizations）。对于后古典（Postclassic）这一名词，瓦利恩特使用了米斯特克—普埃布拉时期（Mixteca-Puebla）这个名称来命名这一时空架 [134] 构成型后的主体文化。纵观 50 年来的研究，我们看到最重大的变化是中期文化（或前古典时期）年代下限的延伸，对奥尔梅克文化（Olmec）重要性的认知，以及对图拉文化（Tula）和托尔特克文化（Toltecs）（而不是特奥蒂瓦坎文化，Teotihuacan）的判定。当然，放射性碳测年法（在瓦利恩特时还没有）深化了 1941 年时的认知，将中期文化（或前古典时期）的时间追溯到了大约公元前 200 年。

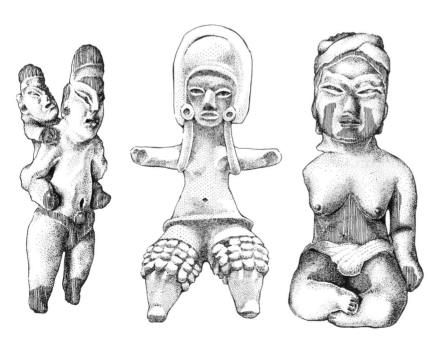

墨西哥中部古代期（Archaic）或中期文化（Middle）的塑像（目前这些通常被认为是属于前古典时期或形成时期）。高度由左至右依次为 10.3 厘米，13.2 厘米，11.5 厘米。（引自 Vaillant and Vaillant，1934）

在美国东部，索恩·德尔（Thorne Deuel）在 1935 年公开发表了一种按照美国中西部分类法原则进行的单纯分类综合分析的成果。一些地区性的综合分析被用于研究年代序列，如帕克和里奇在纽约（Parker，1922；Ritchie，1938）、斯特朗在内布拉斯加州（Strong，1935）以及塞茨勒在密西西比河河谷北部（Setzler，1940）所做的那些研究。但美国东部史前资料的第一个大范围时—空体系是因 20 世纪 30 年代联邦救济支持计划广泛开展的调查与发掘而形成的。这些覆盖整个区域的考古工作是由不同的政府部门（WPA、NYA、CCC 和 TVA）通过其合作机构，包括国家公园管理局、州立公园管理局、博物馆、大学和其他资助团体来完成的。这样的项目在美国东南部[135]尤其多（Quimby，1979；Hang，1985），其项目雇佣的工作人员总数达数千人，许多新毕业的年轻考古人员在这些联邦项目中，以工作督导的身份获得了他们的第一次岗位锻炼。检测分析经常与田野发掘活动同时开展，而且这些考古学家之间也经常有沟通交流。资料与观点共享的一个渠道就是东南部考古学会议的召开，首届会议于 1938 年在美国密歇根州安阿伯市（Ann Arbor）召开，后续的会议分别在南方不同的州召开[40]。

　　J. A. 福特（J. A. Ford）和 J. B. 格里芬（J. B. Griffin）是首次提出区域综合分析的主要人物，区域综合分析的提出主要归功于 20 世纪 30 年代密集的考古工作。1941 年，福特和 G. R. 威利（Ford and Willey，1941）参考了西南部佩科斯分类法模式，编制发表了东部地区的年代序列和文化分类体系。不过，他们提出了阶段（stage）或斜向基准（sloping horizons），而并非使用时期这一概念。事实上，人们在当时对东部的更新世晚期仍是一无所知（尽管在西部平原有重要的信息），所以这个阶段在福特—威利（Ford-Willey）的综合分析中被略去了。他们的分析开始于古代期（Archaic），当时这个词在美国东部一些地区被用来指可能没有农业文化的前陶时期[41]。在宽泛的年代框架里，福特和威利没有说明古代期文化的起点或者发展方向。但是对于最早的陶器制作阶段，即他们所称作的土墩墓 I 期（Burial Mound I，早期伍德兰和阿迪纳文化），文化传播（以及可能的人口迁徙）方向被认为是从南向北的。而随后的土墩墓 II 期（Burial Mound II，伍德兰文化中期与霍普韦尔文化）、庙墩 I 期（Temple Mound I，密西西比文化早期）和庙墩 II 期（Temple Mound II，密西西比文化晚期）这几个阶段，变革的因素及其人口都被认为来自南方的某些地方（最终还是来自中美洲），然后传播到密西西比河谷及其支流。这个体系比佩科斯年代序列更具有包容性和宏观性。它不仅覆盖了更广阔的地区和具有更丰富的文化类型，它还试图探寻这一区域的传播动力。但最终表明这些只是推测性的，而且现在可以确知的是，福特和威利所描绘的情况过于简单。东部并不是不毛之地，或文明程度较低的区域，当时在那里满布着从中美洲经数次迁徙而来的居民，或者传播而来的不同文化。古代期文化此后已经被证明具有很长的时间跨度、很强的地区差异性和丰富性。并且我们已经知道，东部地区后来的发展是与外域文化的进入有着很大的关系。而且，后来的放射性碳测年数据表明，福特和威利对年代序列时间的估算实在是太晚了，尤 [136] 其是对于年代体系早段而言。尽管如此，综合分析所得出的年代发展序列，以及绝大部分具体的文化类型单位后来被证明是正确的。几年以后，J. B. 格里芬（J. B. Griffin，1946）发表了另一个东部地区年代序列体系，采用了古代期—伍德兰期—密西西比期（Archaic-Woodland-Mississippian）这样的术语，但在文化传播的方向问题方面更加严谨[42]。这两次综合分析成果为随后几十年东部地区的考古学研究提供了更大的年代序列框架。

　　在美洲的北极地区，以解决年代序列为定位的许多考古发掘（Mathiassen，1927；Jenness，1928；De Laguna，1934；Collins，

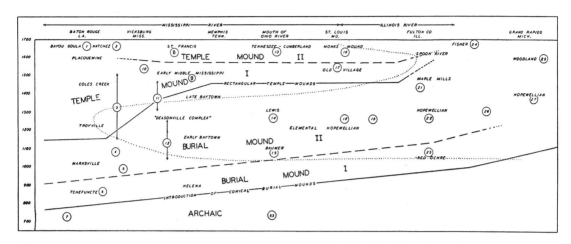

福特和威利关于北美洲东部地区考古学综合分析的年代序列图表。按照作者对文化特征传播方向的解释，连续的阶段展示出因时间差所出现的斜线。图中已标明文化阶段的名字，带圈的数字指的是单个遗址。（引自 Ford and Willey，1941）

1937）为区域综合分析奠定了基础。在 1940 年之前，就已经出现了几种或全面或局部的综合分析成果（Jenness，1933；Birket-Smith，1936；Mathiassen，1934），不过科林（Collin，1940）的区域综合分析是最为成功的，可以作为"分类—历史时期"早段结束的总结。其中，他假设最初的爱斯基摩（Eskimo）文化是在过去某段未知的时间里从亚洲经白令海峡而来的。由此开始，他构想了一种文化分类：东部的多塞特（Dorset）文化，发迹于阿拉斯加州南部的卡契马克湾（Kache-mak Bay）Ⅰ期，阿留申群岛（Aleutian）的支系，以及古白令海（Old Bering Sea）文化。比尔尼克文化（Birnirk）、普努克文化（Punuk）和图勒（Thule）文化后来由古白令海文化发展而来。图勒文化首先向东传播，然后在史前时期的较晚阶段又传回西部，使北极地区的所有现代爱斯基摩文化/阿留申文化/因纽特文化（Inuit culture）都表现出了一致性。科林的大部分年代推定被证明是相当准确的。虽然现在有线索表明，最[137]初的爱斯基摩文化可回溯到公元前三千年的登比文化（Den-bigh），并且更早的爱斯基摩或类似于登比的文化出现在遥远

的格陵兰东部，在北极还发现了更古老的石器文化。不过科林
1940 年的研究结论提供了一个可靠的核心，以此为基础可以
进一步建构年代序列及分布。

　　在西印度群岛，劳斯（Rouse）对海地的调查提供了一个
年代学研究的核心信息，基于此，劳斯通过一系列的对比研究
为大安地列斯群岛（Greater Antilles）的大部分区域构建了一
个总体的年代序列（Rouse，1939）。在加利福尼亚州，萨克拉
曼多河谷（Sacramento Valley）的发掘成为该地区年代序列研
究的开端（Heizer and Fenenga，1939；Heizer，1941）。然而，
在 1914～1940 年期间，北美洲其他地区的考古年代序列研究
仍然还没有起步，南美洲绝大部分地区也是如此[43]。尽管阿
根廷和智利学者做了相当多的系统性工作，但却几乎没有什么
关于年代序列的研究[44]。一个例外就是在南美洲的最南端，
J. B. 伯德（J. B. Bird）揭示了一个从更新世晚期延续至历史
时期的长年代序列（Bird，1938，1946b）。这个麦哲伦海峡序
列（Strait of Magellan sequence）对美洲考古学是非常重要的，
因为它反映出人类在很早就已经到达了南半球的最南端。当时
并不知道准确的时间，但是随后的放射性碳测年将伯德序列的
最早时间点确定在了公元前 9000～8000 年。

## 跨区域研究

　　虽然区域综合分析是"分类—历史时期"早段的总体目
标，但还是有一些学者将关注点放在了地区间的关系上。这些
研究很难被称之为综合分析（syntheses），至多是学者们在进行
年代序列研究时对文化关联性的探索。其中多数研究关注于独
特陶器样式或风格在较远距离间偶尔表现出的相似性，并认为
这暗示了史前文化的某种交流[45]。有些学者将语言学的关联
以及人类可能的迁徙也作为论据来支撑考古学资料中的相似性

（Lothrop，1940）。有些学者过分看重这些资料，并试图描绘
在可信年代学范围内的文化传播或贸易交往（Phillips，1940；
Brew，1940）。缺乏绝对年代学的支持是检验或验证这些文化
交流假说的主要障碍（Kroeber，1940，Table XI）。从中美洲
北部到美国西南部和密西西比河谷的文化影响趋势是显而易见
的，但是何时、何地又如何进行这些问题却困扰着考古学家
（Kroeber，1930；Kedder，1936）。

［138］

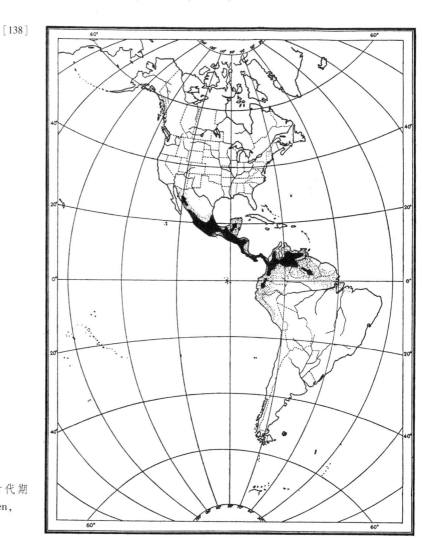

斯平登所构想的美洲古代期
文化分布。（引自 Spinden，
1917）

实际上，将两个以上的美洲地区考古资料进行关联性和整合研究最有新意和成效的是斯平登的古代期文化假说（Archaic Hypothesis）。这一观点在 1917 年被第一次提出（Spinden，1917），在斯平登 1928 年出版的著作中被详细阐释。古代期文化假说有年代序列和文化发展多方面的内涵。斯平登曾经受到加米奥在墨西哥河谷发掘成果的启发，这一发掘揭示了在更复杂的特奥蒂瓦坎文明遗迹下存在有一种更简单的文化。这种文化具有制作陶器（包括手制的陶塑像）的能力，并且有较厚的村落灰层堆积和农耕迹象等特征。斯平登注意到，类似的陶器和塑像在中美洲的其他地区也有发现，这使他联想到中美洲后来的文明——特奥蒂瓦坎、玛雅、萨巴特克（Zapotec）等等，都是在相似的普通美洲村落农耕基础之上兴起，并形成了具有地域特点的文明，因此他把这种村落农耕文化称为古代期文化（Archaic）。他进一步研究，并注意到在美洲西南部（秘鲁与阿根廷）存在古代期文化的迹象。也就是说，这种古代期文化是一种美洲的新石器时代文化。它起源于墨西哥河谷，并由这个中心向外传播到西半球的其他地方，从这一点来说，这是一种历史形成的相互关联现象。但它的重要性在于它也是美洲大陆文明兴起过程中的一个演进阶段。瓦利恩特对此提出异议（Vaillant，1934）。随着与墨西哥河谷古代期文化同时期的其他文化在中美洲的其他地方被揭示出来，这些文化中的复杂或成熟的文化特征并没有在被认为是"母体文化"的墨西哥河谷古代期文化中发现。随后情况逐渐明朗，斯平登所称的"墨西哥河谷古代期文化"处于古代期文化或前古典文化发展过程中相对较晚的阶段，这些早期的，也可能是基础的农耕文化的面貌也远比他所想象的要复杂得多。尽管如此，斯平登的研究方向是正确的。的确是在古代期（或被称作为前古典时期）这个大致的时间范围里，许多美洲文化的基本因素（包括农耕与制陶）从一个地区传播到了另一个地区。

[139]

[140]

并且，这样一个基础的农业条件也是后来文化与文明发展的先决条件。

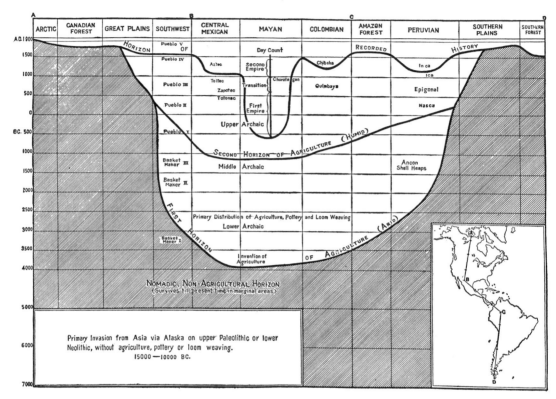

斯平登对前哥伦布时期文明发展的认识。古代期文化的建立奠定了基础（也即图中白色弧形区域的底部）。斯平登把早期文化从亚洲经由白令海峡首次进入美洲的时间定在大约公元前 15000～10000 年。对他来说这可能完全是一个猜想，但是这也显示出，不是所有的美洲学者在此问题上都认同赫尔德利奇卡（Hrdlička）提出的更短年代序列。费金斯（Figgins）在发表于 1927 年的福尔松（Folsom）考古发现中，论证了人类在更新世晚期已经出现在美洲大陆这一推测。当斯平登为其 1928 年出版的著作准备这张图表时，很可能没有注意到这些资料。（引自 Spinden，1928）

在概述跨区域关系研究时，我们也对跨半球间相互交流做一些简要评述。在这里，我们并不是指旧石器时代人类从亚洲通过古代白令海峡通道到达美洲，而是指旧大陆与美洲大陆之间文化交流的可能性。如前文所述，这是"推测时期"考古学研究的一个主题，而且无论是臆测还是客观性研究，对这一主题的关注一直持续到随后的几个时期。我们在这里仅讨论客观性研究。我们之前已经谈到了文化圈分类法（*Kulturkreislehre classificatory approach*），并且指出它是如何应用于新旧大陆两个半球之间的"迁徙—传播"研究。另外一个不太程式化但同样系统的方法是由厄兰·冯·诺登舍尔德（Erland von Nordenskiöld）提出的。他编制了从亚洲到新大陆的相似文化特征的清单（Erland von Nordenskiöld，1921，1931）。其中许多是明确起源于前哥伦布时期的，有一些相似特征可能是偶然趋同；其他的则很可能是由相当于旧石器时代古印第安人时期的早期移民带来的。但是还有一些特征，如冶铸金属的失蜡法技术，考虑到其技术的复杂性，应当是后期交流的结果。诺登舍尔德在他的成果报告中十分谨慎，没有提出什么特别的结论。当时大部分美洲考古学家对该研究领域的态度也都是"等一等再看"[46]。

## 对美洲早期居民的研究

[141]

"分类—描述时期"对更新世晚期人类的研究仍处于一种充满疑惑且混乱的状态。各种发现物都被认为是年代久远的——其中一些是因为与欧洲旧石器时代工具有很大的相似性，另一些是因为与更新世动物群或地质学地层存在着明显的关联——但没有充分的证据能证明这些发现物是真正古老的。1926 年，研究出现了突破。J. D. 费金斯（J. D. Figgins）在美国新墨西哥州福尔松（Folsom）一个没有争议的更新世晚期地质埋藏中，发现了打制的石质投掷尖状器和灭绝的北美野牛遗存（Figgins，1927）。发现人工制品和动物骨骼的地层是埋藏很深的黏土层，各种特征显示之前是一处水坑，显然是古代猎人猎杀来此喝水的大型食草动物的地方。福尔松遗址出土投掷尖状器的形制非常有特色，是有着弯曲底部和凹槽边的矛状器物。在发现福尔松遗址之后，相似的尖状器也在新墨西哥州的

新墨西哥州福尔松遗址出土
的福尔松尖状器和灭绝的北
美野牛肋骨。(哈佛大学皮博
迪博物馆提供)

［142］

1937 年在科罗拉多州林登迈尔（Lindenmeier）的发掘。(引自 E. N. Wilmsen)

克洛维斯—波塔莱斯地区（Clovis-Portales）（Howard，1935）
和科罗拉多州的林登迈尔地区（Lindenmeier）（Roberts，
1935b）被发现，这些地方有类似的、与灭绝动物群共存的更
新世埋藏。

　　这样一来，到1940年时，美洲更新世晚期存在人类的事
实已经为人们所接受。以往认为人类在相对较晚的时候才来到
美洲大陆这一观点，在主导了学术界几十年之后彻底地退出
了。不过，对年代的估算仍然是基于地质学的推测，通常范围
在15000到10000年之间。此后，放射性碳测年法将克洛维
斯—福尔松文化（Clovis-Folsom）的年代范围稍稍缩小了一　　［143］
些。类型学上的区别和各种早期组合的年代差异在当时还是很
模糊的。罗伯茨（Roberts）在1940年发表的成果中也没有对
福尔松和克洛维斯尖状器做正式的区分（Roberts，1940）。另
外一种尖状器——尤马型（Yuma），有着很好的剥片但是没有
凹槽，被认为可能比福尔松尖状器要稍晚一些。到了1940年，
发现了另外一些器物群出土地点，包括新墨西哥州的桑迪亚洞
穴（Sandia Cave）、内华达州的吉普瑟姆洞穴（Gypsum Cave）、

林登迈尔出土的带有凹槽的福尔松（Folsom）尖状器和小刀。（史密森学会提供）

内布拉斯加州的西格诺·比尤特（Signal Butte）、德克萨斯州的克利尔福克（Clear Fork）、加利福尼亚州的莫哈韦（Mojave）与平托盆地（Pinto Basin），以及亚利桑那州南部的科奇斯（Cochise）等遗址[47]。其中的出土物都是通过类型学、地质学、共生动物群、文化层，或者这几种方法的组合来辨认的。在随后的三十年里，一些遗址得到了验证，一些则被否定，其他的则仍处于争论之中。关联性、分布和年代序列等的模型在以后会出现，但是对于 20 世纪 40 年代来说还是太早了。

## 田野方法与技术

　　田野方法和技术在"分类—历史时期"依然继续发展。一方面，地层研究的必要性推动了这一发展，但在 1914～1940 年间，更令人瞩目的田野技术革新是遗迹发掘技术。在中美洲和美国西南部的某些区域，由遗存本身的特性发展出了遗迹发掘技术，或建筑发掘技术。中美洲遗址中的石砌金字塔，或是抹灰铺石地面，使用手铲发掘是非常容易的（见 Ricketson and Ricketson，1957），遗迹很容易被辨识。美国西南部印第安村落的墙体和地面的情况也相似。但是在美国东部，做到这一点就十分困难。那些土墩和由木头或茅草建造的房屋遗留下的痕迹非常模糊。如果考古学家想要获得正确的遗迹记录，他们必须更加小心谨慎地工作。首先，要确定控制点——如调查网格、基准点等，在发掘时从控制点进行遗迹的测量和绘图。土墩遗迹按 5 英尺的间隔进行解剖发掘，在这些间隔处绘出土墩的剖面图（见 Cole and Deuel，1937）。在一些发掘中，这种方法可能已经提供了足够的记录，但是在其他一些发掘中，许多地表遗迹（次级土墩层，或不同的土墩表面）要么缺失，要么很难通过拼合这一系列垂直剖面的记录来复原。显然，当时急需旧大陆、中东，以及中美洲或美洲西南部地区采用的剔剥

[144]

发掘技术，而这种技术也很快在北美洲东部得到了广泛应用[48]。发掘者可以依据土质、土色的差别，小心地剔剥出居址和庙宇，以及特殊建筑的泥土地面。古老的柱洞被揭示了出来，有时柱洞里满是烧过的木炭，有时仅留有木头腐朽后的深色土痕（柱洞轮廓）。居址的入口、火塘和其他遗迹也得以揭露。这些新的收获不仅丰富了田野记录，而且得到了形象的照片资料，使研究者能够更好地理解这些迹象，这比文字描述的效果更好。这好像并没有什么特别重要或精妙之处，但是对于考古学家来说却非常重要，他们可以借此揭示过去历史遗留下来的散落碎片，并尽可能重新阐明其本来面貌。这种原始的手工操作状态，却是在复原文化背景、功能，以及理解文化进程的道路上迈出的第一步。

发掘中的玛雅庙宇。这座建筑就是著名的 E-Ⅶ-Sub 金字塔，表层以灰泥涂饰，属于危地马拉乌夏克吞（Uaxactun）前古典时期晚段。卡内基研究所的考古学家（Rickeston and Rickeston，1937）在 20 世纪 20 年代后期做了发掘，去除了覆在其上、破坏严重的后期金字塔，揭露出了这座更早的建筑。这种剥离或清除掉坚硬表面结构的古建筑遗址发掘方式，是这一时期（以及现在）中美洲考古学的典型方式。（哈佛大学皮博迪博物馆提供）

[145]

伊利诺伊州土墩发掘平面图，
显示出 5 英尺方格法，以及
墓葬和其他遗迹。这种平面
图在土墩遗址解剖发掘时是
必需的。（引自科尔和德埃尔
共同编著的《重新发现伊利
诺 伊》，*Rediscoverig Illinois*,
by Cole and Deuel，芝加哥大
学出版社授权使用，1937 年
版）

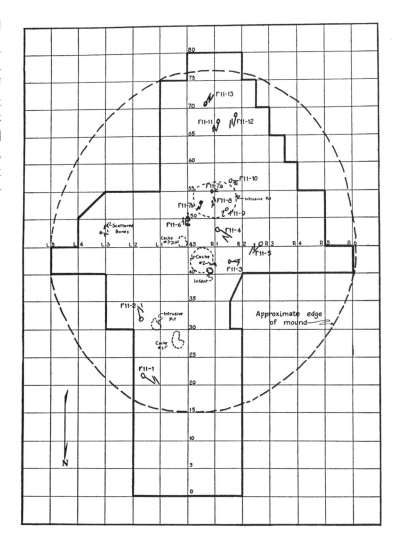

美国东南部的土墩发掘现
场——开始进行土墩解剖发
掘。（引自 De Jarnette and Wi-
mberly，1941）

[146]

用便携式网格工具绘制土墩剖面图。（见 Webb and De Jarnette，1942）

田纳西州一处前哥伦布时期房屋遗址的发掘，它位于一个平顶土墩的顶部，很可能是一处神庙或是酋长的居所。考古人员按照土质、土色的差别，通过剔剥发掘技术揭露出了将木柱插入基槽的建造技术。在靠近建筑中心位置还发现了一个火膛。（田纳西州大学人类学系提供）

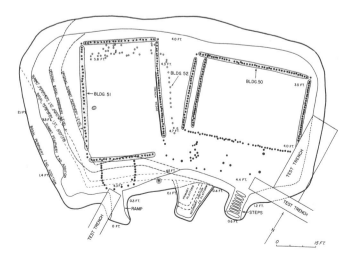

[147]

土墩顶面的结构平面图，标出了柱洞和其他遗迹。（引自路易斯和奈伯格的《海沃西岛研究》，*Hiwassee Island*，by Lewis and Kneberg，田纳西大学出版社授权使用，1970 年版）

## 趋势评价

　　"分类—历史时期"的第一阶段仍然延续着前一时期的学科传统。资料被收集和进行系统研究，在田野工作和发掘中开始强调严谨与准确。推测和理论被认为含义相似，并为绝大多数考古机构的学者们所回避。业余爱好者仍然是此时期很重要的组成部分，公众对考古的兴趣不断高涨（尤其在美国）。不过，美国和加拿大的专业机构开始监管业余爱好者的行为。

　　正如我们在本章自始至终所强调的那样，"分类—历史时期"第一阶段的主题就是考古年代序列的确立。有着更丰富年代序列成果的区域或地区与那些几乎没有资料的地区形成了对比，未来的研究策略也是基于这一点进行规划。

　　20 世纪 30 年代大规模联邦政府支持的考古工作，预示着（而且可能也激发了）第二次世界大战之后政府和企业支持的抢救性考古的出现。从某种意义上说，这个趋势也从这一时期一直持续到了"现代时期"的考古学资源保护与规划领域。虽然在 20 世纪 30 年代，绝大部分联邦政府资助的考古工作是经济大萧条时期开展社会福利或经济资助的一种形式，但是也确立了这样一种认识，即考古学是国家行为的一个部分，是值得用公共资金支持的事业。更为特别的是，20 世纪 30 年代一些特殊的联邦政府项目，如田纳西河流域管理局在田纳西州和亚拉巴马州的那些考古项目，起初就有一个明确的抢救性目标。数千处考古遗址将在新水坝的建设中被淹没，必须请考古学家迅速介入开展工作。这一时期的许多考古学家为抢救美洲这一地区史前遗产做出了贡献，尤其是 W. S. 韦布（W. S. Webb）。这种模式在 20 世纪 40、50 年代的流域抢救项目中也得以应用。尽管这一系列事件仅仅涉及美国，但是抢救性考古学随后在整个美洲的绝大部分地区成了工作的一部分。

[148]

到 1940 年，美洲考古学开始走向繁荣，并随着第二次世界大战的结束持续至随后的几十年。尽管受限于从遗存认知历史的学科视角，考古学也开始通过发展描述性的历史方法论来构建学科体系。田野工作得到了公众更多的关注。在美国和加拿大已经出现了政府参与考古的先例。在拉丁美洲的很多国家，考古被看作一种强大的旅游吸引力（尤其在墨西哥、危地马拉和秘鲁），获得政府资金的研究都转向了考古以达成这一目标。高等教育和大学教育正在世界各地扩展，对考古学的关注也成为这种全面扩展的一部分。更多的学者将进入美洲考古学的领域，更多的研究将得以进行，关于这门学科的新问题和新思路也随之出现。

## 注　释

［1］ Rowe（1962a，pp. 339-400）；但是罗维（Rowe，1975）也有不同的解释。也见 Kroeber（1909）。

［2］ Gamio（1913）；Boas（1913）；Tozzer（1915）。J. A. 格雷厄姆（J. A. Graham，1962）注意到，受过地质学基本训练的安格兰特（Engerrand）从欧洲返回墨西哥，安格兰特在欧洲了解了近期的地质学和考古学发掘，他很可能把这些理念传递给了博厄斯。

［3］ 见 Spier（1931）；Woodbury（1960a，1960b）。应该再次强调的是，加米奥和纳尔逊都不是第一个观察并记录考古遗址中文化叠加的人。仅仅在西南部地区，包括理查德·韦瑟里尔（Richard Wetherill）（见 Prudden，1897）、J. W. 富克斯（J. W. Fewkes，1912）和拜伦·卡明斯（Byron Cummings，1910）等在内的其他考古学家，都早于加米奥和纳尔逊发现了这种叠压关系（superpositional），然而，这些学者都没有通过地层学方法辨识出文化渐变。也见罗维（Rowe，1975）和韦斯勒（Wissler，1921）。后者描述了纳尔逊研究的背景，但是我们和罗维一样，并不认为这是对进化论思想的突破。

［4］ 乌勒 1902 年的著作出版于 1907 年。克罗伯（Kroeber）对这些结论的否定观点是 1909 年提出的，见 Rowe（1962a，pp. 399-400）。

［5］ 年代学的重要性直到这以后才在美洲考古学研究论著中得到强调。一个重要的特例就是爱德华·萨皮尔（Edward Sapir，1916）在美洲土著研究中号召"时间视角"（"time perspective"）的文章。虽然这篇文章对美洲考古学的进程有一些影响，但它是作者为普遍公众写

的。在其后的 20 世纪 20～30 年代，美洲考古学中有一些对年代学和地层学重要性的回顾思考（见 Tozzer，1920，1927；Spinden，1933）；这些都比 1914 年前后的那些文章更有激情。

［6］Kidder（1924，1931）。1931 年的报告是在与 C. A. 阿姆斯登（C. A. Amsden）合作下完成的。基德尔的新版传记，可参阅 Givens（1992）。

［7］Vaillant（1930，1931，1937）。克罗伯（Kroeber，1925c）1924 年在墨西哥河谷的古代时期（Archaic）遗址进行了地层学发掘，发掘不甚成功。但是，通过对几个遗址采集陶器的序列研究，他建立了初步的组合（或阶段）年代。

［8］韦伯等（Webb，De Jarnette，1942）的工作是很好的例证。韦伯对东南地区考古发掘的影响可以回溯到 20 世纪 30 年代。

［9］威利曾发表一篇非常有"地层学意识"的论文（Willey，1939）。

［10］Woodbury（1960a，1960b）。乌勒（Uhle，1907）是按照自然地层法对加利福尼亚州贝丘遗址进行发掘的。

［11］见赫尔泽的评论（Heizer，1959，p. 282），也见汤普森（R. H. Thompson，1955）对惠勒（Wheeler，1954）的评论。

［12］进一步的地层学发掘详见赫尔泽的论著（Heizer，1959，pp. 214-343）。

［13］参见克罗伯与斯特朗的相关论文（Kroeber and Strong，1924a）。建立在乌勒陶器群基础上系列研究的其他成果包括：Kroeber and Strong（1924b）；Kroeber（1925a，1925b，1926）；Strong（1925）；Gayton（1927）；Gayton and Kroeber（1927）。

［14］参见 20 世纪 30 年代后期 J. A. 福德（J. A. Ford）到 G. R. 威利（G. R. Willey）的私人交流。

［15］如劳斯（Rouse，1967）和邓内尔（Dunnell，1970）所表述的内容。

［16］尽管劳斯（Rouse，1960）是在很多年之后才表述了这一观点，但是在回顾学术史时一定要提及他的贡献。

［17］这样的年代序列直到许多年后才被确立（见 M. D. Coe and Baudez，1961；Baudez，1963）。

［18］Winifred and H. S. Gladwin（1928a，1928b，1930）。应该指出的是，陶器分类法的二项式命名系统作为一个体系，是于 1927 年在新墨西哥州佩科斯（Pecos）举行的"第一届西南地区考古学佩科斯会议"（First Pecos Conference on Southwestern Archaeology）上被提出的。

［19］Winifred and H. S. Gladwin（1930）。这些陶器分类程序是在 1929 年佩科斯会议、1930 年亚利桑那州吉拉印第安部落会议等美国西南部的若干考古学会议上逐步制定的。（Hargrave，1932）。

［20］见 Ford（1938）。虽然福特署名为这部报告的编者，但是从此处及随后引文的措辞和思路来看，毋庸置疑都是直接出自他本人之手。

［21］这些类型描述最早都是由 W. C. 汉格（W. C. Hang）做的。

［22］参阅 Vaillant（1930，1931）。瓦利恩特的陶俑分类是合理而成体系的，不过从本质上说仍是描述性的。

［23］格拉德温夫妇相当谨慎，没有在考古学组合上贴上语言学或民族学的标签（Winifred and H. S. Gladwin, 1934）。"喀多人根文化"（Caddoan Root）这个临时的命名则是个例外，有点令人可惜。

·　［24］Winifred and H. S. Gladwin（1934）。谢特罗内（Shetrone）早在 1920 年就提出应该根据俄亥俄河谷文化组合的类型认知与分类（见 Griffin, 1959）。对于佩科斯分类法（Pecos）、格拉德温分类法（Gladwin）、麦克恩分类法（McKern）和科尔顿分类法（Colton）的比较性讨论可以参阅 McGregor（1941, pp. 57-68）。

［25］然而，就像特里格（Trigger, 1989, p. 192）所指出的："中西部分类法，在为分类的客观性和定量精度努力的同时，延续了具有 19 世纪美洲考古学显著特征的对印第安人演进能力的悲观看法。"

［26］有关文化圈学派的经典著作出自格拉布纳（Graebner, 1911），对这个学派及其方法的另一评述来自克拉克洪（Kluckhohn, 1936）。

［27］他（安贝约尼）对这种理论最好的综述文章发表得稍晚一些（Imbelloni, 1945）。

［28］见 Menghin（1957）。他是《石器时代的世界》（*Weltgeschichte der Steinzeit*, 1931）的作者，直到第二次世界大战以后才开始在美洲工作。

［29］参见斯特朗著述（Strong, 1935）。也可参阅 Strong（1927），斯特朗在克罗伯（Kroeber）的鼓励下，在加利福亚大学进行了民族学和考古学联合研究。在克罗伯的影响下，斯图尔德也发表了相似的成果（Steward, 1937）。

［30］尤其是非专业考古学者 A. T. 希尔（A. T. Hill）。

［31］斯特朗（Strong, 1935）对于他的内布拉斯加州研究在中西部体系发布之前就已经完成表示遗憾。如本章所示，他曾试图将这些文化纳入这个体系。但这根本没有给内布拉斯加文化史增加任何内容，反而使他广受批评，将时空顺序与严格的分类排序混为一体违背了中西部分类法的原理。

［32］特略（Tello）早期的概述性成果发表于 1923 年和 1929 年。后来发表于 1942 年的综合分析持有相同的思路，尽管在此期间特略已能够更清晰地认知查文文化（Chavin）。而在此之前，它曾被视作一个更宽泛、更模糊的古代安第斯文化（*Archaic Andean*）框架的一部分。

［33］米恩斯（Means）的重要专著出版于 1931 年。不过，更完善的阐释出自其 1917 年发表的一篇文章。

［34］他把这些称为地区（*areas*）。在主文化区范围内它们相当于现在通常所说的区域（*regions*）（*Willey*，1966～1971）。

［35］参阅赛尔斯（Sayles）和安特弗斯（Antevs）的著述（1941），但是科奇斯文化在 20 世纪 30 年代已经引起了西南地区其他考古学家们的注意。

［36］在当时有两种玛雅—基督历法关联，11.16.0.0.0（又名古德曼—汤普森—马丁斯关联 *Goodman-Thompson-Martinez Correlation*）和 12.9.0.0.0（又名斯平登关联 *Spinden Correlation*）。见 J. E. S. Thompson（1937）。放射性碳测年法倾向于 11.16.0.0.0 关联，它把古典玛雅时期的年代定在大约公元 270～890 年的范围内；而 12.9.0.0.0 关系把这个年代向早前推了大约 260 年。

［37］见基德尔（Kidder，1940）的摘要。

［38］见卡索（Caso，1938）后来关于阿尔班山（Monte Alban）的初步报告之一。

［39］Vaillant（1941，pp. 1-27，Table I）。也见 C. L. 海（C. L. Hay）等编著的《玛雅人与他们的邻居》中的年代表（*The Maya and Their Neighbors*，1940，Table X），它是克罗伯与瓦利恩特一起编制的。

［40］这个组织仍然在茁壮成长，并且成为东南诸州考古学家的主要年度会议，它持续发布了一系列的 SEAC 简讯（SEAC News-letters，见参考文献）。

［41］这与斯平登（Spinden）对此词的运用有着非常大的区别（1928）。

［42］格里芬（Griffin）因其发挥的推动作用在该地区考古学发展上赢得了极大的荣誉。作为 20 世纪 30 年代密歇根大学陶器库房的负责人，他在联邦政府资助考古学时期广泛考察了各个田野项目的工作实验室，并且对地区间陶器的比较与相互关系提出了评述（见 V. Jones，1976）。

［43］林内（Linne，1929）在巴拿马的工作是一个特例，他提出了一些关于序列的结论。

［44］例如马尔克斯·米兰达（Marquez Miranda，1946a，1946b）、洛斯罗普（Lothrop，1946）、卡萨诺瓦（Casanova，1946）、阿帕里西奥（Aparicio，1948）、威利（Willey，1946）、塞拉诺（Serrano，1946）发表的一些综述性文章。伯德（Bird，1946a）关于智利北部的研究是个特例，这是建立在他自己的考古地层发掘（Bird，1943）收获基础上的。

［45］例如，基德尔（Kidder II，1940）或瓦利恩特（Vaillant，1932）的相关研究。

［46］格拉德温（Gladwin，1937，Volume 2 of the Snaketown report）是著名的特例。他认为旧大陆与新大陆末期文化的交流是清晰而强烈的。他的观点与基德尔形成了对比（Kidder，1936）。

［47］见罗伯茨（Roberts，1940）文内关于这些器物群的参考文献。

［48］见韦布、德·加奈特（Webb and De Jarnette，1942）或者刘易斯、奈伯格（Lewis and Kneberg，1946）的报告。尽管这些报告出版的时间比 1940 年稍晚，但是它们所依据的许多基础田野工作都是在 20 世纪 30 年代进行的。

# 第五章　分类—历史时期：
## 关注背景与功能
## （1940～1960）

> 考古学……总是受限于它所发掘的成果。因此，它注
> 定是人类学的次要组成部分。
>
> E. 亚当森·霍贝尔（E. ADAMSON HOEBEL）

## 对这一时期的定义

上面这句有点令人沮丧的引文，摘自当时一位主流的美国民族学家的著作，这是"分类—历史时期"整个人类学界对考古学看法的坦率表述。民族学和社会人类学被认为是创造理论和知识的重要阵地，而考古学显然是居于次要位置的。任何试图做出更深层文化阐释研究的考古学家，都会震惊于身处类似"会说话的狗"这个经典案例的情境——人们并不是惊讶于狗所说的话，而是惊讶于狗竟然会说话。绝大部分考古学家羞愧地接受了他们的边缘位置和二等公民的地位，仅有少数人并不接受这种现状。这些学者的确承认"考古学……总是受限于它所发掘的成果。"不过，他们也提出了对民族学局限性的质疑：若不是有考古学家对没有记录的漫长历史时期物质文化发展所做的研究，难道这些重要信息可以由哪怕是最无所不知的受访者告诉民族学家吗？的确，为什么考古学就应当"注定是人类学的次要组成部分"？也许考古学还有着未能被认知的

潜力。如果说这些是在考古学家脑子中极富煽动性的想法，那么一些抱有同情心的民族学家提出这样的质疑也鼓励了考古学家。这些想法和质疑引起了考古学者对考古学目标与过程的批判性反思，并且推动了"分类—历史时期"后半段的实验性验证研究。

［153］

这些新的实验性研究的趋势是对背景和功能的关注——并且隐含着过程。但它们并没有取代早已占据"分类—历史时期"主流地位的年代排序。这种不满、萌动和尝试是学科未来发展方向的预兆。我们认为，从 1940 到 1960 这几十年是符合"分类—历史时期"定义的，但它也是一个酝酿和转型期。

这种新的"背景—功能"研究方法在我们的讨论中可分为三个方向。第一个是把这些人工制品看作为人类社会和文化行为的物质遗存。此前的探索是分析考古发现的人工制品的用途或功能，但 1940～1960 年这段时间的不同之处在于，推断功能时更加关注背景关系。

"背景—功能"的第二种方法是聚落形态研究，它认为古代人类在自然环境中安置自身时，需要充分考虑自然环境以及与其他人群的关系。这为考古学家理解古代人类的社会经济适应性和社会政治组织提供了重要线索。

第三种方法与前两种有关，那就是对文化和自然环境之间关系的研究，也就是说，它包含人类及其资源基础。在 1940～1960 年这个时期，有时候把它称作文化生态学（cultural ecology），它通常要比最近这些年出现的生态系统研究方法（ecosystem approach）要简单一些。

在背景和功能的研究中，这些方法得到了来自其他学科科技发展的支持和进一步推动。地质学的发现对考古学来说变得越来越重要；植物学和生物学在推进文化与自然环境研究，以及追溯动物驯养史方面发挥了关键作用；化学、冶金和物理学等学科的各种材料分析方法，可以用来更加深入地考察人工制品的制作过程，而且能确认原料的来源地。更为重要的是，放射性碳测年法能够为考古学家提供绝对年代，这一点的意义非常重大，这样就把考古学家从过分关注年代序列和获取年代序列的方法中解放出来，使他们把注意力转移到文化的历史与发展等其他方面。

正如我们之前所提及的，这些新的趋势和学科间的相互借鉴丝毫不会阻碍传统考古学为美洲大陆构建时—空综合体系的任务。第二次世界大战后，美洲考古学的调查数量有了显著增 [154] 长，并且绝大部分调查的主要目的都是构建地区年代序列。已有的序列被修订和完善，一些之前未曾发掘调查的地区也开始建立了序列。基准（*Horizons*）和传统（*traditions*）的许多概念被提出并得到广泛应用。这些历史构架基本都是关于风格或技术特征在时空方面的分布，以及彼此间传播或发生联系的形式。与此同时，他们试图重构或解读这些关系，以便把历史和功能的目标紧密联系起来。

"分类—历史时期"的后半段形成了超越历史与功能目标的考古学综合研究体系，在这个体系中增加了文化进化过程（cultural evolutionary process）的维度。这一具有跨文化或者比较研究方向的综合体系，是1960年之后日趋重要的对过程与解释进行探索的滥觞。

## 首次不满

美洲考古学对仅有年代排序这个狭隘的目标首次表现出不满是在20世纪30年代后期。最早由威廉·邓肯·斯特朗（William Duncan Strong）在1936年发表的论文《人类学的理论与考古学的事实》（*Anthropological Theory and Archaeological Fact*）中提出[1]。在文章中，他强烈建议考古学家和民族学家协同工作来理解文化的发展与变化。就在此前一年，斯特朗在内布拉斯加州进行考古研究时，有力地证明了直接—历史法研究中民族学的相关性。他主张考古学家不但要注意民族学的理论导向，还要关注其严谨的资料数据。

保罗·马丁（Paul Martin）也试图寻求考古学家和民族学家在理论层面上的合作。在 1938 年和 1939 年的两篇西南部考古遗址报告的摘要和结论中，马丁通过运用雷德菲尔德（Redfield）的民俗文化（*folk culture*）概念来解释史前普韦布洛印第安人村庄遗迹在规模、形式和内容上的变化[2]，比斯特朗的建议更进了一步。

斯特朗和马丁的"不满"并不是只以这种方式提出。除了指出以往研究方法的不足以外，他们还提出了可以进一步探索的新研究方法。相反，民族学家一直进行着对考古学家的批判，其中之一就是曾经与考古学家 F. M. 塞茨勒（F. M. Setzler）合作发表了文章《考古学的功能与结构》（*Function and Configuration in Archaeology*）的朱利安·H. 斯图尔德（Julian H. Steward）[3]。此时，斯图尔德已经发表了一篇关于北美洲大盆地（Great Basin）土著部落的重要民族学专著（Steward，1938），而且也在此地区开展了考古工作并出版了研究成果（Steward，1937a）。因此，他对人类学这两方面的第一手资料都非常熟悉。在他们的文章中，斯图尔德和塞茨勒认为，绝大部分美洲考古学家过于沉溺于细节，以至于他们从来无法真正把握更为重要的考古学目标。在他们看来，这个目标对于考古学家和民族学家都同样重要，即：对文化变迁及其展现的地理—时间框架的认知。考古学家在研究某些特定的文化时，既要关注细节，也要有全局的整体视角。例如，他们不仅要探索箭头形制或者陶器风格来源，还要研究生业基础。他们应该通过对生存潜力和聚落形态的研究来探寻人口规模的信息。在此前一年，斯图尔德已经发表了一篇如今堪称经典的文章，题目是《西南部社会的生态因素》（*Ecological Aspects of Southwestern So-*

[155]

ciety），他在文章中把考古学和民族学二者的聚落资料结合起来进行研究，揭示了北美洲西南部文化与环境的互动（Steward，1937b）。总而言之，斯图尔德与塞茨勒合作的文章虽然没有激烈地抨击，但也明确批评了美洲考古学当时的研究现状。

对美洲考古学现状做出更加尖锐批评的是克莱德·克拉克洪（Clyde Kluckhohn）所发表的《中美洲研究的概念结构》（the Conceptual Structure in Middle American Studies，1940；也见Kluckhohn，1939），该文于1940年发表在纪念玛雅研究"泰斗"阿尔弗雷德·M. 托泽的《玛雅人与他们的邻居》（The Maya and Their Neighbors，Hay and others，1940）纪念文集中。文集中的绝大部分文章都是由中美洲的考古学专家所写，他们大部分都是"分类—历史"早期学术传统的中坚力量。克拉克洪虽然是一位民族学家兼社会人类学家，但是他也做了一些考古工作（Kluckhohn and Reiter，1939），并且在当时，虽然他可能认同考古学是"人类学的次要组成部分"这一观点，但他也坚信考古学可以改变这一现状。事实上，这也就是他的文章所阐述的内容。他提出了与斯图尔德和塞茨勒相同的问题——考古学的目标是什么？资料数据的收集与发表是为了什么？他认为大部分中美洲考古学家，尽管知识渊博而且经验丰富，但是更倾向和沉溺于细节本身。除此之外，这个学科似乎还充斥着对理论的畏惧。实际上，在20世纪30年代的美洲考古学词汇体系中（不管是中美洲还是其他任何地方），理论（theory）这个词被轻蔑地视作推测（speculation）的同义词。克拉克洪说（1940，p.47）："请一位考古学家来陈述并阐释他的概念体系。可是以我的经验判断，考古学家很有可能从未考虑过这个问题。"并且还说（1940，p.51）："当人们完全同意斯特朗（Strong，1936）所说的，人类学'……是关于时间和空间范围里文化因素和生物因素间关系的一门宽泛的基于史 [156]

实的科学'的同时，必须强调的一点是，确定这种关系的概念层面的方法大多还没有形成。"（也见 Sabloff，1982a）

简而言之，中美洲考古学（或者整体上的美洲考古学）在实践时并没有明确的理论或者概念的指导，这意味着理论通常是不明确且未经验证的。那些关于文化稳定性、技术传播、一元论或多元论，以及种族、语言和文化之间的相互关系的假说都未经验证，尽管它们像常识一样口口相传。克拉克洪认为，中美洲考古学（或任何地区的考古学）在概念上的发展有两种方向：一是历史学方向，就是在细节中理解并再现事件的特殊性；另一个则是科学的或者叫比较的方向，即用检验趋势和同一性的视角对文化发展及过程的材料进行研究。

他认为中美洲考古学家从未面对这种选择。他发现当时这个领域的大部分学者陷入了历史的细节之中。他认为瓦利恩特和基德尔曾经有意愿接近科学的方向，然而在他看来，这两个人都没有完成概念性方法的系统研究或者阐述。克拉克洪表达了对科学方向的偏爱，但他也对这两种方法能否在下一阶段有计划地开展存有疑问。不过他相信，那些以历史为目标收集的材料不大会用于科学的目标。

## 背景与功能：人工制品即行为

早期对考古学现状的批判主要有两个基本主题：其中之一认为考古学家需要将出土物（即所研究的物质遗存）解读为一种文化行为；另一个主题是考古学家应该关注文化过程。在"分类—历史时期"的后半段，第一个主题引起了大量关注，但第二个主题（对文化过程的思考）却仅获得少许认可，直到 20 世纪 60 年代才得到明确关注。

解读人工制品（这个术语可以在最广泛的语境中使用）的社会和文化行为，促进了对重建历史背景的探索，并且有利

于解释这些背景中的物质遗存之功能。背景（context）在这里
指一切与考古学遗物或遗迹相关的环境：即在地上或地下的位 ［157］
置，以及与其他遗物和遗迹的位置关系。在这些环境资料的基
础上，考古学家对出土物质遗存进行排序，形成相互关联的集
合（assemblages）或组合（complexes），这不但明显具有文化
意义，也将物质遗存与自然环境联系起来。我们对功能（func-
tion）的定义更为广泛，既指用途（use）也指作用（func-
tion），这两个术语都是由文化人类学家定义的（Linton，1936）。
这一新的定义包含了已消失的人群制作并使用人工制品的方
法，以及这些人工制品对他们曾经具有的意义。

　　环境和功能既可以从共时性的视角，也可以从历时性的视
角来思考，而且这两种视角都是必要的。不过在"分类—历史
时期"后半段，更加强调共时性的视角。这一方面是对仍在考
古学中占主导地位的，以陶器序列为主的纵向研究方法的抵
制；另一方面是因为考古学家不愿意用进化论的方法看待文化
发展。只有到了1960年以后，当文化过程目标成为美洲考古
学的重要组成部分，并且进化论思想在美洲再次兴起时，人们
才从共时性的视角转向关注环境与功能的历时性研究视角。

　　显然，对考古出土人工制品功能含义的探究在很早以前就
是古物学的研究兴趣。将一件人造石器命名为石斧，就是体现
了对行为内涵的认知，我们之前在"分类—描述时期"已经
提到了这种功能分类法。因此，准确地指出这种功能分析方法
的最早出现时间是非常困难的。不过我们可以这样认为，直到
20世纪30年代后期，这种研究方法才开始在美洲考古学中有
计划地开展并得到重视。由 F. C. 科尔（F. C. Cole）和索恩·
德埃尔（Thorne Deuel）撰写、1937年出版的《重新发现伊利
诺伊》（Rediscovering Illinois），这部关于北美洲东部地区考古
学的专著是最早的全方位探索之一[4]。在这部著作中，作者按
照功能分类法将某一遗址单位（site component）（一处单一地

层遗址，或是多层叠压遗址的某一层）内发现的所有考古迹象分类列出，例如建筑与居住生活（*Architecture and House Life*），农业与食物获取（*Agriculture and Food-Getting*）或者军事与狩猎组合（*Military and Hunting Complex*）。按照形制、外观和出土关系背景对考古迹象进行分类。尽管这次变革看上去微不足道，但是它有利于使研究者更关注物质遗存背后的行为，而不是仅仅关注物质本身。这也促成了民族学的人类行为与古代人类行为之间的内在联系。

科尔和德埃尔并没有提出功能性分析的基本原理，他们认为由人工制品分析人类行为是理所当然的。但是马丁（我们之前提到最早质疑传统考古学方法的学者之一）在他 1938 年发表的著作中，就提出了这种功能性分析的基本原理。马丁发现文化不能单纯被看作是物质遗存（人工制品）本身，也不能被概括为若干组物质遗存的相似特征。相反，他认为文化指的是一套社会行为模式，这种模式是建立在某个社会所秉持的一系列含义之上，并借由传统而承袭。马丁基于此提出问题：人工制品在类型学上的变化是否可以反映文化上的相应变化。基于民族学案例的观察，他的回答是肯定的。用他的话说："这个认识显然是有依据的，在原始社会中，人工制品的每种风格变化一定程度上反映了制作者赋予其意义的相应变化。如果这个认识是正确的，那么人工制品随时间变化的程度在一定范围内也反映了它所属考古学文化变化的对应程度。"（Martin，Lloyd and Spoehr，1938；也见 Martin，1974）

[158]

欧文·劳斯（Irving Rouse）大约在与马丁同一时间，提出了一个类似的关于文化与人工制品的概念。他在 1939 年发表的专著《海地史前史的方法论研究》（*Prehistory in Haiti, A Study in Method*，本书第四章曾谈及），较早尝试设计了对年代分期和功能分析都有效的类型学分类方法。劳斯在这本书中写道："文化不可能天然存在于人工制品之中，文化应该体现人工制品与制作、使用者之间的关系。文化应该是人工制品内具意义的某种形式，而不是人工制品本身。"[5] 但是，劳斯看上去又与马丁和其他考古学家有所不同，他认为人工制品只反映了制作行为，并不反映使用行为。当时他对人工制品的观点或多或少是割裂的，他将关注重点放在了人工制品的形态与材料，而不是与其相关的背景环境。

约翰·W. 班尼特（John W. Bennett）认识到了马丁和劳斯著作中的功能主义内涵。1943 年，他发表了一篇题为《考古资料功能阐述的最新进展》（*Recent Developments in the Functional Interpretation of Archaeological Data*）的论文[6]，他在文章中评述了我们在这里讨论的一些论著，并正式提出了功能考古学（*functional archaeology*）这一概念。此外，他还提到了文化适应（*acculturation*），这一概念由 T. M. N. 刘易斯（T. M. N. Lewis）和田纳西州的玛德琳·肯伯格（Madeline Kenberg, 1941）以及在美国西南地区工作的多萝西·L. 凯乌尔（Dorothy L. Keur, 1941）提出，并运用到考古学研究之中。在文章中他还提到了瓦尔多·R. 韦德尔（Waldo R. Wedel）对北美洲大平原（Great Plains）文化与环境之间互动关系的研究成果（Wedel, 1941），并指出了这一系列研究的重要性及显现的功能分析维度。一年后，班尼特自己也发表了相同主题的文章——《小社会群体中文化与环境间的相互作用》（*The Interaction of Culture and Environment in the Smaller Societies*，J. W. Bennett, 1944b），他在文中运用了考古学资料和现代社会学资料来阐释环境对文化形态产生的影响。 [159]

班尼特还热衷于用宗教崇拜（*religious cult*）这一社会人类学的概念解读美国东南部发现的，前哥伦布时期晚段铜、贝制品的功能与用途。从其性质、外表和所处环境来看，这些人工制品都被认为是宗教仪式用具，很有可能是地位和权力的象征。这些几乎完全相同的遗物在相距甚远，或完全属于不同文化区域的遗址中被发现，像埃托瓦（Etowah）、乔治亚（Georgia）、斯皮罗（Spiro）和俄克拉荷马（Oklahoma），并且多数都发现于大型夯土遗址或祭祀性遗址中，这使小安东尼奥·J.韦林（A. J. Waring, Jr.）和普雷斯顿·霍尔德（Preston Holder）[7]认识到，他们正在研究的是一种广泛传播的跨地区、跨文化的宗教崇拜物质遗存。正如班尼特（1943，p. 213）所说，韦林与霍尔德的分析"包含了民族学资料，社会学宗教组织的总体性概念，以及其他功能性原则"。这表明，通过对微观背景（microcontext）（重要墓葬的随葬品）和宏观背景（macrocontext）（整个美国东南部重要遗址中类似出土环境中相似遗存的分布状况）两者的研究，可以得出非常合理的功能性阐释。二十年后，考古学家将不会只满足于此，而是尝试从这种阐释继续发展到构建验证体系，但是在 20 世纪 40 年代早期，这已经是向前迈出的关键一步。

　　这一时期另一项对宏观背景进行的研究是拉尔夫·林顿（Ralph Linton）的《北美洲的烹煮器》（North American Cooking Pots，1944）。这篇文章虽然不是基于实地考古工作，但却是基于考古学、民族学两方面的长期经验对资料进行的探讨。概括来说，拉尔夫·林顿的观点是：伍德兰地区粗糙表面的长形尖底器主要是为了适应慢火煮肉，它的功能与以狩猎为主的生活方式密切相关。这一结论得到了民族学调查、考古学研究和生业结构推论的支持，与之形成对比的实例是，以农耕为主的人群使用的是完全不同的陶器。这项研究是综合运用文物特征与大尺度背景开展功能阐释的一个极好的范例。

　　班尼特也写了一篇有关宏观背景的研究论文——《中美洲对美国东南部文化的影响》（Middle American Influences on Cultures of the Southeastern United States，1944a）。这个论题之前已经被其他学者用传统的文化传播论（特别是特征对比方法）探讨过[8]。班尼特的研究也是运用对比方法，但是他试图通过

[160]

分析遗存特征的功能性含义、来源地的背景以及接受地的环境来缩小特征传播的预期范围，其中最后的限定条件是划定范围的关键。他推测，某些特定的中美洲文化特征应该很容易被美国东南部一些文化较为原始的地区所接受，但在另外一些地区，尽管传入多次却仍被拒之门外。班尼特的尝试是初步且具有实验性的，但遗憾的是，这一尝试并没有被乐于探索中美洲和美国东南部之间联系的学者们所继承。

20 世纪 40 年代，在秘鲁地区的考古中出现了两个关于宏观背景与功能的研究。其中之一是温德尔·C. 班尼特（Wendell C. Bennett，1945）的《安第斯考古学阐释》（*Interpretations of Andean Archaeology*），他提出了一些有趣的问题，诸如人工制品、技术方面特征的传承，以及与不同社会政治制度之间可能的关联。然而，作者本人和其他学者都没有延续这一思路。另一篇文章，戈登·R. 威利（Gordon R. Willey，1948）的《秘鲁考古学中"基准风格"的功能分析》（*A Functional Analysis of "Horizon Styles" in Peruvian Archaeology*），则直接受到了约翰·W. 班尼特（John W. Bennett）论文的启发。威利通过分析这些基准风格的文化背景（人工制品的性质、聚落以及分布模式），来确认查文文化（Chavin）、蒂亚瓦纳科文化（Tiahuanaco）和印加文化（Incaic）的典型风格，以及社会政治或者宗教特点。基准（*Horizon*）这个概念，我们之后将要说明，基本上属于历史学的方法，但也可以从功能的视角来看待。

到 1948 年，对功能性分析的关注在美洲考古学中成为一个虽然微小却引人注意的因素。这一前瞻性的发展一定程度上也为沃尔特·W. 泰勒（Walter W. Taylor）的《考古学研究》（*A Study of Archaeology*，1948）奠定了基础。这是第一部对美洲考古学进行述评的专著，它也勾勒出了考古学的背景及功能研究的未来。早在 30 年代末 40 年代初，泰勒就已经在他的博士论文中讨论这些思路。值得注意的是，当泰勒在哈佛大学撰写博士论文时，克拉克洪也在这里撰写中美洲考古学的述评，并影响了泰勒的思路。泰勒于 1943 年提交了毕业论文，在第二次世界大战之后修订出版。

与克拉克洪一样，泰勒起初也注意到了美洲考古学的混沌目标——在追求历史学还是科学（人类学）目标之间摇摆不定。他把历史或编史定义为，"将对过去的当代思考，真实、完整、综合地映射于按照文化人群和时间顺序构成的背景之上"（Taylor，1948，pp. 34-35）。相比而言，文化人类学则"是对静态或动态文化的形式、功能与发展等方面的比较研究"（Taylor，1948，p. 39）。根据泰勒的观点，当考古学超越了古物学（*antiquarianism*）（收藏孤立且无关联的古代遗物及其历史资料）和纯粹的编年史（*chronicle*）（按年代顺序排列古代文物和资料），它就成为了历史编纂学，把过去的资料整合为文化背景。这样的文化背景指的是资料之间的相互关系，可能会通过空间联系，或者定量、定性的价值关系来表达。经过对文化背景的重建，考古学家就可以继续对之前所提到的文化在形式、功能和发展等方面的特性及运行方式进行比较研究。

[161]

这样一来，泰勒就把历史编纂学和文化人类学看作一个研究过程的两个连续阶段，与主张要么是历史方法、要么是科学方法的克拉克洪截然不同。泰勒也把文化背景的重建看作历史编纂学或者历史学研究的一部分。这种重建（或者模式）的功能性分析将属于接下来人类学的研究范畴。虽然当时其他考古学家并不清楚或者理解这一观点，但是似乎存在一种普遍趋势，就是整合所有的一切以超越类型学和单纯的年代排序，形成新的功能考古学（通过斯特朗、斯图尔德、马丁等人的叙述可以得出这样的判断）。因此，这样的功能考古学就包含了环境重建、功能性分析以及对过程分析的尝试。这些显然是相互关联的，但却有各自分析的关注点。正如我们已经谈及的，20

世纪 40 年代至 60 年代，关注点主要集中在前两个目标上，泰勒的文章也强调了这一点。

对"分类—历史时期"重要考古学家著述的精准评论在泰勒的书中占据了绝大篇幅。地层学革命的领袖和当时最主要的美洲学者——基德尔，作为传统考古学的代表被专门予以评述。泰勒说（1948，p. 67）："当基德尔阐释理论时，他运用的是历史学和人类学方法，但在指导田野工作和发表考古报告时，他讨论的却是相对年代。"在更为详尽的论证中，泰勒指出，基德尔既没有从任何发掘中重建人类过去的生活图景，也没有使用考古学资料进行功能性分析。基德尔最接近以上两点的研究是关于新墨西哥州佩科斯遗址出土的陶器，但是这项研究的主要目标仍然只是辨识从美国西南部其他区域来的文化影响，而不是研究陶器在佩科斯遗址整体文化中的重要性。泰勒指出，基德尔意识到了这些可能性，并就陶器纹饰主题和其他印第安普韦布洛部落艺术之间的关系提出了一些问题，但并没有将这些问题深入下去。泰勒总结说（1948，p. 48）："如果单纯研究诸如佩科斯遗址范围内陶器性质及其相互关系这些问题，基德尔本来能够'遵循'历史学研究方法，至少就陶器组合而言。如果在此之后将遗址内发掘的遗物与其他遗址或地区的类似发现进行比较，并试着从这两类（陶器）资料中提炼出规律性，那么他本来能够'遵循'文化人类学的研究方法。但按照现在的标准，他什么都没有做。" [162]

基德尔的玛雅研究和卡内基研究所在玛雅研究领域的项目也遭到抨击，尤其是他们没能找出，甚至没有关注到聚落形态及其影响的考古证据。例如，泰勒抱怨道，即使经过三十年的研究，仍然没有关于玛雅低地中心是否是一种城市文化的可信资料或者可靠观点；没有普通玛雅人居址的考古资料；关于古代玛雅的饮食习惯也知之甚少。就如美国西南部一样，陶器只被用于建立年代或者最基本的序列，却没有应用于用途和功能的重建。

在泰勒看来，当时在美国或者美洲其他地方的绝大部分考古学家都犯了与基德尔一样的错误。这包括了进行玛雅研究的汤普森（Thompson）[9]，美国西南部的豪里（Haury）[10]和罗伯茨（Roberts）[11]，以及美国东部的 W. S. 韦伯（W. S. Webb）[12] 和 J. B. 格里芬（J. B. Griffin）[13]——这里仅列举了一部分泰勒批评的人。

可以想见，泰勒把赞许留给了在 20 世纪 40 年代做过功能性探索研究的几位学者，就是我们之前曾作过评述的马丁、韦德尔、J. W. 班尼特、刘易斯、奈伯格、韦林和霍尔德[14]。他也提到，包括基德尔在内的一些考古学家，曾经偶尔写过一些文章显示出他们对背景和功能考古学的兴趣与认识，但是这些文章往往都很简略且常常发表在非专业期刊上，仿佛作者有点羞于将这样离题的想法公之于众。我们认为这是一个恰当的观察和比喻，因为在那个年代，这种偏离已被接受和认可的研究方法的冒险尝试被认为是站不住脚的，而且在这个方向上走得太远的考古学家也会受到质疑。

在结论部分，泰勒努力展示他认为对美洲考古学来说更为进步的研究方法，其中一个术语叫关联法（conjunctive approach）。他的意思是，通过关联法将一个既定的考古学问题所有可能的研究线索汇聚在一起或者关联起来。在研究年代序列和遗址间关系的同时，增加遗址内相关环境研究，既关注遗物、遗迹本身，也关注它们与其他遗物、遗迹间的关系。这一关系不仅要在空间或物质相关范围内寻找，而且要在可能存在的功能和系统关系中去寻找。例如，一位进行陶器研究的考古学家可能会观察到罐、碗数量变化之间的关系，大罐子的数量和所占百分比的下降，可能说明了储存水的需求降低，由此启发研究者转而寻找其他类型的证据，以证明是否存在像降雨量增加这样气候变化的可能性。再或者，堡垒形的遗址可能暗示

[163]

着存在战争，考古学家就应该注意投掷尖状器或其他适合作为武器的人工制品数量增多的可能性。考古学家也不应该忽略未确认明确功能的文化形态。例如，泰勒提到这样一个例子，科阿韦拉洞穴（Coahuila Cave）发现的篮纹图案完全缺乏对称性，泰勒将其与规则型装饰体系（*regularized decorative wholes*）概念进行对比，这一体系主导了科阿韦拉以北数百英里远的圣胡安篮纹图案。但是这种装饰差异并不能通过制篮材料或者编织技术来解释，因为两个地区在材料和技术上完全相同，这是很难在文化形态中辨识的根本性差异。它们与功能有什么关系？或许我们永远都不能解答，但这一现象应该被研究者关注。

泰勒坚持认为在考古学中，不仅需要证明推测，更需要提出推测，这是考古学特有的活力。因为，如果考古学是通过物质材料来研究文化的非物质层面，那么就需要借助于假说（Taylor，1948，p. 157）：

> 在合适的条件下，结论基于'已掌握的事实'，并会随着资料的完善与丰富而不断修订。关联法的一个前提就是，一旦实证依据明确了，阐释就是合理且必需的。为什么修订对考古学家来说是一个棘手的难题？其他学科总是不断地修订假说并形成新的假说，以推进下一步的研究。当发现这些假说需要修改时，就修改那些需要改变之处。为什么考古学就应当承担起自以为不会出错的包袱呢？

泰勒的论著毫不意外地引起了主流考古学者的不快。一些 ［164］ 考古学家对其不屑一顾，认为他是胡说八道；另一些为传统考古学的束缚所烦扰的学者，可能私下怨恨自己没有泰勒的勇气；还有一些人，包括受到泰勒直接抨击的学者，觉得他们因为还未着手要做的事而受到了谴责。也就是说，学者们认为泰勒的研究目标是令人钦佩的，但是超出了当时美洲考古学"研究资料的限度"。在背景和功能考古学真正取得成功之前，"时—空"和分类系统法还必须再进一步推进，否则争论就会出现[15]。

尽管泰勒的观点马上就引发了大多数考古学者的负面反应，但是却没有被人们遗忘，十五年后，其中一些观点在阐释时期（Explanatory Period）的新考古学中得到了呼应。更直接的效果是，泰勒的观点让50年代的一些考古学家始终保持着对背景与功能研究的兴趣[16]。

在40年后再回顾起来，这场争论似乎并不令人意外。从19世纪末开始，美洲考古学家就一直在努力将史前时期（以古代遗迹、遗物为代表）置于某种类型学、空间关系或时间的框架体系之中。他们倾尽毕生精力于此，而这项工作还将持续下去。泰勒的批评看上去是无根据的，以至于起初出现对他的不满，但是当这股怒气平息之后，他的许多观点就被默默地接受了。

1950年以后，关注背景和功能研究的一个重要方面是人工制品的类型学。1914年到1940年间，人工制品的类型学（尤其是陶器类型学）差不多适用于解决所有年代序列问题。福特和其他学者曾谈及类型学在这一方面的"实用性"（Ford，1938；也见Krieger，1944）。如果类型学在对物质遗存的年代区分上没有"用处"，那么它就基本上没有价值，仅仅比枯燥乏味的描述好一些。当然，这样的观点是与仅关注年代序列的狭义"考古学"的定义相一致的。从这一点来看，分类者把构想出的类型强加于考古资料之上似乎是合乎逻辑的。但是，如果把考古学的目标从年代学拓展至功能与背景，那么人工制品就会告诉我们更多信息。在这种思路下，所赋予的类型仅仅只是考古学家提出的概念，并没有太大用处。考古学家反而应该寻找一种存在于人工制品制作者和使用者意识之中的类型，或是精神层面的模式。正如我们之前所了解的，这种类型学方法在 20 世纪 30 年代后期曾显现，马丁认为人工制品是对过去文化行为的记录，劳斯也持有类似观点。在关联法（*conjunctive approach*）提出之时，泰勒在专著中专辟一章来介绍类型学和分类法，给予了与之相符的位置。他分析道，为了真正重现文化背景，类型的研究者应该尽力去发现或重新认知那些存在于消失文化中的各种类型。这样一来，关于类型学的讨论就在两批学者间展开，一些学者认为类型是人为赋予物质遗存的，另一些学者则认为类型是物质遗存本来就有的，并可以被人认知。

[165]

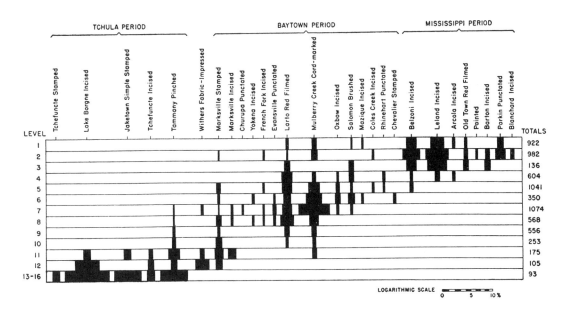

密西西比河下游河谷遗址考古发掘的百分比频率表。图中按每层陶器类型绘制曲线，呈近似于单峰状。这是按照 J. A. 福特（J. A. Ford）的研究方法绘制的典型图表。（引自 Ford, Phillips and Haag, 1955）

在这次论战中，福特支持类型是考古学家赋予或设定的概念这一观点，而 A. C. 斯波尔丁（A. C. Spaulding）则是那些认为类型是能被人所认知的学者的代表。这场论战发端于 1952 年福特《东南部诸州某些史前纹饰演进的测算》（*Measurements of Some Prehistoric Design Developments in the Southeastern States*）

的发表。这篇论文涉及密西西比河下游河谷的陶器，以及它们与佛罗里达州西北部和德克萨斯州东北部类似样式的比较研究。涉及的遗址都有相对年代，大部分基于遗址的地层资料，每一层类型的比率都以单峰频率曲线计算。这样的频率就可以在遗址之间和区域之间进行对比。借助于测算（measurement）这一术语和概念，福特提出了陶器纹饰主题的相对渐变、纹饰元素的增减，以及这些因素在相对的时间和地理空间内的关系。其中纹饰（风格）、时间和空间都是变量，观察各变量的协方差（covariance）就是测算。在论文的导言部分，福特反对泰勒所强调的重建背景和确认功能的重要性（Ford，1952，p. 314）："如果清晰并完整地复原世界上所有无文献记载区域的所有可能的细节，是现代考古学的基本目标，那么我们仅能依据古代的珍奇异宝和祖先的收藏行为来提炼，并且只能祈求在审美的目标下，我们的研究还能够被接受。"他只是觉得，考古学应该由对年代学的关注向前快速发展，成为一门"文化的科学"，并且"为探索检验长时段文化变迁的普遍规律、原因、速度、必然性和数量提供基础资料"（Ford，1952，p. 318）。福特认为他在1952年的文章中已经给出了这样的基础资料。

[166]

　　斯波尔丁在毫不留情的批评文章里（1953a），对此观点的主要内容提出了异议。他认为福特一文的论调，尤其是测算概念的运用仅仅是为实践操作提供了一个华而不实的科学精度。虽然福特在他的文章中并没有明确提出类型是由考古学家强加或创造的这一观点（实际上，是从连续的进化变迁现实中随意划分出来的单位），但仅这一理念就足以激起斯波尔丁的强烈反对。在发表这篇评述福特文章的同一年，斯波尔丁在另一篇文章中提出了完全不同的类型概念。在《揭示人工制品类型的统计方法》（*Statistical Techniques for the Discovering of Artifact Types*）[17]一文中，斯波尔丁提出，文化不是平稳而持续发展的，相反，文化呈现出"聚集"或"不规则"的特点，会出现突然爆发和相对静止等各种阶段。斯波尔丁认为，这些文化的聚集现象可以通过统计分析予以揭示，这种分析能显示出各种特征或特征模式是如何真正相互关联的[18]。这样的聚集现象可以辨识为类型，而且因为它们是真实存在的，这些类型将呈现给考古学家关于人类行为和文化变迁的大量信息，这远比那些从连续文化进化中随意截取片断的所谓类型提供的信息要丰富得多。

　　福特与斯波尔丁就这一主题在专业期刊中展开了几次交锋（Ford，1954a，1954b，1954c；Spaulding，1954a，1954b，1960），争论的焦点多集中于类型的本质与文化变迁的性质。同时被讨论的（尽管没有涉及太多）就是类型学和分类法的基本目标或作用。如果类型学除了年代排序外再无其他作用，[167] 那么福特所说的人为赋予或设定的器物类型就已经足够。当然，从这一点来说，还要经过大量的实证检验才能算是完善。但是如果除年代排序外，考古学的目标还包括对文化的背景与功能的解读，那么看起来斯波尔丁运用统计学"发现"（dis- [168] covered）的类型更为合理。此外，我们还要思考的问题就是哪一种类型更适合阐释文化变迁与过程。正如我们已经提到的，福特想要实现从年代序列到文化过程的快速转换。在《测算》一文①的最后几页，他给我们展现了这些过程研究的精髓。

　　我们对福特是否可以有效地了解文化过程表示怀疑，他是否像他在序言中所罗列的那样，就文化变迁的"普遍规律"或者"原因、速度、必然性和数量等方面"的内容做出解释？他告诉我们的也许是一些普遍性的规律。文化类型从类似的文化类型中进化而来，而文化变迁则是一种渐进的变化过程，至

---

① 指《东南部诸州某些史前纹饰演进的测算》——译注

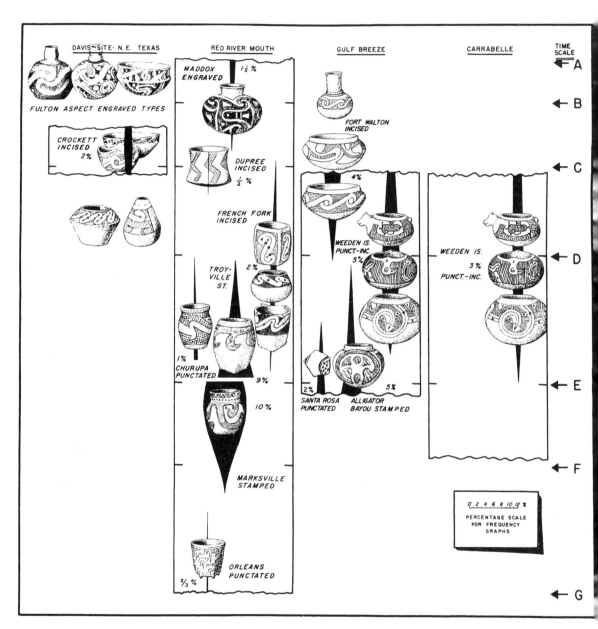

该图是代表不同类型陶器所占比例的单峰曲线示例，并附有各类器物的形制图。该图尝试将得克萨斯州东北部地区、路易斯安那州和佛罗里达州的陶器序列相互联系起来。（引自 Ford，1952）

少对福特所研究的陶器类型而言是如此。但是我们对文化变迁的其他方面是否有进一步的了解仍是值得怀疑的。其论文的总结部分，其实是对陶器形式上可辨识的风格变化的描述，除了可能的传播影响因素外，我们并不能找到其他原因。我们认为，考古学家最好的选择是通过对背景与功能的初步分析来进行过程研究，并据此选择最适合研究目标的类型学方法。从年代排序到过程考古的跨度如此之大，难以取得成功。我们应该将文化的功能分析理解为初步的因果阐释。然而，这些评述超出了本章的内容，我们将在下一章再回到这个主题。不过，需要强调的是，斯波尔丁是关注文化变化性的先驱，在接下来的十年里，这一概念将越来越得到学术界的重视。

　　大多数美洲考古学家，至少是那些密切关注陶器类型学的考古学家，在福特和斯波尔丁的论战中更愿意站在斯波尔丁这边。至少，他们中的大多数都确信，器物类型的确是一种存在的文化现象，而且可以经过统计学或其他合适的分析方法来获知[19]。在 20 世纪 50 年代末、60 年代初的时候，福特和斯波尔丁的论战逐渐结束，取而代之的是一场新的论战，其中一方是支持"分类学"（"taxonomic"）分类法，或者"类型—种类"（"type-variety"）分类法的考古学家（Wheat, Gifford and Wasley, 1958；Gifford, 1960；Sabloff and Smith, 1969），另一方是支持"分析法"（"analytical" approach）或者"模式法"（"modal" approach）的考古学家（Rouse, 1939, 1960；Lathrap, 1962；Wright, 1967；Dunnell, 1971）。这两个学派都认为器物类型是曾存在于制作者与使用者头脑中的模式，并且，两种器物类型研究方法除了适用于年代排序外，还适用于背景与功能问题的研究。现在的问题在于，到底哪一种方法对研究 [169] 文化变迁更有效。这场论战正在进行并且还将持续一段时间，但坦率说，方法的选择主要取决于考古学家想要研究的文化变迁的类型和变化程度。

　　离开类型学回到更宏观的"人工制品即行为"方面，我们可以观察到，学者们在整个 20 世纪 50 年代持续关注着背景与功能。其中一部分考古学家在著作中展现出对考古学目标、理论和方法方面自我意识的增强[20]。戈登·R. 威利（Gordon R. Willey）和菲利普·菲利普斯（Philip Phillips）合著的《美洲考古学的方法与理论》（*Method and Theory in American Archaeology*）是其中著名的代表性论著。该书起初是发表于 1953 年和 1955 年的两篇期刊论文，经过修订后的最终版本于 1958 年正式出版（Phillips and Willey，1953；Willey and Phillips，1955；Willey and Phillips，1958）。其中第一部分介绍了方法论与研究程序，并融汇了当时主流理论的基本收获[21]。作者构想了考古学研究的三个操作层面：（1）观察（田野工作）；（2）描述（文化—历史整合）；（3）解释（过程性阐释）。他们把文化—历史整合（*culture-historical integration*）定义为"考古学家用于组织考古资料的所有方法：包括类型学、分类法、考古单位的划分、对功能和自然环境等背景间关系的观察，以及对遗址内、外部时空关系的确认等"（Willey and Phillips，1958，p. 5）。这一定义清楚地说明了"文化—历史整合"包括时—空序列，以及背景和功能两个方面。威利和菲利普斯接着提出，虽然考古学家已经使用了像文化适应、传播和刺激扩散（stimulus diffusion）这样的解释性概念，但是他们在很大程度上关注的是具体的、特定的文化情境，而并未尝试归纳其普遍性。"美洲考古学在解释层面上所做的工作如此之少，以至于很难找出一个名字来命名它。'功能阐释'（functional interpretation）这一术语，在美洲研究中早已开始流行……但并不完全令人满意……［于是］我们在此替换为更具广泛意义的'过程阐释'（processual interpretation）"（Willey and Phillips，1958，p. 5）。按照这个观点，历史整合（包含了背景与功能解释）应该先于过程研究。

　　然而在 20 世纪 50 年代，人们通常并不清楚或理解"文化—功能阐释"和"过程阐释"之间的区别。虽然在上文所引用 1958 年专著的表述中确实把两者分开了，但是威利和菲利普斯发表于 1953 年的文章还没有把两者区分开（Phillips and Willey，1953；也见 Willey，1953a）。在同年发表的另一篇文章里，威利尝试运用过程分析去理解文化交流现象。在这篇　[170]　题为《传播—适应的模式》（*A Pattern of Diffusion-Acculturation*，*Willey*，1953d）的文章中，威利运用比较法来分析一种外部殖民文化在侵入另一个文化区域时的情形。从这一分析中，威利认为他发现了一系列的现象，或者说是因—果关系：（1）不同文化共存期；（2）外来入侵文化统治的间隔期；（3）两种文化的最终融合或结合，此时入侵文化的某些特征（政治、宗教符号等因素）仍然存在。1955 年，在美国考古学会资助下举办的"文化交流情境下的考古学分类法"（An Archaeological Classification of Culture Contact Situation）学术研讨会上，这类论题得到进一步拓展和深入（Lathrap，1956）。正如会议主题所示，这次会议的主要成果就是探讨能够反映截然不同的文化间各种交流形式的分类方法。地域入侵（*site-unit intrusion*）是众多类型［包括威利在此前的文章中提到的"文化殖民"（cultural colonization）模式］中的一种；另一类为文化特征入侵（*trait-unit intrusion*）。无论是在讨论几种文化交流形式的具体案例，还是涉及比较研究方面，这次研讨会均回避了阐释或者成因分析。不过，对因果关系归纳性研究的可行性，在研讨会期间及其会议报告的结尾部分都隐约地暗示了出来："在文化交流情境中，譬如我们可以寻找不同情境下影响交流结果的因素，这有利于我们用同样的视角分析文化交流前、过程中以及之后的状况。"（Lathrap，1956，p. 26）

　　1955 年的另一个研讨会——"文化稳定性研究的考古学方法"（An Archaeological Approach to the Study of Cultural Stability）（R. H. Thompson，1956），更关注于过程和原因的分析。这个研讨会的重点是原生（*in situ*）文化在时间推移过程中的变化或稳定。与会者尝试用传统片段（*tradition segments*）来定义和区分文化变迁的类型[22]。定义的标准是侧重于"片段"的历史性变化，而不是特定的文化内涵。例如，各种类型的结构或者是直系的（*direct*）（基本无变化的文化连续性）或者是复杂的（*elaborating*）（不断累加的特征增加了传统的复杂性）。虽然形成这样的分类还需要考虑文化的背景与功能，就像其他研讨会在讨论类型时涉及文化交流情景一样，但是主要的关注点是集中于对传统片段形成的过程和原因的推测上，包括环境、人口、其他文化的传播影响以及传统的文化遗产等因素，都被纳入考虑范围之内。研讨会所做的成因分析基本上还是从人类学和文化史的基础内容中推导出来的（例如，大量的或者增长的人口更倾向于产生"复杂的"传统阶段）。

[171]

　　罗伯特·沃克普（Robert Wauchope）的一部区域考古报告的主题之一，就是在文化的"稳定性—非稳定性"验证结构中对过程的关注，他曾经是文化稳定性研讨会的一员。这部报告主要是关于佐治亚州北部遗址的发掘和调查（Wauchope，1966），但是其中有 20 页的篇幅是关于文化过程的。虽然这部报告直到 1966 年才正式出版，但是从 20 世纪 50 年代后期就开始编撰，反映了当时的学术思潮[23]。同时，沃克普在采用量化方法研究文化变迁方面遥遥领先于 50 年代后期的其他考古学家，他用 1∶100 的比例来量化文化变迁（主要是陶器类型），并分析"技术 Vs. 审美的变化"和"农业人口 Vs. 城市居民的变化"。在分析"技术 Vs. 审美的变化"时，他指出，佐治亚州的考古发掘资料并不支持技术比审美更容易变化这一常见的人类学假说。"农业人口 Vs. 城市居民的变化"模式虽然适用于佐治亚州的考古资料，但是他认为这些资料反映出城市或准城市地区陶器的变化更大，变化速度更快。基于佐治亚州的考古研究，他就其他考古学家和人类学家曾讨论的宏观文化发展趋势发表了一些看法[24]。一些趋势、规律或原理在佐治亚州的考古资料中得到了合理的证实，而其他一些则没有。他论述的语调自始至终是谨慎的，研究的态度也是实验性的。而这些摆在面前的问题，如在多大程度上能够运用考古学资料和方法验证人类学关于文化发展（主要基于进化论原理）的假说？在这些方向的探索到底能够走多远呢？都还没有答案。

20 世纪 50 年代，在这些方面进行思考和发表论述的考古学家还有 J. B. 格里芬（J. B. Griffin）、L. S. 克雷斯曼（L. S. Cressman）和 J. B. 考德威尔（J. B. Caldwell）[25]。而沃克普、威利和菲利普斯以及研讨会的其他参会者，他们都认识到过程分析方法是存在于跨文化比较之中的，并且他们都逐渐转向从具体到一般的归纳研究。

尽管 1940 年至 1960 年的二十年间对背景与功能重要性的认识逐步增加，但是当一些考古学家把注意力转移到趋势、规律和原理时，就有一种忽视史前时期背景与功能研究的趋势， [172] 这也许是因为过分寻求普遍性。但很多考古学家又走了回头路，就像那些在背景—功能框架内的研究一样，极少关注过程的实际运行机制。沃克普和考德威尔（后者在 1958 年发表了《美国东部史前史的趋势和传统》，*Trend and Tradition in the Prehistory of the Eastern United States*，1958）在这一点上可能比其他人表现得更为优秀，而且从某种程度上来讲，他们的研究预示着 20 世纪 60 年代过程考古学的到来。

至此为止，我们已经在"人工制品即行为"这一标题下以最宏观的方式叙述了背景—功能研究。从"分类—历史时期"后段开始，就有两种重要的背景与功能研究方法，可以让考古学家将注意力集中于过程研究，所以需要在这里单独予以评述。这两种方法就是聚落形态（*settlement pattern*）、文化与环境（*culture and environment*）。

## 聚落形态

在 20 世纪 40 年代之前，考古学家很少关注美洲的聚落形态。他们绘制遗址图，有时也会关注遗址所处位置的相关地形特征，但是对大区域内遗迹的布局或者遗址内遗迹的排列缺乏关注。1946 年，斯图尔德鼓励威利在维鲁河谷（秘鲁）联合调查中所承担的区域里做聚落调查和分析[26]。维鲁河谷的田野工作在 1946 年进行了大半年，威利在 1953 年出版了《维鲁河谷的史前聚落形态》（*Prehistoric Settlement Patterns in the Virú Valley*），这是第一部研究区域聚落形态的专题著作[27]。

在调查中，考古学家对维鲁河谷的所有地区绘制了详细的地图，在绘制地图时使用了大量航空照片，并采用实地调查方法核实地图，还对建筑物和建筑遗迹做了调查。判定遗址年代的主要依据是维鲁河谷团队中其他成员的考古发掘，以及 J. A. 福特（J. A. Ford）对地表采集陶片的分析。维鲁河谷最初被选中是因为它在一定程度上为考古学界所熟悉，并且位于已建立陶器类型学序列的秘鲁北部海岸地区，维鲁河谷的发掘和调查同时也修正、完善了这个序列。如果没有这个序列，威利的聚落研究将不可能完成。然而，聚落研究的核心目标是背景与功能，那么，维鲁河谷的不同族群又是如何与维鲁河谷序列的时间表（或者文化期）相互关联和变动呢？

[173] 威利把聚落形态定义为："人类在生存环境中安置自身的方式。它指的是住宅及其排列方式，以及与社区生活相关的其他房屋的性质和布局。聚落反映了当时的自然环境、建造者的技术水平，以及文化所维系的各种社会互动与管理规范。因为聚落形态很大程度上是由普遍遵循的文化需求直接塑造的，所以它们为考古学文化的功能性解释提供了至关重要的起点。"（Willey, 1953b, p. 1）在最后一句中，威利揭示了功能和过

程间的隐含联系，因为"普遍遵循的文化需求"意味着存在
跨文化比较的基础，虽然这项研究本质上是关于原生（in si-
tu）背景和功能的研究。

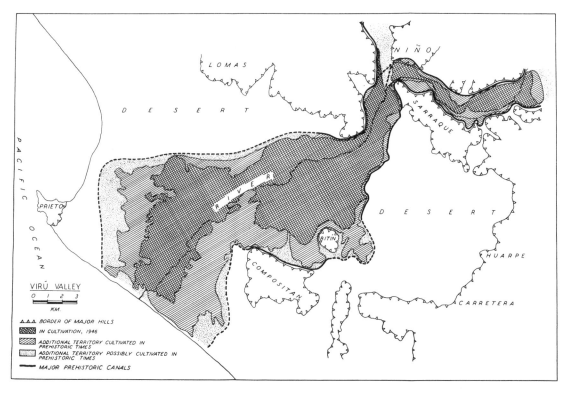

该图展示了维鲁河谷现代时期的耕种地区，并与史前时期的灌溉和耕种地区进行对比。灌渠与耕地的测绘
是维鲁河谷聚落形态调查的主要内容之一。（引自 Willey，1953b）

　　维鲁河谷聚落研究专著的大部分内容是具体的描述。作者
承认这项研究具有实验性，但是这样的评述占了不足一页篇
幅。考古遗址和遗迹一般都是按照文化时期或阶段依次描述
的，然后再按照遗址功能进行初步分类罗列，其中，住宅遗址
（dwelling sites）分为两类，分别是有可辨识布局的建筑基址和
废弃的建筑基址；金字塔墩（pyramid mounds）显然具有礼仪　　[174]
功能或公共功能；金字塔—住宅—建筑综合体（pyramid-dwell-
ing-construction complexes），可能是一些兼具公共、礼仪和居住

功能的混合功能建筑。此外还有墓地（*cemeteries*）和防御设施（*fortifications*）。在其后，有一个章节讨论各种功能性分级遗址的演变或发展。比如，维鲁河谷前哥伦布时期的住宅遗址或政治—宗教性建筑（*politico-religious structures*，例如金字塔）可以追溯到 1500 年前或者更早。作者在接下来的一节里阐释了社区形态（*community patterns*），试图说明不同遗址在不同时期是如何构成整体的生存形态的。聚落和社会这一章在理论方面最为大胆，通过聚落分析了人口规模和社会组织形式。但是即便如此，威利还是非常谨慎，也许他已有一些假说，但在这里没有太多地提出。在最后一章里，威利用当时手头能获得的有限考古资料将维鲁河谷的聚落类型与秘鲁其他地区进行了比较，这一章更具有传统考古学的特点（至少对于 20 世纪 50 年代早期来说）。

该地图展示了秘鲁维鲁河谷莫切文化万卡戈时期（Huancaco Period，Moche culture）的社区等级及相互影响。（引自 Willey，1953b）

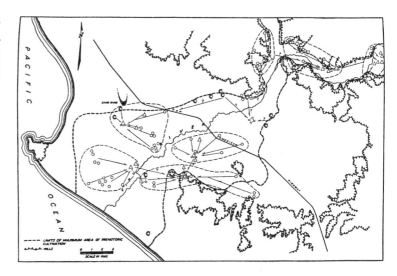

总的来说，对维鲁河谷研究专著的反响还不错。尽管读者可能会慎重地对待少量的理论探索，专著整体的非思辨性风格没有引发不悦，大量的事实性描述还是非常值得赞许的。不过随后的十年间，这一研究在秘鲁没有立即成为效仿的对象[28]。威利在 50 年代把兴趣转移到了玛雅地区，并于 1954 年运用更

加规范的考古学操作方法，在伯利兹河谷（Belize Valley）开展了聚落形态调查（Willey and others，1965）。美洲其他地区的考古学家参加了 1954 年举办的以聚落形态为主题的专题研讨会，显示出对聚落形态研究方法的兴趣，该会议成果于 1956 年出版（Willey，1956）。作为会议文集的主编，威利仅做了非常简要的介绍，没有提出该文集的理论框架和目标。部分投稿人相当谨慎地把论文限定于遗址和遗址分布的描述，有些作者则略微涉及了一些背景与功能；但是有两篇论文——威廉·T. 桑德斯（William T. Sanders）关于中墨西哥的论文，以及贝蒂·J. 梅格斯（Betty J. Meggers）和克利福德·埃文斯（Clifford Evans）合著的关于亚马孙低地的论文——勇敢地跨过界线，开始讨论过程与原因。

另一个关于聚落的合作研究成果也于 1956 年发表。这是 1955 年召开的"社区形态的功能与进化之含意"（Functional and Evolutionary Implication of Community Patterning）学术研讨会的一项收获（Meggers，1956）。与会代表为定居与游牧两种人群划分了一系列的社区类型，进而分析这些类型的功能与进化过程。比较研究的范围非常广泛，既关注整个世界范围，也关注民族学与考古学资料。正如研讨会主题所示，其研究结论既具有功能性也包含进化性，这样就从功能分析到了过程分析的层次，这显然是当时依据聚落资料开展理论型研究的最高水平应用。

这次研讨会文集的范围涉及相对宽泛的进化论术语和讨论（无论是否被认可，这些是人类学家和考古学家所熟悉的），因而，另外一篇关于聚落形态的理论性文章引发了更多的争论，这就是张光直（K. C. Chang）的《新石器时代的社会分群研究：以新大陆为例》（*Study of the Neolithic Social Grouping*：*Examples from the New World*，1958）。这篇文章的题目并未完全展现其内容。在文中，张光直依据大量欧洲大陆的民族学资料来确立新石器时代社会组织形态与聚落类型之间的相互关系。之后，他便将这些关系运用到美洲的聚落考古研究中，包括中美洲、秘鲁和北美洲的西南部等。张光直在结论中建议，"考古学家的首要职责是明确地区社会群体，如家庭单元、社区形态和聚落群，而不是通过'时—空'的物质特征来辨识考古学区域和范围，因为文化特征只有在特定的社会环境之下才有意义"（Chang，1958，p. 324）。这是呼吁在考古学研究中将社会层面因素置于优势地位的一次勇敢行动，是将聚落类

[176] 型研究作为考古学首要任务的一次推动。一些考古学家对此提出了异议（Nicholson，1958；Rouse，1968；Chang，1968），而我们在这个讨论中也并不完全倾向于遵从张光直的观点（Willey，1958b）。但是回顾起来，我们非常清楚地意识到，美洲考古学的发展在很长一段时间内受到阻碍，就是因为未能把握所研究文化的社会结构，也没有认识到了解文化的社会结构首先需要关注聚落类型。(Trigger，1963，1967，1968a；Chang，1958；Sears，1961；Mayer-Oakes，1961；Millon，1967；Sanders，1949，1962；Naroll，1962)。

回顾过去，我们更倾向于认为，此时美洲考古学的研究关注点由精英阶层转向中间阶层（参阅 Patterson，1986 的不同观点）。此外，我们现在可以这样说，在史前社会的社会、政治变迁进程的考古研究中，聚落形态研究差不多是必不可少的第一步。

## 文化与环境

在"分类—历史时期"的后段，考古学家还尝试着把考古学文化置于与之相适应的自然环境框架之中。从某种程度上来说，这是对美洲人类学强烈的反环境主义论调的回应。在博厄斯学派（Boasian）的主导下，美洲的人类学反对将环境作

为解释文化发展过程的潜在因素。这并不是说考古学家完全忽略了环境的作用，环境通常会被提及，但被认为对文化至多起到随意或消极的作用。这一观念在 A. L. 克罗伯（A. L. Kroe-ber）的《北美本土的文化和自然区域》（*Cultural and Natural Areas of Native North America*，1939）这篇文章中展现得尤其清晰。有时一些考古学家将环境视作造成灾祸的主导原因。例如，大旱、地震，甚至人为的环境失衡都是文化毁灭的原因，比如古代玛雅文明衰落的案例（Sabloff and Willey，1967）。但在这些案例研究中，都缺乏对文化与环境互动系统性关系的整体认识，而将文化和环境视为两个独立而相互区别的存在。直到几年以后，全面思考文化与环境这一真正的生态学方法才成为美洲考古学的一部分[29]。在"分类—历史时期"后段发展起来的是一种态度：即不能仅对环境作简单描述，而应当研究任何文化的环境背景，以尽可能全面重建与之相适应的、可进行功能性阐释的史前环境背景。

[177]

欧洲史前史对环境的关注要比美洲考古学早得多，美洲考古学家无疑受到了欧洲大陆前期研究的影响。例如在斯堪的纳维亚半岛，对环境复原的兴趣可以追溯到 19 世纪，而在英国，西里尔·福克斯爵士（Sir Cyril Fox）、O. G. S. 克劳福德（O. G. S. Crawford）和格雷厄姆·克拉克（Grahame Clark）一直进行着这方面研究。我们推测，欧洲学者受到德国和英国地理学家的鼓舞，并且不存在像美洲那样强烈的反环境主义学派的禁锢，因而更早地考虑到了环境的因素[30]。

对于为了背景与功能分析而重建过去环境的问题，琼·赫尔姆（June Helm）曾经说，在上世纪 50 年代末期，"生态学的背景研究已经成为美洲考古学的一种固定模式"（Helm，1962，p. 361）。虽然我们并不认同她在这个语境中使用生态学（*ecology*）这个词，但是赞同该时期的功能分析确实也考虑到了环境的背景这一认识。这包括依重于自然科学的资料和技术，重建古代文化的环境与饮食结构等。这些研究涉及的通常是狩猎和采集文化，所保留的人类遗存较少[31]。

在环境复原的探索性研究方面，前期最重要的代表是瓦尔多·R. 韦德尔（Waldo R. Wedel）在美国中部大平原所做的工作。韦德尔试图将原住民的生业活动置于环境背景之中，特别是大平原地区的原始气候环境之中（Wedel，1941，1953）。另一个例子是埃米尔·W. 豪里（Emil W. Haury）和他的助手在亚利桑那州维塔纳洞穴（Ventana Cave）进行的研究。豪里在史前环境的复原中运用了地质学及其他自然科学的知识和技术（Haury and others，1950）。弗雷德里克·约翰逊（Frederick Johnson）则在马萨诸塞州博伊尔斯顿街鱼堰遗址（Boylston Street Fishweir site），开展了综合运用考古学、地质学、古植物学、动物学和孢粉分析等的类似研究[32]。在 J. D. 詹宁斯（J. D. Jennings）、W. G. 黑格（W. G. Haag）以及 G. I. 昆比（G. I. Quimby）等学者的著作中，还可以看到这一时期环境考古学研究的其他案例[33]。另外值得特别提及的是对加利福尼亚贝丘的系列调查，这一工作首先由 E. W. 吉福德（E. W. Gifford，1916）开展，R. F. 海泽（R. F. Heizer）、S. F. 库克（S. F. Cook）及其同事后来又继续做了相关的调查[34]。他们复原了古代贝丘居民的食谱，并且依据残骸堆积的重量与数量，运用

[178] 特别的公式估算出了遗址的人口规模。但是正如我们之前所说，上述研究的目标仍然只是对环境背景进行描述性的构建，还是很少或没有关注到环境对文化发展进程的系统性成因作用。

环境是文化兴起和发展过程中决定性力量这一观念，超出了背景与功能研究的环境重建范畴，将美洲考古学的关注点推向文化进化的方向。环境学研究视角被认为是"分类—历史时期"末段的一个重要趋势。在世纪之交时，环境决定论和文化进化论共同融汇入美洲人类学的理论。但在 20 世纪中叶，我

们看到它们再度出现，这次的研究焦点集中在美洲大陆复杂文化的研究上，那便是我们通常所说的墨西哥和秘鲁"文明"（"civilizations"）。

环境—进化研究趋势的代表人物就是朱利安·H. 斯图尔德（Julian H. Steward）。我们之前已经评述了这位民族学家兼社会人类学家对美洲考古学的影响，尤其是对聚落形态研究的影响。在被他称为的文化生态学（*cultural ecology*）和多线进化论（*multilinear evolution*）领域，他所做的贡献甚至更重要[35]。总体来说，斯图尔德呼吁考古学家通过比较特定环境背景中的特定文化序列，来探寻文化发展的规律。他假设环境的某一特定因素会影响到他称之为的文化核心（*core*）要素，而这些核心要素本质上都是技术层面的。换句话说，不同类型的环境将会影响到技术适应的类型，这将会接着影响甚至制约文化的其他方面。这是数十年来美洲人类学家首次提出，环境能够决定文化的适应。

虽然因为过分强调文化发展过程中的核心要素作用，又缺乏全局或真正意义上文化环境生态学观念而遭到批驳[36]，但是斯图尔德对美洲考古学的理论仍有着重要且有益的影响。他在 1949 年《文化的因果关系与法则：早期文明发展的试验性构想》（*Cultural Causality and Law：A Trial Formulation of the Development of Early Civilizations*）的文章中，大胆尝试将其理论付诸实践（Steward，1949a），其 1955 年的论文集《文化变迁理论》（*Theory of Culture Change*）特别有影响（Steward，1955b）。在汉学家卡尔·威特福格尔（Karl Wittfogel，1957）的引导下，斯图尔德还推动了灌溉对文明起源的作用这一研究。在南美洲的研究中，他的"环加勒比海"假说（"Circum-Carribean" hypothesis）不仅迅速引起了热烈的讨论，也出现了具有积极意义的辩驳（Steward，1947，1948a；Rouse，1953b，1956，1964a；Sturtevant，1960）。

[179]

"分类—历史时期"后段的环境—进化研究趋势，还有其他一些重要代表学者。佩德罗·阿米拉斯（Pedro Armillas）这位移居墨西哥的西班牙学者，对墨西哥河谷城市文明起源提出了与斯图尔德很不一样的唯物主义观点。他也特别感兴趣于灌溉的作用，并且极力劝导包括 W. T. 桑德斯（W. T. Sanders）在内的中美洲考古学家们关注这一方面[37]。安吉尔·帕勒姆（Angel Palerm）和斯图尔德的学生埃里克·沃尔夫（Eric Wolf）致力于研究中美洲不同的环境与耕作技术、文明发展之间的关系（Palerm，1955；Wolf and Palerm，1955；Wolf，1957）。稍作修订的威特福格尔水利假说（Wittfogel's hydraulic hypothesis）成了这些学者研究的基础，并在随后的 20 世纪 60 年代，激发出很多精彩的生态学研究成果。

斯图尔德的直接或间接影响，在 20 世纪 50 年代期间会被强烈地感受到。而另一位美洲民族学家兼社会人类学家——莱斯利·A. 怀特（Leslie A. White），则直到 20 世纪 60 年代才为人们所熟悉。尽管他的《文化的科学》（*Science of Culture*）一书早在 1948 年就已经出版，但是直到十年后，多数美洲考古学家才接受了他的理论[38]。然而，他的一位学生——贝蒂·J. 梅格斯（Betty J. Meggers）却是个例外。她在 20 世纪 50 年代发表的几篇重要的理论性文章都具有明显的进化论倾向（Meggers，1954，1955，1957）。她的文章《环境对文化发展的制约》（*Environment Limitation on the Development of Culture*）通过分析各种类型的环境，并探讨了各种类型环境对文明起源产生的不同程度的促进或阻碍作用，认为环境具有对文化产生决定性影响的特征。这篇发表于 1954 年的文章在当时受到了严厉的批判（W. R. Coe，1957；Hirschberg and Hirschberg，1957；Altschuler，1958），然而，虽然在具体案例中出现了一些错误，她还是提出了一些重要的见解（Sabloff，1972；Ferdon，1959）。此外，她与克利福德·埃文斯（Clifford Evans）

[180]

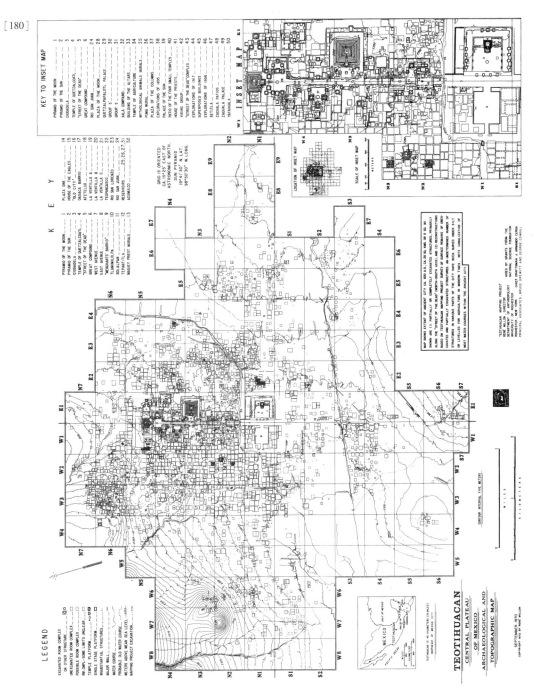

墨西哥河谷前哥伦布时期特奥蒂瓦坎古城（city of Teotihuacan）平面图，右侧插入的小图展示了城市中心的细节。这幅缩小的平面图是勒内·米伦（René Millon）和同事精心绘制的，他们把绘制特奥蒂瓦坎古城地图作为研究这个重要遗址城市化进程的一个步骤。通过这些细致的聚落形态研究，考古学家估算出特奥蒂瓦坎人口至少有100000。所有平面图都是按照相同比例绘制。（经许可引自 Millon，1973）

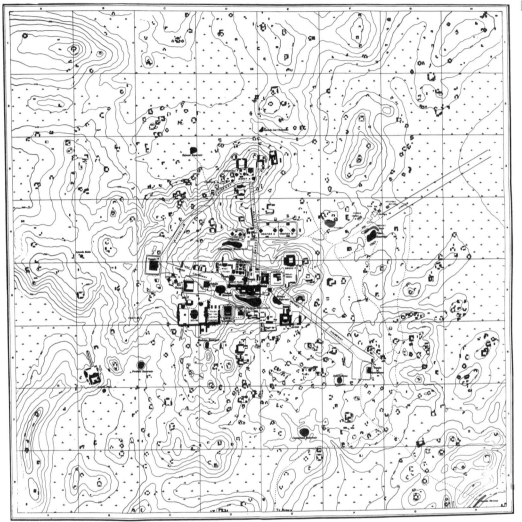

危地马拉蒂卡尔城（Tikal）主要礼仪中心和周围遗迹的聚落形态分布图。该图显示的区域为 4 千米 ×4 千米。（引自 Carr and Hazard，1961）

一起合作的许多田野工作，目标就是验证进化论和环境论假说（Meggers and Evans，1957；Evans and Meggers，1960）。

总之，在"分类—历史时期"后段，对环境之于文化作用的关注开始逐步增加。考古学家们已经意识到了解古代环境的必要性，这与美洲考古学中强调"背景—功能"的研究是完全一致的。除此之外，一部分探索文化变迁动因的考古学家开始意识到环境对于理解文化发展具有重要的作用。社会人类学家弗雷德里克·巴斯（Frederik Barth）指出，放射性碳测年法的发明，使得美洲考古学家不必再把所有精力都集中在年代学的问题上。他说，"构建考古学文化序列不再是考古学家的终极目标……考古学家为人类学学科做出贡献的唯一方式就是去问更多的为什么（why），这正是整个体系所需要的。简单而直接可行的方法包括对文化适应性的生态学分析，对生态区域关系、人群结构及其文化特征诸问题的研究等。"[39]但是巴斯的呼吁在十几年间没有得到任何响应。在 20 世纪 50 年代，将关注环境的观念重新纳入考古学与人类学的努力仅有一些端倪。直到 1958 年还可以这样说，"因为关注人工制品，且不了解生态学证据的分析和解读技术，考古学家往往把生态观念抛到脑后"（Meighan and others，1958，p. 131）。但是"不了解技术"并不是主要原因。美洲考古学家总是缺乏对自己研究目标的清楚认识，也并不总是知道需要发掘何种类型的遗迹、遗物才能有助于理解特定遗址或地区文化发展进程的特征。只有当"现代时期"的考古学对目标有了清晰认识之后，40、50年代对环境的（environmental）碎片化关注才能变成 60 年代对生态的（ecological）整体关注。明晰考古学目标的主要推动因素就是文化进化（cultural evolution）概念的再次引入。虽然直到 20 世纪 60 年代以后，重新引入的文化进化论才走向成熟并具有了影响力。不过，我们已经谈到了一些应用进化理论探索文化—环境关系的初步研究，在本章的后面，我们还将回顾20 世纪 50 年代构建进化论概念的其他探索工作。现在，让我们关注一下"分类—历史时期"后段发展过程中的其他问题。

## 其他学科的科技支撑

"分类—历史时期"后段最重要的一个进展，就是美洲考古学家对新发明的各种科技手段和潜在应用领域的关注在不断增强[40]。对于倾向于从现象来看待科技发展的主流观点来说，对科学技术的这种关注往往被认为是革命性的（Daniel，1950，p. 287）。通常认为，随着 20 世纪 50 年代的到来，科技手段成为美洲考古学的常规方法，使这门学科发生了根本性变化。然而，这个认识并不准确。虽然新的测年技术（尤其是放射性碳测年法）的确给美洲考古学带来直接的影响，但是来自其他学科的技术手段只不过才刚刚开始影响美洲考古学。而且，即使考古学家已经开始使用许多新的科技手段，他们在观念上并无改观，仍旧不会以全面综合的方式，或者是以一种显著改变发掘资料种类的方式来运用新的科技手段。在 20 世纪 40 年代，学者们的确已经认识到跨学科交叉的必要性，不过虽然各种科学研究的内容相当可观，但往往仅作为易被忽视的遗址报告附录部分。这时甚至出现了一些运用科技手段重建遗址文化史和文化背景的精彩案例，但是这些成果只起到了对已有方法论的补充作用，在发展新的方法论方面几乎没有起什么作用。

[183]

可以想见，使用最广泛的科技辅助手段就是用于年代排序的技术方法，这促进了相对年代和绝对年代的完善。其中，最具有划时代意义的便是 W. F. 利比（W. F. Libby）的放射性碳或碳十四测年法。这一方法发明于 20 世纪 40 年代后期，到了 20 世纪 50 年代，放射性碳测年法在美洲考古学的各个方面开始应用。该方法的原理是，所有生物有机体一直在吸收大气中的放射性碳，吸收作用在生物体死亡时停止，而生物体吸收的放射性碳此后开始以稳定且可预测的速率衰变。通过检测考古发现的有机物遗存（比如烧焦的木炭或者骨头碎块）放射性碳的残留量，就能够计算出绝对年代。如果这些遗存与其他考古遗存有明确的关系，且遗存没有被后期扰动，那么就可以估算出那些存疑遗存的绝对年代。（Libby，1955；Willis，1969）。

放射性碳测年法对美洲许多地区的考古工作产生了巨大的

影响。例如，它明确证实了早期人类在 10000 年以前就到达了北美洲大陆[41]。它还帮助考古学家填补了北美地区更新世晚期游牧群体与之后定居文化之间的断层（Willey，1968a）。J. D. 詹宁斯（J. D. Jennings）运用放射性碳测年法建立了美国大盆地区域荒凉地带的游牧群体长达 10000 年的年代序列，并且依此提出该地区长期存在一种沙漠文化的假设（Jennings，1957，1964）。在中美洲，碳十四测年法证明了神秘的奥尔梅克文化（Olmec culture）在时间上要比古典玛雅文明早好几个世纪（Drucker，Heizer and Squier，1959），并且最终让考古学家认识到这一文化在中美洲文明发展中的重要意义。这样的例子还有很多，但是这些已经足够说明，放射性碳测年法对整个美洲大陆的年代排序，以及大量考古学文化年代序列的调整方面有着至关重要的作用。

[184]

放射性碳实验室，将样品转化为纯二氧化碳的燃烧装置。（MASCA，宾夕法尼亚大学博物馆，The University Museum, University of Pennsylvania）

放射性碳测年法也通过几种相关的方式为随后的"现代时期"奠定了基础。首先，它帮助建立了完整的文化序列，使考古学家能够用比以前更精准的方式来研究文化进化过程；第二，它给出了不同文化序列的绝对时间范围，这样就可以研究在不同或相似的生态环境、文化条件中的进化速率；第三，它有助于考古学家比较同一时间范围内的各种文化，使他们能够分析、推论造成这些文化体系异同的各种因素。虽然有段时期，一些考古学家对放射性碳测年法的准确性和精度还持怀疑态度（Willis，1969；Allibone，1970），但是技术的持续完善与改进使人们的信心稳步增长。今天，学界一致认为，放射性碳测年法对考古学科，以及美洲考古学的发展做出了非常重要的贡献（Taylor，1978）。

[185]

在 1940 年至 1960 年期间，尽管放射性碳测年法对年代排序的帮助最大，但其他绝对和相对年代的测定方法也取得了进展。其中，我们在前一章提及的树轮年代法得到了新的改进，这使得北美洲西南部地区的文化序列得到了最精确的校准（Bannister，1969）。其他的化学、物理测年方法技术还包括：古地磁法（paleomagnetism，或 archeomagnetism）、黑曜岩水合法（obsidian hydration）以及骨骼含氟分析法（fluorine analyses of bone）等[42]。地质学相对年代判定在"分类—历史时期"后段也取得了许多进步。通过柯克·布莱恩（Kirk Bryan）、欧内斯特·安特弗斯（Ernest Antevs）及其他学者的努力，文化遗存与地质学地层、冰河堆积以及气候序列之间的关系也被用来判断遗址的相对年代，或是帮助分析许多考古遗址（尤其是更新世晚期遗址）的地层。这两位科学家对包括林登迈尔（Lindenmeyer，科罗拉多州）、维塔纳洞穴（Ventana Cave，亚利桑那州）、伦纳德岩棚（Leonard Rockshelter，内华达州）和蝙蝠洞（Bat Cave，新墨西哥州）在内的众多重要遗址进行了年代判定[43]。正如赫尔泽（Heizer）所指出的，一些地质学年代的判定方法也取得了成功，如冰川纹泥年代序列（glacial varve sequences，虽然这种技术在欧洲更有效）、海岸线的变化，以及河流曲折、沙丘迁移或者钙华沉积（travertine deposition）等的速率（Heizer，1953，pp. 6-14）。菲斯克（Fisk）对密西西比河床变化的研究尤其有助于考古学家对沿河遗址的探索（Fisk，1944；Phillips，Ford and Griffin，1951）。

测年不是美洲考古学家寻求支持的唯一方向，尽管它是其中最重要的一个。我们也关注到，在进行背景研究时，考古学家从地质学、动物学和植物学等学科寻求用于重建气候与古人食谱的方法，通过采用光谱分析（spectroscopic analysis）等技术手段研究人工制品技术层面的信息。其中，安娜·O. 谢帕德（Anna O. Shepard）的陶器研究就是一个杰出的案例 [186] （Shepard，1956；也见 Bishop and Lange，eds.，1991）。同样的案例还有，豪厄尔·威廉姆斯（Howel Williams）从地质学角度开展的研究（H. Williams，1956；H. Williams and Heizer，1965）。然而，与"现代时期"的这类分析相比，这些早期的研究无论在数量上还是质量上的确都逊色得多（Brill，1971）。

航空摄影和电子探测是另外两项值得一提的技术。早在1931 年，希比—约翰逊考察队（Shippee-Johnson Expedition）就已经在秘鲁较好地运用了航拍技术（Shippee，1932），在 20 世纪 40 年代后期，这一技术在维鲁河谷（Ford and Willey，1949）和美国西南部也得到了十分有效的应用[44]。但直到 20 世纪 60 年代，航空摄影技术才被用于遗址的调查与发现。电子探测装备的情况也与之相似。我们将早期 C. W. 梅根（C. W. Meighan）在加利福尼亚州德雷克斯湾（Drake's Bay）探索性地使用矿藏探测仪（Meighan，1950；Rowe，1953，pp. 912-913），与以后各种装备的复杂运用作对比，就可以看到它们之间的差别（Aitken，1969；Rainey and Ralph，1966）。

此外，我们之前在讨论人工制品类型时曾提及，"分类—

历史时期"的学者对统计学的兴趣正在持续增长。前文提到过的
布雷纳德、罗宾逊和斯波尔丁等人的研究是这方面的很好例证
（Brainerd，1951；Robinson，1951；Spaulding，1953b，1960）。但
[187]　是直到"现代时期"，美洲考古学家才开始应用早已影响了其他
学科的新兴计算机技术。

航空摄影技术有助于精确测绘和发现、定位遗址。这张航空照片展现了秘鲁北部海岸奇穆帝国的昌昌古
城（the Chimu city of Chan Chan），航空摄影技术在昌昌古城的详细地图绘制过程中起到了关键的作用。
（Services Aerofotografico Nacional，Peru）

墨西哥奇瓦瓦州（Chihua-
hua）卡萨斯·格兰德斯遗址
（Casas Grandes）普韦布洛类
型遗迹考古发掘现场的低空
照片。（Amerind Foundation,
Inc. Dragoon，Arizona）

　　这样一来，在"分类—历史时期"末段，考古学对其他可以为考古学研究提供帮助的学科的发展情况逐渐关注，包括物理、化学、自然与生物科学、数学等等。越来越多的美洲考古学家开始意识到这些科技辅助手段的优势，并马上在个人研究中亲自试验，或是向合适的专家请教。我们对这些辅助技术手段的简要评述仅仅是一鳞半爪，但是它们的重要性是显而易见的。到了20世纪60年代，在考古研究中应用科技辅助手段成为普遍现象，而且观念体系建立了起来，这使考古学家能够结合这些手段，并为特定的研究目标服务。

## 对年代学和时—空综合分析的持续关注 [188]

　　本章到目前为止，关注点都集中于考古学目标和程序的创新。然而正如此前所述，1940～1960年这段时间里开展的工作，大多数仍然是传统的、侧重年代序列构建的考古学研究。我们在这里所能做的便是提及一些亮点，而不是综述或者讨论更多的此类研究。因此我们将把范围稍稍扩展，将20世纪60年代这十年包括在内。这样我们就进入在理论观念和方法论上有重要变化（我们将在下一章里讨论）的"现代时期"。不过，20世纪60年代的考古研究始终强调"时—空综合分析"（space-time synthesis），大部分研究工作和之前的时期没有什么不同。

　　在回顾"分类—历史时期"后段时，首先要关注的是，二战后人们对考古学的兴趣迅速增长，考古的相关活动也快速增加，这种情况发生在美洲大多数国家中，在美国则更加明显。前一章里我们已经提到，美国政府在20世纪30年代以联邦政府经济救助的方式支持考古学，我们也评述了一些与此相关的抢救性发掘工作。在1945年，这种抢救性发掘项目作为联邦政府水利工程的配套工作，其规模不断扩大。在职业考古学家委员会的交涉（见 Johnson and others，1945）和部分议员的善意帮助下，美国国会同意为考古研究工作拨款。随后，在整个 20 世纪 40～50 年代，与联邦政府或私人企业签订合同开展的抢救性考古项目迅速遍及美国各地[45]。另一项影响考古研究工作的美国政府资助项目（或系列资助项目）就是规划、筹备和出版美洲土著的系列手册，这套手册由顶尖学者依据体质人类学、民族学和考古学等学科的资料进行编撰，为以后的研究提供了基础资料，并指明了未来研究的领域和方向。这套手册沿袭了 20 世纪初由史密森学会出版的《墨西哥北部美洲印第安人手册》（*Handbook of American Indians North of Mexico*，Hodge，1907～1910）的风格（这是一本民族志和民族学的纲要性著作，几乎没有什么考古学资料）。不过在 20 世纪 40 年代，在史密森学会下属的美国民族学研究部和朱利安·H. 斯图尔德（Julian H. Steward）的编撰下，史密森学会出版了内容更为广泛的《南美洲印第安人手册》（*Handbook of South American Indians*），囊括了大量的考古学内容（Steward，1946～

[189]　1950）。20 世纪 50 年代，政府也资助了多卷本《中美洲印第安人手册》（*Handbook of Middle American Indians*）的编撰工作，这套书融入了更为丰富的考古学综合内容[46]。随后，史密森学会再次筹划编撰了涵盖民族学、考古学内容的巨著——《北美洲印第安人手册》（*Handbook of North American Indians*）[47]。上述这些手册已经（并继续）成为考古学研究的回顾与总结，以及未来研究的推动力和出发点。美国政府对考古学的第三次推动，是通过国家科学基金会社会科学分会（Social Sciences Division of the National Science Foundation）为田野考古研究提供资金支持。从 20 世纪 50 年代开始，这个机构为一些非官方考古研究机构提供了数百万美元的资助，支持它们在世界各地（尤其是美洲）开展考古研究。

　　除了美国政府资助的项目以外，还有各种民间资助的考古项目。加拿大与拉丁美洲一些国家的政府，以及这些国家的民间机构与个人也支持了各类政府或民间的研究项目[48]。二战以后，丹麦考古学家在美洲的北极地区，欧洲与日本的考古学家在中、南美洲分别开展了新的研究工作。

所有这些工作都极大地推动了我们对美洲历史的真正了解。对于更新世晚期这一阶段，我们现在已经发现了数百处重要的遗址，而在此之前的可靠考古发现仅有几处。放射性碳测年为先前仅有粗略年代估算的研究区域建立了可靠的年代学框架。到 20 世纪 60 年代中期，人们已经清楚地认识到，早期刻槽投掷尖状器在北美洲高平原（North American High Plains）和美国西南部地区存在的时间范围大约为公元前 9500～前 8000 年。在这个时间范围内大致可分为两个阶段：较早的克洛维斯文化（Clovis）和较晚的福尔松文化（Folsom）。克洛维斯文化（或类似克洛维斯文化的尖状器）在北美洲分布更为广泛，在美洲东部的不同地方都有发现。因为没有地层或者放射性碳测年材料，这些东部遗存的年代没有西部的可靠。不过通常的解释是，更新世末的早期猎人就已经带着类似克洛维斯的技术到了北美洲的大部分地区，并且后来，克洛维斯式逐步发展成为不同地区的尖状器样式，其中包括西部的福尔松（Folsom）、普莱恩维尤（Plainview）、米德兰（Midland）、尤马（Yuma）和伊登（Eden），以及东部的萨旺尼（Suwannee）和多尔顿（Dalton）等多种类型。这一变化的时间大致为后更新世的早段，一直持续到大约公元前 7000±500 年[49]。

关于更新世晚期的主要讨论话题，就是美洲大陆的原始投掷尖状器或原始双面剥片技术的水平，以及人类开始在美洲大陆居住的时间。一些权威学者认为美洲存在着一个技术相对原始的时代，而另一些学者坚持认为人类首先是在大约公元前 [190] 10000 年从亚洲到达西半球，并且他们已经掌握了相关技术，因而迅速发展出克洛维斯类型的狩猎工具（Krieger，1964；

Haynes，1964）。古印第安（Paleo-Indian）类型或者捕获大型猎物类型（Big-Game Hunting，这些术语被用于克洛维斯文化和相关的尖状器技术）已经形成，并传播至美洲的最西端和其他区域[50]。南美洲的相关遗存也被认为属于大致同一时间范围。然而，墨西哥和秘鲁境内公元前20000～前18000年的考古发现引发了激烈的争论，即人类来到新大陆的时间是否早于公元前10000年？这些最早的移民是否具备简单的燧石加工技术，但仍不能制作双面剥片的投掷尖状器？（Mirambell，1967；MacNeish，1969，1970）

在1950年以后，学者们对大约公元前7000～前2000年这一时段（即通常所称的"古代期文化"，Archaic cultures）逐渐有了更深入的认识。这一时段的生计方式比较多样，包括狩猎、捕鱼、贝类采集、果实采集，是人口显著增长、生活相对稳定的半定居时期，一些技术可能是从更早的时期传承下来的。投掷尖状器的样式变化表明，更新世末期和后更新世前段的早期狩猎模式逐步演变成了中美洲印第安类型（Meso-Indian）或古代型（Archaic）。这一时期的生活方式无疑也发生了重大变化，这反映在适用于获取食物新方式的各类工具上，在最早的美洲文化中罕见的磨制石器这时开始大量出现。公元前7000～前2000年这一时期的种种变化在美洲各地以不同的方式展现出来，并且都有可靠的考古资料（Willey，1966～1971；Jennings，1968，1974）。

在此之后，通过更多的地层学工作和放射性碳测年法构建的年代学参照序列，为那些在二战前情况还不太清楚的地区的区域综合分析和系统年代学调查提供了重要资料。在南美洲，已有的秘鲁地区年代序列也由沿海的贝类采集—小规模种植人群，拓展至更早的狩猎—采集者。在保存状况良好的深层废弃堆积遗址中，可以从食物遗存及其共存的人工器物组合中揭示出从植物、贝类采集发展至早期栽培，再到成熟的农业耕作这一轨迹[51]。此前曾提及的沿海聚落形态的研究，引起了学者对这一地区前哥伦布时期城市化进程的研究兴趣（Rowe，1963）。相当多的考古学家关注到了基准风格（horizon style）这个概念及其在秘鲁考古研究中的应用。对蒂亚瓦纳科基准（Tiahuanaco horizon，乌勒多年前提出）的更完善分析，使学者们深入洞察到这种强大文化的真正来源及其传播至秘鲁其他地区的机制（Menzel，1964）。同样，学者们通过查文·德·万塔尔（Chavin de Huantar）和其他遗址的新考古发掘，对查文基准（Chavin horizon）做了更细致地分析（Lumbreras，1971；Patterson，1971）。秘鲁考古学家还意识到，在查文文化类型（大约公元前 900 年）和晚期前陶文化（late preceramic cultures，大约在公元前 1800 年前结束）之间还有一个原始陶器发展的完整阶段[52]。与形成相对完备的秘鲁文化参照序列的状态相一致，1949～1967 年间至少出版了四部区域综合分析的专著[53]。

[191]

　　南美洲其他地区的考古学研究虽然在数量和资料的时—空框架组织方面远远落后于秘鲁，但在 20 世纪 40～70 年代的几十年里也迅速发展起来。20 世纪 50～60 年代，克利福德·埃文斯（Clifford Evans）、贝蒂·J. 梅格斯（Betty J. Meggers）和埃米利奥·埃斯特拉达（Emilio Estrada）在厄瓜多尔开展了重要的地层学研究，并且梅格斯在 1966 年出版了区域综合分析的成果[54]。厄瓜多尔的考古学序列揭示出该地悠久的陶器使用历史，这里使用陶器的开始时间（大约公元前 3000～前 2500 年）甚至比秘鲁和中美洲还要早。具有欧洲背景并在法国接受过训练的考古学家——赫拉尔多·雷赫尔 – 多尔马托夫（Gerardo Reichel-Dolmatoff），首先在哥伦比亚开展了考古地层学研究，他的研究也随着一部综合性著作的出版达到了顶峰[55]。整体来说，厄瓜多尔和哥伦比亚，以及下中美洲（Lower Central America）考古学文化中令人眼花缭乱的各种陶

哥伦比亚南部圣奥古斯丁（San Agustin）遗址的石雕像，高约 90 厘米。在第二次世界大战后，考古学家才了解了这个惊人的遗址，确定了这些雕像的相对年代序列。（美国自然历史博物馆提供）

器样式，展现出了显著的地域差别[56]。大部分地区都缺乏如秘鲁和中美洲那样显著的公共工程或宏伟建筑。人们生活的城市既没有显现出复杂形态，也没有确凿的考古学证据（或民族志资料）证明存在类似印加的统治秩序，或者阿兹特克的国家（或帝国）形态。但同时，这一"中间地区"（"Intermediate Area"，因其位于秘鲁和中美洲之间）许多区域的考古学资料表明，这里具有密集的人口以及长期发达的手工业技术（尤其是制陶和冶金）。

加勒比海地区考古学的综合分析，始于劳斯（Rouse）在20世纪30年代晚期对西印度群岛的研究，在随后的几年间，他不断进行拓展和完善[57]。而后，劳斯的研究从西印度群岛转向大陆，在那里他与 J. M. 克鲁克斯恩特（J. M. Cruxent）一起拓展了加勒比海整个地区的年代学框架，以涵盖委内瑞拉的几个考古学区域（Rouse and Cruxent，1963）。在南美洲的热带低地区域，梅格斯和埃文斯建立起了亚马孙河三角洲长时段的陶器序列[58]。几年后，D. W. 拉斯瑞普（D. W. Lathrap）在亚马孙河上游流域启动了调查和发掘项目，获取的重要信息将亚马孙陶器类型和秘鲁、厄瓜多尔的陶器类型关联起来（Lathrap，1958，1970，1971）。20世纪60年代，亚马孙考古学的另一位学者——德裔巴西人 P. P. 希尔伯特（P. P. Hilbert），在亚马孙河中游开展了许多发掘工作（Hilbert，1968；也见 Roosevelt，1991）。梅格斯与埃文斯组织、指导的巴西与北美洲考古学家合作项目，在20世纪60年代迅速推进了对巴西高原东部和大西洋沿岸的系统认知[59]。在海岸线地带所发现的巴西贝丘（Brazilian *sambaquis* or shell-mounds）文化，其年代可追溯到公元前4000年至前3000年，并且展现出一种"古代"（Archaic）文明的生存方式。相对于北美洲大西洋、太平洋沿岸，以及中美洲印第安或者古代时期的贝丘文化而言，其风格比较保守。这种"古代"文明的生存方式在公元1000

[192]

厄瓜多尔海岸的乔内类型（Chone type）陶俑。（引自 Estrada，1957）

年被一种亚马孙热带农业形态的文化所取代，很可能是通过图皮部落（Tupian tribes）的扩张传播到了巴西东部（Lathrap，1970）。

在阿根廷的西北部，A. R. 冈萨雷斯（A. R. Gonzalez）在圣路易斯（San Luis）和科尔多瓦省（Cordoba Provinces）的多个洞穴遗址开展了广泛而细致的地层学研究，并率先构建了阿根廷迪亚吉塔区域（Diaguita region）的年代框架[60]。冈萨雷斯也首次尝试了根据陶器特征进行科学对比研究，以期将阿根廷西北部和智利北部的考古学序列进行年代学整合（Gonzalez，1963）。20 世纪 50 年代，奥地利史前考古学家 O. F. A. 孟京（O. F. A. Menghin）对阿根廷南部更新世晚期人类遗存开展了大量研究[61]，并受到了许多年轻的阿根廷研究学者的追随（Bormida，1968；Cigliano，1962）。但是巴拉那河—巴拉圭河流域（Parana-Paraguay River）、潘帕斯草原（Pampas）和巴塔哥尼亚地区（Patagonia）的晚期陶器文化却没有引起学者的关注，这里的年代排序基本还是停滞于 20 世纪 40 年代的研究水平。在南美洲的最南部，法国考古学家 J. M. 昂珀雷尔（J. M. Emperaire）、安妮特·拉明－昂珀雷尔（Annette Laming-Emperaire）和亨利·艾向德（Henri Reichlen，1964）延续了 J. B. 伯德在 20 世纪 30 年代的前期工作，他们验证并修订了伯德的发现，还提供了关于智利群岛（Chilean Archipelago）早期居民的新信息和年代学资料。

20 世纪 40 年代至 60 年代，中美洲考古学进入了这样一个时期：基于扎实的资料基础，出现了对背景—功能和过程问题的各种构想和反驳。一项重大的收获就是发现了大量奥尔梅克艺术风格（Olmec art style）的遗物，及其具有典型代表性的墨西哥海湾沿岸遗址（Stirling，1943；Drucker，1952；M. D. Heizer，and Squier，1959；M. D. Coe，1968a，1968b；Bernal，1969）。另一个显著的进展就是玛雅象形文字（Maya hiero-

奥尔梅克类型石质雕像，塑造了一个怀抱小美洲豹人（infant were-jaguar）的男子，高 55 厘米。（引自 Michael D. Coe）

[193]

glyphic）的研究。1950 年，玛雅象形文字的领军人物，J. E.
S. 汤普森（J. E. S. Thompson）出版了他主编的《玛雅象形文
字导论》（*Maya Hieroglyphic Writing：An Introduction*），该著作
系统回顾了当时对玛雅文字的研究（Thompson，1950）。然而，
一些学者认为汤普森的释读方法太过保守并且有局限性，其
中，苏联学者尤里·诺罗佐夫（Yuri Knorozov，1967）[62]通过
已知的玛雅语言提出了一种象形文字的语音学方法；海因里
希·柏林（Heinrich Berlin，1958）发现并定义了"符号象形
文字"（emblem glyph）[63]，这个关键的一步，对之后数十年间
象形文字政治内容的释读产生了影响；塔蒂亚娜·普罗斯古利
亚可夫（Tatiana Proskouriakoff，1960）对象形文字内容和图像
学的释读与阐释，彻底改变了我们之前对古代玛雅政治结构和
王室世系的理解。除了对玛雅文字解读的进展外，墨西哥权威
专家阿方索·卡索（Alfonso Caso，1946）对早期萨巴特克
（Zapotecan）象形文字和历法方面的研究也取得了重大收获。
特奥蒂瓦坎古城遗址壮观的城市规模和功能分区是另一项重要
发现。早在多年以前，考古学家们便已知道这处遗址，但是直
到 1950～1960 年，考古学家们才真正认识和理解遗址的实际
面貌，及其在中美洲曾具有的商业、政治方面的广泛影响
（Millon，1967；Sanders and Price，1968）。另外一些考古新发
现理清了古典时期后段（Late Classic Period，公元 600～900
年）期间，古典玛雅低地文明（Classic Lowland Maya civiliza-
tion）和其他中美洲文化之间的关系（Jiménez Moreno，1959）。
其中麦克尼什在塔毛利帕斯（Tamaulipas）和普埃布拉（Pueb-
la）南部发现了关于农业的新资料。考古学家在这两个遗址中
发现，前陶文化长时段序列的形成和变化是与从植物采集逐渐
过渡到植物种植有关（MacNeish，1958，1967，1974）。中美
洲的部分地区仍然缺乏充分的调查和系统化的年代排序（如格

[194]

雷罗州 Guerrero[①] 和西墨西哥），但从整体来看，这里虽然是
美洲大陆最复杂的地区，但也是认知最清楚的地区之一。这里　　[195]
作为文化区（culture area）的概念早在 19 世纪末就被认可了，
而且，斯平登和瓦利恩特分别在 1928 年和 1941 年所做的区域
综合分析更加确立了这一概念。1943 年，保罗·基尔霍夫
（Paul Kirchhoff）本人直接论述了中美洲作为一个文化区或者
文化圈（culture sphere）这一问题。他认为这实际上意味着一
个具有时间跨度的文化区域，而不是民族学研究者不考虑时间
演进的"平面"（flat）文化区（Kirchhoff，1943）。此后，很
多地区的综合分析研究遵循这一观念展开。其中一些研究本质
上是属于历史性的和描述性的[64]，另一些研究则兼有历史和
进化两种视角（Armillas，1948；Bernal，1959；Sanders and
Price，1968）。

雄伟的拉文塔金字塔（La Venta pyramid）。考古学家清理后发现，这个土墩状如圆锥形，与大部分中美
洲建筑形式不一样，由土堆筑而成，是墨西哥奥尔梅克文化拉文塔遗址礼仪中心最巨大的土墩。拉文塔
遗址兴盛繁荣于大约公元前 1200～前 800 年。（Robert F. Heizer and the National Geographic Society）

---

①　格雷罗州是墨西哥南部的一个州，南临太平洋。——译注

庞大的特奥蒂瓦坎古城遗址的航拍照片。（经许可引自 Millon，1973）

洪都拉斯科潘遗址玛雅古典时期球场（大约公元 600～800 年）复原图，由华盛顿卡内基学院考古学系
（Department of Archaeology of the Carnegie Institution of Washington）的 T. 普罗斯古利亚可夫（T. Proskouri-
akoff）绘制。1914～1958 年间，这个学院在玛雅地区开展了许多重要的工作。（哈佛大学皮博迪博物馆
提供）

危地马拉蒂卡尔遗址（Tikal）经过发掘和部分修复的玛雅时期金字塔。可与本书第72页那张拍摄于近半个世纪前的照片进行对比。(William R. Coe, Jr., University Museum, Philadelphia)

　　在北美洲，1940年之前考古学分类法最发达的美国西南部地区仍然是深入研究的中心。其中一个被关注的问题是西南部文化与南部文化之间的关系，包括C. C. 迪比索（C. C. Di Peso）在内的许多考古学家都对此感兴趣（Di Peso, 1963; Di Peso and others, 1956; Schroeder, 1957, 1965）。关于中美洲与霍霍卡姆文化区（Hohokam）和莫戈隆文化区（Mogollon）之间的迁移或传播问题在当时仍存在争议，虽然即将发现的证据表明，两种方式分别在不同的时间和地点起了作用（见 Reid and Doyel, eds., 1986; Minnis and Redman, eds., 1990: Section V）。另一个问题就是普韦布洛印第安人（Puebloan） [196]

和沙漠地区农耕人群（Desert farmers）的祖先。不过现在，更新世晚期人类与这些制陶—农耕文化之间的年代缺环已经被发现的古代型（Archaic-type）所填补（Irwin-Williams，1968）。从美国西南部相对成熟的文化分布和年代研究现状可以预见，这个地区也是背景—功能和过程研究的主要中心之一。我们之前已经述及一些，并将在下一章中再次讨论[65]。

[197]　　美国东部的考古学要与西南部在时空排序上比肩还有很长的路要走，尽管已经取得了巨大的进步，但是到 1971 年时还是略显落后。如同在美国西南部一样，古代时期（Archaic era）在美洲大陆的其他地方也成为研究焦点[66]。阿迪纳文化和霍普韦尔文化中许多因素的起源仍然未知，这其中也包括东部农业的开端与重要意义。不过对霍普韦尔文化（Hopewellian culture）特征的更深入理解已经更新了早前的分类学概念（Caldwell，1959，1964）。除了数百部遗址发掘报告外，还有大量研究专著出版[67]，不过还是没有一本东部地区综合分析研究的专著[68]。与西南部地区一样，大量的研究都是关于背景、功能和过程，这些研究是建立在相当丰富的区域或遗址考古资料基础之上的，尽管东部大部分地区的基础性空间—时间资料还是非常匮乏。大量的田野工作是在大平原的河谷区域进行的，其中大多数与抢救性发掘有关，这也使韦德尔得以编撰大平原地区的综述性著作（Wedel，1961；Lehmer，1971）。

　　1940~1970 年间，美国西部和加拿大的考古研究蓬勃发展。在此之前，包括加利福尼亚、大盆地，以及西北部的海岸与高原等在内的这些地区几乎没有什么文化序列资料[69]。这些地区的文化没有进入美洲的农耕文明轨道，但是其生计模式沿袭了类似于中美洲印第安人（Meso-Indian）或古代期文化（Archaic cultures）的模式，并且一直持续到历史时期。这些地区的年代学基础工作为考古学家提供了研究这些文化渐变（尤其是与自然环境相关）的参照体系。

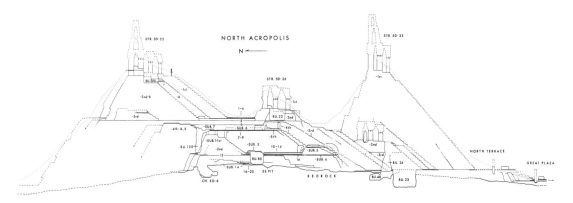

危地马拉蒂卡尔遗址主广场、庙宇和其他建筑的剖面图。该图展示出大型建筑遗址发掘的复杂性。
（William R. Coe，Jr.，University Museum，Philadelphia）

犹他州丹格洞（Danger Cave）的丰富自然地层。（引自 J. D. Jennings）

[198]

[199]

在北部，近北极圈地区的考古工作在最近几十年也开始兴起，而且这里的考古遗存引发了许多关于文化影响来源和方向的有趣问题。看起来，北极地区（和稍远的亚洲地区）的影响与北美洲古代期文化的影响融合在了一起（MacNeish，1964b）。在真正的北极地区，柯林斯在爱斯基摩人年代学方面开端良好，并得到了拉尔森（Larsen）和雷尼（Rainey），以及吉丁斯（Giddings）和安德森（Anderson）的承续[70]。使用象牙的"古典"（classic）爱斯基摩文化的前身与广泛分布的北极小工具传统（Arctic Small Tool tradition）相关，这种传统包括从西端的登比角（Cape Denbigh）到格陵兰岛的萨夸克（Sarqaq）区域内分布的组合。这一侧重于使用燧石细石叶的传统显然与亚洲地区的中石器时代（Mesolithic）起源有关。而早在古北极（*PaleoArctic*）阶段，这里就已经与亚洲地区有了密切关系，虽然其具体情况还不太清楚。

亚利桑那州南部斯内克敦霍霍卡姆遗址（Hohokam site of Snaketown）灌溉水渠的发掘现场。这个遗址是 20 世纪 30 年代由格拉德温（Gladwin）和豪里（Haury）发掘的，是霍霍卡姆文化诸多考古学信息的来源。20 世纪 60 年代初期，豪里再次发掘了这个遗址。（亚利桑那州立博物馆提供，Helga Teiwes 拍摄）

从"分类—历史时期"后半段至 20 世纪 60 年代，跨区域综合分析（有些是跨大洲、跨半球范围）开始大量涌现。其中部分研究主要是年代学和描述性的。马丁、昆比和科利尔（Collier）出版于 1947 年的关于美洲墨西哥北部的考古学著作——《前哥伦布时期的印第安人》（*Indians before Columbus*）就属于这类研究。该书按照一系列的区域和地区序列，对考古研究成果（有一些背景与功能的描述）作了基于实际的年代学排序，既没有尝试打破区域界限，也没有勾勒出传播路线，或是按照广义的阶段发展模式分析资料（Martin，Quimby and Collier，1947）。萨瓦多尔·卡纳尔斯·富尔（Salvador Canals Frau）的两本著作——《美洲史前史》（*Prehistoria de América*）和《美洲史前文明》（*Las Civilizaciones Prehistoricas de América*）都具有整个半球的研究视野，分别于 1950 年和 1955 年在阿根廷出版[71]。虽然运用了一些极具推测性的泛传播分类，但这两部书与马丁、昆比、科利尔的成果（除了他们缺乏对资料的准确运用这方面）相比并没有太大的区别。西班牙裔美洲学者何塞·阿尔辛那·法拉奇（José Alcina Franch）于 1958 年开始编撰巨著《美洲考古学手册》（*Manual de Arqueología America-na*），不过该书直到 1965 年才正式出版[72]。

[200]

放射性碳测年法从 20 世纪 50 年代开始在研究中大量应用，这使考古学家能够对不同地区的文化序列进行交叉断代，有助于横向传播与纵向发展两个维度的研究（Wauchope，1954；Willey，1955a，1955b，1958），由此引发了以历史的，或者发展的（进化的）两种方式开展的美洲大陆综合分析，通常情况下两者兼而有之。威利和菲利普斯分别在 1955 年的论文和 1958 年的著作中采用了进化（或文化阶段）理论[73]。这种观点主要来自朱利安·斯图尔德（Julian Steward）早年发表的关于南美洲文化进化（或发展）的论文（Steward，1947，1948b，1949b）。斯图尔德和法隆（Faron）在南美洲考古学、民族学研究的综述专著中采用了这一观点（Steward and Faron，1959），桑德斯和梅里诺（Merino）在 1970 年出版的关于美洲大陆的概要性著作中也采用了该观点（Sanders and Merino，1970）。我们稍后将在更具理论性的语境中再次讨论美洲大陆文化发展阶段的分类。

我们可以在一些学者的论著中发现更严格意义上的历史学视野。如 H. 玛丽·沃明顿（H. Marie Wormington）只涉及更新世和全新世早期文化的《北美洲的远古人类》（*Ancient Man in North America*，Wormington，1957）；乔治·库伯勒（George Kubler）的《古代美洲的艺术与建筑：墨西哥、玛雅和安第斯的居民》（*The Art and Architecture of Ancient America*：*The Mexican*，*Maya and Andean Peoples*，Kubler，1962），从艺术史的角度考察了美洲大陆文明；以及 R. F. 斯宾塞（R. F. Spencer）和 J. D. 詹宁斯（J. D. Jennings）的《土著美洲人》（*The Native Americans*）中的考古学文章（Spencer，Jennings，and others，1965）。

这一时期的另外两本书是不同地区研究专家的论文集。一本是由梅格斯和埃文斯主编、1963 年出版的《拉丁美洲土著文化的发展：解释性评述》（*Aboriginal Cultural Development in Latin America*：*An Interpretative Review*），内容涵盖了当时中美洲和南美洲考古的研究进展；另一本是詹宁斯和诺贝克（Norbeck）主编的《新大陆的史前人类》（*Prehistoric Man in the New World*），出版于 1964 年，内容涉及从白令海峡到合恩角（Cape Horn）的范围。虽然在梅格斯和伯纳尔（Bernal）的综[201]述文章中分别探讨了一些关于阶段的概念，但是这两本书基本上都属于描述—历史性的成果。

另外还有两部综合分析的著作，一部是詹宁斯出版于 1968 年的《北美洲史前史》（*Prehistory of North America*），该书用兼具发展阶段和历史组织的观点研究墨西哥以北的美洲大陆；另一部是威利按照历史演进体系撰写的、关于整个美洲大陆的两卷本著作《美洲考古学导论》（*An Introduction to American Archaeology*）[74]，在 1966 年到 1971 年间出版。这些书最初定位为大学教科书和一般参考书，但是它们也兼有推进学科发展的目标，因而成为美洲考古学新时期到来的标志之一。

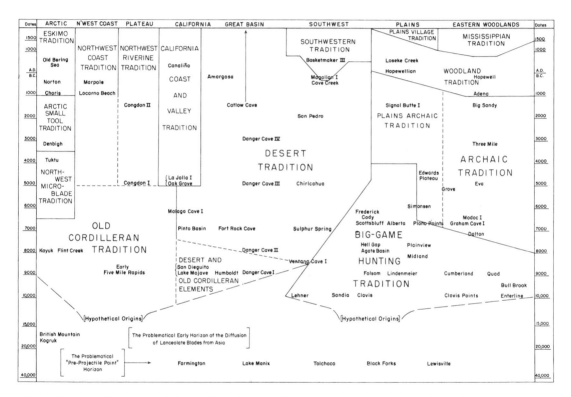

该图表展示了北美洲主要文化传统发展的时—空分布。（引自威利的《美洲考古学导论》第一卷（*An Introduction to American Archaeology*，1966，Vol. 1），（reprinted by permission of Prentice-Hall, Inc., Englewood Cliffs, New Jersey）

　　詹姆士·福特（James Ford）出版于 1969 年的《美洲文化形成的比较研究》（*A Comparison of Formative Cultures in the Americas*），是该时期主要的美洲考古学综合研究成果，被认为是教条化传播论的代表。詹姆士·福特在书中试图说明，北美洲陶器起源和许多其他新石器时代的因素，都是源于南美洲西北部的扩散传播。这个体系包括福特所谓的早期"殖民化形

[202]　成"的传播与后来"神权化形成"的浪潮（以礼仪性中心建筑为特征）。尽管福特的研究立足于许多年代可靠的考古遗存，但是在许多方面与斯平登的"古典文化"假说相类似。

虽然大多数考古学家认为，美洲文化史传统基本上属于独自发展，与欧洲大陆没有重要的联系或关系，但是关于这一问题的新观点在"分类—历史时期"末段及 20 世纪 60 年代开始出现。的确，新旧大陆在美洲大陆旧石器早期狩猎阶段一直保持着各自独立的发展，尽管在这方面所做的工作不多。在 20 世纪 60 年代期间，这个观点仍然具有很大的推测性。然而，随着俄国人在西伯利亚的发现被翻译为英文，大量揭示关联性的线索为人所知（如 Rudenko，1961）。尽管这些线索的价值和阐释各不相同，但是 20 世纪 70 年代的美洲学者一致认为，无论经过多么缓慢而曲折的传播，勒瓦娄哇—莫斯特技术（Levallois-Mousteroid）还是从亚洲传播到了美洲，同时带来的还有双面剥片石叶技术，这些技术最终推动了美洲早期克洛维斯文化（Clovis）和相关制造业的出现[75]。而具有更明确资料的案例是，亚洲中石器时代的一些因素通过白令海峡大陆桥传播（或被带）到美洲大陆，并在随后的一千年里形成了北极圈（或近北极圈）技术文化基础，在此之后才出现了更为典型的爱斯基摩文化组合。后者通常被认为也融合有亚洲文化的特征[76]。

更加引发疑问和争论的是，亚洲和美洲在相当于前哥伦布时期晚段时跨越太平洋的联系。奥地利的人类学和考古学家罗伯特·冯·海涅–格尔德恩（Robert von Heine-Geldern），一直都是"这些文化传播对新大陆中美洲和秘鲁文明的起源具有重要作用"这一观点的主要代表人物。而且他在 20 世纪 50 年代、60 年代一直坚持他的观点（Heine-Geldern，1954，1959a，1959b，1966）。大多数美洲考古学家并没有被说服，他们觉得很难找到相同时间段内相关的亚洲文化祖型，因而认为美洲文化独立发展与进化的可能性更大[77]。不过在这里举一个例子，

中国商周时期的青铜器与秘鲁大约同时期的查文文化石雕像和
陶器就有着令人难忘的相似性。虽然 20 世纪 60 年代后期和 70
年代的美洲考古学倾向于规避远距离传播论的阐释，更相信文
化发展过程中原生（*in situ*）的进化力量。不过平心而论，这
些问题直到 20 世纪 90 年代还没有最终解决。

在 20 世纪 50 年代后期至 60 年代期间，关于跨太平洋交 ［203］
流方面最激烈的争论之一，是由厄瓜多尔考古学家埃米利奥·
埃斯特拉达（Emilio Estrada）以及梅格斯、埃文斯共同提出。
他们三人都从事厄瓜多尔海岸的考古研究，在这个区域发现了
大约公元前 3000～前 2500 年的瓦尔迪维亚陶器组合（Valdaivia

厄瓜多尔瓦尔迪维亚（Valdiv-
ia）陶片与日本绳纹时代陶片。
a～d、g 是日本出土的陶片；
e～f 和 h～i 是厄瓜多尔出土的
陶片。（引自 B. J. Meggers and
C. Evans）

ceramic complex），他们认为这是该地区最早的陶器（Meggers，Evans，and Estrada，1965）。这种瓦尔迪维亚陶器虽然经过精心制作，但器形相对简单，主要的特点是刻纹和其他的表面造型装饰。它与日本绳纹文化（Jomon）贝丘遗址出土的大致同时期的陶器有着惊人的相似之处。这三位考古学家推测，绳纹时代的渔民驶入了太平洋洋流，并最终在厄瓜多尔的海岸登陆，他们给那些具有相近技术水平的渔民和采贝人传授了陶器制作的风格。大多数美洲考古学家并不接受这样的观点[78]，有一些学者认同（Ekholm，1964；Ford，1969），其他学者则仍然持观望态度（Willey，1966～1971，Vol. 2，chapter 5）。

[204]

## 历史和发展的概念

正如我们之前提及的，"分类—历史时期"后段的方法论创新主要是在背景与功能解释领域。不过值得特别关注的是，一些历史的概念在这个时期也得到了发展。它们最适合在这里被提及，因为这些概念的提出和运用与文化区域和年代的综合分析相关（我们之前已经谈到），并且它们都具有过程的维度，可以作为"分类—历史时期"向"现代时期"转变过程中在理论与方法方面的变化。这些概念包括基准风格（horizon style）、文化传统（cultural tradition，有各种不同的称呼）和文化阶段（cultural stage）。前两个在性质上首先是历史的，也就是说，它们基本上是与文化描述和时空位置有关；然而，这二者都与过程有关，也就是说，需要用特定的人类行为解释它们的存在；第三个概念"文化阶段"，在历史（年代学）和过程（文化进化）两方面都有其主要的指示物。对这种阶段的判定自然就会产生跨文化的比较。我们已经注意到其中有一些与文化—环境间的关系有一定的联系，但是比较范围更广。

虽然我们是脱离开此前对背景与功能的讨论来探讨这些概

念的，但是我们应当认识到，基准风格、文化传统和文化阶段这些概念拓宽了对史前资料的研究，也是考古学家丰富史前资料并进行阐释解读的探索。

基准风格的概念由克罗伯（Kroeber）于 1944 年提出（P. 104）。他把基准风格定义为"一组明确而独特的特征，并且其中一些特征分布于广大的区域，与一些当地的风格发生联系，按照它们的先后、共生或者承继等关系可获知彼此的相对时间"。查文文化、蒂亚瓦纳科文化（或蒂亚瓦纳科—瓦里文化，Tiahuanaco-Huari）和印加文化是学者们已经认识到的三组主要的秘鲁基准风格，并且在后来的研究中被进一步确证。克罗伯也推荐了另外两个基准风格，反色彩绘（negative-paint-ed)[①] 和红地白彩陶（white-on-red）（Willey，1945）。但是，这些是（各种彩绘）技术而不是风格或者图像特征，所以基准标志（horizon markers）对它们来说可能是更恰当的术语。就功能意义而言，高度复杂的图像主题的传播与简单的陶器彩绘技术的传播可能有着完全不同的含义（Willey，1948）。现 [205] 在，基准风格（horizon-style）与基准标志（horizon-marker）这两个概念是美洲考古学研究程序的标准特点，尽管它们的应用方式和实际效果不时会引发一些讨论[79]。

1945 年，威利将传统（tradition）的概念引入秘鲁考古学，并与克罗伯的"基准风格"概念相抗衡。"基准风格"强调的是在较短时间里、较大地域内一组复杂特征或者元素（风格）的扩散和传播，"传统"强调的则是，特定的文化特征或元素在同一地域、相对较长时间里的延续。威利在文章中对陶器传统（pottery tradition）这一特殊类别的文化传统加以研究，并做了如下定义："陶器传统是在一定的技术和装饰特征范围

---

① 反色彩绘技术是指用颜料铺绘底色，颜料空白处露出的陶器本色形成图案。——译注

内，所包含的一条或数条陶器发展脉络。在可以追溯陶器发展过程的连续时间里，特定的风格产生于传统之中。其中，一些风格在某些时期的传播过程中成为基准风格，而其他风格在传统的延续中仍然属于地域性的"（Willey，1945，p. 53）。

　　正如"传统"这个词的含意所示，指的是某一行为的"习惯性"或经久而持续的方式，就如讨论的秘鲁陶器制作的案例。它是一个历史—遗传的概念，从基本方法上来说是与格拉德温夫妇在"分类—历史时期"前段为北美洲西南部提出的文化分类体系相关（W. and H. S. Gladwin，1934）。高金（Goggin）在将"传统"运用于整个佛罗里达文化研究时拓宽了这一概念（Goggin，1949）。

　　"传统"这个概念也与"文化区域"，或者"文化区域—时间范围"（culture-area-with-time-depth）有关。虽然基尔霍夫（Kirchhoff）并没有把传统这个术语用于对中美洲文化区域的阐释，但是在实践中他已经这么做了（Kirchhoff，1943）。W. C. 班尼特（W. C. Bennett）在对秘鲁的"文化区域—时间范围"的阐释中，或者他称之为的"秘鲁共同传统"（Peruvian Co-Tradition）中已经应用了传统的概念（Bennett，1948）。马丁和里纳尔多（Rinaldo）（1951）在定义美国西南部地区的共同传统（co-tradition）时，在概念和术语上都效法了班尼特。后者引起了劳斯（1954）的回应，劳斯对他们的共同传统概念的定义和应用提出了质疑。劳斯认为，班尼特所理解的共同传统概念不仅仅是"文化区域—时间范围"，更是指这样一个文化区域，在该区域里所有的文化发展脉络都能够回溯到一个单独的脉络，即一元发生（monogenetic）的概念（也见 Rouse，1957）。不过可以这样说，关于共同传统概念的这个非常特别的定义并没有被大多数美洲考古学家接受和应用，他们仍倾向于认为它是结构比较松散的"文化区域—时间范围"。

[206]

　　至于传统（*tradition*）这一术语本身，也仍然没有形成一致的定义。一些考古学家更倾向于更严谨的态度，就如同威利在秘鲁陶器传统中的应用一样。另一些考古学家则认为其涵盖范围可以相当广泛[80]。还有一些则认为这是一个历史学的概念（虽然不是完全相同）。J. R. 考德威尔（J. R. Caldwell）提出的霍普韦尔文化互动圈（Hopewellian interaction sphere）就是其中之一[81]。他指出，一些区域性的文化由一些普遍存在的文化因素（如丧葬仪式和随葬品）连接，但另外一些文化因素却不是这样。这样一来，互动圈作为考察贸易、各类交流以及共同文化纽带显性结果的一种非常有用的方法，就兼具传统（广义的）与基准风格的性质[82]。

　　我们知道，文化阶段（culture-stage）这个概念很早就出现在考古学和人类学的研究中，可以追溯到以前丹麦的"石器时代、青铜时代和铁器时代"学说，以及更具人类学意味的"蒙昧—野蛮—文明"（Savagery-Barbarism-Civilization）进化体系[83]。这种分类方法被朱利安·斯图尔德再次引入美洲考古学。他在编撰《南美洲印第安人手册》（*The Handbook of South American Indians*）时涉及大量考古学与人类学文化，因而有必要将这些材料组织成有某种意义的整体结构。编辑这本书的经验无疑成为影响斯图尔德观念的因素，此外，产生影响的还有他在北美洲大盆地所做的早期文化—环境以及进化研究（Steward，1938）。斯图尔德关于文化阶段和文化进化的观点除了书中的一些文章（Steward，1948a，1949a）有所表述外，也体现在著作自身的组织上。在书中，他的主要文化类型（大部分可以被归入南美洲的大文化区）实际上是阶段[84]。在此基础上，斯图尔德发表了他更著名的文章《文化的因果关系与法则：早期文明发展的试验性构想》（*Culture Causality and Law：A Trial Formulation of the Development of Early Civilizations*）（Steward，1949a），我们此前在讨论文化发展与进化中的环境

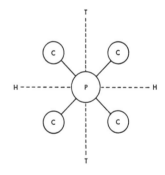

该图表现了基准、传统、文化要素与时间阶段之间的关系。（引自《美洲考古学的方法与理论》，*Method and Theory in American Archaeology*，Willey and Phillips，1958，The University of Chicago Press）

C = 要素（Component），P = 阶段（Phase），TT = 传统（Tradition），HH = 基准（Horizon）

因素这一章节时已经提及。斯图尔德的另外一篇文章《美洲高级文化的功能—发展分类》（A Functional-Developmental Classification of American High Cultures）（Steward，1948b），萌发出一些多年后由威利和菲利普斯提出的更严密的阶段体系（也见Willey，1950）。

威利和菲利普斯对美洲大陆史前历史发展的阐释首次出现于 1955 年的文章之中，该文章随后作为 1958 年出版的《美洲考古学的方法与理论》（*Method and Theory in American Archaeology*）的一部分发表，他们的观点显然受到斯图尔德的影响，[207] 也受到 A. D. 克里格（A. D. Krieger）在 1952 年研讨会上简要发表的框架提纲的影响[85]。除此之外，我们还应该认识到，这个体系的原型在很长一段时间内就已经是美洲考古的常规区域综合分析中的一部分。西南部地区佩科斯分类法（Pecos Classification）的几个时期（periods）也可以称作阶段（stages），因为这些标准并没有同时出现于所有地区（Kidder，1924，1927）。美国东部的福特—威利年代序列（Ford-Willey chronology）也表明，这些地区的主要时期（periods）最好被描述为阶段（stages）（Ford and Willey，1941）。维鲁河谷项目（Virú Valley）之后很快编制的一些秘鲁地区年代序列，也都是按照阶段体系，因为构成阶段所依据的标准（艺术全盛期、帝国、征服等等）在秘鲁各个地区并不完全同步[86]。阿米拉斯的中美洲年代序列同样也是如此（Armillas，1948）。这样一来，威利和菲利普斯便可以利用大量的地区模式来构建整个美洲大陆的模式。他们最终得出的体系包含了美洲大陆的五个主要阶段（Willey and Phillips，1958）。按照年代时间与发展的顺序分别为：（1）石器时代（lithic）（古印第安人与其他更新世晚期人群在美洲大陆出现）；（2）古代时期（Archaic）（后更新世狩猎—采集经济）；（3）形成时期（Formative）（村落农业的开端和/或定居生活）；（4）古典时期（Classic）（城市发展的开端）；（5）后古典时期（Postclassic）（帝国形态的国家）。鉴于石器时代的文化被认为已完全消亡，美洲大陆现存的或曾有过的社群（包括北美洲北部和最西部地区，以及南美洲南部的社群）被认为停留于"古代时期"的水平。以此类推，美洲大陆大部分农耕或者种植人群被认为仍停留在"形成时期"的水平。仅仅在中美洲和秘鲁才曾经存在"古典时期"和"后古典时期"两个阶段。

威利与菲利普斯的阐释引起了人们相当多的关注，因为他们再次提出了已经在美洲考古学中蛰伏很久的文化进化论观念。许多评论都是批判性的，对于一些考古学家来说，他们在原则上拒绝这样的发展或者进化体系（Swanson，1959；Miller，1959）。其他考古学家虽然基本认可其理论，但他们认为威利和菲利普斯并没有审慎地选择划分阶段的判断标准（Mckern，1956；Evans and Meggers，1958）。还有一些学者提出了修改建议，或者不同的体系（Hester，1962；Rouse，1964c）。不过最重要的是，进化论思想又重新获得了活力，而且这种思想的酝酿将促成从"分类—历史时期"后段到"现代时期"的过渡。

## 小　结

[208]

1940～1960年，介于此前有点乏味的时—空体系与20世纪60年代的激进宣言和乐观态度之间，是美洲考古学的转型期。正在发生的变化促使考古学从完全关注有限的描述性历史，转向更丰富的历史背景与过程。事实上，从基于陶片、器物和建筑年代的有限的考古学阐释，发展到在聚落形态和自然环境背景中研究和阐释社会行为与文化制度，历史的内涵也得以拓展。正如预想的那样，美洲各地区间存在很多差异，变化的发生也很不相同，不过我们认为关于功能的问题[87]在当时确实是一种创新思想。这些把过去的文化视为生存状况的尝试，将会为研究文化变化的根本原因铺平道路。我们大体上把这种转型描述为从"如何"（how）的问题转向"为什么"（why）的问题。

"分类—历史时期"的最后二十年还见证了大范围考古学综合分析的兴起，而且这个时期也以从描述—历史方向转变到历史—发展方向的趋势为特征。这些综合分析的理论基础并没有被清楚地阐明。其中一些基本上属于传播主义——即文化—历史的；另一些则更具有发展的倾向——也就是进化论。这些理论并没有解释文化变迁，但是研究材料的组织为考古学家解决变化的问题提供了前期准备。更为重要的也许是态度上正在发生的变化。考古学家开始意识到，他们的学科可以讲述更多的过去，比他们曾经期望的内容要多得多，这种态度上的不同为新考古学的出现奠定了基础。

## 注　释

[1] 参阅斯特朗的文章（Strong, 1936）。斯特朗虽然主要是一位考古学家，但也发表了民族学的文章，这无疑是非常重要的（Strong, 1927）。

[2] 参阅 Martin, Lloyd and Spoehr（1938）；Martin and Rinaldo（1939）；J. W. Bennett（1943）；以及马丁近期的回顾性论述 Martin（1974）。

[3] Steward and Setzler（1938）。这篇文章发表于《美洲古物》（*American Antiquity*）；该刊于 1935 年创刊，是美洲考古学成长过程中的一个标志性事件。

[4] Cole and Deuel（1937），B. G. 特里格（B. G. Trigger, 1974）在对本书第一版的书评中，不同意将此书作为背景和功能研究开端的标志。他提出，加拿大考古学家 W. J. 威滕伯格（W. J. Wintemberg）在此之前就已经开始关注了［见 Wintemberg, 1928, 1936, 1939；也见特里格（1989, pp. 270-275）对史密斯（Smith）、帕克（Parker）等人功能研究早期成果的述评］，这是事实。但正如我们在第三章中已经讨论的那样，我们仍坚持最初的年代界线。对于大多数美洲考古学家来说，这种观念似乎直到 20 世纪 30 年代末，乃至更晚一些才被理性地接受。至于特里格（1989, p. 273）所提出的那个有趣的观点，即早期功能性分析的个例"是从

考古遗存中探究人类行为，这要比 20 世纪 30 年代、40 年代依据民族志特征清单做类似的研究更为严谨"，我们完全无法判别 20 世纪 30 年代、40 年代功能性研究（很多都超越了特征清单）没有早期的研究严谨。如此一来，我们不能完全同意特里格（出处同上，文中关于我们的内容）的看法，即"美国中西部的分类法以及年代序列研究的分类方向，抑制了北美洲对考古资料开展行为分析的关注，其持续的时间比泰勒（1948，p. 91）、威利和萨伯洛夫（Sabloff，1980，p. 134）所认为的还要长"。在我们看来，拉德克利夫·布朗（Radcliffe·Brown）在芝加哥大学（当时是考古学者的主要训练基地）以及耶鲁大学的马林诺夫斯基（Malinowski）在耶鲁大学的教学，他们带给美洲文化人类学思想方面变化的积极意义，比美国中西部分类法所造成的负面影响要重要得多。

［5］Rouse（1939，p. 16）。劳斯是民族学家科尼利斯·奥斯古德（Cornelius Osgood）的学生，奥斯古德基于民族学（Osgood，1940）和考古学（Osgood，1942）的研究视角，对物质文化类型非常感兴趣。

［6］J. W. Bennett（1943）。班尼特在芝加哥大学接受了研究生教育，拉德克利夫·布朗（Radcliffe·Brown），这位极有影响力的功能主义方法的倡导者也在该大学任教。鉴于此，R. S. 麦克尼斯（R. S. MacNeish，1975）认为，本书第一版描述事件时忽略了 30 年代末到 40 年代初考古学在普通研究生和更为年轻一代中的萌发，尤其是芝加哥大学的表现。我们承认这所大学及其人类学系对当时知识进步的重要性，但是在正史中必须主要依据出版物与著作，而不是在非正式的谈话和争论中"某人对某人所说的内容"来判断，无论这样的谈话可能有多么令人鼓舞或者多么重要。

［7］Waring and Holder（1945）。他们的看法在此之前就已经在东南部考古学圈子里广为人知。

［8］Vaillant（1932）；Phillips（1940）。但是后来，瓦利恩特（Vaillant，1940）确实从功能分析的视角对中美洲与美国东南部之间的关系进行了分析。

［9］代表作：J. E. S. Thompson（1939，1940）。

［10］代表作：Haury（1934，1940）。

［11］代表作：Roberts（1929，1931，1939）。

［12］代表作：Webb and De Jarnette（1942）；Webb and Snow（1945）。

［13］代表作：Griffin（1943）。

［14］泰勒（Taylor，1948，p. 170）受到了英国考古学家格拉哈姆·克拉克（Grahame Clark，1939，1940）的强烈影响。

［15］Willey（1953a）；然而，威利在维鲁河谷的聚落研究受到了泰勒的影响（Willey，

1953c）。参见伍德伯里（Woodbury，1954）对泰勒的评述。

[16] 参阅 Willey（1977）。

[17] Spaulding（1953b）。统计学在美洲陶器研究中的较早运用（Strong，1925；Willey，1943；Brainerd，1951；Robinson，1951）基本上都与年代排序相关。

[18] 乔治·考吉尔（George Cowgill，1977，p. 327）认为我们混淆了形式分析（formal analysis）与形式—时间分析（form-time analysis），故而误解了斯波尔丁在 1953 年发表的观点。正如考吉尔所言，斯波尔丁的确在后来的文章中（Spaulding，1960）很好地解释了文化随时间的变迁与类型学的本质之间的关系；但是我们认为，斯波尔丁对文化变迁的态度在 1953 年的叙述中已经有所暗示，无论从过去还是现在来看，这似乎都是他与福特争论的核心。

[19] R. H. Thompson（1958）；Rouse（1953a，1960）；Wheat，Gifford and Wasley（1958）；在罗威（Rowe，1962c）与他的同事（Menzel，Rowe and Dawson，1964）进行的秘鲁研究中，他们尝试把艺术的形式与意义关联起来。他们在论战中支持福特的观点，详见布鲁（Brew，1946）的评述。

[20] 最好的例子就是 A. C. 斯波尔丁（Spaulding，1960）的文章。

[21] 见 Spaulding（1957）和 Swanson（1959）的评述文章。

[22] 对于文化传统概念（culture *tradition concept*），参阅 Willey（1945）和 Goggin（1949）。

[23] 沃克普（Wauchope）的报告中 1960 年以后的参考文献引用得很少，而且可以说没有任何属于 20 世纪 60 年代新考古学的内容。例如，宾福德（1968a，p. 14）注意到沃克普对文化过程的定义不同于 20 世纪 60 年代人们所接受的定义。

[24] 格里芬（Griffin，1956）和克雷斯曼（Cressman，1956）代表着考古学家；克罗伯（Kroeber，1948）、怀特（White，1949）、戈德施密特（Goldschmidt，1959）以及萨林斯和瑟维斯（Salins and Service，eds. 1960）代表着民族学家和社会人类学家。

[25] 格里芬和克雷斯曼见注释 24；也可参阅考德威尔（Caldwell，1958）。

[26] 参阅威利（Willey，1946b）对维鲁河谷项目的早期概括和描述；关于这个项目的成果，除了 Willey（1953c）之外，还有 Strong and Evans（1952）；Bird（1948）；W. C. Bennett（1950）；Collier（1955）；Ford（1949）；Ford and Willey（1949）；以及 Holmberg（1950）。回顾性的著述是 Willey（1974）。

[27] Willey（1953c）；然而 O. G. 小里基森（O. G. Ricketson, Jr.）已经关注到玛雅聚落规模与估量人口之间的关系，而且这一研究成为乌夏克吞（Uaxactun）遗址研究报告中的独立章节（Ricketson and Ricketson，1938）。

［28］威利的研究生 D. E. 汤普森（D. E. Thompson, 1964a, 1964b）做了卡斯马河谷（Casma Valley）的聚落调查，也见（Patterson and Lanning, 1964）。近年来，D. J. 威尔逊（D. J. Wilson, 1988）发表了关于桑塔河谷（Santa Valley）聚落形态的研究，令人印象深刻。

［29］参阅 Vayda and Rappaport（1968）；值得注意的是，斯图尔德（Steward）的"文化生态学"（cultural ecology）没有真正体现出一种全面、准确的生态学方法。

［30］参阅丹尼尔（Daniel, 1950, pp. 302-308）对欧洲考古学关注环境因素的概要回顾述评。也见克劳福德（Crawford, 1912, 1921）、福克斯（Fox, 1923, 1932）和克拉克（Clark, 1936, 1952, 1953, 1954）。哈格（Haag, 1957）注意到，文化地理学对美洲考古学基本没有什么影响，并且这是欧洲、美洲考古学不同发展路径的其中一个方面。不过，仍有个别地理学家，如萨奥尔（Sauer, 1952），对考古学科有一定影响。

［31］正如梅根（Meighan, 1959, p. 404）所说："在研究最早期、最低技术层级的文化时，考古学研究多被看作为自然科学，然而当文化变得越来越复杂时，考古学家就要更多地依托于人文学科。"

［32］参阅 Frederick Johnson（1942, 1949）。对近年来跨学科研究成果的概况，参阅 Brothwell and Higgs（1969）。

［33］参阅 Jennings（1957）；Haag（1957）；Quimby（1954, 1960a, 1960b）；也见 Helm（1962）附录中的参考文献。

［34］参阅 Cook（1946, 1950）。海泽（Heizer, 1960）作了全面探讨，并梳理了大量的参考文献，也见 Heizer（1955）。

［35］参阅曼纳斯（Manners, 1964）对斯图尔德在美洲人类学发展过程中地位的进一步论述。

［36］参阅瓦达和拉帕波特（Vayda and Rappaport, 1968）对斯图尔德研究的评论。

［37］参阅 Armillas（1948, 1951）、Armillas, Palerm and Wolf（1956）、Sanders and Price（1968）。V. 戈登·柴尔德（V. Gordon Childe）明显影响了阿米拉斯的思路。

［38］参阅 White（1949）。J. A. 福特绝对支持怀特的进化理论，但是他并未突破"文化变迁是不可避免的，并且能通过观察陶器发展的单峰曲线找到规律"这一构想。对于我们目前所涉及的文化—环境研究状况，赫尔姆（Helm, 1962, pp. 638-639）曾经这样说："怀特学派（Whitean School）…普遍反对那种在人类学中加入生态研究方法的经验主义传统。"考虑到1940年至1960年的发展状况，如果用环境（environmental，如我们在本章所使用的概念）替换生态（ecological），赫尔姆的表述就会更使人能接受。然而，20世纪60年代的历史表明，怀特的学生在将系统的生态方法应用于考古研究方面是处于前沿的。

［39］参阅 Barth（1950，p. 339）。也见巴斯（Barth，1948）关于环境对南美洲南部文化决定性影响的文章。

［40］参阅 Heizer（1953）；Rowe（1953）；以及格里芬的系列文章（Griffin，1951）；和 Hole and Heizer（1969，第 9～13 章）；以及 Brothwell and Higgs（1969）。

［41］关于人类首次到达的时间比公元前 10000 年还要早多少的争论仍然在继续，见本书第六章对此争论的简要讨论；也可参阅迪莱希和梅尔泽新发表的评述（Dillehey and Meltzer，1991）。

［42］参阅 Friedman、Smith and Clark（1969）以及 R. M. Cook（1969）。另外，还有一种可以直接对陶器测年的热释光测年法（thermoluminescene）的技术，虽还未做出贡献，但是已经显示出有一定的潜力，参阅 Hall（1969）。骨骼分析参阅 Cook and Heizer（1953）、Cook and Ezra-Cohn（1959）、Cook（1960），以及 Oakley（1969）。

［43］参阅 Bryan and Ray（1940）；Haury and others（1950，pp. 75-126）；Heizer（1951）；Mangelsdorf and Smith（1949）；也见 Heizer（1953）。

［44］最早是 1930 年贾德的研究（Judd，1931）。

［45］许多抢救性考古发掘涉及政府土地中的遗址，或者可能发生洪灾区域的遗址，同时，抢救性考古发掘也包括私人公司修建高速公路和石油管线过程中的考古清理活动。关于美国抢救性考古学的进一步参考资料，参阅 Stephenson（1963）；Jennings（1963）；Frederick Johnson（1966）；King（1971）。虽然美洲的许多抢救性考古工作都在美国，但是加拿大和墨西哥也有类似性质的工作。

［46］参阅 Wauchope（1964-1976）。

［47］由 W. C. 斯特蒂文特（W. C. Sturtevant）编撰。截至 1990 年，已由史密森学会出版多卷。

［48］在各国政府投入考古项目的预算中，数额最大的要数墨西哥政府，这是很自然的，因为考古研究和修复在墨西哥旅游业中扮演着重要角色。20 世纪 50 年代，人类学研究中心（the Centro de Investigaciones Anthropologicas）出版了西班牙语版本的墨西哥中美洲考古学手册——*El Esplendor del México Antigua*（C. Cook de Leonard，ed.，1959）。

［49］此处无法详细列出本章述及的考古发现和阐释解读所涉及的所有参考文献，拓展参考书目参阅 Willey（1966-1971）和 Jennings（1974）。

［50］参阅 Irwin-Williams（1968）的相关论述。

［51］参阅 Lanning（1967）秘鲁考古学综述中的探讨与拓展参考文献；也可参阅 Engel（1966）。

[52] 参阅 Lanning（1967）。这个初始阶段的一项重要发现，就是秘鲁高原上的科托什（Kotosh）遗址的纪念性建筑（Izumi and Sono，1963；Izumi，1971）。

[53] 参阅 Bennett and Bird（1949，另有 1964 年版）；Bushnell（1956，另有 1963 年版）；Mason（1957）；Lanning（1967）。

[54] 参阅 Meggers（1966）所附的参考文献。埃文斯和梅格斯关于厄瓜多尔的第一部著作出版于 1957 年；埃斯特拉达（Estrada）的第一篇研究论文发表于 1954 年。

[55] 雷赫尔－多尔马托夫（Reichel-Dolmatoff）在 20 世纪 50 年代早期就开始发表具有重要价值的论著；此处谈及的专著为 1965a。

[56] 巴拿马的序列研究始于威利和麦吉姆西（Willey and McGimsey，1954）；后来，M. D. 科和克劳德·鲍德斯（M. D. Coe and Claude Baudez，1961）对哥斯达黎加的编年研究做出了重要贡献。至于地区综合分析，参阅 Stone（1958）；Haberland（1959）；Baudez（1970）。

[57] 参阅 Rouse（1964b）的代表性论述。

[58] 参阅 Meggers and Evans（1957）；也见埃文斯和梅格斯（Evans and Meggers，1960）在英属圭亚那（British Guiana）的工作。

[59] 参阅 the Programa Nacional de Pesquisas Arqueológicas（1967～1969）。

[60] 此前，班尼特、贝勒和萨默曾基于文献、博物馆藏品和序列原则，对阿根廷西北部年代排序和地区综合分析进行过研究（Bennett，Bleiler and Sommer，1948）。冈萨雷斯的洞穴遗址发掘资料，参阅 Gonzalez（1960）；迪亚吉塔地区的工作，参阅 Gonzalez（1961）。

[61] 孟京 1957 年的专著（Menghin，1957）是代表性成果。孟京的年代排序通常是基于世界范围内的文化连续性理论（Kulturkreise 文化圈），以及可靠的地层学资料。

[62] 诺罗佐夫的释读在当时引起极大争议，但是现在基本被接受了。

[63] 也可参阅 Kelley（1962）和 Lounsbury（1973）。

[64] 参阅 Krickeberg（1956）；Covarrubias（1957）；Jiménez Moreno（1959）；Peterson（1959）；MacNeish（1964a）；Piña Chan（1967）；Disselhoff（1967）；Haberland（1969）；M. D. Coe（1962，1966）；Morley（1946）；Thompson（1954）；以及 Morley and Brainerd（1956）。这个清单并不完整，因为它没有包括许多中美洲全面综合性质的文章，像《中美洲印第安人手册》（*Handbook of Middle American Indians*）中的文章（见 Wauchope，ed.，1965-1976；Bricker and Sabloff，eds.，1981），也未包括许多基本算作是图录的书，然而这些图录包含有一些考古学资料。

[65] 区域综合分析研究中最著名的成果是沃明顿（Wormington，1961）和麦格雷戈（MacGregor，1965）的专著。其中后者是 1941 年专著的修订本。近年来最好的综合分析成果为

科德尔的论著（Cordell，1984）。

[66] 参阅 Willey（1966-1971，Vol. 1）的相关章节；Jennings（1968）；或者 Griffin（1967）的综述论文。对早期石器时代（即古印第安人）到古代文化演进因素的论述，参阅 Fitting（1968）；也见 Haag（1961 and 1974）。

[67] 以下文献仅是一些示例，地理范围涵盖北美洲东部，时间跨度在 1940～1970 年间：Webb and DeJarnette（1941）；Lewis and Kneberg（1946）；Willey（1949）；Newell and Kreiger（1949）；Phillips，Ford and Griffin（1951）；Bell and Baerreis（1951）；Mayer-Oakes（1955）；J. L. Coe（1964）；Ritchie（1965）；Fitting（1970）；也见格里芬的地区总结性文集（Griffin，1952）。

[68] 关于整个地区的综合性文章见 Griffin（1967）。

[69] 参阅 Meighan（1961，1965）和 Heizer（1964）的综述。关于加利福尼亚，参阅 Warren（1967）；关于北美洲大盆地，参阅 Jennings（1957）；Jennings and Norbeck（1955）；W. L. d'Azevedo and others（1966）；关于西北海岸，参阅 Cressman and others（1960）和 Laguna（1956）；关于高原，参阅 Cressman（1960）；Butler（1961）；Borden（1961）；Sanger（1967）；以及 Warren（1968）。

[70] 参阅 Larsen and Rainey（1948）；Larsen（1961）；Giddings（1960，1964）；Anderson（1968，1970）；也见 Meldgaard（1962）和 Bandi（1969）。

[71] 参阅 Canals Frau（1950，1955）。卡纳尔斯·富尔虽然不算严格意义上的阿根廷"文化圈学派"，但有一些泛传播主义（pan-diffusionistic）倾向。

[72] 参阅 Alcina Franch（1965），这是出版时期，不过版权时间标为 1958 年。

[73] 参阅 Willey（1955）；Phillips（1958）。威利的另一篇文章（Willey，1960b）采用了进化体系，阿米拉斯的文章有部分涉及（Armillas，1956）。

[74] 参阅 Willey（1966-1971）。更扼要的历史综述见 Willey（1960a）。也见 Schobinger（1969）和 Bosch-Gimpera（1971）的两篇综合分析。

[75] 参阅 Bushnell and Mcburney（1959）的相反观点；参阅 Müller-Beck（1966）或者 Chard（1963）的肯定观点。关于这个问题的综述见 Griffin（1960）。

[76] 见注释 [70] 关于北极地区的参考文献。

[77] 参阅 Phillips（1966）。克莱尔·C. 帕特森（Clair C. Patterson，1971）的文章强烈反对海涅 – 格尔德恩（Heine-Geldern，1954）所提出的冶金技术（铸造、镀金等）是从亚洲跨太平洋传播到秘鲁的观点。也见赖利等学者（Riley and others，1971）介绍双方观点的文章。

[78] 参阅 Rowe（1966）的强烈反对意见。

［79］参阅 Parsons（1957）以及 Meggers and Evans（1961）的一些具体应用；也见 Willey and Phillips（1958，pp. 29-34）及 Rouse（1955）。

［80］参阅 Willey and Phillips（1955，1958）；R. H. Thompson（1956）；Caldwell（1958）；Willey（1966-1971）。

［81］参阅 Caldwell（1965）。英国考古学家克里斯托弗·霍克斯（Christopher Hawkes）（1954）曾将其定义为传播圈（*diffusion sphere*），有点类似于交互作用圈，然而二者并不完全相同。

［82］韦林和霍尔德（Waring and Holder，1945）关于"东南部礼仪建筑群"（Southeastern Ceremonial Complex）或者"南部宗教信仰"（Southern Cult）的材料，可以被归入交互作用圈这个概念，基准风格也可能被应用于其中。

［83］参阅本书第一章中的评述。也见 Harris（1968，p. 28）和 Clarke（1970，pp. 4-14），以及 Morgan（1877）。

［84］斯图尔德和法隆基于《手册》所撰写的另一部专著（Steward and Faron，1959），将这一观点表述得更清楚。

［85］刊发于 Tax and others（1953，p. 247）。

［86］见 Strong（1948）；Willey（1948）；Larco Hoyle（1948）；Bushnell（1956）。我们在第四章中叙述过的乌勒—克罗伯秘鲁基准体系（Uhle-Kroeber Peruvian horizon scheme）并没有这些阶段特征；而且罗维（Rowe，1960）在这个地区做的年代序列直接来自于他们。

［87］功能（*function*）这个术语在这里是广义的，可归为用途与功能两个方面。R. C. 邓内尔（R. C. Dunnell，1978）曾强调风格（*style*，描述文化史的有效工具）和功能（*function*，他所谓的"文化重建主义"中材料组织的原则）二者间的差异。邓内尔把"文化重建主义"（cultural reconstructionism）看作是 20 世纪 30 年代后期和 40 年代美洲考古学正在显现的方向，尤其是在北美洲，考古学扎根于人类学和民族学之中，当文化重建主义用于文化史的时候，它采用了完全不同的原则。他也与我们一样，认为成功转型至过程考古学必须建立在功能的或者文化重建的考古学基础之上。

# 第六章 现代时期：阐释与理解过去的新发展方向（1960 ~ 1992）

> 历史研究就是这样，越接近现在和未来就越容易犯错，作者的主观性亦然。

布莱恩·奥尔迪斯（BRIAN ALDISS）

## 对这一时期的定义

任何试图用历史的眼光看待我们所谓的"现代时期"（*Modern Period*）的尝试都是极为困难的。毕竟离事件发生还没有过去太久，我们仍处于这一时期。尽管如此，我们仍然必须把1960年到1992年的三十多年看作美洲考古学史的一部分。如果不这么做的话，将无法实现我们最重要的目标之一，即观察当前考古学的发展与过去之间的关系。

在本书第一版（1974）中，我们对1960年以后的阶段仅用了一章的篇幅。在本书后来的第二版（1980）中，我们又将其扩充到了三章。在这方面，我们觉得有点过于偏重现在，对历史的回顾是不均衡的。这里的第三版，我们又回到单独的、却也足够长的一章篇幅。我们也有必要解释一下第三版中对这一时期称谓的变化。之前我们曾把它命名为"阐释时期"，现在根据最近十年左右的一些发展状况，我们把它改为没有主观态度的术语——"现代时期"。需要特别指出的是，我们仅仅是从非常普通的年代学意义上来选择这个术语，绝对不是在召唤"现代主义（modernism）"以反对"后现代主义（post-modernism）"，或者是陷入认识论的论战之中（见 Harvey，1989）。我们之所以重新命名这一时期，是因为"阐释"的目标局限性太强，严格意义上来说仅是对过去文化变化过程的解释。美洲考古学在之前三十年间的进程，虽然在很大程度上包括了这些解释，但是也呈现出其他的关注点，我们必须考 [215] 虑将其纳入该学科近期的发展史之中。

　　解读"现代时期"考古学思潮的一个主要困难是要避免以过分僵化的方式进行解读。把过去三十年看作是传统考古学—新考古学或者过程考古学（New or Processual Archaeology）—后过程考古学（Postprocessual Archaeology）—批判考古学（Critical Archaeology）—解释考古学（Interpretive or Hermeneutical Archaeology）—认知与过程考古学（Cognitive-processual Archaeology）这样的直线发展顺序是否可取？我们坚信，这种直线状态的认识是错误的，因为这些研究方法的原理是我们今天的认知，而且它们的基本论调是"现代时期"和之前几个时期知识背景的一部分。三十年毕竟只是一个相对较短的时间段，而且随着近年来理论性文章的发表，人们很容易错误地认为，当一种趋势兴起时其他趋势正在衰落。这很容易落入类似民意调查的陷阱，调查员并没有说明他们的取样方法，故而人们无法确信这些有才学的历史学家是在向大家准确地呈现当代考古学发展的脉搏，还是一厢情愿地沉溺于主观臆想之中[1]。例如最近关于"现代时期"某一方面的观点：

　　　　新考古学是 20 世纪 60 年代中期由北美洲人类学系的一些考古学家发起的一场变革运动。它在 20 世纪 60 年代末到 20 世纪 70 年代初成为主流思潮而达到顶峰，20 世纪 70 年代中期开始逐渐衰弱（Gibbon，1989，p. 1）。

　　我们认为，在"现代时期"迄今为止有限的时间里孕育出了非常多样的理论，而试图以理论与方法的论文、章节、著述等作为数据基础来评判不同考古学理论趋势流行与否可能是非常危险的。因为极少数学者所说的学科内正在（或应该）发生的现象，与现在正在开展的研究或近期发表的成果之间似乎存在着巨大的距离。事实上，这一直以来就是考古学研究领域的状况。不管怎么说，在我们的视野非常狭小的情况下，最好是审视"现代时期"各种特色鲜明的理论趋势的来源，以及不同观点间彼此的联系，而不是试图用某种一成不变的线性模式描绘它们的兴起与衰落。

　　与前几章的体例一样，我们将在本章开始时延续上一章结尾部分所讨论的主题：就是进化论在被冷落了许多年之后，在20世纪50年代后期再次出现，并为20世纪60年代的新考古学（*New Archaeology*）奠定了基础。我们接着将会审视"新考古学"，了解它与过去的联系及其创新之处，特别是那些可以概括为过程主义（*processualism*）的内容；系统理论（systems theory）与生态系统概念（concept of the ecosystem）的运用；统计学的运用与计算机的作用；演绎推论（deductive reasoning）和科学的实证主义哲学（positivist philosophy）；考古学阐释中对民族学类比研究的态度；注重文化多变性（cultural variability）；考古学实践中的各种问题；以及一些20世纪60年代以来早期新考古学或过程考古学的案例。在这之后，我们将继续述及新考古学理论的整合和拓展。然后，我们将审视并有选择地回顾新考古学思潮对过去三十年美洲考古学发展进程产生的影响，我们称之为"主流思潮对新考古学的接纳"。我们随后还将述及英国和美洲后过程考古学家对"新考古学"批判性的反应。

[216]

## 新考古学

20 世纪 50 年代中期，当威利和菲利普斯发表他们的新大陆史前史体系时，文化进化主义（cultural evolutionism）在美洲人类学领域仍受到很大程度的排斥[2]。在很长一段时间里，莱斯利·A. 怀特（Leslie A. White）是唯一的倡导者[3]。我们也看到，朱利安·斯图尔德在 20 世纪 40 年代后期到 50 年代加入其中，带着一种似乎与考古学问题更紧密相关的进化论理论。威利和菲利普斯了解了大量美洲大陆文化序列，而且他们也能够超越这些序列的细节，认识到文化序列所承载的文明兴起的史实。与此同时，他们也认识到美洲前哥伦布时期历史中的区域或地方性特征，及其复杂的交叉传播。他们避开了任何有可能是决定性的，或者是可以简单阐述（explain）美洲大陆历史各阶段的内容（1958，p. 200）："这种方法是比较性的，并且所取得的定义是一些抽象概念，描述（describe）美洲本土文化随时间而发生的变化。这些阶段的划分不是为了阐述文化变化。"因此，他们犹豫是否使用进化（evolution）这个词，对于他们来说这个词似乎属于决定性的，并含有因果关系的意味。他们认为阐释必须基于传播的复杂相互作用，文化与环境的相互影响，以及人口的变化，"真正进化意义上的排列相似"（homotaxis）以及心理学因素（Willey and Phillips，1958，pp. 70-71）。他们始终不愿意将进化与历史分开。从某种意义上讲，威利和菲利普斯显然是正确的，过程不能轻易地从历史的母体中剥离。与此同时，他们拒绝承认他们的方法是进化方法（即使只是用于资料整理的初步工作），这种拒绝实际上是对当时反进化论态度的顺应[4]。

20 世纪 50 年代的一些美洲考古学家比威利和菲利普斯更直接地讨论进化论。可能更为重要的是，相比斯图尔德而言，

莱斯利·A. 怀特（Leslie A. White），1900～1975。（源自 Michigan Historical Collections，Bentley historical Library，University of Michigan）

[217]

朱利安·H. 斯图尔德（Jul-ian H. Steward），1902～1972。（源自 Mrs. J. H. Steward）

这些学者从怀特那里受到的影响更大。贝蒂·J. 梅格斯（Bet-ty J. Meggers）就是其中之一。我们之前已经提到，她在 1954 年发表的论文指出，自然环境是文化演进的一个制约因素，在文章中她将文化—环境的方法与进化主义相结合。在 1955 年题为《美洲考古学时代的来临》（*The Coming of Age of American Archaeology*）的文章中，她反对历史特殊论对进化论的批判，指出：“它（进化论）的有效性来自这样一个事实，即如果假设了某种规律，观察到的状态就可以被更好地理解以及更直接地阐释。”（Meggers，1955，p. 121）。她注意到 1930～1955 年间社会人类学的主要趋势是对文化现象的心理学解释，并指出考古学家（特别是对区域发展阶段体系）正在转向进化论的解释。在提到社会人类学家霍贝尔（Hoebel）所说的考古学是“人类学的次要组成部分”的表述时，梅格斯（1955，p. 120）继续说：“近些年里［考古学］所取得的跨越发展表明，在不得不面对被人为地与人类剥离的文化时，考古学不仅没有居于劣势，反而具有相当大的优势。”换句话说，就他们所掌握的资料特性而言，考古学家更容易接受文化进化的概念。而与之相反的是，文化人类学家莱斯利·怀特则必须经历一条更困难的思辨之路才能达到这个目标。

更为实质的是，梅格斯（1956）作为社群形态专题研讨会参与者和相关成果论文集的编辑者做出了显著的贡献，我们在之前讨论聚落形态的章节已经提及。在这一过程中，一些进化的假说被提出，即定居生活具有比游牧生活更好的生存状态和更高的存活率，这种明确的解释和因果关系的论述超越了威利和菲利普斯。这些假说通过跨文化的校验形成了一种发展阶段体系（或社群模式），可以应用于美洲及其他区域。

20 世纪 50 年代末期和 60 年代，出现了许多有关进化论和运用进化论解决实际问题的文章，怀特以前的学生 J. A. 福特（J. A. Ford）、G. I. 昆比（G. I. Quimby）和 W. G. 哈格（W. G. Haag）也在其中。福特的田野研究一直遵循着进化论的原则，现在则更为明确（Ford，1962）。昆比（1960a）在研究纳斯卡皮人（Nasakapi）和爱斯基摩人的考古学与民族学资料时，用怀特的进化论观点与环境决定论（environmental determinism）解释北美洲东北部文化的性质。哈格在《进化论在美洲考古学中的地位》（*The Status of Evolutionary Theory in American Archaeology*）这篇评述文章中，为考古学家提出了进化的定义："进化就是物质文化和行为、思想，以及由此推断出的情感，在形式与功能上随时间推移而出现的变化。"（Haag，1939，pp. 96-97）他接着指出，进化其实一直是美洲考古学研究的一部分，但基本上处于下意识的层面。

威利在 1960 年发表的一篇文章有点接近进化论的观点，他讲到，文化进化的过程是有选择性的，人类借此促进自身的生存与发展。尽管如此，他提醒道，进化的轨迹并不是"由必然性法则排定的"，他进一步注意到，"技术—环境"层面的适应好像更容易在"历史—进化"的范围内区分，而思想领域（艺术）的适应则不然[5]。

此时，旧大陆的考古学与进化论也开始对美洲考古学产生影响。罗伯特·J. 布雷德伍德（Robert J. Braidwood）虽然与威利一样，在提出文化进化是在特定历史背景之外的过程时有一些犹豫，但是他已经开始用进化的观点来研究近东地区的史前史（Braidwood，1948，1952）。他和大部分近东地区的其他考古学家一样，受到 V. 戈登·柴尔德（V. Gordon Childe）的考古学与进化论论述的影响[6]。1959 年，布雷德伍德在一篇综述性的文章中回顾了考古学中进化理论的历史，文章的关注点主要集中于旧大陆，但也提到了一些美洲的情况，展现了从早期的莫尔蒂耶（De Mortillet）到柴尔德以及其他学者，对应用达尔文（Darwinian）理论进行文化方面研究的变化（Braidwood，1959）。

　　布雷德伍德以前的一个学生——罗伯特·亚当斯（Robert Adams），将新、旧大陆文化进化的理念融合在一起对美索不达米亚和中美洲地区开展研究，从而关注到了从以庙宇为中心的社会转向城市国家时的巨大进步。他在《早期文明的进化过程》（*The Evolutionary Process in Early Civilizations*，1960）一文中批判了斯图尔德和威特福格尔，认为因果关系的判断不能单独通过阶段划分与跨文化比较来确立。他向单一成因解释的假说提出了挑战，如斯图尔德（Steward，1949a）所认为的人口压力导致战争，或者是威特福格尔（Wittfogel，1957）提出的大范围灌溉的管理需求产生了专制国家。在亚当斯看来，避免自我受限因果理论的唯一方法就是，要认识到导致主要文化阶段转变的各种事件的复杂性和相互依赖性，并以最大可能呈现其中的历史细节。他认识到了"文化—历史整合"与进化论之间不是一定会相互排斥的。亚当斯从两个方面呼吁：其中之一我们之前已经涉及，那就是"背景—功能分析"应当作为年代排序与过程阐释的中间环节；另一方面在亚当斯的文章中有所暗示但没有明确表示，那就是系统分析，即亚当斯所说的面对"各种事件的复杂性与相互依赖性"的唯一方法，可能是研究彼此之间的真正联系。

[219]

　　亚当斯遵循这些研究思路的最主要成果，是他的卓越著作《城市社会的进化：早期美索不达米亚与西班牙统治前的墨西哥》（*The Evolution of Urban Society：Early Mesopotamia and Pre-hispanic Mexico*，1966）。这本书贯穿着他所提倡的全面历史与背景细节的思路。在书中，他仔细研究了新、旧大陆两种不同社会从血亲（kin-based）农业村落走向分层政治组织国家的类似进化过程。当亚当斯排斥对文化进化的任何单一成因阐释时，斯图尔德（1966，p. 730）在评论他的著作时认为："作者记述了农作物改良的发端、微观环境的更好利用、专业化分工以及当地居民不同阶层间相互依赖的加强，并视其为促使国家制度产生的新过程或新趋势。"的确，在亚当斯著作出版的1966年，这部书是运用跨文化比较方法阐释文化进化的杰出案例，是对当时已有的考古学（和民族史学）资料进行微观分析的唯一一次探索。

到20世纪60年代后期，美洲考古学发生了变化，学者们悄然接受了文化进化的理论。当时所有新发表的美洲考古学代表性研究成果，都秉持怀特、斯图尔德，以及社会人类学家中一些年轻文化进化论学者（如萨林斯、塞维斯和弗里德）的理念，这足以说明当时的状况。举例来说，在1971年出版的四期《美洲古物》（*American Antiquity*）（共计21篇文章）里，这五位学者关于理论的文章总共被引用16次。在十年之前的1960～1961年四期（共计28篇文章）里，仅提及斯图尔德两次，而其他四位学者则一次也没有被提起。这种悄无声息的快速变化是"现代时期"最耐人寻味的现象之一。

如我们所见，文化进化论直到20世纪50年代仍被普遍排斥。引起这种变化的原因还未能被完全理解，不过它们可能是多方面的。所有的社会科学（及一些人文科学）都倡导更为科学的方法这个普遍趋势无疑是其中之一。另一个非常重要的因素是美国政治环境发生了变化。在20世纪四五十年代的激烈论战中，反进化论学者的论调引起了对马克思主义的普遍恐慌[7]。鉴于当时的政治基调，这种关联性可能引起的后果不应被低估。而到了20世纪60年代，对进化论与政治信条间的关系有了更切实的认识，这可能使进化论的思想更容易被接受。[220]

除了这些因素之外，这种变化的最根本原因可能产生于考古学学科自身。如果考古学的特性是与年代学相关，如果年代学是进化的变化维度，那么就不应该惊讶于进化论最终会在考古学学科中确立。"分类—历史时期"是年代排序居于主流的阶段。到这一阶段快结束时，尽管美洲的社会人类学仍由反进

化论者和功能主义学者主导，但借由对 1914～1950 年间构建
的、文化演进长时段精确年代序列的比较研究，进化论悄然进
入了考古学。如果没有这个记录完整的年代排序，我们对怀特
或者斯图尔德的理论倡导能否影响美洲考古学家不抱乐观态
度。但是年代学的资料（尤其是经地层学所揭示）是非常可
靠和无可争辩的，使那些朴实的考古学家无法回避。他们深信
文化确实是随时间变化的，而且这种变化绝不可能是随机的。
此外，关于接受进化论理论的条件之一是由考古学科自身产生
这一点，也可以由在社会人类学没有发生类似现象佐证。

　　虽然 20 世纪 50 年代后期的进化论复兴为美洲考古学发展
至"现代时期"铺平了道路，但是进化论复兴本身并没有开
启这个阶段。"现代时期"开端于数年后，因为这一时期最具
特色的是所谓的新考古学。然而这个名字并没有告诉我们它与
之前的考古学有什么不同，所以我们需要试着为新考古学下一
个定义。

[221]　　　如果我们首先描述一下对新考古学兴起背景的一些认识，
那么我们的定义将会更为明晰。首先，它是人类学框架内的考
古学（anthropological archaeology）之产物，也是一些在研究生
阶段接受社会人类学家和考古学家共同培养的年轻考古学家的
产物，他们最主要的关注点是对文化过程的阐释。虽然我们看
到，在"分类—历史时期"末段曾有一些关于考古学家理解
文化过程必要性的讨论，但这只是停留在讨论层面，就像平常
人们对天气的关注一样，没有人真正做过什么。"新考古学
家"（New Archaeologists）认为，到了认真解决"过程"这个
问题的时候了。其次，新考古学曾经（某种程度上现在仍是）
对过程性解释与获取"文化动力法则"（laws of cultural dynam-
ics）的成功充满了乐观情绪（Binford，1968a，p. 27；也见
Redman，1991，有一些持乐观态度的观点）。第三，考古学对
文化过程的揭示与阐释不仅与人类学的其他研究相关，而且与

当代的世界性问题也有关联。

让我们从背景转向方法层面，对新考古学作更具体的定义。为了达到理解文化变化的目标，新考古学家呼吁在传统考古学实践方面做一些相应的变革：他们支持进化论的方法；强调文化变化及系统性结构的文化系统观；关注文化与环境间联系的生态系统观；对联系和变化的统计学控制，对探寻变化规律取样技术的关注；以及综合性的"科学"方法，包括强调假设的精确性，问题导向与结构化的研究策略，假说的验证（特别是采用"演绎—法则形式"，deductive-nomological form）和实证主义的哲学态度等。如我们将要看到的，新考古学的其中一些原则对学科有更大的影响，对美洲考古学实践产生的整体影响我们至今仍能感受到。

如果"新考古学"标志着"现代时期"的开端，如果这个简要的描述可以作为美洲新考古学的最简单定义，那么这些要素的整合又是在何时、何地发生的呢？1960 年以前新考古学的一些重要特征发展到怎样的程度，才能作为我们划分"分类—历史时期"与"现代时期"的界线呢？在评述萨莉·R. 宾福德（Sally R. Binford）和路易斯·R. 宾福德（Lewis R. Binford）编辑并于 1968 年出版的、作为新考古学代表性论述 ［222］ 的文集时，小沃尔特·W. 泰勒（Walter W. Taylor, Jr. , 1969, p. 383）对"新"（newness）的论点提出了质疑：

　　　对我们学科整体方法全面讨论的类似成果在 1948 年就已经出版（W. W. 泰勒：《考古学研究》，W. W. Taylor, *A Study of Archaeology*）。如果不是始于博厄斯，那么自马林诺夫斯基开始，文化的系统观就已经是美洲人类学（包括考古学）的一个基本前提。至于宾福德所提出的其他原则，我可以指出，《考古学研究》涵盖了每一个观点，甚至包括对假说的验证……宾福德夫妇在这本书中所提出的

不是对新视野中理论和实践的阐释，而是对旧认识的再次
陈述，并在此基础上增加了一些当代的新内容，还包含了
基于这些认识而取得的一些恰当的、令人信服和鼓舞的考
古学研究案例。

但是宾福德（1968a，p. 27）对此有不同的看法，他评
述道：

> 尽管最近有学者说不应该提出'新考古学'，因为这
> 会与旧的考古学脱节……我们认为 20 世纪 60 年代的考古
> 学处于发展的关键点。进化总是建立在过去的基础之上，
> 但是它通常会包含基本结构的变化。

谁是正确的呢？这不是对学术贡献的简单争论，而是关于
理念形成、整合与传播路径的问题。重读泰勒的《考古学研
究》（我们在前一章曾用相当长的篇幅述及），就会证实宾福
德所倡导的一些原则的确是泰勒所秉持的观点。泰勒"关联
法"（conjunctive approach）的基本原理之一就是史前资料的全
面背景复原，这无疑与新考古学家坚持尽可能完全复原考古资
料中的所有变量类同。泰勒提出通过演绎推理来验证假说，这
也在他著作中的几个地方体现出来。而且不可否认的是，正如
泰勒所指出，文化系统观从 20 世纪 20 年代开始就为人类学功
能学派所认知。

那么，泰勒在 1948 年的观点与 20 世纪 60 年代新考古学
家观点的不同之处是什么呢？我们认为后者有三个特点是前者
所不具备的：（1）文化进化论的观点；（2）融合了进化论观
点的文化系统模式；（3）1948 年还没有出现的一系列新方法、
新技术和辅助手段。

对泰勒著作的审读表明，它没有体现出文化进化观。在这
[223]　个问题上，泰勒很可能受到了克拉克洪的影响，克拉克洪在

20 世纪 40 年代的主张（至少在这一方面）是美洲社会人类学主流的、传统反进化论学者的观点。

至于文化的系统观，在我们看来，除非融入进化观，否则它就仅仅是观察与理解文化的一种手段。尽管功能学派也系统性地思考文化和社会，但他们在进行研究时，或者采用系统理论学者所说的机械均衡模式（*mechanical equilibrium model*）（这种模式像钟表一样没有内生的变化来源）；或者采用所有反馈都负向增强来维持现状（*status quo*）的模式。这些模式对于社会文化的研究来说并不理想。更适合这个目标的是"复合适应模式"（complex adaptive models），这种模式可以实现正、负反馈，并具有自形成（self-informing）和适应的特性（Clarke，1968，Chapter 2）。在以历时性视角进行审视时，这些模式展现了文化变化的进化轨迹。新考古学家实际上是关注到了这些模式以及它们在进化研究方面的潜力，从这个方面我们可以看出 1948 年泰勒的系统观与 20 世纪 60 年代的重要区别。通过这些分析，可以客观地说，1948 年的系统理论对社会科学几乎没有什么影响。新考古学的进步在很大程度上应归功于生态学、地理学和社会学领域的相应进步。

从 1948 年到 20 世纪 60 年代，考古学家从许多其他学科获取了一些新方法、新技术与辅助手段。例如，计算机开启了考古学系统方法的变革，纯定量控制将揭示考古学可能无法获知的定性差异，各种材料分析方法开启了新的研究方向，这些是在 1948 年所想象不到的。从哲学层面上看，在区别 20 世纪 40 年代后期的关联考古学（conjunctive archaeology）与 20 世纪 60 年代的新考古学时，基本理念的差别比这些新方法更重要，这些基本理念的差别存在于文化进化论和系统理论的最新运用，以及这些理论的整合之中。

理论的整合使新考古学成为可能，也标志着"现代时期"的开始。对此做出贡献的考古学家是路易斯·R. 宾福德

（Lewis R. Binford）。新考古学这个术语在现代意义上的首次使用是在约瑟夫·R. 考德威尔（Joseph R. Caldwell）于 1959 年发表的一篇文章中[8]。这篇令人叹服的论文包含了我们讨论的许多要素，但是它并没有像宾福德在 1962 年的文章《作为人类学的考古学》（*Archaeology as Anthropology*）那样，把这些要素组织在一起并概括出方法论层面的指导原则。在宾福德的这篇文章以及他在 20 世纪 60 年代发表的一系列重要论文中[9]，

[224] 宾福德融合了"分类—历史时期"后段进化论与环境学派思想的浪潮，以及对美洲考古学传统的"描述—年代"目标与日俱增的不满声音，并综合了系统论与演绎推理法。他把这些整合起来，强调考古学理论与方法存在的不足，为考古学研究构想出一种条理清晰的程序，以期吸引下一代致力于考古学研究的学生[10]。正是这些原因，使他在美洲考古学思想史上享有很高的声誉[11]。

　　我们用四个基本特征来定义新考古学：文化进化论；文化的系统观以及文化与环境的系统观；强调文化变化及通过抽样统计予以掌握；全面、科学的方法。进化论在美洲考古学中的复兴我们之前已经讨论过。此外，我们还应该注意到，大多数新考古学家在实践运用进化论时（虽然不总是公开地明确指出），认为文化的技术—经济领域变化是一个主要的决定性因素，社会—思想领域的变化居于次要位置。这显示出与威利和菲利普斯历史—发展阶段方法的显著差异，威利他们的方法没有试图确定因果关系。现在让我们看一下考古学的系统观思想。

　　首先，我们必须认识到考古学中进化论的复兴与系统模式的引入是息息相关的，相应地，它们也与生态学对环境关注的发展，以及计算机在考古学研究中的应用相关。每一种方法的运用与发展都对其他方法产生了一些影响。如果不考虑在迅速发展、日趋科学的研究这一学术背景中出现的这些革新，我们

将无法理解新考古学的发展。

　　对美洲考古学系统观的最初推动可以追溯到我们先前已经提及的、宾福德于 1962 年发表的开拓性文章——《作为人类学的考古学》。追随莱斯利·怀特的思路，宾福德把考古学家的注意力引向了文化的亚系统（subsystems），尤其是主要的几个文化亚系统：技术、社会与思想体系。他认为必须辨识与这些亚系统相关的人工制品组合，并阐明其功能性背景。考古学家随后将能够研究这些组合和亚系统之间变化的结构关系。通过这种方式，考古学家就能向解读文化系统进化的这个目标前进。 [225]

　　然而，尽管宾福德有着清晰的文化系统概念，但是至少在 1962 年，他还缺乏一种对文化系统与相关环境的全面且成体系的认知。宾福德（1962，p. 218）赞同并引用了斯图尔德的文化生态学方法，并且指出，它"一定是一种增进我们对文化过程理解的有效方法"。但是，即便宾福德没有立即支持文化系统观，以及文化与环境的系统观，其他学者也很快被激励着将这两者结合起来。

　　正如我们在前一章所述，在环境研究方面标志着"现代时期"的关键性概念变化，是从线性模式（环境影响文化）到全面、系统模式的变化，人类的人口规模也被视为生态系统的组成部分（Hardesty，1971；Vayda and Rappaport，1968）。人类与环境相互影响这一整体观念的早期进展，主要包括威廉·T. 桑德斯（William T. Sanders，1956）将"共生区域"（Symbiotic region）应用于史前中墨西哥的研究，以及理查德·S. 麦克尼什（Richard S. MacNeish）对美洲大陆农业起源的研究，他最早是在墨西哥的塔毛利帕斯（Tamaulipas）开展研究，之后的最重要研究是在墨西哥的特瓦坎河谷（Tehuacan Valley，1958，1964a，1967）。然而，从整体上看，虽然 20 世纪 60 年代的生态学研究在理论与方法的先进性和现代生态学概念的应用方面，要比"分类—历史时期"早段有了突飞猛进的发展，但是大多数考古项目的总体（overall）思路仍然缺乏全局观。一个很典型的例子就是，在北美洲大湖区（Great Lakes）上游史前生态学的研究中，除了完善的发掘报告之外，还出版了亚内尔（Yarnell）关于植物群和克莱兰德（Cleland）关于动物群的优秀综合研究专著，以及麦克弗森（McPherron）按照新考古学理论撰写的研究报告[12]。然而，出版单独的动物、植物与考古学研究报告这件事本身就说明，当时未能把这些研究工作及其成果融为一体。

在环境研究转向整体性方法和关注人类与环境关系方面，肯特·V. 弗兰纳利（Kent V. Flannery）的个人贡献最大[13]。这里有必要把弗兰纳利单独列出来，他率先建立了一种生态体系的基本模型以分析人类与环境之间的适应性变化，他的工作代表了在宾福德理论基础之上的必然进步[14]。特别是弗兰纳利及其同事在墨西哥瓦哈卡河谷（Valley of Oaxaca）的工作，是这种新方法最有效的例证[15]。

[226]　　　　生态系统的概念虽然在美洲考古学领域只是最近才为人所知，但是它在生态学研究中由来已久。早在 1935 年，就由坦斯利（Tansley）首次使用。尤金·奥德姆（Eugene Odum）于 1953 年出版的经典专著《生态学基础》（Fundamentals of Ecology，第一版）确定了它在生态学研究中的位置[16]。不过，我们应该注意到，马斯顿·贝茨（Marston Bates）在同一年发表在百科全书式著作《当代人类学》（Anthropology Today）上的文章《人类生态学》（Human Ecology），在当时被广为传阅，但是他并没有谈到生态系统这一概念（Bates，1953）。

总的来说，生态系统可以被定义为，区域内一个有生命的个体（如人类）或者所有有生命的生物（生态学的"群体"）与无生命的环境之间（包括能量与物质）的相互作用（F. C. Evans，1956；Odum，1963，pp. 3-4；Boughey，1971）。在研究中采纳生态系统模式后，美洲考古学家的调查研究具备了明确定义的单位与范围的框架结构，使他们和其他科学家的模式统一起来，并且可以进行材料的量化研究。生态系统研究策略的优势有很多，而且未来开展生态系统进化过程的研究（重点在人类群体）也具有无限的可能性[17]。

生态学理论的进步反映在田野技术的发展上。其中一种技术就是通过浮选堆积层中的有机物颗粒获取植物和食物遗存。（源自 Stuart Struever）

　　除了从内部将文化视作一个系统、从外部将文化视为更大生态系统的一部分以外，那些能够包容这些观点、具有科学系统思维的考古学家认识到了更多的概念优势。基于贝塔朗菲（Bertalanffy）和维纳（Wiener）这样杰出的思想家首先提出的概念，一种系统的观念很快就出现了[18]。这种观念在“现代时期”新考古学领域的适用性很快得到认可，虽然人们很快认识到系统观念的启发意义要比“理论”本身更有用。这个新 ［227］ 进展的领导者之一又是弗兰纳利，他在 1968 年发表的《考古学系统理论与早期中美洲》（*Archaeological Systems Theory and Early Mesoamerica*）是一篇具有明确里程碑意义的论文[19]。然而，对在考古学研究中运用系统思想的最详细讨论却不是出自美国学者，而是出自英国的考古学家戴维·克拉克（David Clarke）。他是最早接受多学科体系结构的学者之一，并且他的《分析考古学》（*Analytical Archaeology*）很可能是这一领域最雄心勃勃的早期探索。这也是 20 世纪 60 年代考古学者之间国际交流不断增强的一个例证[20]，而这一趋势贯穿整个"现代时期"。

在 20 世纪 60 年代期间，综合系统方法适用于考古学研究逐步被接受，这一状况可以由下面的例子说明，1969 年，弗兰克·霍尔（Frank Hole）和罗伯特·F. 赫尔泽（Robert F. Heizer）觉得有必要重新修订他们三年前才首次出版的最重要的教科书《史前考古学导论》（*An Introduction to Prehistoric Archaeology*），为综合的系统性理论增加了专门的一节。不过，他们的修订版也指出了"现代时期"美洲考古学面临的一个主要问题：即理论与方法、实践的脱节。《史前考古学导论》的许多内容涉及"旧"考古学（old archaeology）的方法与成果，难以将其与包含系统论在内的新理论倾向相联系。但是与同时期及之后的其他论著相比，至少还是值得肯定的。此时还需要为文化过程的研究构建新的概念方法（Binford，1965）。

然而，我们有理由对系统概念在考古学取得成功保持乐观态度，那就是考古学家现在拥有了高效的先进工具：计算机。

如果没有各种合适技术的逐步应用以及计算机程序的使用，许多考古学的想法可以说将仍然是白日梦，也许根本不会产生其他的一些想法。在最新进展中要特别关注的是，资料存储和数据检索技术，年代排序、人工制品分类、遗址随机取样等方面的统计方法，以及对历史上文化模式的多变量分析方法[21]。伴随着计算机设备在许多大学的普及，开展后面的几类研究就不是那么困难了。更为重要的是，美洲考古学的这些进展使宾福德在 1962 年讨论器物组合及其在考古遗址中形态的系统性推论时所提出的各种分析方法成为可能。在计算机应用中值得提及的另一个进步，就是将计算机模拟技术作为一种先进的系统分析手段[22]。

[228]

然而重要的是，就像前面章节讨论过的其他科技手段一样，我们要认识到计算机的使用本身并不能使美洲考古学发生变革。威廉·A. 朗埃克（William A. Longacre，1970，p. 132）曾说过："统计学方法不是万能的。"统计学方法与计算机程序只不过是对考古学家有用的工具。运用这些工具的研究结果将与使这些工具发挥作用的考古学研究策略，以及考古学家运用这些工具的参数和预设目标一样具有进步意义[23]。然而，那些因为不喜欢、不信任、不了解或者害怕数学运算，而不愿意使用统计方法与计算机分析的考古学家，自己将切断与现代考古学方法论相关部分的联系[24]。

得益于计算机技术的促进和推动作用，以及对考古学研究中抽样的日益关注，统计方法的应用得到不断拓展。对抽样的重视产生于文化系统观对文化变量的新关注（见 Winters，1969，对这个观点的早期应用）。如果认可（新考古学家认为应该如此）文化系统与组成它们的亚系统不是由同类型事物组成的，那么与之相应，学者就不能简单地用一个遗址的任意部分归纳整个遗址，或是用一个遗址来归纳更大范围的区域。仅仅发掘了一、两个试掘探方，就用这些发掘收获来研究整个遗址的做法显然不再能够被接受。不过从另一方面来说，发掘整个遗址或进行整个地区的采集工作往往又不可能做到，或者不具备可操作性。因此，必须制订在遗址或区域内进行有效抽样工作的研究策略，以便进行合理的统计归纳研究[25]。

在以揭示经济专业化如何因地域而变化的概念来取代传统的同质化（homogeneous）概念方面，美国东部引入"交互作用圈"（interaction sphere）概念以取代此前的霍普韦尔文化架构（Hopewell culture construct）是一个早期探索的良好范例。交互作用圈这个概念也被用来证明，霍普韦尔"文化"并没有从俄亥俄州南部的一个中心传播至更广泛区域的一系列中心（宾福德在 1965 年的论著中，驳斥了将文化的传播视作"水"的流动这一观点，即文化特征在文化的"河流"中从一个中心"流"向另一个中心），而是制造不同物品的中心通过物品（内嵌有符号）在各类村落中的交易实现不同类型的互动[26]。

［229］ 这种反传播论的观念是与新考古学普遍关注内部的文化变化相一致的。

我们下面将要讨论到，通过严格的抽样策略以掌握变量的这一方法，随后被应用于迅速发展的聚落形态研究中，如美国东部、大西南（Greater Southwest）和中美洲等地区的文化发展中复杂的区域研究方面。它也给之前从统治者角度出发研究玛雅低地的观点以最后的打击，因为以前被认为的统治阶层"礼仪中心"，逐渐被认识到是属于区域环境中的综合性城市中心[27]。

我们已经仔细研究了用于理解文化过程的进化论、系统分析、生态学、变量、抽样以及定量等方法，但是这些并不是新考古学仅有的支柱。可能最有意义的（也被认为是最有效的）是，一部分新考古学家要解决的问题就是努力使这门学科更加"科学"。他们意识到，为了把科学的严谨性引入该领域，需要改变考古学研究的许多方面。当然，不断增强的定量研究趋势是与这一科学化进程紧密相关的，因为考古材料的物理、化学分析日趋复杂（见 Brill, ed. , 1971；Tite, 1972；Fleming, 1976；R. E. Taylor, 1976, 1978；一些早期的例子见 R. E. Taylor, ed. , 1976）。20 世纪 60 年代以后出现的与这一进程相关的最重要趋势中，还包括对精确性与问题导向的强调。

传统的"文化—历史"考古学建立在一系列的假说之上（有些是直觉，有些则不是），这些假说随着时间的推移逐渐被人们看作信条。例如在美国西南部，曾推测随着印第安人村落的发展，人们过着一种完全定居的生活。因此，任何有石器分布的遗址都被自动断代为"古代时期"——这一时期流行更具迁移性的狩猎采集生活方式。这个假说随后被证明是没有根据的（例如，Upham, 1984；也见 Cordell, 1984）。再如，在玛雅地区，学者曾推测古代玛雅人就像历史时期和现代的玛雅人一样，过着特有的刀耕火种的生活。这个假说（以及与人口密度和社会政治组织相关的所有推论）已经被证明是站不住脚的（见 Harrison and Turner, eds. , 1978；Sabloff, 1990）。在方法论上也有各种各样的假说，例如陶器或者石器，以及变化速率。

新考古学家认为，这些假说必须表述明确并得到仔细验证。研究策略必须被明确规划，同时，研究者研究并希望解决 ［230］ 的考古学问题必须在田野工作开始之前就明确提出。这样一来，考古学家说他们发掘一个土墩是因为它是这个地区最大的，或者是最"有意思的"土墩这样的理由就显得不充分。至少在这一点上来说，新考古学有助于提升"现代时期"之前在研究中常缺乏的严谨程度。

从哲学层面上来说，向更科学的考古学的推进源于实证主义的背景。我们同意米瑞利·塞蒙（Merrilee Salmon, 1992）的广义实证主义定义，即"世界的*知识*（*knowledge*）只能借由应用科学方法于我们通过感官所获取的经验来获得"。许多新考古学家并没有刻意提出实证主义立场，但他们认为所采用的社会科学阐释与自然科学是相同的，能够产生文化过程的有效法则；而另一些新考古学家则旗帜鲜明地拥护实证主义。

后者认为，考古学必须接纳科学的实证主义哲学，并且运用作为这种哲学组成部分的阐释性程序。这些程序本质上是属于演绎推理性质的，而且有证实"涵盖性"法则或普遍性法则之目标[28]。正如艾伯特·C. 斯波尔丁（Albert C. Spaulding, 1968, p. 34）所说："我发现这一观点的信服力是极其简单的：只有一种正式的解释，定律性解释（nomological）或者涵盖律解释。"拥护这种观点并且最经常被新考古学家引用的重要科学哲学家是卡尔·亨佩尔（Carl Hempel）。特别是亨佩尔在他

帕蒂·乔·沃森（Patty Jo Watson）。（John Sheets 拍摄；源自 the Center for Advanced Study in the Behavioral Sciences, Stanford, California）

1966 年的著作《自然史哲学》（*Philosophy of Natural History*）中对演绎—法则阐释（deductive-nomological explanation）的支持，以及阐释与预测平衡原则，被帕蒂·乔·沃森（Patty Jo Watson）、斯蒂芬·勒布朗克（Steven LeBlanc）和查尔斯·雷德曼（Charles Redman）等诸多新考古学家在 1971 年的《考古学中的阐释：一种精确的科学方法》（*Explanation in Archaeology: An Explicitly Scientific Approach*）一书中极力倡导。

秉持实证主义哲学的新考古学家反对两种观点：一种观点认为，存在一种具有自身阐释方法的独立的历史哲学（参阅 Dray，1967）；另一种观点主张，不可能存在对所有情况进行阐释的绝对历史法则。其他的阐释形式（包括概率程序）并不被认为是有效的，亨佩尔自己关于变化的观点也没有被新考古学家认真地思考[29]。而且，由于缺乏公认的考古学理论，考古学家没有经过认真考虑就推演出一些假说，因而产生了许多问题，由此引发了大量的争论，而且经常会激起更多的争辩[30]。有些批评将新考古学和演绎—法则论的阐释误解为差不多完全相同的一回事[31]。不过我们认为，强调假说验证的重要性是新考古学的重要组成部分，但不是它的独特形式。

《考古学中的阐释：一种精确的科学方法》一书的出版似乎标志着新考古学第一阶段（提出并详述基本信条）的结束，以及第二阶段（或者实践阶段，我们将在下文讨论）的开始。出现于 20 世纪 70 年代早期的第二阶段，越来越关注寻找将物质遗存与过去人类行为关联起来的最可靠方法这一考古学现实而独特的问题。过去二十年学术界的发展让我们认识到，这部重要著作的影响更多的在于它的副标题——一种精确的科学方法，而不是它的正标题——考古学中的阐释[32]。

在新考古学早期的所有方面中，正是关注于加强研究与分析的严谨性这一方面，使我们认为新考古学已经非常成功了。即使一些当代考古学家，哪怕他们仍然按照威利和菲利普斯写

[231]

作《美洲考古学的方法与理论》那个时代的理念进行研究，并且质疑过去三十年中那些没有按照"文化—历史"方式撰写的论著只不过是空谈，这些考古学家也广泛接受和认可了精确科学方法的重要性与价值，并将其作为从传统的人群（people）评估转向思想（ideas）评估的一种手段。不过我们也看到，仍然存在大量对《考古学中的阐释》提出的验证假说特定形式的争论和不同意见，今天，对于通过精确性、问题导向及假说验证以达到更广泛理解文化变化这一总体目标的呼吁，仍然像二十年前那样响亮并且同样意义重大，特别是在面对近期由方法论相对主义主导的虚无主义考古学倾向的要求时（随后将对此进行讨论）。我们认为，新考古学这些特定目标的丰硕成果是它最长久的贡献之一。

## 20 世纪 60 年代的考古学研究

我们对新考古学早期阶段的考察不应仅局限于对理论原则的讨论，至少还应该选取一些新考古学家应用了新方法的考古研究案例作为样本。这些研究案例绝大部分以短篇幅文章的形式发表，既有一些实际研究，也有一些理论探讨，还出版了一些研究报告。但重要的是，许多主要的研究项目在开始阶段就包含了阐释方法的目标与定位，而且从发表部分成果或者初步论述时就已经为学者所了解。虽然很难用传统的研究类别对大部分成果进行分类，但我们还是想尝试一下，尽可能使研究综述简洁且经过筛选。通常来说，考古学家会提出文化变化的功能和性质这样的问题，这些问题属于文化的社会学与生态学维度。这类问题之一就是对个体与阶层地位差异的辨识，就像一些考古资料（尤其是墓葬资料）所揭示的那样。另一类问题与史前居住形态及其隐含的亲缘关系有关，如从人工制品、建筑和聚落信息获取的相关内容。其他的问题还包括文化与环境

[232]

的互动关系，或者生态系统与生计状况。还有一些也许是最令人兴奋的问题，需要我们探究人类历史上那些激动人心的"巨变"背后的复杂成因，如所谓的农业革命（*agricultural revolution*）、城市革命（*urban revolution*）或者复杂社会（*complex societies*）的出现。

我们将从那些关于社会不同状态的研究开始。很巧的是，其中一项研究在宾福德 1962 年的经典文章中做了概述。在这项研究中，宾福德关注如何阐释威斯康星州大湖区（Wisconsin Great Lakes）史前资料中的一些特定变量，特别是与古铜文化（*Old Copper Culture*）有关的考古学现象。这项研究特别引人关注，因为宾福德在研究中结合了莱斯利·怀特的文化进化论、综合的系统理论方法以及演绎推理，以验证他对古铜文化的假说。已知这种古铜文化（Wittry and Ritzenthaler，1956）属于古代时期（Archaic Period），但它是北美洲东部地区唯一通过锤打地表自然铜块制作工具和武器的文化。由古铜文化所引发的问题是，它的冶金技术——或者哪怕是大工具和尖状器的形状——没有延续至该地区后来的文化；那些较晚的文化反倒又开始使用石质工具。这似乎与效率更高的工具类型总会取代效率较低的工具类型这一进化原则相矛盾。宾福德引用怀特文化进化的能量潜力理论（energy potential theory）质疑这些铜制工具的效能，并且认为收集地表铜块和制造人工制品所需要的时间大大降低了假定的效率。在此基础上，他认为这些特殊的工具本质上不是实用的，而是在平等社会中起到象征地位作用的"社会—技术"物品。已发现的不同类型证据也支持这一假说。首先，整个文化背景确实表明，古铜文化与通常所说的北美洲古代文化都处于平等社会的状态。其次，铜工具相对稀少，没有令人费解的外形，而且实际上总是发现于墓葬内等等这些现象，似乎都表明它在相对简单的社会中所具有的象征功能。也就是说，铜制工具通常不是普通的工具，但是很容易

[233]

被辨识出代表着狩猎、捕鱼和木作等活动。如果它们属于象征物品，那么一个人在此文化中获得的特殊地位并没有传给他的后代，而是终结于他死亡之时，并且"伴随着他"带到另一个世界。从严格的技术角度分析，在这个文化里铜显然没有珍贵到需要形成一种机制，从而在活着的人群中继续保留这些金属并重新制成新工具。铜制工具没有在该地区后来的伍德兰文化（Woodland cultures）中延续下来，可能意味着这些社会已经改变了古代时期人人平等的状态，考古揭示的这些文化的详细特点为这一推测提供了佐证。无论宾福德的阐释是否站得住脚，他的这句话是非常正确的："只有在系统的参照框架内，才能提出这样一种包容性的阐释。"（Binford，1962，p. 224）

通过丧葬材料推断古代社会状况的巨大潜力是非常显著的，尽管美洲考古学长期以来忽略了这些内容。威廉·H. 希尔斯（William H. Sears）在 1961 年发表的《北美洲考古学的社会与宗教信仰系统研究》（*The Study of Social and Religious Systems in North American Archaeology*）一文中最早阐明了这个问题。随后，宾福德（Binford，1971）用更长的篇幅和世界范围的视角在《丧葬行为的研究及其潜力》（*Mortuary Practices: Their Study and Potential*）中剖析了这个论题[33]。后者是相关主题学术研讨会文集的其中一篇（Brown，1971），这本论文集还包括三篇美洲学者研究墓葬及其关系的论文，这些墓葬分别位于佐治亚州埃托瓦（Etowah，Georgia）、亚拉巴马州芒德维尔（Moundville，Alabama）和俄克拉荷马州斯皮罗（Spiro，Oklahoma）。这三处是美国东南部地区最重要的"城镇—仪式类"中心遗址，几位学者都运用了宾福德在古铜文化研究中的推理方式，从研究资料中得出许多结论。其中，小路易斯·H. 拉尔森（Lewis H. Larson, Jr. ，1971）认为，埃托瓦遗址在土墩与村落墓葬之间的差异反映了确凿的社会分层现象。土墩中的遗存似乎属于上层阶级，不同年龄墓主的随葬品基本相同，对此最恰当的解释是，它是某种职务（阶层）的标识或者象征。克里斯托弗·S. 皮博斯（Christopher S. Peebles，1971，p. 68）在芒德维尔遗址有类似的发现和解释，"考古遗存所揭示的模式是一个等级完备、功能专业化的政治—宗教组织，它是这个文化系统的其中一部分。"实际上，皮博斯在分析了许多其他遗址的资料并通过统计学研究后指出，在地方性社区、地方性中心以及区域性中心等类型中，芒德维尔很大可能是一个首都。皮博斯的文章既是具体的研究报告，同时也是方法论的案例研究，而詹姆斯·布朗（James Brown，1971）关于斯皮罗遗址的文章在这方面的特色更为明显。两位考古学家都使用了美国东南部印第安部落历史材料中的民族学资料作为对比材料，以研究他们的考古学发现，但是他们在研究这些材料及其相互关系时，都有意识地尝试着将其完全置于考古学领域中进行。布朗以特别正规的方式进行研究，他的目标是分别构建考古学（斯皮罗遗址）和民族学（纳齐兹和乔克托印第安部落，Natchez，Choctaw）的文化系统模型，并从结构上（而不是依据具体文化内容）进行比对。这些倾向于以类比方式运用民族学资料的态度，我们在随后还要提及，因为它们是新考古学的重要组成部分。

　　另一个对墓葬资料社会维度的阐释是威廉·L. 拉什杰（William L. Rathje，1970）在论文《玛雅低地墓葬的社会政治含义：方法论与初步假说》（Socio-Political Implications of Lowland Maya Burials：Methodology and Tentative Hypothesis）中的论述。拉什杰考察了"前古典时期晚段"（Late Preclassic）到"古典时期后段"（Late Classic）这段时间里（约公元前300年~约公元900年）玛雅墓葬习俗（随葬品的数量与类型、墓葬类型）的变化，以及与年龄、性别和聚落地点（仪式中心、村落房屋）之间的关系，为不断增强的社会阶层分化趋势提供

[234]

了令人信服的案例。在后来的一篇文章中，他把丧葬亚系统纳入到一个总体的文化系统模式中，对玛雅文明的消亡提出了一种阐释假说（Rathje，1973）。

居住模式所反映的社会组织是 20 世纪 60 年代吸引许多年轻学者关注的另一个主题，在这个研究领域领先的学者是詹姆斯·J. F. 迪兹（James J. F. Deetz）。迪兹实际上在 20 世纪 50 年代后期就已经开始了这一方向的研究，这一研究在他 1960 年提交的博士学位论文中达到了顶峰。他非常有名的研究专著——《阿里卡拉陶器风格变化的动力》（*The Dynamics of Stylistic Change in Arikara Ceramics*）就是基于早期的毕业论文，并于 1965 年出版[34]。在这本书中，迪兹分析了一系列在遗址的环状房屋里发掘出土的陶器，这些陶器属于阿里卡拉平原（Plains Arikara）的原史时期到历史时期。这些分析是基于精确的特征原则，并且通过计算机编程分析了这些陶器装饰特征在彼此之间，以及与居址之间的许多联系。迪兹的假说是，这些陶器的装饰特征在从妻居家庭（matrilocal households）集中呈现出明显特定的风格，当从妻居家庭瓦解后就会出现一种从特定到随机的趋势。迪兹对这一时间跨度内陶器序列的研究证实了这种变化，陶器的变化也与房屋类型由大到小的变化相联系。此外，确凿的民族史信息显示，阿里卡拉的妇女制作陶器，从妻居家庭居住的房屋要比那些单纯的从夫居家庭（patrilocal families）大一些，这为研究提供了基本的潜在假设。整体来看，陶器和房屋规模这两个方面同时发生的变化似乎证实了迪兹的推测；然而，他谨慎地补充说，尽管上述现象揭示出一种规律性的关系，但是仍需要其他确凿的证据支撑（Deetz，1968a）。

这些对史前居住模式、社会组织和社会互动的关注也可以在威廉·A. 朗埃克（William A. Longacre）、詹姆斯·N. 希尔（James N. Hill）、罗伯特·惠伦（Robert Whallon）和马克·莱

［235］

昂内（Mark Leone）的文章中看到。朗埃克和希尔在东亚利桑那州的西南部普韦布洛印第安人遗址工作，他们通过对陶器、人工制品和花粉遗存的统计与材料分析，阐明了房屋与其他建筑的功能。通过寻找考古遗址或居址中的人工制品或其他资料可以确认这些建筑遗存之前的用途，这一点对于考古学来说并不新鲜，但是为了这一目标而系统研究所有发现的资料却标志着与以往的不同。

　　朗埃克（1968；也见1964，1966）用迪兹的方法研究了陶器的风格特征，揭示出在同一个印第安人遗址的两组不同建筑群中，分别集聚了两组特征不同的陶器。这两组建筑群都有它自己的大地穴（kiva）①，或称为礼仪场所，表明它们有着原始的社群性质。基于该文化中妇女制作陶器的设想（推断自同一地区的民族学类比材料），这些资料与迪兹在阿里卡拉的研究相类似，表明是属于从妻居的居址，并且很可能是属于母系氏族。朗埃克在综合背景中分析这个遗址的更耐人寻味之处在于，它标志着在西南部史前阶段的这个时间里，单一亲缘单元（single-kin unit）的村落被更大的社区（如他所研究的这个遗址）所取代。这种由以往的分散人群聚居而成、包含多个单元的大遗址的出现，与致使整个环境更为恶劣的严峻气候的来临有紧密对应关系。

　　在对普韦布洛印第安人遗址的特征做了正式分类后，希尔认为他对这些居址、遗迹的功能和类型的假说是正确的，基于此提出了（1968）一系列希望通过分析予以证明的预设目标。如，"大房屋应该包含比其他类型房屋更丰富的遗存，因为绝[236]大多数不同类型的活动很可能是在大房屋中进行的"。或者，"除了有少量种类不多的人工制品与加工遗迹外，小房屋还应当保留有大量的储存食物遗迹，特别是玉米和番瓜……应该寻

_____

① 美国西部和墨西哥等地印第安人用作会堂的一种建筑。——译注

找玉米棒芯、种子或者花粉这样的证据"[35]。希尔关于房屋与遗迹最初用途的假说启发自历史时期与现代霍皮人（Hopi）、祖尼人（Zuñi）生活的民族学类比研究。大部分假说经过他的检验得到证实，说明西南部普韦布洛文化在史前到历史时期的数千年文化延续过程中，在遗址和特征功能方面出现了一些意想不到的变化。

惠伦（1968）对纽约史前时期易洛魁族人遗址群（Iroquois sites）陶器的研究表明，遗址中有显著的特征聚集现象，基于妇女制作陶器的假设，这些现象证明了迪兹关于这类遗址属于从妻居的观点[36]。在易洛魁族人的案例中，这种居住形态的确可以从稍晚的历史时期中了解。惠伦也发现，在遗址之间的层面，每个遗址内部的陶器风格随着时间的推移而逐渐趋于一致。他推测，这与遗址之间逐渐失去约束力相关（这一趋势可以从其他几个证据链得到证实），由此导致了一种陶器装饰的"近亲繁殖"。

马克·莱昂内（1968）在美国西南部遗址的研究，是按照这样的假说进行的：随着日趋增加的农业依赖，出现了社区经济自主和社区之间的"社交距离"（social distance）。对农业的依赖可以从村落中使用工具的变化予以确定，而社交距离则可由村落中族内婚姻（endogamy）的多寡这一证据来判断。后者的状况可以用在村落中发现陶器的图案和色彩特征方面的差异予以评估，这是迪兹、希尔、朗埃克和惠伦开展研究时的原则。这两种变量被发现是正向共变的，这支持了莱昂内的论点。这项研究较此前视野更为宽广，其目标显然是获取文化法则，在该案例中可以具体表述为：除非其他状况（如贸易或者重大入侵）影响，新石器时代的经济状况将导致社区自主与社交距离。

鉴于丧葬习俗、聚落形态与人工制品模式所提供的变量可以推断出社会地位、居住状态与亲缘关系，文化与环境间的互动关系显然是推断经济和人口的关键变量。我们只是为了表述的目的在这里作人为地划分，实际上这些都是彼此系统关联的。这种关联性是新考古学的重要学术贡献。不过，有些研究

能被明确地归为生态学研究。在中美洲，W. T. 桑德斯（W. T. Sanders）和 R. S. 麦克尼什（R. S. MacNeish）是这一领域的先驱。桑德斯（1956）早在 20 世纪 50 年代就开始对此感兴趣，他对特奥蒂瓦坎河谷（Teotihuacan Valley，墨西哥谷的一条分支）的调查开展了许多年，发表了中期报告（Sanders，1962，1965），并于 1970 年出版了最终系列报告的第一卷（Sanders and others，1970）。桑德斯和同事们开展的调查在当时算是特别细致全面的。有意思的是，曼纽尔·加米奥（Manuel Gamio，1922）大约在五十年前就在特奥蒂瓦坎河谷组织了一次重要的调查。加米奥和桑德斯两个人都对河谷中人类居住的所有区域感兴趣；这两本报告是数十年间美洲考古学和人类学在关注问题、理论概念及方法等方面发生转变的一个标尺。简言之，桑德斯把文化视为一个特定地理区域内处理生存问题的适应性技术组合。虽然这样的适应可能基本上是属于技术和生计的领域，但是它们与文化的其他所有方面存在系统的联系。他不仅把环境看作文化发展过程中的一种宽容与限制因素，而且从限制选择的角度考虑，环境还是一种指向性因素。他的整体生态系统的观点包含了三个半自主性系统（semiautonomous systems）——文化、生物（植物和动物）以及客观环境。它们各自"按照互不连接的独立过程发挥作用"；不过它们之间也有相互影响，并且这种相互影响"是引发文化系统变化的主导性推动因素之一"（Sanders，1965，p. 193）。桑德斯雄心勃勃的目标是，解释古代人类适应他们所处的环境时在特奥蒂瓦坎河谷所发生的变化，以及这种"技术—生计—环境"（technology-subsistence-environment）互动产生的所有系统性影响。虽然桑德斯的唯物主义决定论倾向受到

一些中美洲同行的批评，但是对于公元前 1000 年至现代时期墨西哥中部高地（Central Mexican Uplands）的文化过程研究来说，学者们都认为他的阐释迈出了一大步。

　　麦克尼什的注意力则转向了村落农业的开端——中美洲基于农耕的定居生活的萌芽。20 世纪 40 年代后期到 50 年代，他在塔毛利帕斯（Tamaulipas）的干燥洞穴群开始了这项工作，他在那里揭示了人类在基本处于食物采集状态的前陶器时代背景下，人工种植玉米的几个早期阶段（MacNeish，1958）。后来，他把关注地域向南移到了中美洲腹地，考察了墨西哥普埃布拉州特瓦坎河谷的洞穴和露天遗址。在这里，他把玉米首次出现的时间向前推到了大约公元前 5000 年，当时这种作物处于野生阶段或者人工种植的最初阶段。麦克尼什通过引入自然科学的不同学科以解决这一问题，并制定了一个富有想象力的研究计划。他在对大盆地（Great Basin）历史时期人群类比分析的基础之上，提出了许多社群互动的模型，每一个模型代表了不同的时间段，并且绘制了"生计—聚落—形态"的关系图。由此提出，"半定居大群体"（semisedentary macrobands）在雨季居住在秋季营地，采集某些种类的野生植物类食物，从事少量的植物种植。这些大群体随后会分化成一些"旱季小群体"（dry season microbands），从事适于那个阶段的其他食物获取工作。在某一时间点上（大约公元前 1500 年），这种半定居生活被首次建立的定居村落和小的仪式中心所取代。（MacNeish，1964a，1967；Byers and MacNeish，1967～1976）。 [238]

　　在危地马拉太平洋海岸这种不同的环境背景中，迈克尔·D. 科（Michael D. Coe）和肯特·弗兰纳利（1964，1967）做了类似的生态系统研究，包括对许多微观环境场所的各种综合性研究，这些都与该地区最早的定居村落问题相关。

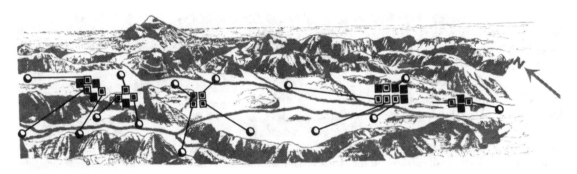

该图说明了墨西哥特瓦坎河谷季节性社群与生计安排之间的关系。这里展示的克斯卡特兰（Coxcatlan）与早期阿比查斯（Abejas）两个阶段是前陶器晚期的建筑群。社区模式为：半定居大群体有雨季秋季营地▣，或者常年营地■，不过常会分化成旱季小群体的营地Ɔ。（引自 MacNeish，1964a，Science，143，Fig. 7，the American Association for the Advancement of Science，Washington，D. C.）

该图展示了危地马拉太平洋海岸的微观环境与早期居民可获取的食物资源。（引自 Coe and Flannery，1967）

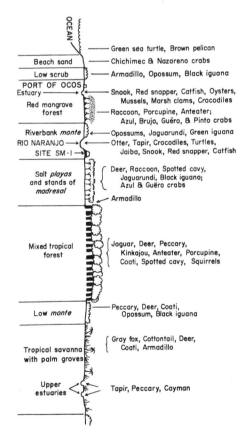

弗兰纳利把注意力转向墨西哥高原，基于麦克尼什和他自己在瓦哈卡山谷的研究成果，在生计—聚落历时性模式基础上

提出了包含这些变化的详细的过程性阐释。我们认为这篇发表于 1968 年的文章《考古学系统理论与早期中美洲》是"现代时期"最初十年里考古学研究的最佳范例。弗兰纳利吸收了考古学与民族学资料，重建了墨西哥高原前陶晚期（大约公元前5000～前 2000 年）与前农业阶段的"获取系统"（"procurement systems"，实际上是整个生计系统中的亚系统）。这些获取系统包括龙舌兰植物、仙人掌果实和野草的采集，以及鹿和其他动物的猎取。这些获取活动受到自然界的季节性以及文化 ［239］层面的计划的约束。正如弗兰纳利（1968a，p. 79）所说：

> "季节性与计划……属于'偏差与抵消'反馈系统的组成部分。它们防止任何一种获取系统强大到足以威胁野生物种的生存；与此同时，他们保证了非常高的获取效率，故而无须再做调整……
>
> 在获取充足与永久维持平衡的条件之下，史前文化可能就永远不会再发生改变。它们发生的变化至少可部分归因于存在正反馈或者'偏差扩大过程……'
>
> 丸山（Maruyama，1963，p. 164）将其描述为'相互因果关系的所有过程，能够放大一个微小的或偶发的初始行为，逐渐加剧与初始环境的偏差或偏离……'
>
> 这种'微小的或偶发的初始行为'就是发生在被人类利用的一、两种中美洲植物内的一系列基因变化。相对于龙舌兰、仙人掌果实、鹿或者豆科乔木（tree legumes）的获取来说，对这些植物的利用是一种相对较小的获取系统，但是这些初始基因变化的正反馈导致这个小系统比其他系统发展得都强大，最终引发墨西哥高原南部整个生态系统的变化。"

简而言之，这是对公元前 5000～前 3000 年墨西哥高原出现农业革命直接原因所提出的最令人振奋的假说之一。在论文　［240］

发表的那个时间里，它指出了新考古学在为文化发展提供阐释方面的巨大潜力，这一点超越了其他任何单篇论文。

其他值得一提的生态系统研究有：斯图尔特·斯图夫（Stuart Struever，1968a）对伊利诺伊河谷（Illinois Valley）伍德兰文化的研究；埃兹拉·朱布罗（Ezra Zubrow）在《西南部史前承载力与动力平衡》（*Carrying Capacity and Dynamic Equilibrium in the Prehistoric Southwest*，1971）中的思考；以及宾福德（1968c）在《后更新世的适应》（*Post-Pleistocene Adaptations*）中基于世界范围的观察，他提出了旧石器时代到中石器时代，和中石器时代到村落农业这些阶段交叠临界点的系列假说。

生态系统模型与生态学阐释被一些美洲考古学家应用到人类历史上其他重要变革的研究之中，比如从较简单的农业社会向文明社会的转变。借助这类模型，他们发现一系列应对环境的技术进步事件（特别是水渠灌溉）增加了食物产量，进而导致人口激增，随之在其他方面产生了更多的经济效能和需求，这些人口压力与其他的复杂因素最终引发了国家与文明社会的出现[37]。然而，其他一些学者尽管承认所有这些因素的重要性，但是并不相信诱发机制一定存在于生态关系之中，他们更愿意看到思想意识扮演了一个更为重要的角色[38]。还有一些学者提出的阐释涵盖了贸易、思想意识、社会威望等复杂而系统性的相互作用，提出了关于文明起源及真正意义上复杂社会或国家兴起的、颇具说服力的模式[39]。其中，还包含着若干定义的问题，以及关于过程的争论。文明（*civilization*）这个难以解释的术语的含义是什么？虽然有些权威愿意把这个术语用于一些早期的仪式中心主导下的复杂文化，如奥尔梅克（Olmec）或者查文（Chavin），但是其他学者更愿意把这个术语和概念与正式的城市化兴起（如特奥蒂瓦坎，Teotihuacan）联系起来。勒内·F. 米伦（René F. Millon）和同事们（1967，

1970）对宏大的特奥蒂瓦坎遗址所做的测绘与细部功能研究的长期项目，在把考古学家的注意力引导至这些问题，并为其提供研究基础资料方面起到了真正重要的作用。

　　鉴于美洲考古学研究的一个重要分支在20世纪60年代突然快速发展，我们认为在这里需要单独提及，那就是所谓的**历史考古学**（*historical archaeology*）或**历史遗址考古学**（*historic-sites archaeology*）。这些术语指的是属于后哥伦布时代（Post-Columbian times）的研究领域，包括了土著人群、欧洲人，或者二者都有。历史考古学在欧洲已经经历了很长时间的耕耘；但是在美洲（特别是在美国），它只是近期才开始受到"现代时期" [241] 学者的关注[40]。绝大部分美洲历史遗址考古学家主要是对历史

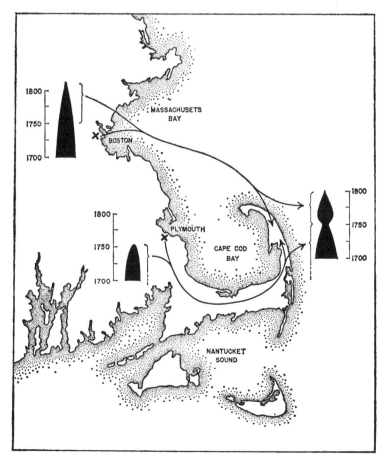

18世纪马萨诸塞州东部地区墓碑样式的变化。詹姆斯·迪兹（James Deetz）运用历史考古学以检验考古学的设想和假说是"现代时期"的重要进步之一。（引自Deetz，1968b）

细节感兴趣，但是他们也受到了新考古学的影响。例如，迪兹和戴利夫森（Dethlefsen，1965，1971；也见 Deetz，1966）关于新英格兰墓碑的研究给考古学家提供了关于序列程序方法的极好验证。事实上，按照迪兹的观点（1968b），历史考古学的其中一个重要价值在于，可以在可证实的特定历史背景中验证考古学的理论和方法，并借此完善概念和程序，以更好地理解文化变化过程（见 Schuyler，1970）。

[242]　　## 新考古学论纲的巩固与拓展

鉴于 20 世纪 60 年代和 70 年代早期"新考古学"刚被提出时引发的夸张愤怒，一些人对"过程"这一主题的反应同样强烈也就不足为奇了。我们之后将在本章中探讨这一反应。也许更令人惊讶的是，那些躲避激烈争论，无视周边众多思潮涌动而继续潜心于研究的考古学家还是为数不少的。但是我们下面将会看到，即使是这些试图如往常一样继续进行研究的学者，也受到了新考古学家论辩的影响。

在 20 世纪 60 年代的变化之后，许多美洲考古学家都觉察到这个学科经历了一场革命，一种新的理论结构或者范式（如库恩 Kuhn 在 1962 年定义的那样）已经取代了传统的内容。尽管这种观点具有普遍性，但在我们看来，这场革命充其量仍处于初级阶段。只有时间能告诉我们它能否成功。如同一些批评家所断言的那样，目前即使是庆祝过程考古学的消亡都为时过早。时钟当然不可能拨回到 1960 年，如同一些爱争论的学者愿意看到的那样（例如，见 Courbin，1989）。20 世纪 60 年代的文章已经令人信服地揭示出考古学的传统结构太过狭隘，其自以为是的实用主义太缺乏理论。而且，"现代时期"的新视野已经为考古学开启了新的可能，已经有了（现在仍然是）伟大的希望和可见的结论。美洲考古学能够比以往讲述更好的

故事——尤其是在行为意识，以及提供更为丰富的、过去人类
所处的背景方面。除此之外，乐观地说，对文化变迁更高等级
规则的阐释仍大有希望。不过，到了 20 世纪 70 年代中期，对
这一进展的许多思考与质疑开始浮出水面[41]。

　　新考古学家在他们辩论成功之后并没有自满，因此即使在新
考古学的阵营，思想也没有保持静止不变，这就使得在过去的二
十年中，新考古学或者过程考古学（Processual Archaeology）在直
面大量抨击时表现出了相当强的韧性（见 R. Watson，1991）。实
践者很快意识到了这个初步方案的各种弱点和不足。他们进一步
认识到，新考古学在宏观文化进程的科学理解方面没有取得突破，
反而加剧了这些问题的严重性，以至于有些问题可能会很快爆发。
在此期间，当新考古学开始应对这些已经觉察到的问题时，几个
重要的新趋势出现了。让我们对这些新方向做个简要分析。对于
那些希望把新的观点转化为实实在在的考古学成果的考古学家来
说，最初所面临的问题包括了研究领域的边界，这个领域是被　　[243]
如何定义的？什么样的信息和问题最值得关注？

现代时期的实验室。这是 W. L. 拉什杰在亚利桑那州图森市垃圾研究项目的工作场景。拉什杰正站在右
侧。（引自 W. L. Rathje，The Garbage Project，University of Arizona，Tucson）

　　亚利桑那大学的几位考古学家——威廉·拉什杰（William Rathje）、J. 杰弗逊·雷德（J. Jefferson Reid）和迈克尔·希弗（Michael Schiffer），主张一种完全脱离传统考古学的观点（Reid，Schiffer and Rathje，1975）。希弗（1976，p. 4）说：“考古学的主题是在所有时间和空间中人类行为与物质文化之间的关系（楷体字部分为本书作者标注）。”实际上，这些学者把考古学定义为关于物质文化的科学。关于这一广义定义的一个常被引用的创新案例，就是正在进行的图森市垃圾研究项目（Tucson Garbage Project），该项目由拉什杰及其同事在 20 世纪 70 年代早期提出构想，并且已经取得了一些令人惊喜的成果（Rathje，1974，1978；Rathje and Harrison，1978；Rathje and McCarthy，1977）。但是他们的研究属于考古学吗？当然，这个项目的各方面在本质上显然是属于考古学。正如拉什杰和麦卡锡（McCarthy，1977，p. 285）指出的那样：“我们希望垃圾研究项目，通过分析过去和现在的垃圾，能够在适应性策略量化模型的考古研究中，对取代通常的社会文化层面的解读有所贡献。”然而，他们对这个项目的定义揭示出这一研究工作的其他方面。他们把这个垃圾研究项目看作“对当代社会开展社会科学研究的一种新形式以及（楷体字部分为本书作者标注）完善传统考古学阐释的一种方法”（1977，p. 285）。“社会科学研究的一种新形式”是作为考古学的一部分还是一项独立的工作？一些考古学家已经表现出对当代考古学这种边界扩展的担忧（见 Trigger，1978，p. 14），担心这些新关注点可能会在将来耗尽考古学的力量。我们不清楚从长远来看成为“物质文化科学”（science of material culture）是否符合考古学的最大利益。然而目前，我们相信许多美洲考古学家认为查尔斯·雷德曼（Charles Redman，1973，p. 20）的定义更合适、更谨慎：“当代的考古学家是通过分析过去人类活动的人工制品，来研究人类行为和社会组织的社会科学家。”虽然物质文

［244］

化科学的思想把考古学引向新的研究领域，最终它似乎忽视或者消除考古学对某些非物质层面的关注。然而雷德曼的定义没有受限于"物质文化"的定义，它提出了考古学最传统的关注点：人类及其过去的文化行为。

古莫曼（Gumerman）和菲利普斯（Phillips）（1978）提出了另一个建议，他们认为，鉴于考古学借鉴自多种学科，相比将其看作传统的人类学分支，把它看作是一门自主的"技术"要更好。不过，虽然针对考古学与人类学关联的限制性特性，古莫曼和菲利普斯提出了几个不错的观点，但是我们认为对文化过程的理解是一种特有的人类学关注点，美洲考古学目前应当尽全力加强而非削弱它与人类学的联系。弗兰克·霍尔（Frank Hole，1978，p. 152）也如此说道："在我看来，无论我们在方法、理论、技术、时代或地区等方面如何选择，都必须牢记核心的理念，就是我们研究并试图理解人类传统。"

在我们看来，与这个有关定义的问题一样有意思的是，新考古学第二阶段最重要的学术发展是使最初的过程性议题可操作的问题。如果考古学家打算更好地理解文化变化，他们就必须比前辈学者更有效地利用他们的特有资源：考古学记录。实际上，考古学家该如何克服考古学记录的局限性这个问题也随即成为重点。虽然仅有部分留存的记录很大程度上束缚了学者对各种文化问题的研究，但考古学家并没有被动地接受这样一个前提，而是开始寻求克服这些障碍的方法。例如，迈克尔·B. 希弗（Michael B. Schiffer，1976，p. 12）在断言"考古学遗存就是对过去人类行为系统的失真反映"时，认为这种状况不会走向死胡同。他接着说道，因为"引起这些失真的文化或非文化过程是有规律的，考古学遗存与过去文化系统之间有着系统的（但很少是直接的）关系"。 [245]

在一系列有影响的论著中，希弗强调了考古学记录形成过程的两种类型[42]。即自然形成过程（*n-transforms*）和文化形成过程（*c-transforms*）。有关前者的一个例子是，所有事物都是平等的，在酸性土壤中，花粉得以保存而骨骼则遭到破坏；而有关后者的例子如"在一个屠宰遗址中宰杀的动物越多，［那么］被带回并被抛弃在营地或者村落里的骨头就会越少"（Schiffer，1976，p. 15 and p. 21）。虽然希弗认为这种变化应该被称作"定律"（laws），但是可能把它们叫作"阐释"或"归纳"更合适，因为它们充其量只是说明的一部分。人工制品的尺寸、重量与被抛弃地点的描述性关系不能完全解释这种抛弃行为。然而，无论学者如何称呼这些变化，它们显然是尝试建立关于过去文化变化过程之理论基础的基本依据。

对形成过程的重视明显改变了考古学家研究田野资料的方法，并且在他们试图赋予考古学记录以含义时，为他们提供了不同的视角。正如路易斯·宾福德（1976b，pp. 295-296）所说：

> 所谓自我蒙蔽就是，学者可以（1）进行当代的观察，（2）采用相关的当代观念对这些观察进行分类，（3）借助地层学或碳十四测年法，用这些当代的事实如实反映过去，（4）获取的"文化史"是一个谬误。它导致了一种现在对过去的猜测。只有把历史含义放到我们当代的观察中时，才能提出试验性的"文化史"。这些理念必须被评估，其中科学的程序是至关重要的。历史解释并不比其他类型的解释来得更可靠。这种"自我蒙蔽"对于传统考古学家的成果来说属于一种常见的"古董式指导"。

从实践和哲学的角度来说，我们认为"现代时期"最关键的问题是，在尝试赋予考古学记录以意义时要精确而严谨。今天的研究者在阐释考古学记录时，所做推论的性质和所采用推论程序方面的分歧是论争的关键点，这也是过去三十年间方法论和理论方面讨论的特征。我们已经指出了美洲考古学在发

[246]

展过程中与民族学和民族志的紧密联系。史前史与民族史资料之间的相互关系是赛勒斯·托马斯（Cyrus Thomas）抨击将土墩建造者与土著美洲人对立起来这一问题的关键。"直接—历史法"标示出"分类—历史时期"对考古学文化进行具体族属辨识的方式，斯特朗、斯图尔德等人呼吁，在对考古资料进行功能与背景解释时，要更系统、更深入地运用民族学类比。在美洲考古学发展到了"现代时期"时，民族学类比方法仍拥有极其重要的地位。例如，我们可以看到迪兹、朗埃克等人在"陶器—社会—组织"的研究中对它的应用。通常来说，许多（或者绝大部分）美洲考古学家对民族学类比方法持肯定的态度，他们将这些特定的历史类比视作重建过去文化具体特征的唯一方式。与此同时，民族学类比方法（或是对它们的某些有限运用）在"现代时期"受到抨击。为了用恰当的视角来看待这场争论，有必要先概括性地说一下考古学中的类比。

考古学中的类比最初是一种推理模式，即把人类行为留下的痕迹（尽可能）转化成该行为最初的状态。这是考古学的第一步。没有它，对过去的假说就不可能被构建出来；在进行类比研究以后，才能运用归纳或演绎推理检验这些假说。考古学家可以运用两种类比方法：一种是我们刚刚提到的特定历史类比（specific historical analogy），或者通常所谓的民族学类比（*ethnographic analogy*）。它被运用于特定的历史背景中，如北美洲西南部从史前延续至历史时期的普韦布洛印第安人文化传统，或是墨西哥中部特奥蒂瓦坎—托尔特克—历史时期（Teotihuacan-Toltec-historical）的阿兹特克文化延续。这种特定历史或民族学的类比区别于另一种类比方法：一般性比较类比（general comparative analogy）。从其参照点也立足于对人类行为的观察来看，一般性比较类比也是一种民族学的类比，但是它对过去的解释是通过对人类行为的广泛比较和本质上具有普遍性的观察与概括提出的，而不是源于特定历史背景的有限范围[43]。

　　在《考古学与民族学相互关系的主要方面》（*Major Aspects of the Interrelationship of Archaeology and Ethnology*）一文中，张光直（K. C. Chang，1967b）相当详细地讨论了这两种类比方法，并强调民族学类比对考古学家是至关重要的。在对张光直一文的评论中，宾福德（1967a，1968b）的观点略有不同[44]。他认为完全或者甚至从根本上依赖于这种特定历史类比法，将严重限制考古学家以过程视角观察历史的能力，即把历史视作文化法则最终形成的原始材料。宾福德并没有反对民族学类比或者特定历史类比法的所有应用。他的立场是，作为考古学解释的辅助手段，以及用作形成特定过去文化假说的信息来源时，这种方法是有用的；然而，它不能被看作解释过程的关键。他说，解释过程必须由考古学家用他们自己的术语，也就是通过一般性比较类比法的运用来获得。

[247]

　　与宾福德的立场相反，基思·M. 安德森（Keith M. Anderson，1969，p. 138）写道："对考古遗存的细致分析与比较，对分析技术的充分运用，以及对统计学的熟练使用，可能会导向对重要的、可比较的技术性要素的精确解读。然而，这些技术自身并不能解释史前史。这样的解释还是要依赖于民族学的类比。"而且，他还很直接地评论新考古学："在考虑特定人工制品的用途时，了解技术的各要素与文化遗存之间的系统性关系对推论的提出是必要的。然而，系统模式的精确性仍存在局限。"

　　如我们所见，对民族学类比或者特定历史类比的价值所存在的这种分歧，多源自对考古学目标的不同侧重。如果一位学者偏好复原一段特定的过去，如解释在西南部普韦布洛遗迹发现的人工制品的功能，或是特奥蒂瓦坎遗址壁画中神像的含意，那么安德森就是正确的。这样的解释必须来自于民族史或者民族志的资料类比。但是如果像宾福德所做的那样，不把对过去的复原作为考古学的基本目标，那么特定历史类比的重要性就少得多，且确实非常有限。而且，我们不能指责张光直和安德森对过程没有兴趣[45]。我们也不会满足于一种完全是特定领域的考古学。不过，我们也不完全赞同宾福德（1967a，1968a）的主张，即：当代考古学家在构想可验证的假说来解释考古学的观察结果时，在自己的学科内就可以满足需求。至少，我们怀疑这些假说是否一定是非常恰当或有意义的。技术与生态互动的观点是否足以解释所有那些对了解过去文化来说很重要的事物？我们的回答是否定的。在面对特定的历史研究时，安德森（1969，p. 38）说得很好："如同任何通用性原则一样，符合逻辑的分析形式更多地取决于对文化背景影响下的目标的理解。"

［248］

这些通过类比法来实现对过去行为更深入理解的尝试，促使我们思考考古学其他方面的应用。其中一个重要的例子与一般性比较类比法有关，而另一个典型案例是弗兰纳利（1968b）运用缅甸掸族与克钦族（Burmese Shan-Kachin）之间的贸易交换与社会交流模式，来解释中美洲前哥伦布时期的奥尔梅克人与古代瓦哈卡人之间的相关情况。这种类比就是威利（1977）所谓的"特定之比较"（specific comparative）。在民族学方面广为人知的缅甸文化与中美洲考古学文化，这两种文化形态在历史上没有什么关联。这种模式之所以能够应用，是因为它们在文化和社会政治类型，以及地理条件和资源状况方面的某些因素很相似，由此推断二者在行为与文化过程方面也存在相似性。这个方法当然有它的局限性，不过它的优势在于，能够引证观察到的、有具体时间和地点的文化与社会互动资料，而不是构建一个基于一般性类比信息的模型。换句话说，特定比较类比法把某种过去的文化与一种综合文化系统联系在一起，比起"零星拼凑"的方法（"bits-and-pieces" approach）来说，可以让考古学家更清晰地看到个体与其所属文化之间复杂的相互关系。

　　20 世纪 70 年代，对类比方法的思考有了新的方向。当新考古学家强烈反对通过条件或假设把考古记录与过去人类行为联系在一起的传统模式时，他们并没有弄清楚该如何严谨地赋予这些考古学记录以意义。宾福德（1983b，pp. 9-17）在与本书作者（Sabloff and Willey，1967；Binford，1968b）就古典玛雅文明"崩溃"（collapse）问题交换意见时说道，他开始认识到他最初的阐释太过狭隘了。在批评我们"用直觉、类比、惯例和推测来解释考古记录的事实"时，宾福德（1983b，p. 10）仍然没有更有效的方法来取代传统的方法，他反对我们论文中的一些做法，但有时他也同样陷入其中（例如，他关于如何证明入侵曾经发生的推测）。

路易斯·R. 宾福德（Lewis R. Binford）。（源自 Lawrence Straus）

宾福德并不认同我们的观点，在论辩中他将其描述为一种"通过直觉、传统和人文主义的方式来描述过去，并用过程术语来解释"的程序，宾福德之后逐渐理解了"过程考古学的中心问题正是从考古学观察中推演过去"（1983b，p. 10）。而且，宾福德意识到解释记录的类比程序本质上是种循环，部分来源于记录本身又通过验证修正记录[46]。因此，宾福德和他的同事进一步完善了一个思路，即，在特别强调将民族考古学或者实际研究作为关键性过程要素时，如何最恰当地赋予考古学记录以意义。不过我们下面将要讨论到，具有讽刺意味的是，宾福德的类比主张随后反过来被后过程主义者批判为是迂回且主观的。

　　[249]

　　[250]

　　宾福德把这种探寻考古记录含义的研究称作构建中程理论（*middle-range*）或桥接理论（*bridging theory*）[47]。他认为，考古学家必须尽可能地去理解过去的系统在处于何种环境条件时，可能会呈现出考古学田野研究时所揭示的模式。换句话说，必须建立这些过去的动态系统与当前可见的静态记录之间的联系。宾福德认为，通过研究民族学（"现实的"）或历史环境中静态与动态之间的联系，并将其与考古学静态记录和史前时期动态之间的联系进行类比，就能够建立起它们之间的桥梁。例如，如果文化活动的物质"特征"（"signatures"）能够在民族学研究中被描述出来，那么就有可能在考古学记录中发现相似的特征，通过类比法就有可能把它们与古代活动联系起来[48]。宾福德注重静态与动态间中程联系的验证，因为"我们寻求对历史的阐述，以评估我们对引发过去生存系统中动态组织变化与更新的相关触发条件的认识"（1977，p. 7）。换句话说，考古学家不仅必须了解考古学记录是如何（*how*）形成的，而且必须尽力解释过去的动态系统为什么（*why*）产生了现在的静态考古学记录（在赋予意义方面的中程理论运用）[49]。需要强调的是，"中程"指的是理论构建的桥接方面，它的作用是将静态考古学记录与产生这些记录的文化的一般性认识联系起来，而不是（*not*）与这些理论的本质相联系。依据考古学家为构想和验证常规考古学假说所需基本要素的种类，中程理论既可能表现得非常具体与特殊，也可能表现为非常宽泛的一般意义。

有关中程理论的早期研究成果出版于 20 世纪 70 年代晚期。其中绝大部分是由宾福德及其学生、同事完成的。主要的研究开展于今天的阿拉斯加州纽纳米特（Nunumuit）[①]（Binford，1976a，1978a，1978b；Binford and Bertram，1977；Binford and Chasko，1976）。这项民族学研究并不是为了给狩猎采集者的过去活动提供简单类比，而是为了给中程理论的构建提供支持。这项研究聚焦于一个目前仍被使用的纽纳米特狩猎点——马斯克遗址（Mask site）（Binford，1978a）。在马斯克遗

[251]

纽纳米特人（Nunamiut）的狩猎点——马斯克遗址（Mask site）及其周边环境。（源自 L. R. Binford）

---

① 此处原文"Nunumuit"似有误，原书 P251 图释及 P322 页参考文献均为"Nunamiut"。——译注

马斯克遗址（Mask site）狩猎点近景。（源自 L. R. Binford）

址的研究中，宾福德提出：有观点认为，通用性的工作空间一 [252]
般会有各种活动发生，对于考古学家而言其结构类信息是模糊不
清的。而宾福德则认为，一些相互影响的变量是可以提供可辨识
的分布信息。虽然他仍然不能构建一种中程理论，以解释考古资
料中营地活动空间形态所反映的狩猎采集组织的动力机制，但是
他的确提出了如何构建这种理论的思路。其中一些建议是，在不
同地点开展某类活动的可行性，至少有可能受到影响其他活动的
操作形式的制约，而对所制造物品的操作和体量等方面的特征，
以及生产过程所产生残余物的关注，"将决定一个遗址活动区域中
功能独特性的程度"（Binford，1978a，p. 360）。

　　此外，在《考古学的理论构建》（*For Theory Building in
Archaeology*）（Binford，1977）一书中，有多篇文章描绘了一
些潜在而富有成效的中程理论发展途径。例如罗莎琳德·亨
特－安德森（Rosalind Hunter-Anderson）通过对房屋形制及其
成因的研究，认为迁徙不是重要的决定性因素，她（Hunter-An-

derson，1977，pp. 304-305）采用了三个关键性变量：（1）"某一庇居场所在生计或作用方面的种类数量"；（2）"分享同一房屋的不同个体所从事活动的多样性"；（3）"相关联的材料与设施的数量"。虽然亨特－安德森没能解释为什么一套特殊变量的某些数值与某种特殊形态相关，但是她为未来的理论构建奠定了基础，这一理论将明确指出每个房屋居住个体数量、在那里先后举行的活动，以及设施的数量等相关条件。

[253]

三轴坐标系模型，包含有生计或作用方面的数量、生计或作用的多样性与共时性，以及相关联的材料与设施的数量。更高的数值使长方形房屋的可能性更大。这是一个构建中程理论探索的形象描述。（引自 Hunter-Anderson，1977，copyright by Academic Press，New York）

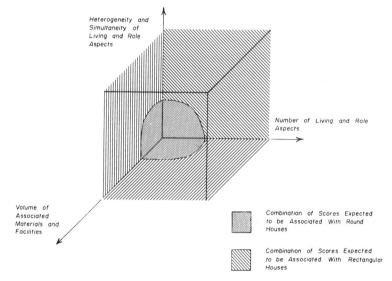

这些试图建立中间层级理论（middle-level theory）的早期案例通常来自于对相对简单的社会群体的研究。与功能和用途相关的变量似乎比城市类型环境中要少得多；或者说，至少它们在考古学记录中似乎更容易被直接追溯。基于更复杂的古代社会群体研究而建立的理论一般是在更高层面或更具普遍性的。这互不相关的两者，在本质上也是独立的吗？考古学家是否应该只专注于其中一种因素？而且，考虑到关于文明兴衰方面各种阐释理论面临的困难，考古学家是否至少暂时先忽略通则性理论的构建，而倾向于形成过程、中程理论这些问题呢？宾福德坚持认为（我们觉得也是正确的），对中程理论的关注和

对更高级别或通则性理论的关注不应该被割裂开。他设问道
（1977，p. 7）：

　　　　为什么我建议通则性理论与中程理论的发展必须齐头
　　并进呢？只不过是因为，在缺少合适的判断标准时，我们
　　在构建某些静态事实之动态意义的中程理论上浪费了太多
　　时间，这些静态事实被证实是与我们认为促使生存系统变
　　化与多样的普遍决定性过程的研究无关的。这个领域必须
　　整体推进[50]。

　　到 20 世纪 70 年代，对绝大多数考古学家来说，文化进化
（*cultural evolution*）这一术语已经不再是怀特学派（Whitean）
所指称的意义，而基本上成了文化过程（*cultural process*）或
文化演变（*cultural change*）的同义词。由此，宾福德（1972，
p. 106）指出："概括来说，当我们能够证实结构性变化时，
我们就能辨认出生存系统层面的进化行为。"

　　在评论怀特与斯图尔德对进化论的持续影响时，可以这样
说，许多学者已经不再局限于他们所强调的技术决定论
（Service，1975；Flannery，1972a，等等）；不过，包括宾福德
（1972，pp. 108-109）在内的许多新考古学家把环境，或环境
与技术间的相互关系（生态适应性），看作进化演变过程中至
关重要的因素。但是我们将会看到，其他学者认为这个观点在 　[254]
阐释的潜力上太有限了。

　　目前在一些地区进行的研究大多要归因于怀特和斯图尔德
的前期关注，这些研究包括历史考古学[51]、农业的起源和国
家的兴起。考古学理论中关于复杂社会演进最有意思的进展之
一，就是对可能相关的过程规律的研究越来越复杂了。在我们
以前讨论前哥伦布时期城市的兴起时已经列举了这方面的案
例。我们曾提及的弗兰纳利的评述文章《文明的文化进化》
（*The Cultural Evolution of Civilization*，1972a），试图将系统框架

应用到对国家兴起更为传统的解释中。弗兰纳利把这些传统的单一原因命名为社会环境压力（socio-environmental stresses），他认为在不同的文化—历史环境中，因特定的社会环境压力而选择了不同的一般性过程和机制。在弗兰纳利看来，为了理解复杂社会的进化，考古学家必须研究某些过程、机制及社会环境压力是如何系统地连接的。在研究过去的文化系统是如何达到国家阶段时，他把对信息与信息流过程的理解（包括过程结构、相关人群以及各种传递信息）作为关键（Flannery，1972b）。显然，弗兰纳利认为，未来对国家进化的系统性阐述要比塞维斯（Service，1962）、弗里德（Fried，1967）、桑德斯和普赖斯（Sanders and Price，1968）对文化进化问题的表述复杂得多[52]。

如上文所述，关于粮食产量增加，以及它所反映的从游牧式的狩猎采集生计方式向定居农业过渡的问题，美洲考古学家一直非常关注。近来在中美洲和秘鲁的研究，使他们能用更加精确的方法来研究这些问题。对于从狩猎采集向农业转变之深层次原因的争论仍然在持续。人口增长与压力因素作为其中一个原因受到了特别关注，但是这个假说还没有得到证实，而且如我们所见，的确很难验证。经过对来自世界多地可靠的考古学与植物学资料的细致分析，弗兰纳利（Flannery，1973）得出了谨慎的结论：对农业起源过程的理解比很多考古学家所认为的要困难得多，旧大陆与新大陆不同地区的驯化途径可能各不相同。在讨论了驯化种子作物的起源之后，他有些悲观地推断（1973，pp. 307-308）："既然早期农业意味着辛勤劳作得越多，就得吃更多的'第三类'（third choice）食物，我猜想人们这么做是因为他们觉得必须（had to）这么做，而不是因为他们想要（wanted to）这么做。尽管他们的决定改变了此后的人类历史，但是我们可能永远不会明白他们为什么觉得必须这么做。"弗兰纳利的悲观观点能否得到证明仍待观察[53]。即使

[255]

如此，有关农业起源的问题总会引起考古学家的兴趣，并且它将继续成为验证与构建通则性理论的焦点。

亚利桑那州的干草山谷（Hay Hollow Valley），弗雷德·普洛格（Fred Plog）在这里检验他提出的由制篮人文化（Basketmaker）向普韦布洛文化（Pueblo）转变的普适性发展模式。（源自 L. R. Binford）

　　弗雷德·普洛格（Fred Plog）的《史前演进研究》（*The Study of Prehistoric Change*，1974）是 20 世纪 70 年代关注通则性理论的又一个例子。正如普洛格（1974，p. ix）指出的那样："我相信，作为社会科学家的考古学者必须提出对长时段演变的解释。"在尝试解释美洲西南部由制篮人文化向普韦布洛文化的转变时，普洛格构想了一种普适性的发展模式，他希望可以用来解释一些变化的具体案例。虽然他的分析远比以前的研究复杂深奥，但是正如普洛格坦率承认的那样，他仍然不

[256]

能确凿地验证普适性的阐释或具体的解释。

不管怎样，在过去的十年里，过程考古学家（Processual Archaeologist）继续保持着对文化进化的兴趣，不过他们的模型构建和假说验证更为具体[54]。艾伦·W. 约翰逊（Allen W. Johnson）和蒂莫西·K. 厄尔（Timothy K. Earle）在近期出版的《人类社会的演化》（*The Evolution of Human Societies*，1987，p. Ⅶ）一书中说："社会文化演化的理论在当时的人类学中不受欢迎。但是我们感觉得到，经过上一代人一段时期的创造努力后，这种把进化主义拒之门外的行为被事实证明并不合适。"

在这方面最有意思的一些研究，是关于复杂社会的起源问题。当研究这个问题的学者使用像"酋邦"（"chiefdom"）这样的术语时，他们已经超越了标准的进化类型学（evolutionary typology），转而关注导致复杂状态产生的本土过程（见 Earle，1987；Drennan and Uribe，eds.，1987；Earle，ed.，1991）。可以看到，他们经常在研究中使用区域尺度，比如在哥伦比亚高原（highlands of Colombia）、瓦哈卡山谷（Valley of Oaxaca）以及墨西哥盆地（Basin of Mexico）的一些富有成效的研究中[55]。

拉普拉塔山谷（Valle de la Plata）局部，哥伦比亚的区域调查揭示了左侧山脊上的房屋台基。（源自 Robert D. Drennan）

　　罗伯特·邓内尔（Robert Dunnell）提出了一种关于进化[257]
论作用的观点，这种观点还未获得广泛认可。邓内尔在系列论
著中（1980，1982，1988，1989a）强烈主张，考古学应该直
接采用现代的达尔文进化理论（Darwinian evolutionary theory），
不要把文化看作一个独立的概念单位；考古学应该从最广泛意
义去分析人工制品是如何受到选择的影响（也见 Rindos，
1984，1989；Leonard and Jones，1987）。

　　值得关注的是，"现代时期"绝大部分的过程研究已经采
纳了之前的马克思主义唯物论方法[56]，尤其是所强调的政治
经济学、社会经济剥削和阶级斗争。然而，基于马克思主义的
这些方法常常还未被认可，并且思想的辩证模式很少被采用
（不过可参阅 Patterson and Gailey，eds.，1987；特别是卡罗
尔·克拉姆利的文章，Carole Crumley，1987；也见 Saitta，
1989）。而且，马克思主义的运用几乎从未与马克思主义的现
代政治立场相联系（见 Patterson，1989）。对马克思主义概念
更明确的运用可以在新马克思主义（neo-Maxist）的研究中发
现，它们更强调文化的思想层面而不仅仅是物质层面。这些后
来的方法分为几种后过程主义的思想模式，它们一方面呼吁相
对论的立场，同时仍然给予马克思主义特别的对待。这些方法
我们将在下文对后过程主义的讨论中涉及。

　　简言之，新考古学或过程考古学在其第二阶段，在美洲各
地仍然是一种强有力的稳定思想力量。虽然这一阶段比以前更
加关注我们如何了解（how do we know）这样的问题，但是并
没有忽视为什么（why）这样的问题。尽管还没有产生一个统
一的理论结构，但是在后一个方面取得了重要进展。由于受到
20 世纪 60 年代言论思想的鼓舞，关于美洲历史的考古学研究
在最近几十年取得了重大进展，而且更清楚地了解了形成人类
复杂发展现象的各种因素。面对 20 世纪 70、80 年代的众多挑
战，新考古学仍然保持着发展的势头与动力。

# 学术主流对新考古学的接纳

在前面三节中，我们已经阐明了新考古学的思想与方法，并列举了它们如何直接影响美洲学者研究的相关案例。但是，我们也坚信，在此直接影响下，新考古学的思想体系已经引起了美洲考古学学科态度方面的深远变化。这种变化反映在研究
[258]
计划中更加关注问题的定义，反映在阐释文化过程与阐释文化史在目标上的结合。大多数美洲考古学家没有看到其中的矛盾，他们过去三十年的实践展示出对新考古学理论局部的、悄无声息的、甚至是潜意识的融合。通过这种途径，20世纪60年代新考古学的叛逆思想，在20世纪70年代末期就迅速进入主流，并构成了美洲考古学的学术主流。

在此期间，在美洲各地开展了大量的考古学研究。事实上，这一时期的工作量可能比以前所有时间里的工作量都要大得多。如此一来，本节述及的例子就有必要进行筛选，但是我们相信在展现持续的"老"（文化史）研究兴趣，以及20世纪70年代出现的"新"（过程）学术关注方面，这些案例都很有代表性。我们也尽可能更广泛地涵盖不同的主题、地理区域和年代时期。

让我们从最早的年代学阶段——美洲更新世人类的出现开始。虽然这仍然是一个存在争议的问题（Haynes，1967；Irwin-Williams，ed.，1968b；MacNeish，1971；Bryan，1973，1978；Dincauze，1984；Adovasio et al.，1983；Guidon，1986；Dillehay，1989；Meltzer，1989；Dillehay and Meltzer，eds.，1991，等等），东北亚的移民可能在大约15000到20000年前（甚至更早的时候）来到了新大陆；但是直到一段时间以后（大约公元前10000~前8000年），早期美洲居民的遗址和人工制品才开始呈现出考古学家称之为古印第安人阶段（*Paleo-Indian stage*）

的可辨识类型和形式[57]。学者通过对北美洲大平原动物屠宰遗址的分析，提供了古印第安社会的人类行为与功能重建的一些最典型案例。考古学家在科罗拉多州东部奥尔森—查巴克遗址（Olsen-Chubbuck Site）（Wheat，1967）的一处已被填平的狭窄峡谷范围里，发现了大约 200 具野牛骨骼，以及确认为晚期古印第安人的投掷尖状器和刀。这些野牛被赶进这个峡谷，它们在这里坠下并相互践踏。处于更深的峡谷东端的那些野牛则被猎人用矛刺杀以防止其逃跑。其他猎人可能就把野牛赶进这条

[259]

在奥尔森—查巴克遗址（Olsen-Chubbuck site）的峡谷陷阱中出土的野牛骨骸遗存。（科罗拉多大学博物馆提供，Joe Ben Wheat 拍摄）

天然的沟谷陷阱。因为大部分野牛骨骼被发现是面朝南的，考古学家推测它们是从北方被驱赶过来的；据此，还可以对这个推论做更进一步的细节复原，狩猎时风可能是来自于南方，这样一来，野牛就不会嗅到猎人们逼近时的气味。另一个细节来自于对动物骨骼学的研究，因为野牛产崽的时间只有几天，这样就把野牛死亡的时间定在了五月末或者六月初。奥尔森—查巴克遗址的一些野牛被从峡谷中带走并完全宰杀肢解了；遗留在峡谷里的其他野牛则仅被局部砍切。在遗址中发现有屠宰用的燧石刀，以及大量的刮刀，据此推断，这个遗址在事先已经做过必要的准备。依据民族志的材料，大平原美洲土著可以在一个小时内完成一头野牛的屠宰，再参考这次宰杀的肉量，发掘者 J. B. 惠特（J. B. Wheat）推论 100 个人在半天内就可以完成这项工作。至少可以满足 150 人吃一个月的鲜肉，并且把剩下的肉以晾干的方式保存。

　　对这个遗址内古代活动的复原为更深层的问题提供了线索。例如，在这个特殊的捕猎遗址中发现的投掷尖状器样式的多样性，引发了人们关于社会或者社会经济组织的讨论。这种多样性是不是说明了这种针对特别任务的联合群体，是由来于多个古印第安人群体的人员组成的呢[58]？

　　在另一项对古印第安人的研究中，E. N. 威尔姆森（E. N. Wilmsen，1970）尝试开展比单个猎杀遗址活动地点的人类行为重建更为宏观的文化与社会复原。威尔姆森从八个北美洲古印第安人遗址的人工制品中选取了样品。他通过可判定的凹槽投掷尖状器选择了这些遗址，并排定了它们的时期和文化状况。但是威尔姆森的兴趣不限于这个内容，他对这些遗址的所有人工制品（和残骸）进行了深入的属性分析。他特别重视诸如石器刃角和人工制品尺寸等易于定量排序的属性。他指出，定量研究可以进行变量的量测（实际上是文化演变的量测）。他对人工制品的分类是基于这些可描述的定

[260]

量与定性资料，以及功能分析和与地理—年代相关联的信息。人工制品的制作分析涉及原材料、技术变化和功能变化。对资料进行出色的分析准备后，威尔姆森随后转向遗址行为活动这一问题。他说，遗址的变化是由社会和文化亚系统的相互作用造成的，它反映出对不同的生态条件、群体规模与社会成分、居留时间与周期（包括任务活动、这些活动移动性的程度以及资源的季节性）在文化层面的回应。通过对八个遗址的变量研究，他提出了初步的两层分类法："有限活动地点"（"limited activity locations"）与"多种活动地点"（"multiple activity locations"）。前者有布莱克沃特德罗遗址（Blackwater Draw）、霍纳尔遗址（Horner）、威廉姆森遗址（Williamson）和舒普遗址（Shoop sites）；我们可以把刚刚讨 [261] 论的奥尔森—查巴克地点放进来。威尔姆森所举的多种活动地点的主要例子就是科罗拉多州的林登迈尔遗址（Lindenmeier site）（见 Roberts，1933b，1936）。

　　林登迈尔遗址的发掘资料表明，这个遗址在很长一段时期内都是被季节性地使用。研究者通过人工制品与废弃物等遗迹确定了人类活动的区域。通过九头年幼的野牛与相关的一些人工制品（主要是投掷尖状器）等遗存的发现确定了一处宰杀遗址。其他地点则由表明制造过程的燧石碎片与加工过的骨骼残骸等的集中分布来确定区域。许多工具和武器都是由当地可获取的石料制成的，其他一些则采用外来的材料，但是绝大多数都是在林登迈尔本地制作的。立足于上述信息及其他资料，威尔姆森提出了对林登迈尔多种活动地点的解释，他认为林登迈尔遗址不仅是一处具有多种使用目的的遗址，还是一个多群体（multiband）的遗址。这处季节性遗址提供了一处场所，供不同群体聚集在一起合作狩猎、交换各种原材料、交流技术信息，以及开展常规性的社交活动。

　　威尔姆森认为，早期美洲土著的生活是一种有组织的生活，远比单一的大型野兽猎捕活动复杂得多。威尔姆森随后大胆讨论了居址选择的过程、生活空间与资源等的解决方式、按专业化活动划分的小群体、由小群体聚集成的小型家族群体，以及由这些家族群体聚集成的多群体等问题，就如同在林登迈尔遗址一样。他推测在这些环境条件中的文化演变：假设一个群体进入了一个新的环境，它在这里使用原有的技术文化，这些技术将在新的环境中及时得到调整，长此以往，就会产生与母体文化显著区别的技术。如同在任何文化系统中一样，技术、功能、社会和生态的过程在结构上与古印第安人文化系统结合起来。威尔姆森的观点属于一种全面系统的观点：古印第安人的技术程序是趋向制作有用的工具；资源类型的变化引发了功能性响应的变化；社会文化相互影响的模式要适应生态条件与完成任务的要求。

是否如我们之前所认为的那样，惠特和威尔姆森进行的这些研究反映了一种新的观念呢？对于奥尔森—查巴克遗址的研究，有人可能认为关于野牛群与狩猎者行为活动的推理本来就可以在传统考古学的常识范畴内进行，并且类似的推理在以前也确实有人做过。然而，惠特为理解古印第安人行为活动的更多模式提供了必要的信息。威尔姆森试图通过运用一种更为全面的新考古学方法来拓展这一目标。是否他取得的成果与传统考古学家已取得的成果不一样呢？因为下面的原因，我们相信他确实取得了新成果：威尔姆森对考古记录变化性的强调，使他将考古资料与民族志、民族考古学正在开展的狩猎采集群体研究关联起来；正因为如此，他比传统考古学家更善于整合考古学与民族学资料以检验各个群体对所处环境适应性的观点，以往的类型学关注点是不包括这类研究的。

[262]

关于美洲考古学观念变化的其他例子，我们可以看一下稍晚的发展阶段，也就是美洲农业的起源时期。早在 20 世纪 50 年代，在麦克尼什（1950，1958）[59]墨西哥塔毛利帕斯洞穴群

（Tamaulipas caves）的工作之后，许多美洲考古学家逐步明白新大陆农业的起源应该构想为"一个过程而非一个事件"。干燥堆积的洞穴粉状地层显示，在数千年间，早期的植物种植发展得非常缓慢——事实上，这是一次"步伐非常缓慢的革命"（Willey and Phillips，1958，p. 145）。但是这个重要的新认识仅仅是个开始；接下来的问题就是它是如何发生的。如我们上面所提到的，肯特·弗兰纳利（Kent Flannery，1968a）用系统理论模型研究这一问题，研究中采用了麦克尼什（1967）在特瓦坎河谷（Tehuacan Valley）的田野工作及他本人在瓦哈卡山谷的研究所提供的新资料（Flannery，Marcus and Kowalewski，1981；Flannery，ed.，1986）。

简要回顾一下弗兰纳利的模式：早在公元前5000年甚至更早的时候，墨西哥高地的中部和南部开始了植物栽培。这种早期的选择性种植属于狩猎采集生计系统的一部分，这个系统使用了许多野生植物。大约公元前5000年，在特瓦坎序列中出现了一种非常原始的玉米，这很可能是玉米（Zea mays）的真正野生祖先（Mangelsdorf，1974），但最有可能是代表了在墨西哥类蜀黍（teosinte，即墨西哥玉米 Zea mexicana）与人工种植玉米间进化纽带的一个非常早的突变种（mutant）（Beadle，1977）。如果后一种假设是正确的话，那么就意味着墨西哥类蜀黍这样的结籽野草，通过收获与选择已经成为驯化作物。然而，在很长一段时间里这对食物获取系统没有产生什么影响，采集野生植物仍然占据着主导地位。随后，在大约公元前3000年，考古资料显示出人口增加、居址地点的变化以及更多的定居生活方式等现象，这些现象表明，玉米和其他相关的早期作物对这些地区居民的社会与文化开始产生了显著影响。随着玉米自身惊人的品种改良，这种植物成为更有价值的食物资源，这些变化也就随之而来。到公元前2000至前1500年，跨越了一个重要的门槛：每公顷土地可以收获200～250

[263]

千克玉米，这个产量足以维持在特瓦坎河谷发现的定居群体的规模。并且由这个完整的证据链可以看出，在这一时期，位于肥沃的农耕土地上的早期定居村落成为这条河谷中的主要聚落形式。

墨西哥特瓦坎河谷的玉米芯。这个序列说明了从大约公元前5000到公元1500年期间玉米的进化过程。（源自 R. S. MacNeish, Robert S. Peabody Foundation for Archaeology）

当这种假说被公布时，它似乎非常令人满意——而且至今仍然如此。通过图解式说明人类与植物间关系以及二者相互关联的发展轨迹，它解释了事情是如何发生的。目前仍缺少的就是对为什么（why）的阐释。人类为什么迈出了从植物采集到植物种植这一步？现在很清楚，这至关重要的一步没有发生在狩猎—采集者挑选一些野生种子在门前屋后随意种植的公元前5000年左右，而是发生在以后，在决定投入大量劳力清理并种植广阔田地的公元前2000～前1500年。这样的决定是至关重要的，因为一旦将这些劳力从更加传统的采集野生植物的经济活动中调离，随之而来的就是季节性工作群体与行为的重新

[264]

安排，并且很难再重新变回原来的生产方式。如果农耕生产没
有达到预期的结果，这种困境会在一两年的饥荒中被意识到；
或者，如果短期的成功导致了人口增加，但是当农业歉收时却
无法继续维持，那么这种困境就会经历更长的时期。完全可能
的是，这些困境与失败在主要依赖食物生产（而不是食物采
集）的探索性阶段确实发生过。但是，隐藏在"把赌注压在"
农耕（例如本案例中的玉米种植）这个决定背后的因素究竟
是什么呢？

这个问题并不容易回答，但是到 20 世纪 70 年代，美洲考
古学家越来越质疑过分简单的直线发展解释。也许这就是现在
与数年前对成因与过程阐释的主要区别。这种变化主要归功于
新考古学，以及在研究向有效农业方式转变的各类文章中所展
现的系统方法[60]。因此，M. N. 科恩（M. N. Cohen，1977a）
基于秘鲁的资料进行了研究，他很不认同弗兰纳利（1968a）
的墨西哥模式，在这种模式中，变化的主要原因是玉米作物突
变，这种突变使玉米从一种原始作物转化为潜在的主要食物资
源，由此开始将一系列过程系统地联系起来，并引发了农业革
命。对于科恩来说，这是简单因果关系的"故有偏见"（"old
bias"）。科恩在他的论著中（1977a，1977b，1978）似乎主要
关注人口增长，并将其作为农业起源的关键因素。这颠覆了多
年前典型的考古学与人类学观念，即认为农业的发生与发展引
发了人口的增长[61]。科恩主要关注于秘鲁的资料，我们随后
将回到这个方面。但是，人口增长是农业发生的诱因这种思路
是否适用于中美洲的资料呢？

答案是它并不适合于这批资料，至少不是非常适合。古代
墨西哥高原在大约公元前 5000 到前 3000 年这段时间里人口并
不稠密，中美洲的其他地方也是如此；然而，即使在人口密度
非常高的情况下，是什么因素造成了人口"压力"这个问题
还是没有得到解决。在这一时期里，似乎没有显示出生存的需

求增长过快甚至超过了狩猎采集的收获。并且，在特瓦坎河谷这样的地区，没有迹象表明出现过人群从其他区域涌入进而造成该地区人口的快速增长。这好像推翻了宾福德（1968c）"张力地带"（tension zone）的假说，这个假说认为，人口由环境优越的野生资源地区（像海边的贝壳渔猎场所）流动到

[265]

自然环境贫瘠的边缘地区（半干旱高地），作物种植因而成为维系这些人口的一种被迫或必需的选择，农业起源就是这种现象的结果。那么，我们还有一个基本的问题，就是哪一种状态先于（并引起了）另一种状态发生。目前看来只能认可布雷（Bray，1977a）的观点，即人口增长和高效农业都不是最优先要考虑的。迄今为止，我们只把它们看作构成原因的相关因素。

　　秘鲁的情况与中美洲有些不同，是按照自身轨迹发展的，这个过程同样很复杂，并且无法做简单的因果解释。在秘鲁高原，麦克尼什（MacNeish，1969；MacNeish，Nelken-Turner，and Cook，1970）在田野调查中再次处于领先地位。他证明像利马豆（lima bean）与菜豆（common bean）这些栽培品种都是在公元前5000年的安第斯山谷（Andean valleys）中被驯化的。基本上能确定的是，这些野生物种的驯化是单独发生的，与中美洲类似作物的驯化没有关系。而且，很可能这些作物以及其他在安第斯山脉驯化的物种最初都是热带低海拔物种，是从亚马孙河流域引进的。玉米是最早从中美洲引入秘鲁高原耕作环境的，发生在"麦克尼什序列"中公元前3000～前2500年的那个阶段。公元前4000～前2000年，利马豆、菜豆和玉米才先后出现在秘鲁海岸，它们显然是由高原地区传入的。

　　我们在之前讨论"人口增长决定论"时曾提及科恩（1977a），他似乎倾向于对秘鲁的这种解释。科恩认为，应该用强调人口膨胀带来变化的模式来取代强调生存平衡人类文化

系统的模式。直到依赖于靠水雾生存的植物①（fog-vegetation）
进行狩猎—采集的秘鲁海岸人口增长到了足够的规模，人们才
需要在海岸的河谷中开展大规模耕作。公元前 3000 年，人们
在海岸地区开始对鱼类资源的大规模利用，使人口有了进一步
的增长。其结果是，到公元前 3000 年末期，秘鲁海岸的居民
选择转向农业，他们通过自公元前 4000 年就开始建立的与高
原地区的交流，很快就吸纳并拓展了对各种可利用作物的
种植[62]。

　　北美洲农业起源的研究也取得了重大进展。长久以来，通
常认为前哥伦布时期美国西南部与东部的农业，就是缘于中美
洲人工种植作物的向北传播，以玉米（*Zea mays*）成为主要的
关键作物为标志。现在我们知道情况要比预想中复杂得多。中
美洲经由墨西哥向北的扩散当然是非常重要的，玉米可能最早 ［266］
在公元前 1000 年传播到了新墨西哥州（Berry，1985；Minnis，
1985），这种农作物大约在公元 500 年以后最终成为西南部文
化中的主要人工种植作物。不过，还存在由北美洲本土作物逐
渐发展而来的作物驯化。B. D. 史密斯（B. D. Smith，1989）
提出了对东部伍德兰文化（Woodlands）在河谷地带发展状况
的简要分析。在大约公元前 2000～前 1000 年之间，东部地区
古典时期的采集人群选择了四种北美洲当地植物进行驯化。这
些都是南瓜 ［Cucurbit squash（*Cucurbita pepo* ssp. *ovifera*）］、假
苍耳 ［marshelder（*Iva annua*）］、向日葵 ［sunflower（*Helian-
thus annuus*）］ 和北藜麦 ［chenopod（*chenopodium berlandieri*）］
的亚种。经过许多世纪以后，这些植物虽然因人工栽培而显现
出一些基因变化，但仍只是作为狩猎采集人群食物的一部分；

---

① 　雾洲是秘鲁和智利北部沿海沙漠地区的绿洲。在南纬 5°～30°间约
　　2800 千米的太平洋沿岸，分布有大约 100 处雾洲，这些雾洲里的植
　　物许多为当地所特有，植物的生长主要依靠水雾，面积小至仅有少
　　量植被的地点，大至 4 万公顷的区域。——译注

不过到了伍德兰文化中期（Middle Woodland Period，公元前250年~公元200年），这种当地农业生产成为日常饮食的重要组成部分。以伍德兰文化中期顶峰阶段——霍普韦尔文化为特征的文化变革与精细化，基本可以归因于这种东部地区的伍德兰文化农业。也就是在这个时候，最早的玉米出现在霍普韦尔文化及其相关的环境中，这种中美洲的作物很可能是经由美国西南部被引进到了这里。不过，玉米此时还仅仅是东部伍德兰文化农业模式中的次要补充，直到公元800年之后，玉米才成为当地农业的核心作物，并在随后的史前阶段一直持续这种状态。正如史密斯所指出的那样，正是借助于近几十年来的许多科技手段，考古学家才能揭示出北美洲东部这种复杂而有意思的农业考古史，包括采用扫描电镜分析植物遗存的细微变化，以及人类骨骼的稳定碳同位素分析法推断古代人类的食谱。

[267]

拉塞尔洞穴（Russell Cave）。亚拉巴马州一处古代时期（Archaic Period）早期驯化的遗址。（源自史密森学会美国国家博物馆和 Bruce D. Smith）

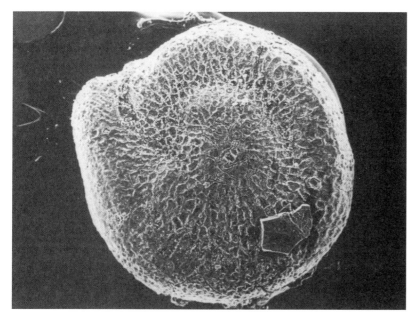

史前藜属植物（*Chenopodium*）外皮的显微照片，出土于亚拉巴马州古代时期的拉塞尔洞穴，平均最大直径为1.3毫米。（源自史密森学会美国国家博物馆和Bruce D. Smith）

在所有这些地区中，我们发现作物的驯化在农业充分发展、人口显著增长之前就开始了，早期的经济效益并不那么显著，农业的出现与人口的初次大规模增长几乎同时。这样一来，就我们目前所掌握的信息和相关研究而言，很难得出关于农业起源原因的可靠结论。人口压力似乎既是原因也是后果。此外，还有其他一些显性因素，如特定环境中的自然资源、土壤与气候，以及与耕作有关、但非必然联系的定居生活等。当然，定居生活方式一定程度上是属于一种文化的决定（选择）。与此同时，如果生态与人口因素不能单独作为决定性原因，那么新考古学家同样不愿意仅仅接受"文化决定"（cultural decision）或者"文化选择"（cultural choice）这样的解释，显得他们好像要通过蒙混过关而躲开解释这一难题。也就是说，文化选择似乎只有在与属于人类环境的所有其他因素一起被系统分析时，才被认为适用于分析调查。 [268]

什么是引发城市与文明兴起的因素与力量呢？这个问题或这一系列问题是非常有吸引力的，甚至比农业起源问题还要重要得多。它吸引了旧大陆考古学家们的注意力，现在则是美洲（尤其是中美洲）研究工作的一个主要关注点。

我们之前已经提到了 R. F. 米伦（R. F. Millon, ed., 1973）对墨西哥峡谷中特奥蒂瓦坎古城的研究。对这个宏大的前哥伦布时期城市的研究持续了很久（米伦、墨西哥政府和许多其他学者开展了相关工作；例如，Cabrera, Rodriguez and Morales, 1982; Cowgill, Altschul and Sload, 1984; McClung and Rattray, eds., 1987; Sugiyama, 1989; Storey, 1992），从墨西哥的这些研究和调查所获取的资料，尤其是 R. E. 布兰顿（R. E. Blanton）及其同事对阿尔班山的古代萨巴特克文化（Zapotec）都城的研究，引起了新考古学对城市化进程及相关问题讨论的关注。除了积累的有关这些巨型遗址的发掘资料和研究成果以外，还增加了这些城市所在区域的相关资料。关于聚落形态与聚落系统的资料在许多区域和地点得以揭示，例如 W. T. 桑德斯（W. T. Sanders, 1965, 1976, 1981），J. R. 帕森斯（J. R. Parsons, 1968, 1971, 1976）和布兰顿（1972a, 1972b, 1976a），这都与弗兰纳利及其同事（见 Flannery, 1976; Blanton, 1981; Blanton and Kowalewski, 1981，等）对特奥蒂瓦坎和瓦哈卡的调查有关。在《早期的中美洲村落》（*The Early Mesoamerican Village*）一书中，弗兰纳利通过分析家庭、群体、村落、区域以及区域间的考古资料，奠定了聚落系统和城市化进程的研究基础。目前很明显的是，至少在城市化发展的维度上，还仅是从这一较宽泛的角度开展研究。

大体来讲，在最近关于中美洲城市化进程的讨论中出现了两种观点。一种观点认为，生计技能与人口压力共同构成了城市及其相对应的政治产物——国家——兴起的主要力量。另一种观点则较少强调这些经济因素，坚持强调社群内的共生互动（symbiotic interaction）以及政治和思想因素，与经济因素一样扮演了重要的角色，这些是导致城市化现象的关键性综合力量。不管怎样，没有一种观点的支持者坚持排他性的单一因果论，因此他们至少达成了一个共识，这一问题是需要在互动变量的系统性背景中研究解决的。 [269]

约公元前 200～公元 100 年间墨西哥盆地的局部聚落形态。特奥蒂瓦坎是区域的中心，在地图上部用大黑方块表示。在这一时期里，还有许多区域性中心和大型村落。（引自 Parsons，1976，版权为 University of New Mexico Press and School of American Research）

特奥蒂瓦坎兴起的时空坐标已有了明确界定。在公元前 200 年之前，墨西哥盆地最大规模的人口聚集地是在它的南部，而位于东北部的特奥蒂瓦坎区域，还仅仅只有一些小型村落社区。之后，在公元前 200 年到公元 1 年（帕特拉克西克阶段，Patlaclhique Phase）之间，在特奥蒂瓦坎崛起了一座拥有 10,000 人口的大城镇；在公元 1 世纪（特兹凯立阶段，Tzacualli Phase），这座城镇快速增长，发展成为拥有 50,000 到 60,000 居民的城市，并在接下来的几个世纪（米考特立阶段，

Miccaotli Phase；塔兰伊洛帕阶段，Tlamimilolpa Phase；索拉尔潘阶段，Xolalpan Phase）中继续发展；到公元600年时，特奥蒂瓦坎这座城市占地约20平方千米，估计拥有人口125,000～200,000。公元600年之后，特奥蒂瓦坎城出现了一个衰落期（梅特佩克阶段，Metepec Phase），然而并未动摇它大都市的地位。但是在大约公元700年，特奥蒂瓦坎城经历了一次急剧的衰退，并丧失了大城市的功能。伴随着特奥蒂瓦坎城的兴起，特奥蒂瓦坎河谷其他地区（最终是墨西哥盆地大部分地区）的人口显著减少。虽然在扩张的特奥蒂瓦坎城之外，还有一些聚落继续独立存在，但是这些聚落的数量更少，规模更小，或者

[270]

特奥蒂瓦坎鼎盛时期（大约公元400～700年）墨西哥盆地的局部聚落形态。特奥蒂瓦坎这座大都市在地图顶端是一个不规则斑点状。请注意，以前的许多地区中心和大型村落减少或者消失了。（引自 Parsons，1976，版权为 University of New Mexico Press and School of American Research）

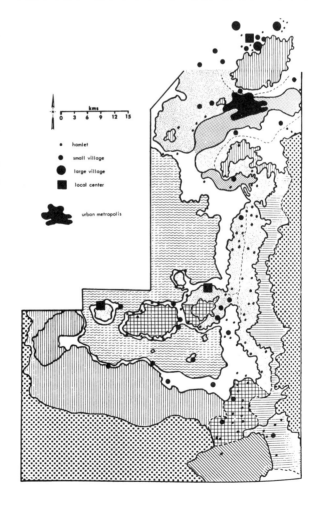

数量与规模都缩减了。有些在早期曾是竞争关系的区域中心消失了，或者规模大大减小了，有一些可能成了特奥蒂瓦坎国家体系中的次级行政中心。外围的小村庄和村落大多成了专业化社区，因开采盐、黑曜岩或作为贸易点而建立。

在宏大的城市内部，居民居住在密集分布的、有院落的房间里。这些房间规模不等，但是都比单个甚至大家庭的房屋要大一些。米伦推测每个院落里居住有 30～100 人，甚至更多，他们很可能以某种方式联系在一起，如亲缘关系，或者可能是亲缘关系与技能或者专业化工作的复合关系。特奥蒂瓦坎的院落建筑是中美洲一种独特的居住形式，米伦（1976）认为，这些院落建筑可能用于接纳从乡村地区自愿或被迫迁移来的人口。在这个城市的中心有巨大的公共建筑群——金字塔、神庙

[271]

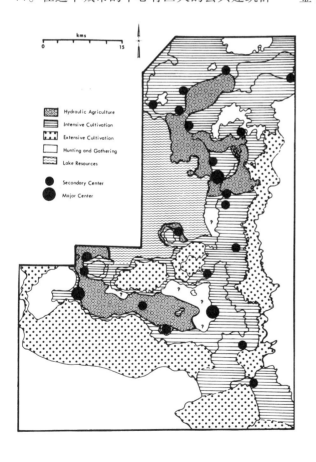

特奥蒂瓦坎衰落与废弃以后墨西哥盆地的局部聚落形态。这一时期是阿兹特克阶段（大约公元 1200～1520 年）。请注意，大量主要与次级中心在这时开始出现。（引自 Parsons，1976，版权为 University of New Mexico Press and School of American Research）

特奥蒂瓦坎古城的建筑。上图：太阳金字塔，前景为宫殿建筑群。下图："太阳宫殿"建筑群。（引自
Millon，1976，经作者与 University of New Mexico Press 许可）

和宫殿。那些靠近城市中心的院落建筑往往规模更大并且更为精致，故而在由中心到外围的轴线上展示了由高至低的社会阶层。不过也有一些例外，有些院落或院落群是手工业聚集区（barrios），用来加工黑曜岩或者制作陶器、塑像。米伦估计这个城市的四分之一居民是工匠、商人或者官僚，余下的四分之三居民从事农业，这些人很可能处于社会的最底层，居住在城市的边缘地带，而且常常要走相当远的距离往返于他们的田地。

远距离贸易的迹象证明了特奥蒂瓦坎这个城市具有世界性与国际化的特点。在这个城市中发现了许多异域的物品，而且整个中美洲都发现有特奥蒂瓦坎或者受特奥蒂瓦坎影响的产品。在公元 200～600 年这段时期，特奥蒂瓦坎显然是这个地区当时最重要的城市，并且可以当之无愧地被称为城市（city）。

桑德斯一直认为，农业生产、人口的增长与膨胀、群体间的竞争，以及墨西哥盆地（甚至更远地域内）产生的唯一统治政体等多种力量的互动，是促使特奥蒂瓦坎兴起为一个重要城市的主要决定性因素（Sanders and Price，1968；Sanders，Parsons and Logan，1976）。特奥蒂瓦坎古城的快速发展与成功归因于灌溉农业，这是特奥蒂瓦坎河谷的必然需求。特奥蒂瓦坎随后消灭了特斯科科（Texcoco）、查尔科（Chalco）等盆地里其他区域的对手。在桑德斯—帕森斯—罗根（Sanders-Parsons-Logan）的模式中，通过其贸易中心的地位、发达的系统性手工业，以及逐步增长的政治与宗教重要性，特奥蒂瓦坎在规模、实力与威望等方面得以进一步增强，不过，驱动力主要来自于人口压力。

布兰顿（1976b）等学者对这种观点持批评态度，认为人口增长是从属于社会文化进化的现象，而不是社会文化进化的原因。当社会变得更加复杂与多元时，随之而来的就是对劳动

[273]

力有了更多的需求，人口增长就是对这种需求的回应。对布兰顿（1976a）而言，社会复杂化背后的原因可以在人群间的共生关系之中发现。他在这里采用了弗兰纳利（1972a）对生态系统（ecosystem）的扩展定义，即，不仅包括人类与自然环境的关系，而且包括人类之间的相互关系。或者用弗兰纳利的话说，"在生态范围里传递信息的所有事物"（1972a，p.400）。这样一来，外来的贸易物品可以被视作财富的积累，不仅因为它们是用珍稀的原材料（例如玉）制成，显示着制作的技术和花费的时间，同时也因为它们被赋予超自然的意义或者有思想层面的因素。社群的领导者，如弗兰纳利（1968b）所列举的"奥尔梅克文化圈"（Olmec sphere）的人，能够利用这种思想意识或者信息，也能够控制贸易网络。布兰顿认为，这种

[274]    控制与政治集权是迈向国家组织的第一步，这需要有更多的人口，需要人口增长（也见 Charlton，1978）。

现在，我们暂时把人口增长或与贸易的共生关系是否属于城市中心兴起的关键作用这个问题放在一边，来考虑另外一个更普遍的问题：特奥蒂瓦坎古城与特奥蒂瓦坎河谷发展的历时演进模式是否为城市发展中普遍的或者必然的现象？它是否适用于中美洲或者世界上的其他地方？这种历时演进模式的主要框架似乎是下面这种方式：在一个区域（如墨西哥盆地）中存在许多小的社群，它们都分别围绕在不同的、具有政治—宗教中心作用的自治小城镇周围。由于某种原因，它们在这一过程中融合为一个大规模的中心或者都市，而之前那些小的中心被废弃，或者人口显著减少。

不过在近期对阿尔班山古城遗址的大范围研究中，布兰顿（1978）说，这种模式不适用于这座城市的发展。阿尔班山古城遗址位于瓦哈卡山谷三条小峡谷交汇处丘陵的顶部，瓦哈卡山谷比墨西哥谷盆地小，但却有着巨大的农业潜力。按照最新的解释（见 Flannery，Marcus and Kowalewski，1981；Blanton，

1981；Marcus，ed.，1990），这座城市是在大约公元前500年，由来自阿尔班山附近罗萨里奥阶段（Rosario phase）之前的村落居民建造。推测它的统治上层集团可能来自于圣何塞·莫戈特（San Jose Mogote），一座罗萨里奥阶段位于瓦哈卡山谷北部小峡谷里具有相当规模的城镇。布兰顿把阿尔班山这座城市看作是政治中心而不是经济中心，因为它的选址主要基于政治因素而不是经济因素。它远离最好的冲积地带，并且在其山顶的遗址没有水源。此外，布兰顿认为在城市的整个发展过程中，它都没有成为经济生产的主要中心。虽然它的人口可能从未超过30,000人，但是它与特奥蒂瓦坎古城大约同时达到了发展的顶点，而且是特奥蒂瓦坎古城的一个远方对手。

[275]

瓦哈卡山谷圣何塞·莫戈特（San Jose Mogote）遗址罗萨里奥阶段（Rosario Phase，公元前700～前500年）的建筑，肯特·弗兰纳利与乔伊斯·马克斯（Joyce Marcus）站在建筑前面。（源自 Robert D. Drennan）

桑德斯和桑特利（Santley，1978；也见 Sanders and Nichols，1988）极力反对这种"非嵌入式都城"（disembedded capital）的解释。他们认为，阿尔班山古城紧邻地区有足够的农业土地，可以支持它发展成为瓦哈卡谷地的几座竞争性城镇之一，在这里它似乎成了最成功的一座城镇，并且征服了其他对手。对于布兰顿认为阿尔班山古城在手工业制造方面不具有

考古学家正在为圣何塞·莫戈特遗址（San Jose Mogote）早期建造的泥笆墙（wattle-and-daub）房屋地面喷水，以分辨土色。在拿喷水器的考古学家前面，可以看见有一个柱洞。（源自 Joyce Marcus and Kent Flannery）

[276]

特奥蒂瓦坎古城那样的多样性与专业化的观点，他们也不认同。简而言之，按照他们的观点，阿尔班山古城在城市发展模式的几个重要方面是与特奥蒂瓦坎古城并行的。

从上述讨论中可以看出，探寻推动城市文明变革之力量的研究不是件容易的工作。即使在相当浅层次的解释方面，考古学的基础田野资料也极易受到不一样的关注与解读的影响，并因而产生截然不同的结论。这个问题必须以一种系统的参照框架来解决，然而，由于考古学的特性与局限性，从系统的社会环境中剥离出因果关系是非常困难的。相比其他学者，米伦（Millon，1976）倾向于把思想意识作为特奥蒂瓦坎古城兴起的重要原因予以重点考虑，他认为不可能像弗兰纳利所提出的那样，通过把生态学与人口压力、贸易与信息流动，以及思想意识等内容合并为一种生态系统的方法来解决这些问题。如果这样做的话，"就要或是做简化处理，或是囊括众多无法验证的'阐释'。"（Millon，1976，p.247）

这场争论仍在继续。但是从我们的角度思考，这场争议比以往更好。现在有了考古学发展史的边界、参照框架和既有的

由阿尔班山古城看到的墨西哥瓦哈卡山谷。（源自 Jeremy A. Sabloff）

瓦哈卡山谷阿尔班山古城遗址最早阶段的"舞者"（"da-nzante"）石雕。绝大多数学者认为这个石雕展示了一个俘虏的形象。（源自 Jeremy A. Sabloff）

观点，讨论时都要作为参考。这种考古学体系一部分来自以传统方式持续进行的研究，包括已经明确的正式定义、分布区域研究，以及对年代学更精准的把握。而另一部分来源于这样一种认识：无论是寻求单一原因还是多种原因的解释，这些资料必须以系统的方式在大的区域（而非具体地点）背景中研究（见 Fish and Kowalewski，eds.，1990），而且推测与假设必须接受严格的推敲与检验。 [277]

　　古代玛雅文明在中美洲与新大陆文明的发展中总是有些独树一帜，或许因为它所处的奇特低地丛林环境，或许因为它拥有的卓越知识与艺术成就。在"现代时期"，学者们一直对这种可被阐述和解读的独特性的具体程度进行考察分析，大量的研究更新了我们对玛雅文明的认识。首先，可以确定墨西哥和中美洲低地的古代玛雅人口要比先前认为的多得多；第二，我们现在认识到，这些人口至少在某些时期的某些地方聚集起来，达到了城市或者接近城市规模的分布密度（Culbert and Rice, eds., 1990）；第三，研究表明玛雅丛林的农耕者并非完全依赖刀耕火种的农业，他们也采取更为集约化的耕种方式；第四，古代玛雅的社会和政治结构显然要比早前所认为的模式复杂得多[63]。

如果说这些具有深远意义的转变纯粹来自新考古学变革，那的确是言过其实了；它们产生于新资料大量累积的背景之下。不过我们也可以这样说，新的观念在改变我们对玛雅考古学的看法中扮演了重要的角色[64]。其中最重要的是愿意用系统的观点来审视玛雅史前史。然而，这并非意味着正式的系统理论；相反，它更像一种常识性的理解，将文化与社会看作一个具有亚系统的体系。在这些局部的发展与运行中，全局性的观点具有一定的优越性，一个局部的变化对其他部分都有连带性的影响。在实践层面上，这就意味着考古学家可以通过推进尽可能多的前沿研究来取得最大的进展，并且意味着生态学前沿领域的新发现和象形文字内容的释读（举了两个直接想到的，分别代表现代与传统的、完全不同的例子），不仅对其自身领域，而且在相互支撑方面都是非常重要的。

在玛雅文化（以及研究的相互关联性）的系统关系方面，一个突出的基础性案例，是关于人口—生计之间相互关系的复杂性。长期以来的普遍观点认为，刀耕火种式的玉米种植（玛雅低地民族志时期观察到的系统），把人口规模与社区密度限定在了很低的程度。这种有限的农业能力和稀少的人口很自然地与实际上"空旷的"（vacant）政治—宗教中心和分散的农业小村落这种聚落和社会系统联系起来。这场争论旷日持久并进入循环的怪圈[65]。20 世纪 60 年代期间开始积累的关于聚落形态的田野资料打破了这个怪圈（Bullard, 1960；Carr and

［278］

Hazard，1961；Willey and others，1965；Haviland，1966；Tourtellot，1970），发现于重要中心建筑周围和之间的小型建筑结构——"房屋台墩"（house mounds）的数量实在是太多了，所以不能过低地估计人口数量。同时，蒂卡尔（Tikal）地区的材料表明，人口集聚在礼仪中心的内部与周围，这一现象看起来可能是城市（Haviland，1969，1970）。所有这些现象好像都是与仅有刀耕火种式玉米种植的经济基础相矛盾的[66]；考古学家开始寻找集约化粮食生产的证据，随即发现了很多灌溉农业的遗迹。在南部坎佩切（Campeche）的里奥贝克（Rio Bec）地区发现了大量的农业梯田。建造梯田所消耗的劳动力非常巨大，因此不可能有其他的解释，只能解释为，这些梯田可能每年都要耕作（或只有很短的休耕期）。另外，可能比梯田更重要也更为古老的集约化农业技术，就是培高

[279]

里奥贝克地区农业梯田的斜坡面。请注意在梯田挡土墙后部和下部积满碎石的排水系统。（引自 Turner，1974，Science，185，Fig. 4，copyright 1974 by the American Association for the Advancement of Science，Washington D. C. ）

田地与水渠技术。当地存在的问题是水太多了，需要有排水系统。这种农业技术被应用于季节性泛滥的河流或者流动缓慢的溪流沿岸，以及玛雅低地的洼地（bajos）或沼泽地。作物种植于培高的田地或田埂上，通过水渠的毛细作用来提供稳定而持续的水分。调查揭示了流进墨西哥湾与加勒比海河流沿岸所分布的培高田地与水渠的形态，从空中俯瞰，在洼地的广袤土地上有一些人工修建的方格状水渠。这种培高田地种植技术的年产量非常高，如果古代玛雅人运用这一种植技术确实达到了近年调查所揭示的那种程度，那么玛雅聚落的高密度就更容易解释了[67]。

[280]

古代玛雅的培高田地，位于伯利兹（Belize）北部两条河流间（New and Hondo Rivers）的普卓若沼泽地（Pulltrouser Swamp）边缘。（源自 Alfred H. Siemens）

对聚落、人口与生计之间关系的调查，也引发了许多社会与政治组织方面的问题。其中一个就是大规模区域的组织问题。玛雅低地的聚落包括壮观的宫殿中心与神庙类建筑，与前者相似但规模更小的中心，以及"房屋台墩"群或者小村落群。W. R. 布拉德（W. R. Bullard, 1960）提出了一种"主要中心—次级中心—小村落"的组织模式，意指这种聚落模式也涵盖了一种社会政治层次结构。后来的学者将此观点更为系统化，以围绕在中心周围的六边形的形式表示（Flannery, 1972;

Marcus，1973；Hammond，1974）。这样的探索尽管只是实验性的，但也有着重要的意义。因为在这个丛林覆盖的地域还缺乏广泛的聚落调查，目前我们仍然不了解聚落与政治等级制度的真实面貌，不过，似乎应当存在某种类型的等级层次。

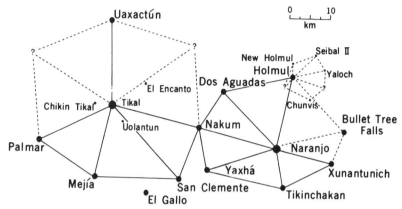

古典时期晚段玛雅的主要中心（蒂卡尔 Tikal，纳兰霍 Naranjo）与次级中心的六边形框架图或中心地区图。（引自 Marcus，1976，copyright Dumbarton Oaks，Washington D. C.）

这种整合将多个不同的玛雅研究方向结合起来，使玛雅学者传统而深奥的领域得以很好延续。在 20 世纪 70 年代，乔伊斯·马克斯（Joyce Marcus，1976）划分出玛雅"徽章象形文字"（emblem glyph）的分布状态，这些文字可能代表着城市或统治者世系，他将其作为确认这些城市之间政治等级与隶属关系的一种方式。这一开拓性的探索随后被进一步拓展和完善，对玛雅象形文字内容的释读在此后大量涌现（见 Culbert，ed.，1991）。我们现在可以深入了解城市间的战争、征服、皇室联姻、结盟、思想观念，以及将古代玛雅的政治带入生活中的性别问题等方面的详细情况（Schele and Miller，1986；Fash，1988；Houston，1989；Schele and Freidel，1990；Joyce，1991），而关于聚落模式和系统的"泥土味"考古研究和玛雅 [281] 文明自身记录的历史之间的衔接，一定会是这一领域未来几十年最令人兴奋的研究重点。

　　同样吸引人的是蒂卡尔城的贸易、象形文字文献、艺术及葬俗等城市活动的综合研究，这些研究揭示了王朝方面的问题，与地点（或统治世系）相关的玛雅徽章象形文字。这些象形文字实际上是玛雅低地主要地点的纹章或徽章。（引自 Marcus，1976，copyright，Dumbarton Oaks，Washington D. C.）

| | | |
|---|---|---|
| Calakmul (?) | Motul de San José (?) | Toniná |
| Copán | Quiriguá | Seibal |
| Tikal | Tikal | Naranjo |
| Palenque | Palenque | Palenque |
| Yaxchilán | Yaxchilán | Piedras Negras |

为研究中美洲地区国家间的政治提供了新线索。例如，研究表明黑曜岩来自中墨西哥，并普遍认为是由特奥蒂瓦坎向外输出，目前的发现表明，黑曜岩大约在公元 4 世纪初出现在了蒂卡尔城。数十年后，在蒂卡尔的纪念碑上出现了身着特奥蒂瓦坎服饰的贵族以及相关的符号。对象形文字与图像材料的进一步研究表明，这些贵族可能源自一位来自特奥蒂瓦坎的统治

[282]

者——"卷鼻王"（Curl-Nose），他显然是通过联姻进入了玛雅文明古老的蒂卡尔统治世系。这个男人和他的后裔"暴风雨天王"（Stormy Sky）实施了重要的历法和宗教改革，这次改革综合了古老的玛雅低地与中墨西哥的思想观念。这些研究首次确认了公元4～5世纪间玛雅历史上的真实人物，具有独特的历史价值。而且与此同时，也为过程考古研究，以及理解这一背景下贸易、政治、宗教改革与演变厘清了方向。也许在这个例子中，真正至关重要的结论还是来自于传统的方法——象形文字和图像材料研究，但是我们认为，如果没有更为广博的新考古学视野，不太可能产生这样意义丰富、值得关注的结果[68]。

来自帕伦克（Palenque）玛雅艺术中的睡莲主题。（重绘自Rands，1953）

如果说关于蒂卡尔研究的主要贡献是在人文和历史方面，那么我们还可以举出另一个案例，在这个案例中，"泥腿子考古学家"在自然与社会科学学者的帮助下，开展了聚落、人口与生计的研究，使我们更好地理解玛雅艺术和图像。D. E. 普利斯顿（D. E. Puleston，1977，p. 450）在评论培高田地技术及其散布的水渠时提及："它们组合而成一个迷人的体系，支撑着这样一种文明，可以通过这一文明的图像材料理解和铭记其依存的生态关系。"他为我们提供了一种玛雅艺术的新视角，强调了它所关注的水生动物群与植物群——鱼、水鸟、龟、鳄

玛雅艺术中的睡莲纹样，来自于尤卡坦半岛的美洲虎与睡莲组合图案。（重绘自Rands，1953）

鱼和睡莲——所有这些都是属于缓水河道或者静水环境中的中美洲本土热带物种。其中，睡莲象征丰裕，经常与玉米图形以及玛雅的主神鳄鱼伊特兹亚姆纳（crocodilian Itzam Na）联系在一起。这里的环境属于潮湿的低地环境；象征符号将生存与生命的力量联系起来。这些都不是牵强附会的；我们在这里可以观察到玛雅文化亚系统之间的联系。"头脑中的思想意识和想象不是毫无根据的随意创造。他们通过任何想象的场景清楚地表达了真实的世界"（Willey，1985）。

四肢系有睡莲的鳄鱼，有鱼轻咬着绑在前腿的睡莲。（重绘自Maudslay，1889～1902，卷1）

在秘鲁和安第斯山脉中部的考古学研究中，学者大多也关注到了许多与中美洲相同的问题。农业和复杂社会兴起的关系是什么？文明和国家进一步演化的过程与原因是什么？在回答这些问题时，M. E. 莫塞利（M. E. Moseley）提出了一个最具创新性的解释。他在专著《安第斯文明的海洋基础》（*The Maritime Foundation of Andean Civilization*，1975a，p. 1）的开篇写道："这个案例的研究将证明：只有农业经济能够支撑文明基础这一被广泛接受的准则，在沿海的安第斯文化演进案例中是无效的。"他进一步强调了中美洲和秘鲁在文化演进中的差异。在此过程中，他将秘鲁农业起源和文明兴起联系起来。莫塞利这项研究的资料来自秘鲁有绿洲河谷的沙漠海岸，尤其是那些中部海岸地区的河谷。这里的早期人类数千年来采用陆地狩猎和雾洲采集（*lomas*-collecting）这样一种生存模式，虽然也包含有少量的人工种植作物，但是那只起到很次要的作用（见我们在本章前部对秘鲁农业兴起的讨论）。在公元前4000年，海产品在这个沿海生计经济中扮演了更重要的角色；在公元前3000年以后，贝类和鱼类动物成为其生计经济的重要来源。

[283]

位于秘鲁中部海岸阿斯佩罗遗址（Aspero）的一处"群体性劳动"建造的土墩。这个土墩位于遗址所处的山谷小溪的边缘，远处为现代的灌溉田地，海洋就位于右侧。（源自 G. R. Willey）

从陆地狩猎和雾洲采集时期小型散居的半游牧群体，发展到依靠海洋的定居村落和城镇，这里的人口数量增长了将近30倍，同时也伴随着手工业的显著发展，特别是在棉纺织方面。纺织品装饰、刻划葫芦和骨质、石质小物品等艺术形式的出现，表明在这里确立了一套承载着神秘信息的图像系统。而截然不同的丧葬习俗则揭示出个体身份的区别。最值得关注的是，在许多沿海遗址中出现了集体劳动建造的建筑。这些建筑由干草、石头和土坯建造，有些是具有相当规模的平顶式高台，如阿斯佩罗遗址（Aspero）和里奥塞科遗址（Rio Seco）；有些则有大型石墙房屋的建筑群，如奇隆河（Chillon River）三角洲附近的帕拉伊索遗址（Paraiso）。学者们需要基于这些发现的前陶海岸生计时期晚段的考古材料，揭示出当时人类所具有的复杂社会秩序。这一时期已经出现了经济上，以及相应的政治—宗教功能的中央集权化趋势。莫塞利认为，这些情况可能没有发生在农业背景之中，他进一步提出，这些集权化与密集劳动模式的发展"预适应"（"preadapted"）了秘鲁海岸人群的灌溉农业与国家的快速形成（也见 Moseley，1974），这些现象出现在秘鲁年代学中的初期（Initial Period），即公元前1750 年之后不久。

[284]

阿斯佩罗遗址前陶时期人工建筑物的剖面。请注意层状的土坯和石块。（源自 G. R. Willey）

［285］

帕拉伊索遗址修复后的石砌
建筑，位于秘鲁中部海岸的
奇隆河谷。这个前陶时期晚
段的遗址离海不远。（源自
G. R. Willey）

　　虽然对公元前 2500～前 1750 年这一时期最后几个世纪里
农业的地位，以及它不断增加的经济重要性还是有一些讨论的
空间，但是莫塞利的解释使考古学家以一种新的视角看待秘鲁
海岸地区文明的进程，这些进程似乎与古代中美洲的文明进程
有着非常显著的区别。与此同时，如果把安第斯地区看作一个
包括沿海与高原地区在内的整体，也存在有一些基本的相似之
处。这些相似点之一就是，沿岸的海洋经济在某些方面将居住
人群向文明带进了一大步。从这个方面，莫塞利对文明基础
（*foundations of civilization*）这个术语的使用是恰当的。虽然以
海洋生计方式为基础，出现了大规模的定居人口和不平等的社
会秩序，但是这个"酋邦"（chiefdom）阶段并不是一个国家。
只有在丰富的粮食作物品种出现，全面而高效的农业建立，以
及海岸与高原区域通过更大的交互作用圈联系起来后，国家才

［286］

在秘鲁应运而生。这一发展序列是与中美洲地区以及旧大陆地
区的主要文明平行发展的。

　　"交互作用圈"（interaction spheres）这个概念使考古学家
可以更全面地理解文明兴起过程中生态与其他系统性的作用；
R. S. 麦克尼什（R. S. MacNeish）、T. C. 帕特森（T. C. Patter-

son）和 D. L. 布朗曼（D. L. Browman）（1975）在非常广阔的地域范围内运用了这种方法。他们比较了秘鲁四个地区的考古序列。其中之一就是中部海岸的安孔—奇尔卡（Ancon-Chilca），实际上就是莫塞利研究的地区。其他三个为高原地区，包括安第斯山脉西麓的瓦罗奇里（Huarochiri），曼塔罗河谷（Mantaro Valley）上游的万卡约—胡宁地区（Huancayo-Junin），以及曼塔罗河中游与安第斯山脉东坡的阿亚库乔—万塔地区（Ayacucho-Huanta）。虽然不同地区（甚至是同一地区的不同地点）有着不同的生存策略，但是在前农业时期早段仍旧有非常多的地区间迁徙和交流，这一点在驯养的动物与栽培的食用作物中很容易看出（尤其是在约公元前 400 年以后）。在公元前 2500～前 1750 年期间，虽然海岸与高原的交流丝毫没有停止，但是有证据表明每个地区内部都有了自给自足的经济网络。在初始期（Initial Period，公元前 1750～前 1050 年），这种自给自足的地区经济体（很可能为政治实体）显著地增加，学者们认为这个过程可能首先发生在海岸地区，稍后传播到了高原地区。它的特征之一就是以公共建筑物为标志的政治、宗教和经济中心的建立，并成为专业化社群利用区域内各种微生态（microniches）的中心地点。从麦克尼什和同事的“秘鲁中部地区史前交互作用圈”（“Central Peruvian Prehistoric Interaction Sphere”）视角分析，早期（Early Horizon，公元前 1050～前 450 年）的查文风格（Chavin style）可以被理解为一个使经济资源集中的宗教信仰或意识形态系统，构成一个覆盖多个地区的综合体系。这个解释并不是一定要将经济领域作为首要的原因，但是它的确能够使考古学家用比较的视野考察经济（原材料和其他贸易物品）和思想意识（艺术和图像）。麦克尼什、帕特森和布朗曼基于紧密的风格基准关联将那些基本自给自足的时期与其他序列，如瓦里文化—蒂亚瓦纳科文化（Huari-Tiahuanaco）和印加文化（Inca）等进行比较，通过这种方式研究这一文化史前序列的其他部分。

　　交互作用圈也可以在更小的地理研究框架中得到验证，就如 W. H. 伊斯贝尔（W. H. Isbell, 1977）对曼塔罗盆地（Mantaro Basin）的瓦里［Huari（Wari）］古国所做的分析。在这里，伊斯贝尔（从背景和考古学内涵方面）确认了一个专业化的农业遗址［贾嘎姆帕塔（Jargampata）］，该遗址属于古老的瓦里文化城乡交换系统的一部分。伊斯贝尔和卡塔琳娜·施雷伯（Katharina Schreiber）（1978）又尝试将地理、经济与政治等更大范畴涵盖在内，划分出整个瓦里文化系统的聚落等级体系，以验证交互作用圈就是国家这样一个假设。他们的结论虽然并不明确，但也强烈暗示瓦里文化的相关遗址群是符合这一状况的（也见 Isbell and McEwan, eds., 1991）。在另一篇论文中，D. L. 布朗曼（D. L. Browman, 1978）从关联性视角分析了位于的的喀喀湖盆地南部（South Titicaca Basin）同时期的"蒂亚瓦纳科国"（"Tiahuanaco state"）。

［287］

［288］

　　在离开安第斯文明之前，我们应该提出使美洲学者着迷的、有关前哥伦布时期高度发达文明的核心问题：为什么中美洲文明和安第斯文明的最终成果是如此截然不同？我们这里指的是这些城市的不同类型与性质，一种是特奥蒂瓦坎古城（Teotihuacan）和特诺奇蒂特兰（Tenochtitlan），另一种则是昌昌古城（Chan Chan）和库斯科（Cuzco）。中美洲的城市属于繁忙、拥挤的商贸大都市，拥有超过 100,000 的居民。秘鲁的统治中心则没有聚集大规模的人口，而且不具有中美洲城市那样的商业功能。这些城市似乎是两种不同文化传统下不同世界观的具体表现，而且我们并不认为这样说是夸大了它们之间的差异。

　　虽然关于造成差异性的原因这一基本问题也许永远无法得到解答，但是秘鲁的其他考古工作为与中美洲的比较研究提供了资料。学者们在奇穆帝国（Chimu empire）北部海岸首都昌昌

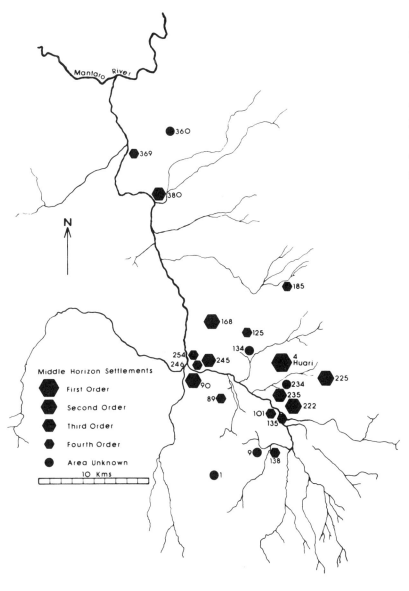

秘鲁阿亚库乔河谷（Ayacucho Valley）的中期遗址群，有着首府瓦里（Huari）和第二、三、四等级遗址的地点群。（引自 Isbell and Schreiber，1978，reproduced by permission of the Society for American Archaeology from *American Antiquity*，43：378，1978）

古城开展了这样一些研究。奇穆帝国在大约公元 1200～1470 年间处于繁荣时期。迈克尔·E. 莫塞利（Michael E. Moseley）强调了秘鲁与中美洲在早期年代学与发展水平上的差异，卡洛尔·麦基（Carol J. Mackey）（Moseley and Mackey, eds., 1974；Moseley and Day, eds., 1982）与同事对昌昌古城进行了调查。此外，尽管使用了与之很不一样的材料，莫塞利

（1975b）仍然认为秘鲁的文明非常独特。他只在某种很特别的意义下，才将这处大约 20 平方千米的昌昌遗址（大约和特奥蒂瓦坎古城的面积相同）看作城市。这处遗址的中心建筑都是有很高土坯墙的大型四方院落，这些并不是基本的居住单元，而是综合了宫殿、行政办公区、库房和埋葬场所于一体的区域。有九处类似的区域，莫塞利把它们解释为连续几任奇穆帝国国王的寝居区和（后来的）墓葬区。在这些大型建筑群区域的附近，发现有基本类似但要小得多的院落，它们被认为

昌昌遗址的里韦罗院落（Rivero Compound）。它被划分为三个部分，东部边缘的附属建筑物是第四部分。U 形结构的议事厅位于北方部分，在这一区域和中间部分有大量的小型储藏室。中间区域东南角的大阴影区域是一个被盗掘的墓葬区。（引自 Moseley，1975b，Science，Vol. 187，Fig. 2，copyright 1975 by the American Association for the Advancement of Science，Washington D. C.）

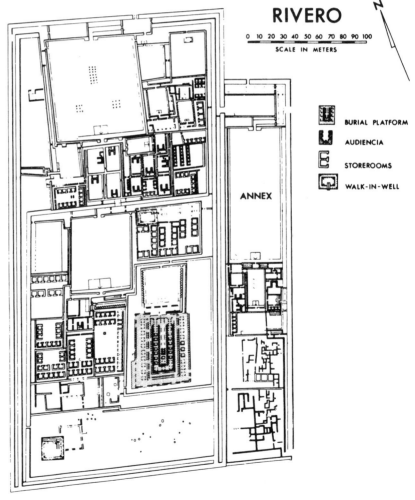

是高等级官员与贵族的居所。在遗址的其他区域，就是更低
劣、更简陋的房屋遗存。这些房屋遗存的数量特别多，在其中
发现有工匠的遗骸。莫塞利估计整个城市的人口不超过25,000
到30,000人，大量的人口是由更低等级的工匠构成。据推测，
农民居住在散布于整个河谷的农舍和村庄里。

　　昌昌的城市布局似乎是自由发展的，不具备总体规划的特
点。而行政功能的建筑、皇室与上层人士居住的房屋则有一定
的规划。这与印加帝国的方式一致，因此莫塞利认为可以将印
加模式应用于奇穆的研究资料中。与特奥蒂瓦坎和特诺奇蒂特 ［289］
兰不同的是，昌昌不是一个贸易中心，而是巨大的再分配系统
中的关键节点。为什么这与我们常见的中美洲"真正的城市"
模式不同呢？或许可以用下面的现象部分回答这个问题（或者
说姑且解答），与安第斯人将劳动作为价值单位的传统一致，
昌昌和库斯科并不把商品看作一种价值单位，也就缺乏对市场
的需要。这种功能的、系统的研究视角就是新考古学方法的一
部分，它可能没有提供最终的成因答案，但是使我们比以往更
接近它。

　　对中美洲和秘鲁的关注不应该使我们忽略当时在新考古学 ［290］
影响下在其他地区开展的许多工作。在北美洲的西南地区，有
许多运用新方法的例子。其中之一，是迈克尔·格拉索（Mi-
chael Glassow，1972）运用了能量流动、能量储存和转化这样
的概念，对制篮人文化早期至晚期的变化进行了相当正规的系
统分析。人口增加的因素与生计压力联系在一起，生计压力相
应地与晚期制篮人文化更为复杂的"能力"系统发展相联系。
正如弗兰纳利对中美洲墨西哥高原农业起源的研究，这种变化
反映在野生食物减少和种植作物的相应增加。从早期到晚期的
考古学资料揭示了烹饪、储藏和居住模式的系统转变，所有这
些都与人口增加必然要求能量增加有关。

新墨西哥州查科峡谷的景色，
由哈戈帕维（Hungo Pavi）遗
址东望。（源自 Lynne Sebastian）

　　20 世纪 70 年代以来在西南地区开展的另一项研究，就是
对地区间交互作用研究的反思，我们在中美洲和秘鲁的研究中
已经述及[69]。事实上，J. H. 阿特休尔（J. H. Altschul，1978）
把他的分析单位就称为"查科交互作用圈"（Chacoan Interaction Sphere）。阿特休尔开始注意到，对普韦布洛博尼托遗址
（Pueblo Bonito）和另一处大型查科峡谷（Chaco Canyon）城镇
群的研究都太狭隘，仅仅关注到在这些地点所发生的事情。只
有把它们与更大的圣胡安盆地—查科峡谷（San Juan Basin
Chaco Canyon）看作紧密联系的一个整体，才能够正确理解这
些大规模的城镇群在公元 750～1150 年间的发展过程。阿特休
尔虽然认可查科峡谷大型遗址群可能是酋邦（chiefdom）类型
政治结构的中心，但是他认为要下定论还为时过早。其中一个
问题是在研究考古学资料时，分辨出是基于二元（duality）
（部分）的、还是基于等级结构（hierarchial organization）（整
体）的社会政治组织是非常困难的。圣胡安盆地—查科峡谷的
聚落遗存和建筑为这两种解释都留下了空间。人口压力、水源

［291］

控制、土地权属、各类决策以及防御等所有这些因素，或者引
发社区分裂，或者导致政治集权。部分与整体的机制能够有助
于社区融合直至人口集聚的某一节点，但是除此之外，似乎还
需要更多的统治结构。圣胡安盆地—查科峡谷的资料显示，在
公元 1050 年以后，第二层级的城镇——比普韦布洛博尼托或
切特罗·凯特尔（Chettro Ketl）要小，但是又要比以前的边远
社区大——的确在查科峡谷之外的地区出现了。这很像遗址间
的等级秩序，首府（普韦布洛博尼托）通过次级城镇控制交
互作用网络，这样一来，就很直接地使人联想到了酋邦（近期
的研究成果参阅 Vivian，1990；Sebastian，1992；以及美国国
家公园管理局查科中心的出版物，Chaco Center，United States
National Park Service）。

　　"现代时期"北美洲东部地区的考古学研究也出现了一些
有意思的新考古学方法。20 世纪 70 年代一项规模宏大的研究
是《卡什河考古项目：合同考古学的实践》（The Cache River
Archaeological Project：An Experiment in Contract Archaeology）
（Schiffer and House，1975）。该研究以美国阿肯色州东北部进
行的调查项目为基础，具有很特别的现实意义，因为它解决的
是如何协调研究兴趣、问题导向型考古与必要的抢救性发掘之
间的问题。项目涉及大量的数学运算和定量研究。其中的一个
研究问题——古印第安人复杂聚落的性质和聚落功能——令人
联想到我们之前提到的威尔姆森的研究。学者们构建了包括
"中心基地"（central-base）和专用营地在内的聚落模式假说，
并依据石器与生态学资料对这些假说进行了验证。希弗、莫尔
斯（Morse）等人还把分析过程中的难点和不确定性都认真地
列了出来。

　　北美洲东部地区的研究以社会政治组织的演变为中心主
题，这一点至少对更多的关注者具有更大的实际意义。克里斯
托弗·皮布尔斯（Christopher S. Peebles）和苏珊·M. 库斯

亚拉巴马州芒德维尔遗址有着巨大平顶的金字塔形土墩。在顶部复建了类似前哥伦布时期的神庙，修复了通向土墩顶部的斜坡土台阶。（Alabama Museum of Natural History 和 Vernon James Knight 提供）

亚拉巴马州芒德维尔遗址出土的一件有头盖骨和骨骼图案的密西西比文化陶器。（Alabama Museum of Natural History 和 Vernon James Knight 提供）

[292]

（Susan M. Kus）（1977）开展了其中一项研究，那就是对酋邦类型社会理论的评述，以及它们是如何在考古学记录中被评估的。皮布尔斯和库斯特别关注经济的再分配标准，与我们的思路相一致，他们认为再分配未必是酋邦组织的一个特性，其实也可能发生在平等社会的背景中。与之相反的是，正如他们从文献中了解的那样，民族志记载的酋邦有时候也没有广泛的再分配体系。他们认为领导者的制度化职务和权力的集中更具有决定性；从考古学的角度来看，他们观察到了在聚落的类型与规模上的等级体系，某些女性与儿童享有比一些男性更为高级的埋葬待遇，大范围的公共工程则是权力制度化和集权化的物质表现。关于聚落的判断标准，他们认为对于等级社会或酋邦社会来说，在普通的居住社区之上至少有一个等级层次。他们采用亚拉巴马州北部芒德维尔遗址的资料对这些观点进行了验证。这是一座规模相当大的城镇，占地 300 英亩，估计在公元 1200～1500 年期间居住人口有 3000 人。从大型土墩遗存和上层社会的墓葬可知，这是一个区域性的首府。在该地区的其他一些同时期遗址中发现有规模略小的土墩遗存，说明这些遗址是这个交互网络的中级聚落。另外，（在芒德维尔周边地区）

存在手工业专业化迹象，在区域性首府和那些中级聚落集聚有
来自异域的贸易物品，以及宗教和军事的专业化等现象，都凸 [293]
显了芒德维尔和相关社区的文化复杂性［参阅韦尔奇
（Welch，1991）对芒德维尔酋邦（Moundville chiefdom）的最
新研究成果；也见 Powell，1988］。

　　学者们对卡霍基亚遗址（Cahokia）也进行了比较研究，
它是美国东部最大的史前土墩遗址群。关于这处遗址一直存在
着相当多的争论，包括遗址的"城市"条件（见 O'Brien，
1972；M. L. Fowler，1973，ed.，1974，1975，1978，1989；
Hall，1974，1991；Fowler and others，1975；Milner，1990）、
遗址的性质、维持的聚落模式、外在影响力（见 Emerson and
Lewis，eds.，1991），以及由此得出的社会政治方面的推论等。
尽管这个地区的考古发掘已经持续了一个多世纪，但还是处于
缺乏可靠信息的困境。此外，该遗址位于圣路易斯（St. Louis）
这座大都市的边缘，遗址大部分已经被毁坏或消失了。因此无
法获得类似于在中美洲特奥蒂瓦坎遗址或者阿尔班山遗址调查
所得到的精确聚落资料。尽管如此，可获得的信息确实证实了
卡霍基亚是古代北美洲所有遗址中最接近真正城市的遗址，在
13～16 平方千米区域内，峰值时期（大约公元 1050～1250
年）的人口规模估计在 10,000～20,000 人。这样的规模比早
期阶段的特奥蒂瓦坎古城或者古典时期的阿尔班山古城要更胜
一筹。

　　在厄瓜多尔（Lathrap，Marcos and Zeidler，1977）、哥伦
比亚和巴拿马的众多发现也揭示了平等社会向等级社会的演
变。厄瓜多尔的雷亚尔·阿尔托（Real Alto）遗址的年代可追
溯至公元前 3400～前 1500 年。该遗址位于距海边仅几千米的
农耕土地上，其代表性的瓦尔迪维亚文化（Valdivial）明显是
农耕生业而非海洋生业。这处古代社区占地约 400 米×300 米，
永久性房屋被分置于相对的两列。早在公元前 3300 年，这里

的居民就在两列房屋间的开阔地带建造了人工夯土平台。这些
用巨大的木柱建造的房屋，其规模足以住下数代同堂的大家
庭。学者们估计，在公元前 3100 年左右这里的人口约有 1500
人。此后，虽然礼仪性建筑和相关活动有所增加——主要是建
于广场区域的墓葬类（或埋骨）土墩和祭坛类土墩，但是居
住的人口却减少了。这是因为要供养不断增长的人口，大社区
分解成了小型的偏远农业定居村落。伴随这样的人口迁徙，中
央集权的趋势和政治—宗教的仪式性在原来的城市中心快速发
[294]　展起来。这种仪式性主要体现在墓葬类土墩中的高等级侍从墓
和人殉牺牲。

　　社会政治与经济方面的演进并不是 20 世纪 70 年代研究的
唯一关注点。唐纳德·D. 拉斯瑞普（Donald W. Lathrap,
1973）基于他对亚马孙河热带雨林的考古学和民族学研究，将
宗教性艺术和含意、演进过程，以及它们与前哥伦布时期美洲
文化的相互关系联系起来，进行了一项极富吸引力的研究。在
分析中，他关注秘鲁查文文化并探寻其在热带雨林的神话和经
济模式中的来源。他的分析类似于我们之前提及的普利斯顿
（1977）对玛雅艺术的研究[70]。需要强调的是，这些研究没有
一项是脱离实际的美学分析，两者都是以农业技术问题及其与
整个文化系统的联系为基础的。拉斯瑞普挑选了秘鲁北部高地
查文—德万塔尔遗址（Chavin de Huantar）中一个非常著名的
遗存——特略方尖碑（Tello Obelisk）进行研究。拉斯瑞普部
分借鉴了特略（Tello, 1960）和罗维（Rowe, 1967）以前对
这座石雕纪念碑含意的观点，向我们展示了对"伟大的卡曼"
神（"Great Cayman" deity）令人信服的二重解读：它既是热
带雨林的创造者，而且据说也是安第斯地区重要栽培作物
（cultigens）的施予者，从这个意义来说是秘鲁文明的缔造者。
从描述可知，葫芦、辣椒和块根作物如姜芋（achira）与木薯
（manioc）都是从这位神灵的两个身体中生长出来的。在分析

过程中，拉斯瑞普的解读因为得到热带雨林与秘鲁民族志的支撑而更为可靠，这些民族志的资料可以使我们深入地了解与研究当地与之相关的宗教和神话。

另一个对艺术和图像进行系统分析的例子是奥尔加·利纳雷斯（Olga Linares，1977）的研究，她把象征主义与自然生态、政治宗教的价值观及组织结构联系了起来，分析了非常著名的科克莱（Cocle）和马卡拉卡斯彩绘艺术风格。这种传统陶器是由前哥伦布时期晚段巴拿马中部小酋邦的人们制作，用作重要人物的陪葬品（见 Lothrop，1937～1942）。这种陶器经常被敲破或者"毁坏"（killed），与大量的黄金和其他装饰品一起放置在墓葬中，陶器的放置被认为是对阶层和实力的确认，也就是代表着死者和他的贵族世系的公开联系。但是正如利纳雷斯所强调的，在这些精致彩陶上画的内容除了人类以外还有某些特殊种类的动物。被作为食物的动物很少或根本不会被画上，与之相反的是，陶器上绘出的都是些好斗的动物——鳄鱼、猛禽、鲨鱼、刺鳐，甚至有刺昆虫。这些动物当然都是这些文化所处自然环境中的常见物种，但它们的象征意义是武士。这种解释是不是定论呢？那倒未必，不过我们把这次探讨看作是对古代社会进行更为宽广的过程性理解这一正确方向的努力。

巴拿马马卡拉卡斯（Macaracas）陶器艺术中程式化的鳄鱼主题，注意突显的牙齿和爪子。（引自 Linares，1977，copyright Dumbarton Oaks，Washington，D.C.）

[295]

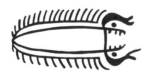
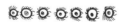

巴拿马科克莱（Cocle）陶器艺术中的"好斗"动物主题。（引自 Linares，1977，copyright Dumbarton Oaks，Washington D.C.）

巴拿马马卡拉卡斯陶器艺术中"好斗的"鲨鱼[①]和刺鲀主题。（引自 Linares, 1977, copyright Dumbarton Oaks, Washington D. C. ）

20 世纪 70 年代新方法的第一批倡导者之一就是斯坦利·索思（Stanley South）。在他的《历史考古学的方法和理论》（*Method and Theory in Historical Archaeology*, 1977a）一书中，索思认为历史考古学不仅能够，而且也应该成为考古学理论发展的重要贡献者。正如斯凯勒（Schuyler, 1970, p. 86）之前指出的那样："对历史时期遗址的考古学研究能够纠正文献错误，当然也能填补记录空白，但它是否能对我们理解过去做出重大贡献呢？答案显然正变得越来越肯定。"此外，像其他学者（如 Deetz, 1977, 20 世纪 70 年代另一部很有影响的历史考古学研究论著）一样，索斯指出历史考古学的资料是如何被用来验证各种考古学的技术、方法和假说。

历史考古学家通常能较准确地把握研究材料的年代。美国东部的历史考古学家可以使用诸如伊沃·诺埃尔·休姆（Ivor Noël Hume）的《美国殖民地时期人工制品指南》（*A Guide to the Artifacts of Colonial America*, 1970）等资料来准确判断各种人工制品的年代。在此基础之上，索斯（1972）创立了一种非常实用且精确的"陶器平均年代方案"（mean ceramic date formula），为这些发现陶片的遗址提供准确年代判断。

[296]

索斯（1977a）这部论著的主要学术进展是展示出历史时期遗址材料的类型与精准测年，可以让历史考古学家更容易地确认考古记录中的样式。索斯讨论了"布伦瑞克垃圾处理模

---

① 原书作 Shark——译注。

式"（Brunswick Pattern of Refuse Disposal），"卡罗来纳人工制品模式"（Carolina Artifact Pattern）和"边界人工制品模式"（Frontier Artifact Pattern）等；他展示了这种陶器年代判定方法，是如何被用于辨别像西班牙的马约利卡风格（Majolica）之类的其他模式。正如路易斯·宾福德（1977，p. xi）在索斯这本书的前言中所说："斯坦利·索斯在这本书里做了弗朗索瓦·博尔德（Francois Bordes）为欧洲旧石器研究所做的事情，也就是强调了定量研究的必要性，认为这是模式识别的重要基础。"索斯坚持认为，对考古记录中具有统计学意义的人工制品模式进行辨认和验证是迈向解释的第一步。换句话说，他认为，依据引发其产生的文化过程对这些模式进行解释是作为人类学之考古学学者的主要学术任务[71]。

　　我们之前已经提到过迪兹和德萨莱森（Dethlesen）关于新英格兰墓碑的研究，以及他们使用历史时期的资料来验证考古学的方法和假说。虽然我们的讨论和本章所引用的文献都集中在英国殖民历史时期，但是美洲历史考古学家关注的资料范围远比我们讨论所包含的内容要广泛得多。迪兹对加利福尼亚州拉布利斯玛教堂（La Purisima Mission）的创新性研究（1962-63）是展示历史时期遗址研究的范围和潜力的案例（也见Thomas，1988），对这个西班牙教堂的发掘揭示了西班牙对美洲土著文化渗透的历史与进程，包括劳动分工和被迫改变传统活动的资料，例如，男人们放弃燧石剥片而被迫从事其他劳动以适应新的环境。

　　距现在稍近一些，J. S. 奥托（J. S. Otto，1977）通过对19　[297]世纪佐治亚州种植园的发掘，揭示出了上层阶级的种植园主、中产阶级的监工和奴隶的区域，并用统计学方法将陶器类型、器形与社会地位联系在了一起。奥托的研究说明了陶器形制是如何与每个社会阶层的饮食习惯相联系的（也见 Singleton，1985；Crader，1990）。

目前，考古学拥有许多新的发展动向，历史考古学已经成为其中一个蓬勃发展的领域（见 Spencer-Wood, ed., 1987）。我们在下文将会看到，后过程研究为"现代时期"的新考古学提供了多种选择，历史考古学最近也成为后过程研究的肥沃土壤（如见，Leone, 1984, 和一些论文，Leone and Potter, eds., 1988）。

我们认为，这个简短的回顾足以说明新考古学的主要思考主题——对文化变迁的原因与过程的研究，以及问题导向型的研究计划——在多大程度上影响了 20 世纪 60 年代到 80 年代美洲考古学的主流领域。大多数美洲考古学家没有放弃对文化史的关注，但是他们努力将其转向新的方向。阐释与描述成为他们正在重建的"文化史"的一部分。但是考古学的前景仍在持续改变。在最近十年里，依然有更新的观点向新考古学发起了挑战，告诉我们对过程的阐释和理解仍然不足，或者说至少不是全部的内容。他们认为理解应该超越或者包含阐释与过程，如果没有理解，那么阐释与过程不可能真正取得效果。这样的声音向新考古学提出了严峻的挑战。我们在对美洲考古学"现代时期"的概述中，该如何评价它们呢？

## 对新考古学的后过程回应

在本章的前面部分，我们概述了新考古学的概念，并列举了其方法论的几个例子。我们认为，这些概念和方法是我们命名美洲考古学"现代时期"的主要界定思路。在提出这个观点时，我们试图展示新考古学的这些理念是如何直接、明确地，或者间接、隐晦地影响到美国学者的主流考古研究，这可以从明确强调问题导向型的调查、在数据处理中更加科学严谨和量化，以及对文化演进过程阐释的强烈关注中看出。同时，[298] 在阐释中不同程度具有明显的生态学倾向和基本的新进化论——唯物主义哲学。

鉴于这一切，我们能不能说这些新考古学的革新是过去三十年来美洲考古学发生过的唯一事情，并且它们预示了未来的必然方向？当然，有些内容似乎明显是未来考古学追求的目标，包括问题意识、重视对推论的评估，以及对过程的关注。然而，在过去的十五年里，人们对新考古学的实证主义和程序性提出了强烈的异议，这种声音在这段时间里逐渐升高。

这些对新考古学的批评被统一归入后过程考古学（Post-processual Archaeology）类别里，以便与新考古学的过程主义相区别。虽然这些批评在哲学和概念上各不相同，但它们有一个共同点：都与仅依靠"科学和客观的"程序就能充分理解和领会考古研究中的无数人类事件这一观点相悖。对新考古学的批评者实际上认为，对过往的考古研究是不能以任何真正客观的方式直接获得的。与之相反，在他们看来，过去是由考古学家构建的，他们生活在现在，对于过去只能有一种主观的看法。从广义上讲，后过程主义的特点就是对过去秉持的特殊性和相对论，坚信过去是社会层面上的建构（例如，见 Hodder，1987；另见 Salmon，1992）。

20 世纪 70 年代后期，考古学中的后过程主义观点开始出现在英国。特里格（Bruce Trigger，1991a）引用劳丹（Laudan，1990）的观点，将之描述为我们这个时代更广泛的知识分子运动的一部分，它反映了西方社会日益增长的危机感，并且在影响社会科学之前首先出现在艺术和文学领域中。后过程考古学相对论观点的早期来源，可以追溯至 R. G. 科林伍德（R. G. Collingwood，1945）的历史学研究，并且更进一步说，它们可能与黑格尔和康德的反实证主义哲学有关。一些英国考古学家的后过程主义论著与美国的新进化论—实证主义新考古学派（neo-evolutionist-positivist New Archaeological school）形成鲜明对比，这些学者包括伊恩·霍德（Ian Hodder，1978，1984，1985，1991）、迈克尔·尚克斯（Michael Shanks）和克里斯托弗·蒂利（Christopher Tilley）（1987a，1987b，1989）。但是，由于后过程相对主义对一些美洲考古学家也具有吸引力，因此不应该将其视为英国和美国学者之间的分歧。其中许多学者（Deetz，1977；Fritz，1978；Leone，1982；Conkey，1982）都认为新考古学对历史、心理和象征因素的排斥过于狭隘（见Redman，1991）。不过，这让我们转向对后过程考古学观点的更详细考察。

[299]

伊恩·霍德是后过程主义"背景"或"解释"类型的坚定支持者（见 Patterson，1989；Preucel，1991）。根据这种理念，考古遗存应该能被"阅读"并能被解读为"文本"，因而解读者的能力是非常重要的。霍德已经明确提出反对新考古学的观点，他认为新考古学以"不受时间影响的过去"为基础，避开了文化历史，借助于效用、控制和适应等概念，在考古资料中寻求人类行为的过程主义阐释。相比之下，霍德的后过程主义非常依赖他所说的历史背景和特殊性，他认为只有在特定的历史背景下才能理解过去的行为（Hodder，1985）。霍德（Hodder，1991）提到了克里斯托弗·霍克斯（Christopher Hawkes，1954）的"推论阶梯"（ladder of inference），因为它是在经验主义和实证主义框架内运作。我们在自然环境、技术、经济等较低层次的阶梯攀登时充满信心，即使我们借助对定居模式和系统的研究继续攀登至社会考古学时，感觉也还不错。但是当我们试图登上诸如仪式、象征主义和意识形态这些更高层次时，却没有地方可以抓住了。霍德认为，过程考古学家能做的最好的事情就是爬下来，把他或她的努力集中在梯子的下层，主要关注自然环境背景中作为生物的人类。或者是另外一种方案，由后过程主义学者继续向上攀登阶梯——不过这个阶梯是包含在特定的文化历史背景之中的。简而言之，霍德（Hodder，1991）认为美国新考古学及其过程主义论纲一直停滞于生态学、进化论和唯物主义的状态中，就其本身来说，它已经落后于当今世界人类学关注性别、权力、意识形态、文本、结构以及（最重要的）历史这一发展进程。在他看来，只有通过这种拓展的视野，考古学家才能理解文化变迁的过程[72]。

批判考古学（*Critical Archaeology*）属于另一类后过程主义（Shanks and Tilley，1987a，1987b，1989；参见 R. Watson，1990）。考古学如何处理思想意识？而且正如 M. P. 莱昂内（M. P. Leone，1982）所问，如何从考古学语境中重新获得"思想"？新考古学家认为"思想"是不可重建的"古代心理学"，对于考古学家来说是一个绝望的事业（Binford，1965）。莱昂内看法有所不同，他引用了法国旧石器考古学家勒儒瓦－高尔汉（Leroi-Gorhan，1967，1968）的研究案例，勒儒瓦－高尔汉通过洞穴壁画图像类型和空间位置的揭示，对旧石器时代洞穴壁画背后的意义进行了阐释，建立了"死亡献祭"和"生命赋予"图像之间的结构象征二元法。迪兹（Deetz，1977）认识到新英格兰殖民地的人工制品、房屋布局和墓碑的双边对称模式是另一种象征性表达，就像利纳雷斯（Olga Linares，1977）在史前巴拿马艺术中辨识的某些主题之间的分离（见上文）。

[300]

在进一步解决这些问题时，莱昂内（Leone，1982）呼吁考古学家关注一种新马克思主义（Neo-Marxist）的批判性自我意识（另见 Patterson，1989；Preucel，1991）。批判考古学认为思想观念是一种强大的社会力量，而不仅仅是新进化论者赋予它的附庸角色。思想观念不仅有助于掩饰社会中的社会经济和政治分歧，而且具有创造性，可以引导和决定文化变迁。因此，忽视思想观念就不能完全解释变化的过程，也不能达到过程论者的目标，这是新考古学的主要目标。莱昂内的主要研究领域是北美历史考古学，他试图使研究者能够有一种自我意识和自我认知，了解他们行为背后的动机。为什么要问某些问

题？考古学家和研究资助方的心智投入和期望是什么？正如他
所说，"我们并不能看到生活在其中的人们所了解的过去。我
们现在所看到的在某种程度上是被当下的利益和视角所干扰的
过去。"（Leone，1983）。在他和同事们在马里兰州安纳波利斯
进行的发掘和相关研究中，他们强调存在有"不一样的过去"
（different pasts）（Leone，1984；Leone，Patter，1984，1988；
Leone，Potter，Shackel，1987）。因此，安纳波利斯的市民为
自己构建了一个过去，以使该地作为旅游观光地的当代活动显
得更名副其实。他们关注的是这座城市的"黄金时代"
（golden age，约 1760~1784），也就是在巴尔的摩市崛起导致
城市经济衰退之前的那段时间。因此，海军学院的建立就很少
被关注①，曾经繁荣的奴隶制度也被忽视了。尽管意识到了这
种"不一样的过去"，莱昂内和同事们并未提倡无限制的相对
[301]    主义，也没有完全拒绝实证主义和客观性。相反，他们认为批
判考古学的目的就是使考古学家所做出的阐释更少地受到所处
时代中占主导地位的政治、经济和社会思想的影响，最终使得
阐释更加客观。在我们看来，这种方法避免了更极端的相对主
义或者虚无主义（nihilism），这似乎是迄今为止英国批判性思
维的特征（相关案例见 Shanks and Tilley，1987a，1987b；参
阅 R. Watson，1990）。

　　批判考古学的另一个方向是性别考古学（参阅 Conkey and
Spector，1984；Gero，1985；Gero and Conkey，eds.，1991；
Walde and Willows，eds.，1991；Claassen，ed.，1992）。这里
的批评是反对在研究和职业上的性别偏见。关于前者，它的出
发点是，考虑到至少直到最近一段时间，多数或绝大多数的考
古研究严重倾向于理解或阐释过去的男性活动（或至少被认为
是男性活动的）方面，且这些研究主要由占主导地位的男性考

---

① 美国海军学院（United States Naval Academy，缩写 USNA），位于马里
兰州首府安纳波利斯，始建于 1845 年 10 月 10 日。——译注

古学家进行。正如艾莉森·怀利（Alison Wylie, 1991）指出的那样，忽视女性而仅从男性视角出发对社会和文化进行概括，我们会错失很多资料记录。什么样的工具、房子和活动可能与女性有关？克里斯廷·A. 哈斯特夫（Christine A. Hastorf, 1991）最近的研究，就是从更广阔的视角出发能够获得更多信息这一思路的一个很好例证。这项研究是关于秘鲁高原环境中的前印加时期和印加帝国时代。人体骨骼的同位素分析表明，男性和女性的饮食状况在前印加时期基本相同。在印加人占领当地并将其纳入帝国版图后，这种情况发生了根本性的变化，男性骨骼显示出明显的玉米摄入量，而女性则没有。目前关于这种限制女性食用玉米背后的原因并不完全清楚，也许与印加帝国的"男性统治"思想有关。或者如哈斯特夫所指出的那样，它可能与早期历史记载中印加帝国的劳动力组织方式有关。据历史记载，当时有为强制性劳动者提供吉开酒（chicha，玉米啤酒）的传统。不管怎样，洞察力和探究在这里开启了研究前哥伦布时期秘鲁人行为的新视野，如果没有收集与性别有关的信息，这些行为就会被忽略[73]。性别考古学当然也深化了对历史上个体差异的认识。

　　情境主义、批判考古学的众多分支、性别考古学等这些批判性反应，是否会摧毁新考古学及其过程主义呢？过程主义和后过程主义之间的界限是否应毋庸置疑地划清呢？过程主义者在寻求"通则性规律"（covering laws）以解释人类行为时，是 [302] 否过于坚决地秉持新进化论和唯物主义观点，以至于一点点回旋的余地都没有？后过程主义者是否非要追求相对主义，以至于否定以任何有效的比较性术语对有意义的过去进行阐释和理解的努力？尽管在过程主义与后过程主义的争辩中产生的一些争论显示出这种情况，但是我们不认为争论中任何一方的不妥协态度已达到极端。我们必须指出，过程主义者和后过程主义者同样对"理解和阐释过去"感兴趣。查尔斯·雷德曼

（Charles Redman，1991）看到了两者的连续性，事实上不止一位后过程主义学者来自过程主义阵营。当然，新考古学对方法的关注以及如何达成解释性结论，是与后过程主义中的相对主义有关的，正如新考古学所强调的在其相关背景中观察物体、特征和地点是与后过程主义中的情境主义有共鸣一样。《过程和后过程考古学：了解过去的多种方法》（*Processual and Post-processual Archaeologies：Multiple Ways of Knowing the Past*，R. W. Preucel，ed.，1991）汇集了争论双方考古学家在同一研讨会上的论文，这本论文集也展示出双方的共同点。过程主义和后过程主义的综合或整合是否正在形成则又是另一回事。雷德曼（Redman，1991）希望如此；A. C. 斯波尔丁（A. C. Spaulding，1988）认为，两种认知系统之间的共存（而不是两者的融合）将更有可能性。有人半开玩笑地评论说，由于迄今为止过程主义方法和后过程主义方法都没有取得理想成果，因此即便将两者综合可能也不会做得更好[74]。尽管如此，严格来说我们认同帕蒂·乔·沃森（Patty Jo Watson，1991）的观点，科学与历史、阐释与理解、客观性与主观性（或者我们想要划分的问题）之间的二元对立最终只会徒劳无功。

　　到目前为止，对于考古学（以及美洲考古学）走向何方这一问题，我们读到的最令人满意的表述是布鲁斯·G. 特里格（Bruce G. Trigger，1991b）的《制约与摆脱：考古学阐释的新综合》（Constraint and Freedom：A New Synthesis for Archaeological Explanation）。尽管标题的名称如此，但是它并不是为想知道"怎么做"考古的人罗列快捷、有用方法的综合指南，而是对考古学家在完成解读过去这一艰难任务时会面对什么问题所做出的非凡且周密的思考。特里格关于新进化论和历史特殊主义之间争论的一些表述值得在这里再次引述：

布鲁斯·G. 特里格（B. Welch 拍摄）

如果说通过 100 多年的人类学研究已经明确了什么的 [303]
话，那就是人类行为既不像新进化论者所假设的那么有
序，也不像一些历史特殊论学者（包括霍德提出的更极端
的构想）所推测的那么随意……新进化论的极端和历史特
殊论的极端似乎都与可观察到的人类行为不相符。（Trig-
ger，1991b，p. 554）

换句话说，考古学家面临的任务不是一件容易的事，也不
是一个用理论方案就能有所推进的任务。

特里格提到在社会和文化的发展与变化方面考古学家需意
识到的两类"制约"：（1）源于生态、技术和经济因素的外部
制约（external constraints），并且在其应用时往往具有普遍性；
（2）与知识、信仰、价值观、文化条件下的习惯有关的内部
制约（internal constraints），这些制约因素往往与历史关联的文
化有关。在外部（external）类别中的社会和文化行为具有很
强的（strong）可预测性，而内部（internal）类别存在有一定
的（some）可预测性。然而，正是对后者的相关阐释是新考古
学者和后过程主义学者之间的冲突所在。外部性的制约因素
（如环境、有效的生计经济以及大量的人口集聚等），为等级
化的社会政治结构的发展提供了强有力的条件，而内部性的制
约因素（如特定的思想观念传统）将推动这种等级组织结构
发展为截然不同的类型，这却是无法预测的。也许正如特里格
所说，外部性制约因素（如生态或自然系统的运作）是独立
于人类意志的，因此它们的演化轨迹在很大程度上是可预测
的；而另一方面，内部性制约因素（如价值取向或思想观念）
更多地取决于其背景的特殊性，因此只有在特定的历史或文化
传统中才可能对其结果做出预测。

鉴于后者这种情况，特里格提倡回归直接—历史法，通过
运用这种方法，历史文献或民族志可以作为理解和阐释考古学

具体历史的基础（参见 Willey，1953d，1977，参见"特定历史类比"，"specific historical analogy"）。新考古学从一开始（Binford，1965，1989）就以"不科学"为理由避开了直接—历史法，认为考古学家不能依赖于从过去到现在的连续性去分析物质文化及其相关含义。特里格认识到了这种困局，他并不[304]主张考古学家束缚自己。虽然特里格认为中程理论主要关注于外部性的制约条件，但他认可新考古学"中程理论"（Binford，1977a）的重要性。特里格想寻找一种能够同时关注外部性和内部性制约因素的方法，以便更全面和更有意义地理解过去（另见 P. J. Watson，1991）。

关于在理解过去时运用类比法这个问题，艾莉森·怀利在《对类比法的抗拒》（The Reaction Against Analogy，Alison Wylie，1985；1989a，b）[75]这篇重要而有洞见的文章中指出，后过程考古学家正确地提出，基于现实或历史研究的桥接理论或中程理论并没有消除传统类比的主观倾向，因为现实性的研究仍然反映了研究者的倾向。考虑到这些问题，一些考古学家对中程理论的效用存疑（参见 Wylie 1989a 中的讨论；或见 Hodder 1982，1991a，b；Miller 1982）。其他学者，尤其是理查德·古尔德（Richard Gould，1980；另见 Gould 与 Patty Jo Watson 的辩论，1982；参见 Binford 1983b，1989），在寻找避免类比过程中困局的方法时，认为考古学家应该停止对类比法的严重依赖。然而在我们看来，没有类比法的考古学似乎是不可行和不现实的[76]。相反，正如怀利和黛安·吉福德 - 冈萨雷斯（Diane Gifford-Gonzalez，1991）等其他学者所强调的那样，已被认为不能规避传统主观性问题的桥接研究，仍然被认为可以为类比的有效性（没有称为"客观性"）提供重要的源头支撑，并以此方式使类比法所提供的关于过去行为的推论更有说服力（但不是"证明"）。也就是说，在当下或相对近期的历史中人类行为与物质模式之间的联系越强，从考古记录中的类似材料推断过去行为的推论也就越可靠。从这方面来说，中程理论或者桥接研究仍然可以在赋予考古记录普遍可接受的意义以及理解过去文化进程方面发挥作用。

我们承认，过程主义与后过程主义对峙的困局并不能轻易解决。我们想补充一条我们的同事提出的评价："后过程"是一种误称，显然，这仅是暂时没有更好称呼时所用的名字。考古学中的过程解释绝不是我们应该抛弃的，相反，它仍然是美洲考古学和所有考古学的主要目标。后过程主义学者并没有背弃过程，他们的一个观点是，过程主义者没有以正确的方式进行过程解释，并且他们设定的目标太过限制。情境考古学 [305]（*Contextual Archaeology*）可能是概括后过程考古学（Postprocessual Archaeology）的一个更好的术语。也许这个词及其内涵足够广泛，可以包含历史的情境、阐述以及各种重要方法。

在考虑这种过程主义与后过程主义或"科学"与"人文主义"等考古学中的两难困境时，有考古学家曾强调：

> ……我们所知道的考古学令人钦佩的主要知识体系——包括类型学、序列、地层学和人工制品组合等原则，以及将考古材料与人类行为桥接起来的理论的确立——在很大程度上是"科学"传统的贡献。（Willey，1991，p. 198）

我们在这里坚持这一说法。考古学不会在无规则的相对主义的学术氛围中取得进展。基于现实世界（而非其他途径）获得的证据所提出的论点要更可靠：

> 但是与此同时，"人文主义"传统仍然存在这样一种观念，即文化选择、人类选择一直是指引我们命运的重要因素，从遥远的时代开始，并没有简单的方法能制定通则性定律，以预测出这些选择将会是什么。（Willey，1991，p. 198）

　　本书到此就告一段落了。我们认为，新考古学（或过程考古学）的思想已经使我们从美洲考古学"现代时期"的开始阶段向前迈进了许多。不过，后过程主义所反对的将偶然性和思想观念从考古学家对过去的研究中排除这一教条观念，我们也表示同意。虽然过程主义和后过程主义的哲学立场可能是不可调和的，但是吸纳后过程主义各方面批评意见而发展的过程考古学是可实现的，并且在我们看来是具有优势的[77]。融合了新考古学的研究视角，以及关注精神、观念现象和物质层面的阐释等众多优势的美洲考古学，将比任何一种彻底的替代方案要更加充满活力。

## 注　释

　　[1]　参阅萨伯洛夫（Sabloff, 1992b）在这方面对特里格（Trigger, 1989）的评论。

　　[2]　拓展性的讨论与参考文献参阅 Harris（1968）。

　　[3]　参阅 White（1949）截至当时为止的论文。

　　[4]　参阅 South（1955）和 Haag（1959）对菲利普斯等人在这个问题上的批判。

　　[5]　参阅 Willey（1960b）；也见威利（Willey, 1961）对萨林斯和塞维斯（Sahlins and Service, eds., 1960）的评论，他在文章中质疑了学者们所表述进化过程中因果关系的性质。

　　[6]　参阅柴尔德（Childe, 1934, 1936, 1943），特别是他的《社会进化》（*Social Evolution*, 1951）。柴尔德为美洲考古学家所熟知，被认为是一位进化论学者，然而他的很多论著实际上都是改良的传播主义（Trigger, 1980b；也见 McNairn, 1980; Green, 1981; Manzanilla, ed., 1988）。

　　[7]　参阅奥普勒（Opler, 1961）和梅格斯（Meggers, 1961）之间的交锋。例如，奥普勒（Opler, 1961, p. 13）说："很显然，梅格斯博士给'田野人类学家'推荐的'操作工具箱'不像她所描述的那么有新意，它的主要内容似乎是有点陈旧的锤子和镰刀。"

　　[8]　参阅 Caldwell（1959）；韦斯勒（Wissler, 1917）更早地使用了这个术语。

　　[9]　参阅 Binford（1962, 1963, 1964, 1965, 1967a, 1967b, 1968b, 1968c, 1968d）。

　　[10]　宾福德在密歇根大学（University of Michigan）接受了人类学的研究生教育，先后在芝加哥大学、加利福尼亚大学圣塔芭芭拉分校、加利福尼亚大学洛杉矶分校和新墨西哥大学任教，目前就职于南卫理公会大学（Southern Methodist University）。

　　[11]　关于新考古学和进化论思想兴起，特里格（Trigger, 1989）最近提出了一种不同于我们的观点。特里格（同上，p. 295）认为：

"……在泰勒的《考古学研究》（*A Study of Archaeology*）出版之后的十年间，文化体系内部过程变化的概念在美洲考古学受到了前所未有的重视。它在受到考古学自身发展（特别是生态学与聚落形态研究）促进作用的同时，也受到了日渐流行的新进化人类学（neo-evolutionary anthropology，强调文化规律性）的推动"。

他继而认为，宾福德的论争割裂了学科的发展，"使新考古学中断了与过去的联系，而不是对 20 世纪 30 年代以来，美洲和西欧考古学持续发展的功能和过程研究趋势的延续和增强。"他提出，"宾福德的论争掩盖了学界对美洲考古学发展方向存在的很大程度上的共识"。

我们对特里格提出的新考古学和 20 世纪 40～50 年代考古学之间有重要承继关系这一观点明确表示赞同（这是我们在本书 1974 年第一版时坚持的立场），但与此同时，我们认为他对 20 世纪 50 年代美洲人类学和考古学理论背景的解读并不准确。仔细查阅 20 世纪 40～50 年代间的相关文献，我们并没有发现文化进化思想具有强烈或广泛的发展趋势。比如说，威廉姆·哈格（William Haag，1959）在评述文章《进化论在美洲考古学中的地位》（*The Status of Evolutionary Theory in American Archaeology*）中就指出，学科内有关进化的研究非常有限。总之，特里格认为对进化的思考激发了过程主义思想这一观点可能恰好与事实相反，20 世纪 50 年代不断增加的对过程的关注为 20 世纪 60 年代进化论思想居于主流地位铺平了道路。

［12］参阅 Yarnell（1964）；Cleland（1966）；McPherron（1967）。这个整体研究项目由詹姆斯·B. 格里芬（James B. Griffin）负责组织。

［13］弗兰纳利在芝加哥大学接受了研究生教育，在密歇根大学执教多年，是"詹姆斯·B. 格里芬"人类学杰出教授（James B. Griffin Distinguished University Professor of Anthropology）。

［14］重点参阅 Flannery（1968a）；也见 Flannery（1965，1967a，1967b，1969），Coe and Flannery（1964，1967），以及 Hole，Flannery and Neely（1968）。

［15］参阅 Flannery，Kirkby，Kirkby and Williams（1967）；Flannery（1968b）；Flannery and Schoenwetter（1970）；Flannery，ed.（1976，1986）；Flannery and Marcus，eds.（1983）；Blanton et al.（1982）；Kowalewski et al.（1989）；Marcus，ed.（1990）。

［16］参阅 Odum（1953，1971）。

［17］参阅 Vayda and Rappaport（1968，pp. 493-494）；以及特里格（Trigger，1971）关于开放性系统分析的重要性；拉帕波特在新几内亚岛的研究（Rappaport，1968），是考古学家可以在自己工作中进行类比的一个很好案例。也见 Moran，ed.（1990）。

［18］参阅 Bertalanffy（1950）；Wiener（1950，1961）；也见 Buckley，ed.（1968）和 Emery，ed.（1969）的文章；参见 M. Salmon（1978）。

［19］参阅 Flannery（1968a）；也见 Doran（1970）对系统理论和考古学的早期介绍。

［20］参阅 Clarke（1968）；也见 Rouse（1970）的评述；Mayer-Oakes（1970）；Moberg（1970）；以及 Hymes（1970），还有 Clarke（1970）的回应。另一项来自英国学者的进展就是区位分析（见 Haggett，1965）。

［21］读者可参阅 George Cowgill（1967a，1967b，1968）和 Donald Tugby（1969）的精彩评述，了解 20 世纪 60 年代统计学与计算机在考古学研究中的应用进展。也见 Ascher and Ascher（1963）；Kuzara，Mead and Dixon（1966）；Hole and Shaw（1967）；Hodson（1969，1970）；Dunnell·（1970）；Gelfand（1971）。此外，还有 Freeman and Brown（1964）；Deetz（1971）；Hill（1966）；以及 Longacre（1968）等。Longacre（1970）包含了一个有价值的概述。然而，Cowgill（1977）；Harpending（1977）；Thomas（1978）；以及 B. Hole（1980）对考古学家应用（甚至滥用）统计学技术提出的尖锐批评。

［22］参阅 Doran（1970）；Hodder，ed.（1978）；Sabloff，ed.（1981）；也见 Thomas（1972）；Cordell（1975）；Zubrow（1976）；Hosler，Sabloff and Runge（1977）；Zimmerman（1977）；Lowe（1985）；Aldenderfer（1991）。

［23］参阅 Brothwell（1969）的告诫性文章。

［24］近期关于考古学定量方法的代表性研究论著有：Doran and Hodson（1975）；Thomas（1976）；Christenson and Read（1977）；Clark（1976）；Drennan（1976）；Orton（1980）；Aldenderfer，ed.（1987）。

［25］参阅 Mueller，ed.（1975）；S. Plog（1978）；Nance（1983）。

［26］参阅 Caldwell（1965）；Struever and Houart（1972）。

［27］参阅 Sabloff（1990）的总体概述。

［28］参阅 Binford（1968a，1968b）；Fritz and Plog（1970）；Spaulding（1968）。

［29］参阅 Hempel（1965）；也见 Preucel（1991）。

［30］部分内容参阅 Fritz and Plog（1970）；Watson，LeBlanc and Redman（1971）；Tuggle，Townsend and Riley（1972）；Morgan（1973）；Sabloff，Beale and Kurland（1973）。

［31］例如 Courbin（1989）。

［32］随后的一卷出版于 20 世纪 80 年代中期（Watson，LeBlanc and Redman，1984）。

［33］近期对于丧葬行为（mortuary practices）研究的思辨，可参阅 Goldstein（1980）；Chapman，Kinnes and Randsborg，eds.（1981）以及 O'Shea（1984）等。

［34］迪兹（Deetz，1960）的博士学位论文要早于宾福德（Binford，1962）的文章，而且迪兹是独立于宾福德所率领的芝加哥大学团队之外的一位新考古学先驱（也见 Deetz，1965，1968a）。

［35］参阅 Hill（1968，p. 120；也见 1966）；希尔、朗埃克和莱昂内和保罗·S. 马丁都致

力于美国西南部考古研究。我们已经提及，保罗·S. 马丁是最早对传统考古学表达不满的学者之一，在与同领域年轻学者们合作时进一步表达了这种不满。

［36］参阅 Whallon（1968）；见 Allen and Richardson（1971）对新考古学家使用像"从妻居"（matriloca residence）和"家族"（clans）这些概念的批判性评述。

［37］例如 Sanders（1968）或 Sanders and Price（1968）。

［38］例如 M. D. Coe（1968a，1968b）或 Willey（1962，1971）；也见 Flannery and Marcus（1976）。

［39］这些见解是由弗兰纳利（Flannery，1968b）运用不同方法研究奥尔梅克文化和玛雅文化的资料而得出的；另参阅 Rathje（1971）；M. C. Webb（1964）；也见 Willey and Shimkin（1971）。

［40］"历史考古学会"（A Society for Historical Archaeology）于 1967 年在美国成立，办有《历史考古学》（*Historical Archaeology*）期刊。

［41］关于 20 世纪 70 年代早期阶段在理论方面流行趋势的例证，可参阅以下三部编撰的论文集：马克·莱昂内的《当代考古学》（*Contemporary Archaeology*，Mark Leone，1972），查尔斯·里德曼的《当代考古学的研究和理论》（*Research and Theory in Current Archaeology*，Charles Redman，1973），和科林·伦福儒的《文化变化的解释》（*Explanations of Culture Change*，Colin Renfrew，1973）。从一个非美洲学者角度对这些趋势所做的评论见（Klejn，1977），而全面的评述则见（Gandara，1980～1981）。更近期的观点见（Lamberg-Karlovsky，ed.，1989，PartI）。

［42］参阅 Schiffer（1972，1976，1987）；Schiffer and Rathje（1973）；也见 Sullivan（1978）。

［43］参阅威利等（Willey in Tax and others，1953b，p. 252）的定义。阿谢尔（Ascher，1961）把一般性比较类比看作新的类比法，把特定历史类比看作旧的类比法。而事实上，一般性比较类比可能是二者中更老的（至少许多是 19 世纪的相关研究），并且有强烈的进化（和普遍性）趋向。

［44］参阅他在密西西比河谷考古学背景中对民族志类比的使用（Binford，1967b）。

［45］例如在 Chang（1958），特别是 Chang（1967a）中，可以了解这位考古学家对过程的关注。

［46］参阅帕特里克（Patrik，1985）对考古学记录性质不同观点的深入讨论。

［47］参阅 Binford（1977a，1978a，1978b，1981b，1983a，1983b，1989）；Binford and Sabloff（1982）；Sabloff（1982a，1982b，1989a）；Wylie（1985，1989a，1989b）；Sabloff，Binford and McAnany（1987）；Pinsky and Wylie，eds.（1989），等等；在美洲考古学中的应用参阅 Sabloff（1983，1986，1989b，1990，1992a）；也见拉布和古德伊尔（Raab，Goodyear，1984）在莫顿（Merton，1968）之后对中程理论的不同定义，以及格雷森（Grayson，1986）的历史讨论。

［48］近期的相关案例可参阅 Hayden and Nelson（1981）；Hayden and Cannon（1982）；Killion（1987）；Smyth（1989）；Arnold（1991）。

[49] 如这个讨论所指出的，尽管他们的论点相反，宾福德的中程理论和希弗（Schiffer）的人类行为考古学是很相似的（例如见 Binford，1981a；Schiffer，1985a，1985b，1988），然而宾福德的探讨更为广泛，似乎更关注建立关于长期文化过程的一般性理论。

[50] 然而，部分过程考古学家对方法论日趋增加的关注（虽然在我们看来显然是对的）也引起了批评。回顾新考古学在 20 世纪 60 年代时在理论方面的早期目标，一些考古学家建议学科应该将注意力重新转向通则性理论的构建（Moore and Keene，1983）；也见弗兰纳利（Flannery，1982）的评述。

[51] 例如，斯坦利·索思（Stanley South，1977a；也见 1955，1977b）的《历史考古学的方法和理论》（*Method and Theory in Historical Archaeology*）一书是对进化论观点的有力说明。

[52] 其中，其他一些重要的论著包括：Carneiro（1970）；Webster（1975）；Gall and Saxe（1977）；Peebles and Kus（1977）；Claessen and Skalnik，eds.（1978）；Cohen and Service（1978）；Hill，ed.（1977）；Haas（1982）；Sanders and Webster（1978）；Sanders，Wright and Adams（1984）；Wright（1986）；以及 Spencer（1990）。

[53] 也见 Boserup（1965），P. Smith（1972），以及 Spooner（1972）。

[54] 参阅 Kirch（1980）；Johnson and Earle（1987）；Brumfiel and Earle，eds.（1987）；Drennan and Uribe，eds.（1987）；Sanderson（1990）；Drennan（1991）；Rambo（1991）；Yengoyan（1991）。

[55] Blanton et al.（1982）；Flannery and Marcus，eds.（1983）；Sanders，Parsons and Santley（1979）；Herrera，Drennan and Uribe，eds.（1989）；Kowalewski，et al.（1989）；也见 Fish and Kowalewski，eds.（1990）。从新考古学视角出发关于一般性区域研究的最新思考，见 Rossignol and Wandsnider，eds.（1992）。

[56] 参阅麦圭尔（McGuire，1992）对考古学中马克思主义思想精彩而有深度的分析，以及对唯物主义和马克思主义之间相互关系的有价值的讨论，参阅吉尔曼（Gilman，1989）对马克思主义思想在美洲考古学中应用的深入讨论；也见 Harris（1979）和 Trigger（1985）；另外，参阅 Sanoja and Vargas（1974），以及 Gandara，Lopez and Rodriquez（1988）关于马克思主义理论对拉丁美洲产生强烈影响的两个有价值的案例。

[57] 传统的考古学术语古印第安人（*Paleo-Indian*）有时候使用得比较宽泛，被用来指美洲的所有更新世（Pleistocene）居民；但是有些作者，如本节所引用的威尔姆森（Wilmsen，1970），将其严格限定在此处定义的范围内。

[58] 在通过赫尔盖普（Hell Gap）石器序列确认的怀俄明州卡斯珀遗址（Casper site），G. C. 弗里森和同事对已灭绝野牛的猎杀遗址开展了更为详细的研究（Frison，1974）。在关于此类研究的几篇论文中，许多学者关注骨骼（osteological）遗存，以便详细了解包括野牛年龄和

（捕猎）季节等在内的种群结构信息。这项研究以及其他地理—生态学研究，都试图从古代活动场所中尽可能地提取详细的背景信息。

［59］对于早期美洲农业发现及其理论和方法的评述，参阅 MacNeish（1978）。

［60］例如，C. A. Reed, ed.（1977）；Rindos（1984）；Wills（1988）；B. D. Smith（1989）；G. Fritz（1990）。

［61］埃斯特·博斯拉普有影响力的著作（Ester Boserup, 1965）代表了这种相反的观点。

［62］关于秘鲁海岸向农业过渡的相关细节和思路，参阅 M. E. Moseley（1975a）；也见 Pozorski and Pozorski（1990, 1991）；Quilter et al.（1991）；以及 Quilter（1991）。

［63］更详细的讨论可参阅 Ashmore, ed.（1981）；Becker（1979）；Rice（1987）；Culbert, ed.（1991）。也见普赖斯（Price, 1978）关于中等国家构成的文章，她比较了玛雅低地和特奥蒂瓦坎在社会—政治秩序之间的关系。

［64］参阅 Sabloff（1990）。

［65］参阅 Willey and Shimkin（1973, pp. 473-484）对此的总结。

［66］正如我们在本书其他地方所述，部分考古学家在态度上的这种变化之前并不是没有预兆。O. G. 小里基森（O. G. Richetson, Jr, Ricketson and Ricketson, 1937）在三十年前所做的研究，并不太认可“人口稀少—刀耕火种”形态的这种认识。他尝试在乌夏克吞（Uaxactun）遗址中心的周围，开展首次玛雅低地“房屋台墩”调查，经过研究，他认为是人口密度过高，故而使需长期休耕的刀耕火种农业无法支撑。但他的观点并没有得到普遍接受。出人意料的是，里基森对这个地区进行的复查表明，他把“房屋台墩”的总数算错了，现在估算的人口总数甚至比里基森之前估算的还要大（D. E. Puleston, 个人交流意见, 1977）。

［67］许多调查者都进行了玛雅生计活动的研究。这里无法一一列举，不过《前西班牙时期的玛雅农业》（*Prehispanic Maya Agricultrure*, Harrison and Turner, eds., 1978）提供了关于该主题有价值的研究回顾，以及与主题相关的参考文献目录。也见 Turner（1979）。

［68］许多学者介入了蒂卡尔的研究。这个遗址是由宾夕法尼亚大学在 1956～1966 年期间发掘的，田野发掘指导是舒克（Shook），不过大部分时间由 W. C. 科（W. R. Coe）负责（Coe, 1965）。由伯林（Berlin, 1958）和普罗斯古利亚可夫（Proskouriakoff, 1960, 1963～1964）率先开展的象形文字研究所取得的进展，使蒂卡尔文化的解读与理解成为可能；不过与此节直接相关的蒂卡尔研究成果是柯金斯（Coggins, 1979）和琼斯（Jones, 1977）。也可参阅 Miller（1986）。

［69］交互作用圈的概念是在北美洲考古学首先发展起来的，尤其是在美国东部地区（参阅 Caldwell, 1965；以及本书第五章）。

［70］拉斯瑞普（Lathrap）的文章早于普利斯顿（Puleston）的文章，而且被普利斯顿引用了。

[71] 新历史考古学在作为人类学之考古学的总体目标探寻中，其贡献的潜力可以在许多研究中看到。可以参阅这些编撰的论文集中的相关论述，像《历史考古学的研究策略》（Research Strategies in Historical Arhcaeology, South, ed., 1977）和《历史考古学：实践和理论贡献导读》（Historical Archaeology: A Guide to Substantive and Theoretical Contributions, Schyuler, ed., 1978），能够让读者了解到这个领域中广泛多样的创新研究。20 世纪 80 年代的历史考古学研究文集，有《意义的复原：美国东部的历史考古学》（The Recovery of Meaning: Historical Archaeology in the Eastern United States）（Leone and Potter, eds., 1988）。近来众多的研究论著中，杰出的例子有 Deagan（1983）、Rothschild（1990）和 Ferguson（1992）。

[72] 关注于技术—环境、进化的过程考古学，也因忽视或轻视个人行为和动机的重要性而被批评，那时常常名之为"自主意志"（相关例子见 Hodder, 1991b）。这样的批评令人回想起 20 世纪 40～50 年代对莱斯利·怀特的直接攻击，以及怀特的有效反击（White, 1987, Part V；也见 Barnes, 1960）。对过程的关注是与对个体的关注一致的，过程性阐述不必否定个人能动性的存在。

[73] 对女性考古学家在这一领域发展中所发挥作用的研究兴趣也在不断高涨（Babcock and Parezo, 1988；Kehoe, 1992）

[74] 可参阅"2001 年的考古学"研讨会（Archaeology in the Year 2001 Conference）的会议综述。该次会议由罗安·万德斯内德（LuAnn Wandsnider）组织，1990 年 5 月在卡本代尔市的南伊利诺伊州大学考古调查中心（The Center for Archaeological Investigations）召开。也可参阅 Sabloff（1992c）

[75] 也见 Salmon（1982）；以及 Kelly and Hanen（1988）、Gibbon（1989）对考古学推理与解释的更具普遍性的表述。也见 Dunnell（1989b）。

[76] 耐人寻味的是，沃尔特·泰勒（Walter Taylor）在四十多年前也认识到了考古学推论结构的问题。他认为在承认评估推论的困难时，考古学家必须坚持使用它们。他这样说道（1948, pp. 144-145）：

他（考古学家）的分类研究与真实过去之间的贴近程度将会是他为人类学和历史学研究做出贡献的主要标志……考古学家必须面对的经验性材料包含文化迹象的材料客观性和它们的经验性特征……他的研究就是基于这些材料构建的完整的推论金字塔，对于这种状况没有任何改进的办法，研究者必须要面对它！他唯一可依靠的是，使他的大量必要的推论符合经验性的事实，让他自己和同事们合乎逻辑的观点尽可能地被接受。

[77] 参阅伦福儒和巴恩（Renfrew and Bahn, 1991, pp. 431-434）对认知—过程考古学（Cognitive-Processual Archaeology）的讨论。也参见 Flannery and Marcus（1976）和 Hastorf and Johannessen（1991）。

# 后　记

　　在这本书中，我们回顾了美洲考古学如何从关于新大陆及其居民的推测阶段开始，在这种推测的氛围中困难重重地探寻真相，以及这种艰辛如何为我们称之为考古学科的"分类—描述时期"奠定基础。事实上，在 19 世纪中叶才出现了正式的考古学科。美洲考古学的产生自然受到了之前欧洲考古学发展的极大影响，这些在欧洲的发展主要是在丹麦、法国和英国：汤姆森在考古学分类系统中的三期论，布歇·德·彼尔特对更新世旧石器时代文化的证明，以及英国的考古研究，最后一点是达尔文进化论带来的科学思想的革命。

　　随后，美洲考古学遵循了自己的发展路径，美洲大陆史前史被看作是更宽广研究领域（还包含有美洲原住民的民族志、民族学和民族史等）的其中一个方面。美洲考古文化的年代序列在第一次世界大战之后才成为一个主要的关注点。由于种种原因，地层学这一考古年代学的主要方法在美洲学者的研究中发展缓慢，到 1914 年时还没有得到广泛运用，这个时间点在美洲考古学史中，是主要关注对遗存进行描述和分类的"分类—描述时期"让位于以年代序列为主要任务的"分类—历史时期"的分界点。在 1914～1940 年的"分类—历史时期"前段，按照年代序列和年代—地域分布的排序工作取得了很大进展，并且在一些地区，将当地遗址与区域年代序列关联起来实现了区域综合研究，即那个时代美洲考古学的最终目标。但是这个最终目标被认为过于有限和狭隘，美洲考古学家在一些

社会人类学同行的刺激下，在这些限制下变得躁动不安。他们
开始讨论有关文化背景和功能的问题，甚至开始推测文化变迁
的过程（虽然可能还没有研究重点）。这些趋势是"分类—历
史时期"后段（大约 1940～1960 年）的特点，尽管这一时期
的话语权主要由美洲考古领域内的少数学者所掌控。考古研究
的主流仍然是按年代—地域分布排序，并且取得了显著进展。

　　除了对背景和功能的关注，美洲考古学还出现了其他趋
势。在 1960 年之后，考古学理论和方法论等问题迅速变成了
研究关注的重心，我们认为这标志着"分类—历史时期"和
我们称之为的"现代时期"之间的分界点。"现代时期"的创
新被一些学者称为新考古学。新考古学的关键是过程，即对文
化变迁的解释，或者正如其支持者所说，对考古学记录中观察
到的时间和空间变化的解释。

　　从某种意义上说，考古学已完成了一次轮回，或者说美洲
考古学遵循了进化论的构想，在持续的发展中已经实现了一次
完整的螺旋式上升。"推测时期"的原始考古学家关注于对新
大陆及其居民奇特现象的解释（他们对这一术语的定义），但
他们注定仅能进行推测。在 19 世纪科学兴起之后，出现了有
序的考古学，最终掌握了年代序列的维度，并由此继续对过去
进行文化背景重建和功能描述。近期，在美洲考古学中出现了
理论和方法的融合，其中文化进化论的一些曾经不可信的理论
因通用性系统模型而变得可行和可用。这种系统的观点使考古
学研究跻身于社会科学和其他学科的主流。因为，作为另一类
社会科学的实践者，大卫·伊斯顿（David Easton，1965，
p. xiii）认为，"系统分析的观点有助于将所有的自然科学和社
会科学联系起来，使它们之间的交流成为可能而且有益，此
外，进行跨学科讨论有助于解决共有的问题。"

　　我们相信，尽管最近对这种新的综合性理论—方法出现了
[314]　一些批评，但美洲考古学仍会继续向前迈进一大步。考古学家

第一次不仅可以推测，而且还可以验证他们对文化变迁的性质和原因的推测（或假设）。当然这也不仅限于美洲考古学（例如，参见 Paddayya，1990）。美洲考古学之所以还被冠以美洲之名，只是因为其主题本身的特殊性而已，对文化复杂性发展原因的研究以及这些研究的理论方法显然属于全球性的。

美洲考古学在"现代时期"面临的最大挑战之一，是需要调和涉及考古资源管理的新法律、政府政策的要求与考古学阐释文化变迁过程的学科需求之间的关系。由于 1966 年《国家历史保护法》（*National Historic Preservation Act*）、1969 年《国家环境政策法》（*National Environmental Policy Act*）和 1974 年《考古和历史保护法》（*Archaeological and Historic Preservation Act*，*Moss-Bennett Bill*）等法律的通过，以及 1971 年的第 11593 号行政命令（Executive Order 11593，详见 McGimsey，Davis，1977 年，第 9~15 页），美国在 20 世纪 60 年代末和 70 年代初期开始出现了上述挑战。类似挑战也同样出现于其他美洲国家（如墨西哥），文化资源管理（cultural resource management）的重要性正在迅速提升[1]。在美洲大陆，考古目标与公共政策之间的紧张关系由来已久，但过去三十年间的诸多事件使这种紧张局势加剧到危机的程度。从长远来看，考古行业如何满足公共政策的要求，将对美国考古学的未来发展产生至关重要的影响。

从一开始，考古行业就必须应对该如何设定标准，才能既履行合同又能消除劣质的田野工作和发掘报告这种世俗的问题。虽然这些现实的问题可能很困难，但学术上的问题也是同样。合同方（无论是政府还是私人机构）对考古学家提出的要求，使得考古学家在完成既想要履行合同、又希望为考古学发展做出贡献这样的任务时十分困难。在许多情况下，合同甲方的愿望可以想见是非常狭隘的，时间限定又很严苛。通过竞争性招标，私营公司或政府机构愿意把招标项目发包给那些能够在最短时间内花最少的钱完成工作的一方，无论合同甲乙双方的意愿有多好，学科的学术目标以及达成目标所需的时间（和金钱）往往被认为是不现实的。

[315]

幸运的是，为了满足公众对考古的需求（参见 McGimsey，1971），美国的文化资源管理不论是在联邦还是地方层面似乎都已成熟了。近年来，为了更宏大的过程研究目标而创造性地利用合同考古项目所获取的材料已经比较普遍了（优秀的研究案例，参见 Bareis and Porter, eds., 1984），也出现了许多促进保存、保护和公众教育的成功联邦项目（参见 Smith and Ehrenhard, 1991）。此外，在拉丁美洲和北美洲的广阔范围内，抢救性考古和保护都取得了很大进展，促进了旅游业的发展，拓展了考古遗址及相关博物馆的公众参与。

然而这并不是说没有什么问题。比如说，尽管在北美洲、中美洲和南美洲的文化遗产掠夺被进一步遏制，但是盗抢行为还在整个美洲范围内存在。在颁布和执行有关文物的法律时，自然仍需要考古学家与国家和地方政府紧密合作、继续努力。另外，未发表的"灰色文献"①（gray literature）类报告——或者更糟糕的是，那些未知的或无法获取的文献——是一个需要持续关注的重点领域，因为在应对广泛的公共需求时，用于考古研究的资金有可能被削减。此外，考古学家（特别是那些从事文化资源管理的学者）经常要面对一系列不太可能消失的伦理问题（参见 Green, ed., 1984 的更全面讨论）。

考古学研究越来越多地在公共领域里进行，同时，一些与经济发展、环境保护和财政优先支持事项相关的重大问题肯定会越来越频繁和紧迫地影响考古研究的进程。此外，考古学家现在开始意识到，不能忽视考古学对各类原住民在感情和信仰上的影响，例如美洲原住民墓葬的挖掘、展示和归还等相关问

---

① "灰色文献"一般指非公开出版的文献。——译注

题。美洲的考古学家显然需要关注他们的田野工作和分析研究所处的现代社会、政治、经济和思想观念背景，并且比以往更广泛地与大众进行互动交流（见 Leone and Preucel，1992）。不过，如果学者们投入与学术研究同样的精力和洞察力"参与"这些互动交流，那么我们完全有理由相信公众对考古学的兴趣和支持将会持续下去，特别是在考古学与现代世界的关联越来越紧密的情况下。 [316]

我们最后应该强调的是，在过去的数年里，美洲考古学和世界考古学的变化速度如此之快，以至于很难预测这个学科在未来几十年会发展成什么样子。在美洲大陆，可以肯定的是，随着其他学科的发展对考古学的影响，描述—年代序列和材料分析等方面的具体成果将继续增长。

回到理论和方法论层面（这是美洲考古学史的核心问题），我们重申，其前景是光明的。尽管会遇到困难和挑战，但我们乐观地估计它们将被克服，特别是如果拓展了过程主义的关注内容以包含思想观念问题。美洲考古学要克服的一个危机是过分强调了思辨性修辞而牺牲了实质性贡献。让我们再回到之前所提到的"会说话的狗"这个比喻，我们认为狗已经展示出它的语言能力，我们现在必须更多地关注于它说话的内涵。

此外，我们更加希望美洲考古学能够避免理论和方法论的思想僵化，并且不要陷入混淆本学科科学与人文目标的陷阱之中。这些目标是互补的，正如学者们经常说的那样，好的学科具有好的人文精神。在建构更好的历史研究理论和方法论工具过程中，考古学家有望为世界提供更广阔的视角来观察当今的事件。对于文化过程以及文化变迁中列于首位的文化子系统假说，我们认为还要保持一定的灵活性，因为到目前为止，我们对此仍知之甚少。我们大多数人能够感知到文化在发展进化，但我们仍然不知道如何变化以及在什么情况下变化。事实上，这些是考古学和文化历史研究中具有普遍性的重大问题，它们极其困难和复杂，但是美洲考古学家不仅能够，而且也应该找到答案。

　　总之，过去 150 年美洲考古学的发展过程见证了美洲史前和历史阶段研究的发展和成果的大量增加。与十年前相比，考古学家对过去有了更多的了解，更不用说从专业化考古学开始以来的一个世纪了。一些学者认为，我们在这本书中的观点既有前瞻性，也囿于现实，我们承认的确如此。考古学知识的增长是不断积累至今的，我们在对过去学者的成果进行评判时，也就不可避免会受到当前的倾向和当代的专业价值观的影响（试比较 Trigger，1985b，1989；Gruber，1991；Hill，1991）。

[317]

　　虽然有些学者认为，20 世纪 90 年代考古学的学术多元化令人惶恐甚至绝望，但我们认为 20 世纪最后十年的考古学氛围是令人振奋和鼓舞的。我们相信，过程考古学仍然是充满活力、生机勃勃的，如果它能如我们乐观预期的那样，对此前因拘泥的学术纲领而被后过程主义批评做出积极的回应，它的内涵将会更加丰富，美洲考古学也将会继续发展繁荣，进而增进我们对过去的文化是如何、为何按照既有方式发展演变的认知与理解。

## 注　释

　　[1]　在一系列新的法律和考古学观点的变化出现之前，传统上被称为"抢救性考古"（salvage archaeology）的活动，在大量的研究论著中被冠之以各种各样的新名称。正如古德伊尔、拉伯和克林格（Goodyear，Raab and Klinger，1978，p. 159）所指出的那样，"合约性研究工作的影响已经反映在新术语和研究新论著的激增上，这些研究论著试图辨识、并通过专业人员的系统化努力去应对这种研究环境。包括合同考古（contract archaeology）（Schiffer and House，eds.，1975），公众考古（public archaeology）（McGimsey，1972），保护性考古（conservation archaeology）（Lipe，1974；Schiffer and Gumerman，1977），以及文化资源管理（cultural resource management，CRM）（Lipe and Lindsay，1974；McGimsey and Davis，1977）。"

# 参考文献

ABBOTT, CHARLES C. On the Discovery of Supposed Paleolithic Implements from the Glacial Drift in the Valley of the Delaware River, near Trenton, New Jersey. *Tenth Annual Report of the Peabody Museum*, vol. 2, 30-43. Cambridge, Mass., 1977.

ADAIR, JAMES. *The History of the American Indian, particularly those nations adjoining to the Mississippi, east and west Florida, Georgia, South and North Carolina, and Virginia; containing an account of their origins, language, manners... and other particulars sufficient to render it a complete Indian system... also an appendix... with a new map of the country referred to in the history.* Dilly, London, 1775.

ADAMS, RICHARD E. W. Manuel Gamio and Stratigraphic Excavation. *American Antiquity*, vol. 26, no. 1, 99, 1960.

ADAMS, ROBERT M. Some Hypotheses on the Development of Early Civilizations. *American Antiquity*, vol. 21, no. 3, 227-232, 1956.

——. The Evolutionary Process in Early Civilizations. In *Evolution After Darwin*, Sol Tax, ed., vol. 2, 153-168. University of Chicago Press, Chicago, 1960.

——. *The Evolution of Urban Society. Early Mesopotamia and Prehispanic Mexico.* Aldine, Chicago, 1966.

——. Illicit International Traffic in Antiquities. *American Antiquity*, vol. 36, no. 1, ii-iii, 1971.

ADOVASIO, J. M., J. DONAHUE, K. CUSHMAN, R. C. CARLISLE, R. STUCKENRATH, J. D. GUNN and W. C. JOHNSON. Evidence from Meadowcroft Rockshelter. In *Early Man in the New World*, R. Shutler, Jr., ed., 163-190. Sage Publications, Beverly Hills, California, 1983.

AITKEN, MARTIN J. Magnetic Location. In *Science in Archaeology*, revised edition, D. Brothwell and E. Higgs, eds., 681-994. Basic Books, New York, 1969.

ALCINA, FRANCH. J. *Manual de arqueologia Americana.* Aguilar, Madrid, 1965.

ALDENDERFER, M. S. The Analytical Engine: Computer Simulation and Archaeological Research. In *Archaeological Method and Theory*, M. B. Schiffer, ed., 195-249. University of Arizona Press, Tucson, 1991.

ALDENDERFER, M. S., ed. *Quantitative Research in Archaeology Progress and Prospects.* Sage Publications, Newbury Park, California, 1987.

ALLEN, WILLIAM L. and JAMES B. RICHARDSON III. The Reconstruction of Kinship from Archaeological Data: The Concepts, Methods, and the Feasibility. *American Antiquity*, vol. 36, no. 1, 41-53, 1971.

ALLIBONE, T. E. *The Impact of the Natural Sciences on Archaeology.* Joint Symposium of the Royal Society and British Academy, London, 1970.

ALTSCHUL, J. H. Development of the Chacoan Interaction Sphere. *Journal of Anthropological Research*, vol. 34, no. 1, 109-147, 1978.

ALTSCHULER, MILTON. On the Environmental Limitations of Mayan Cultural Development. *Southwestern Journal of Anthropology*, vol. 14, no. 2, 189-198, 1958.

AMBROSETTI, JUAN B. La Antigua Ciudad de Quilmes (Valle Calchaqui). *Boletin Instituto Geografia Argentino*, vol. 17, 33-70, 1897.

——. El Sepulero de 'La Paya' ultimamente descubierto en los Valles Callchaquies (Provincia de Salta). *Arqueologia Argentina*, vol. 1, ser. 3, 119-148, 1902.

——. Exploraciones arqueológicas en la Pampa Grande (Prov. de Salta). *Revista de la Universidad de Buenos Aires*, vol. 6, no. 1, 1906.

——. Exploraciones arqueológicas en la ciudad prehistorica de 'La Paya' (Valle Calchaqui, Provincia de Salta). *Revista de la Universidad de Buenos Aires*, vol. 8, no. 3, 1908.

AMEGHINO, FLORENTINO. Une nouvelle industrie lithique. *Anales del Museo Nacional de Buenos Aires*, vol. 12, ser. 3, 189-204, 1911.

——. *La Antigüedad del Hombre en El Plata*. Cultura Argentina, Buenos Aires, 1918.

ANDERSON, DOUGLAS D. A Stone Age Campsite at the Gateway to America. *Scientific American*, vol. 218, no. 6, 24-33, 1968.

——. Akmak: An Early Archaeological Assemblage from Onion Portage, Northwest Alaska. *Acta Arctica*, vol. 16, 1970.

ANDERSON, KEITH M. Ethnographic Analogy and Archaeological Interpretation. *Science*, vol. 163, no. 3863, 133-138, 1969.

APARICIO, FRANCISCO DE. The Archaeology of the Paraná River. In *Handbook of South American Indians*, Julien H. Steward, ed., vol. 3, 57-67. Bureau of American Ethnology, Bulletin 143. Washington, D. C., 1948.

ARMILLAS, PEDRO. A Sequence of Cultural Development in Meso-America. In *A Reappraisal of Peruvian Archaeology*, W. C. Bennett, ed.. Society for American Archaeology, Memoir 4, 105-112, 1948.

——. Tecnologia, formaciones socio-económicas y religión en Mesoamérica. In The *Civilizations of Ancient America*, Sol Tax, ed., vol. 1, 19-30. University of Chicago Press, Chicago, 1951.

——. Cronologia y periodificación de la historia de la America precolumbina. *Journal of World History*, vol. 3, no. 2, 463-503, 1956.

ARMILLAS, PEDRO, ANGEL PALERM, and ERIC R. WOLF. A Small Irrigation System in the Valley of Teotihuacan. *American Antiquity*, vol. 21, no. 4, 396-399, 1956.

ARNOLD, P. J. III. *Domestic Ceramic Production and Spatial Organization: A Mexican Case Study in Ethnoarchaeology*. Cambridge University Press, Cambridge, 1991.

ASCHER, MARCIA and ROBERT ASCHER. Chronological Ordering by Computer. *American Anthropologist*, vol. 65, no. 5, 1045-1052, 1963.

ASCHER, ROBERT. Analogy in Archaeological Interpretation. *Southwestern Journal of Anthropology*, vol. 17, no. 4, 317-325, 1962.

ASHMORE, WENDY, ed. *Lowland Maya Settlement Patterns*. University of New Mexico, Albuquerque, 1981.

ASHMORE, WENDY and G. R. WILLEY. An Historical Introduction to the Study of Lowland Maya Settlement Patterns. In *Lowland Maya Settlement Patterns*, W. Ashmore, ed., pp. 1-16. University of New Mexico Press, Albuquerque, 1981.

ATWATER, CALEB. Description of the Antiquities Discovered in the State of Ohio and Other Western States. *Transactions and Collections of the American Antiquarian Society*, vol. 1, 105-267. Worcester, 1820.

d'AZEVEDO, WARREN and others, eds. *The Current Status of Anthropological Research in the Great Basin*: 1964. Desert Research Institute, Social Sciences and Humanities Publications, no.1. Reno, 1966.

BABCOCK, B. A. and N. J. PAREZO. *Daughters of the Desert*; *Women Anthropologists and the Native American Southwest*, 1880-1980: *An Illustrated Catalogue*. University of New Mexico Press, Albuquerque, 1988.

BANCROFT, HUBERT H. *The Native Races*. Bancroft, San Francisco, 1882.

BANDELIER, ADOLF F. On the Art of War and Mode of Warfare of the Ancient Mexicans. *Tenth Annual Report of the Peabody Museum*, vol. 2, 95-161. Cambridge, Mass. , 1877.

——. On the Tenure and Distribution of Lands, and the Customs with Respect to Inheritance, among the Ancient Mexicans. *Eleventh Annual Report of the Peabody Museum*, 385-448. Cambridge, Mass. , 1878.

——. On the Social Organization and Mode of Government of the Ancient Mexicans. *Twelfth Annual Report of the Peabody Museum*, vol. 2, 557-669. Cambridge, Mass. , 1879.

——. Report on the Ruins of the Pueblo of Peos. *Papers of the Archaeological Institute of America*, America Series, vol. 1, 37-133. London, 1881.

——. Final Report of Investigations Among the Indians of the Southwestern United States. *Papers of the Archaeological Institute of America*, vol. 4, 1-591. Cambridge, Mass. , 1892.

——. *The Islands of Titicaca and Koati*. Hispanic Society of America, New York, 1910.

BANDI, HANS-GEORG. *Eskimo Prehistory*, translated by Ann E. Keep, Studies in Northern Peoples No. 2. University of Alaska Press, College, 1969.

BANNISTER, BRYANT. Dendrochronology. In *Science in Archaeology*, D. Brothwell and E. Higgs, eds. ,

161-176. Basic Books, New York, 1963.

——. Dendrochronology. In *Science in Archaeology*, revised edition, D. Brothwell and E. Higgs, eds. , 191-205. Basic Books, New York, 1969.

BAREIS, C. F. and J. W. PORTER, eds. *American Bottom Archaeology*. University of Illinois Press, Urbana, 1984.

BARNES, H. E. Foreword. In *Essays in the Science of Culture in Honor of Leslie A. White*, G. E. Dole and R. L. Carneiro, eds. , xi-xlvi. Thomas Y. Crowell, New York, 1960.

BARTH, FREDRIK. Cultural Development in Southern South America: Yahgan and Alakaluf vs. Ona and Tehuelche. *Acta Americana*, vol. 6, 192-199, 1948.

——. Ecologic Adaptation and Cultural Change in Archaeology. *American Antiquity*, vol. 15, no. 4, 338-339, 1950.

BARTON, BENJAMIN S. *Observations on Some Parts of Natural History*. C. Dilly, London, 1787.

——. *New Views of the Origin of the Tribes and Nations of America*. John Bioren, Philadelphia, 1797.

——. *Fragments of the Natural History of Pennsylvania*, pt. I. John Bioren, Philadelphia, 1799.

BARTRAM, WILLIAM. *Travels Through North and South Carolina, Georgia, East and West Florida, the Cherokee Country, the Extensive Territories of the Muscogulges or Creek Confederacy and the Country of the Chactaws*. James and Johnson, Philadelphia, 1791.

BASTIAN, ADOLPH. Die Monumente in Santa Lucia Cotzumalhuapa. *Zeitschrift für Ethnologie*, vol. 8, 322-326, 403-404, 1876.

BATES, MARSTON. Human Ecology. In *Anthropology Today*, prepared under the chairmanship of A. L. Kroeber, 700-713. University of Chicago Press, Chicago, 1953.

BATRES, LEOPOLDO. *Teotihuacán ó la Ciudad Sagra-*

da de los Tolteca. Mexico, D. F. , 1906.

BAUDEZ, CLAUDE F. Cultural Development in Lower Central America. In *Aboriginal Cultural Development in Latin America: An Interpretative Review*, B. J. Meggers and C. Evans, eds. , 45-54. Anthropological Society of Washington, Washington, D. C. , 1963.

——. Central America. *Archaeologia Mundi*. Nagel, Geneva and London, 1970.

BAYARD, DONN T. Science, Theory, and Reality in the "New Archaeology." *American Antiquity*, vol. 34, no. 4, 376-384, 1969.

BEADLE, GEORGE W. The Origins of Zea Mays. In *Origins of Agriculture*, Charles A. Reed, ed. , 615-637. Aldine, Chicago, 1977.

BEALS, RALPH L. Father Acosta on the First Peopling of the New World. *American Antiquity*, vol. 23, no. 2, 182-183, 1957.

BECKER M. J. Priests, Peasants, and Ceremonial Centers: The Intellectual History of a Model. In *Maya Archaeology and Ethnohistory*, N. Hammond and G. R. Willey, eds. , 3-20. University of Texas Press, Austin, 1979.

BELL, ROBERT E. and DAVID A. BAERREIS. A Survey of Oklahoma Archaeology. *Bulletin of the Texas Archaeological and Paleontological Society*, vol. 22, 7-100. Lubbock, 1951.

BELMONT, JOHN S. and STEPHEN WILLIAMS. *The Foundations of American Archaeology*, mimeographed. Peabody Museum, Cambridge, Mass. , 1965.

BENNETT, JOHN W. Recent Developments in the Functional Interpretation of Archaeological Data. *American Antiquity*, vol. 9, no. 2, 208-219, 1943.

——. Middle American Influences on Cultures of the Southeastern United States. *Acta Americana*, vol. 2, 25-50, 1944a.

——. The Interaction of Culture and Environment in the Smaller Societies. *American Anthropologist*, vol. 46, no. 4, 461-478, 1944b.

——. Empiricist and Experimental Trends in Eastern Archaeology. *American Antiquity*, vol. 11, no. 3, 198-200, 1946.

BENNETT, WENDELL C. Excavations at Tiahuanaco. *Anthropological Papers of the American Museum of Natural History*, vol. 34, pt. 3, 359-494. New York, 1934.

——. Excavations in Bolivia. *Anthropological Papers of the American Museum of Natural History*, vol. 34, pt. 4, 329-507. New York, 1936.

——. Archaeology of the North Coast of Peru. *Anthropological Papers of the American Museum of Natural History*, vol. 37, pt. 1, 1-153. New York, 1939.

——. Interpretations of Andean Archaeology. *Transactions of the New York Academy of Sciences*, series 2, vol. 7, 95-99. New York, 1945.

——. The Peruvian Co-Tradition. In *A Reappraisal of Peruvian Archaeology*, W. C. Bennett, ed. , 1-7. Society for American Archaeology, Memoir 4. Menasha, Wisc. , 1948.

——. *The Gallinazo Group, Virú Valley, Peru*. Yale University Publications in Anthropology, no. 43. New Haven, 1950.

BENNETT, WENDELL C. and JUNIUS B. BIRD. *Andean Culture History*. American Museum of Natural History Handbook Series, no. 15. New York, 1949.

BENNETT, WENDELL C. , EVERETT F. BLEILER, and FRANK H. SOMMER. *Northwest Argentine Archaeology*. Yale University Publications in Anthropology, no. 38. New Haven, 1948.

BERLIN, HEINRICH. El glifo "emblema" en las inscripciones Mayas. *Journal de la Société des Américanistes*, vol. 47, 111-119, 1958.

BERNAL, IGNACIO. Evolución y alcance de las culturas Mesoamericanas. In *Esplendor del México an-*

tiquo, C. Cook de Leonard, ed. , vol. 1, 97-126. Centro de Investigaciones Anthropologicas de Mexico, Mexico, D. F. , 1959.

——. *The Olmec World*, translated by Doris Heyden and Fernando Horcasitas. University of California Press, Berkeley, 1969.

——. Maya Antiquaries. In *Social Process in Maya Prehistory*, N. Hammond, ed. , 19-44. Academic Press, London, 1977.

——. *A History of Mexican Archaeology*. Thames and Hudson, London, 1980.

BERRY, M. S. The Age of Maize in the Greater Southwest: A Critical Review. In *Prehistoric Food Production in North America*, R. I. Ford, ed. , pp. 279-307. University of Michigan Museum of Anthropology, Anthropological Papers, no. 75. Ann Arbor, 1985.

BERTALANFFY, LUDWIG VON. The Theory of Open Systems in Physics and Biology. *Science*, vol. 111, 23-29, 1950.

BIBBY, GEOFFREY. *The Testimony of the Space*. Knopf, New York, 1956.

BIEDER, R. E. *Science Encounters the Indian*, 1820-1880: *The Early Years of American Ethnology*. University of Oklahoma, Norman, 1986.

BINFORD, LEWIS R. Archaeology as Anthropology. *American Antiquity*, vol. 28, no. 2, 217-225, 1962.

——. "Red Ochre" Caches from the Michigan Area: A Possible Case of Cultural Drift. *Southwestern Journal of Anthropology*, vol. 19, no. 1, 89-108, 1963.

——. A Consideration of Archaeological Research Design. *American Antiquity*, vol. 29, no. 4, 425-451, 1964.

——. Archaeological Systematics and the Study of Cultural Process. *American Antiquity*, vol. 31, no. 2, 203-210. 1965.

——. Comment on K. C. Chang's 'Major Aspects of the Interrelationship of Archaeology and Ethnology.'

*Current Anthropology*, vol. 8, no. 3, 234-235, 1967a.

——. Smudge Pits and Hide Smoking: The Use of Analogy in Archaeological Reasoning. *American Antiquity*, vol. 32, no. 1, 1-12, 1967b.

——. Archaeological Perspectives. In *New Perspectives in Archaeology*, S. R. Binford and L. R. Binford, eds. , 5-33. Aldine, Chicago, 1968a.

——. Methodological Considerations of the Archaeological Use of Ethnographic Data. In *Man the Hunter*, R. B. Lee and I. Devore, eds. , 268-273. University of Chicago Press, Chicago, 1968b.

——. Post-Pleistocene Adaptations. In *New Perspectives in Archaeology*, S. R. Binford and L. R. Binford, eds. , 313-341. University of Chicago Press, Chicago, 1968c.

——. Some Comments on Historical Versus Processual Archaeology. *Southwestern Journal of Anthropology*, vol. 24, no. 3, 267-275, 1968d.

——. Mortuary Practices: Their Study and Potential. In *Approaches to the Social Dimensions and Mortuary Practices*, J. A. Brown, ed. Society for American Archaeology, Memoir 25, 58-67. Washington, D. C. , 1971.

——. Comments on Evolution. In *An Archaeological Perspective*, L. R. Binford, ed. , 105-113. Aldine, Chicago, 1972.

——. Forty-seven Trips. In *Contributions to Anthropology: The Interior Peoples of Northern Alaska*, E. Hall, Jr. , ed. , 299-381. Archaeological Survey of Canada, paper no. 49. National Museum, Ottawa, 1976a.

——. Review of *Cherokee Archaeology: A Study of The Appalachian Summit by B. C. Keel and Cherokee Prehistory: The Pisgah Phase in The Appalachian Summit Region by R. Dickens, Jr.* , *Journal of Anthropological Research*, vol. 32, 295-296, 1976b.

——. General Introduction. In *For Theory Building in*

*Archaeology*: *Essays on Faunal Remains*, *Aquatic Resources*, *Spatial Analysis and Systematic Modeling*, L. R. Binford, ed., 1-10. Academic Press, New York, 1977a.

——. Foreword to *Method and Theory in Historical Archaeology* by Stanley South. Academic Press, New York. 1977b.

——. Dimensional Analysis of Behavior and Site Structure: Learning from an Eskimo Hunting Stand. *American Antiquity*, vol. 43, 330-361, 1978a.

——. *Nunamiut Ethnoarchaeology*. Academic Press, New York, 1978b.

——. Behavioral Archaeology and the "Pompeii Promise." Journal of Anthropological Research, vol. 37, 195-208, 1981a.

——. *Bones*: *Ancient Men and Modern Myths*. Academic Press, New York, 1981b.

——. *In Pursuit of the Past*. Thames and Hudson, London, 1983a.

——. *Working at Archaeology*. Academic Press, New York, 1983b.

——. *Debating Archaeology*. Academic Press, New York, 1989.

BINFORD, L. R., ed. *For Theory Building in Archaeology*: *Essays on Faunal Remains*, *Aquatic Resources*, *Spatial Analysis*, *and Systematic Modeling*. Academic Press, New York, 1977.

BINFORD, L. R. and W. J. CHASKO, JR. Nunamiut Demographic History: A Provocative Case. In *Demographic Anthropology*, Ezra B. W. Zubrow, ed., 63-143. School of American Research Advanced Seminar Series. University of New Mexico Press, Albuquerque, 1976.

BINFORD, L. R. and JACK B. BERTRAM. Bone Frequencies and Attritional Processes. In *For Theory Building in Archaeology*, L. R. Binford, ed., 77-156. Academic Press, New York, 1977.

BINFORD, L. R. and J. A. SABLOFF. Paradigms, Systematics and Archaeology. *The Journal of Anthropological Research*, vol. 38, 137-153, 1982.

BINFORD, SALLY R. and LEWIS R. BINFORD., eds. *New Perspectives in Archaeology*. Aldine, Chicago, 1968.

BIRD, JUNIUS B. Antiquity and Migrations of the Early Inhabitants of Patagonia. *The Geographical Review*, vol. 28, no. 2, 250-275, 1938.

——. Excavations in Northern Chile. *Anthropological Papers of the American Museum of Natural History*, vol. 38, pt. 4a, 171-318. New York, 1943.

——. The Cultural Sequence of the North Chilean Coast. In *Handbook of South American Indians*, Julian H. Steward, ed., vol. 2, 587-594. Bureau of American Ethnology, Bulletin 143. Washington, D. C., 1946a.

——. The Archaeology of Patagonia. In *Handbook of South American Indians*, Julian H. Steward, ed., vol. 1, 17-24, Bureau of American Ethnology, Bulletin 143. Washington, D. C., 1946b.

——. Preceramic Cultures in Chicama and Virú. In *A Reappraisal of Peruvian Archaeology*, W. C. Bennett, ed., 21-28. Society for American Archaeology, Memoir 4, Menasha, Wisc., 1948.

BIRKERT-SMITH, KAJ. *The Eskimos*. Methuen, London, 1936 [revised ed., 1959].

BISHOP, RONALD L. and FREDERICK W. LANGE, eds. *The Ceramic Legacy of Anna O. Sheppard*. University Press of Colorado, Boulder, 1991.

BLANTON, R. E. Prehispanic Adaptation in the Ixtapalapa Region, Mexico. *Science*, vol. 175, no. 40 28, 1317-1326, 1972a.

——. *Prehispanic Settlement Patterns of the Ixtapalapa Peninsula Region*, *Mexico*. Occasional Papers in Anthropology, no. 6. Pennsylvania State University Press, University Park, 1972b.

——. The Role of Symbiosis in Adaptation and Sociocultural Change in the Valley of Mexico. In *The Valley of Mexico*, Eric R. Wolf, ed. , 181-203. School of American Research, Advanced Seminar Series. University of New Mexico Press, Albuquerque, 1976a.

——. Appendix: Comment on Sanders, Parsons, and Logan. In *The Valley of Mexico*, Eric R. Wolf, ed. , 179-181. School of American Research, Advanced Seminar Series. University of New Mexico Press, Albuquerque, 1976b.

——. *Monte Alban, Settlement Patterns at the Ancient Zapotec Capital*. Academic Press, New York, 1978.

——. The Rise of Cities. *Supplement to the Handbook of Middle American Indians, Vol 1: Archaeology*. V. R. Bricker and J. A. Sabloff, eds. , 392-402. University of Texas Press, Austin, 1981.

BLANTON, R. E. and S. A. KOWALEWSKI. Monte Alban and After in the Valley of Oaxaca. *Supplement to the Handbook of Middle American Indians, Vol. 1: Archaeology*. R. Bricker and J. A. Sabloff, eds. , 94-116. University of Texas Press, Austin, 1981.

BLANTON, R. E. , S. A. KOWALEWSKI, G. M. FEINMAN, and JILL APPEL. *Monte Alban's Hinterland, Part 1: Prehispanic Settlement Patterns of the Central and Southern Parts of the Valley of Oaxaca, Mexico. Prehistory and Human Ecology of the Valley of Oaxaca*, vol 7, K. V. Flannery and R. E. Blanton, eds. Memoir 15. Museum of Anthropology, University of Michigan, Ann Arbor, 1982.

BLOM, FRANS F. *The Maya Ball-Game pok-ta-pok*. Middle American Research Institute, Publication 4, no. 13, 485-530. Tulane University, New Orleans, 1932.

BOAS, FRANZ. Archaeological Investigations in the Valley of Mexio by the International School, 1911-1912. In *Eighteenth International Congress of Americanists*, pt. 1, 176-179. London, 1913.

——. *Race, Language, and Culture*. Macmillan, New York, 1940.

BOLLAERT, WILLIAM. *Antiquarian, Ethnological, and Other Researches in New Granada, Equador, Peru, and Chile*. D. Lane, London, 1860.

BOMAN, ERIC. *Antiquitiés de la région Andine de la république Argentine et du désert d'Atacama*. Le Soudier, Paris, 1908.

BONAVIA, DUCCIO and A. GROBMAN. Sistema de depositos y almacentamiento durante et periodo preceramic en la Costa del Peru. *Journal de la Société des Américanistes*, vol. 66, 21-42, 1979.

BORDEN, CHARLES E. Fraser River Archaeological Project, Progress Report, April 20, 1961. *Anthropology Papers of the National Museum of Canada*, no. 1-6. Ottawa, 1961.

BÓRMIDA, MARCELO. Arqueologia de las altas cotas de La Costa Norpatagónica. *Thirty-seventh International Congress of Americanists*, vol. 3, 345-374. Buenos Aires, 1968.

BOSCH-GIMPERA, PEDRO. *L'America precolumbiana. Nuova storia universale dei popoli e delle civilta*, vol. 7. Torino, 1971.

BOSERUP, ESTHER. *The Conditions of Agricultural Growth: The Economics of Agrarian Change Under Population Pressure*. Aldine, Chicago, 1965.

BOUGHEY, A. S. *Man and Environment; an Introduction to Human Ecology and Evolution*. Macmillan, New York, 1971.

BRACKENRIDGE, HENRY M. *On the Population and Tumuli of the Aborigines of North America*. In a letter from H. M. Brackenridge, Esq. , to Thomas Jefferson, read October 1. Baton Rouge, 1813.

BRAIDWOOD, ROBERT J. *Prehistoric Man*. Chicago Natural History Museum Popular Series in Anthropology, no. 37. Chicago, 1948.

——. *The Near East and the Foundations for Civilization. Condon Lectures. Oregon State System for Higher Education*, *Eugene*, 1952.

——. Archaeology and the Evolutionary Theory. In *Evolution and Anthropology*: *A Centennial Appraisal*, 76-89. Anthropological Society of Washington, Washington, D. C. , 1959.

BRAIDWOOD, ROBERT J. and GORDON R. WILLEY, eds. *Courses Toward Urban Life*, Viking Fund Publications in Anthropology, no. 32. Chicago, 1962.

BRAINERD, GEORGE W. The Place of Chronological Ordering in Archaeological Analysis. *American Antiquity*, vol 16, no. 4, 301-313, 1951.

BRAY, WARWICK. From Predation to Production: The Nature of Agricultural Evolution in Mexico and Peru. In *Problems in Economic and Social Archaeology*, 74-95. Westview Press, Boulder, Col. , 1977a.

——. From Foraging to Farming in Early Mexico. In *Hunters, Gatheres and First Farmers Beyond Europe*, J. V. S. Megaw, ed. , 225-250. Leicester University Press, Leicester, 1977b.

BREW, JOHN O. Mexican Influence upon the Indian Cultures of the Southwestern United States in the Sixteenth and Seventeenth Centuries. In *The Maya and Their Neighbors*, C. I. Hay and others, eds. , 341-348. Appleton-Century, New York, 1940.

——. The Uses and Abuses of Taxonomy. *Archaeology of Alkali Ridge*, *Southeastern Utah*, Papers of the Peabody Museum, vol. 21, 44-66. Cambridge, Mass. , 1946.

BREW, JOHN O. , ed. *One Hundred Years of Anthropology*. Harvard University Press, Cambridge, Mass. , 1968.

BRICKER, VICTORIA R. and JEREMY A. SABLOFF, eds. *Supplement to the Handbook of Middle American Indians*, *Vol.* 1: *Archaeology*. University of Texas Press, Austin, 1981.

BRILL, ROBERT H. , ed. *Science and Archaeology*. M. I. T. Press, Cambridge, Mass. , 1971.

BRINTON, DANIEL G. *The Maya Chronicles*. Brinton's Library of Aboriginal American Literature, no. 1. Philadelphia, 1882.

——. *The Annals of the Cakchiquels*. Brinton's Library of Aboriginal American Literature, no. 6. Philadelphia, 1885.

BROTHWELL, DON R. Stones, Pots and People. In *Science in Archaeology*, revised edition, D. Brothwell and E. Higgs, eds. , 669-680. Basic Books, New York, 1969.

BROTHWELL, DON R. and E. HIGGS, eds. *Science in Archaeology*, revised edition. Basic Books, New York, 1969.

BROWMAN, D. L. Towards the Development of the Tiahuanaco (Tiwanaku) State. In *Advances in Andean Archaeology*, D. L. Browman, ed. , 327-350. Mouton, The Hague, 1978.

BROWN, JAMES A. The Dimensions of Status in Burials at Spiro. In *Approaches to the Social Dimensions of Mortuary Practices*, J. A. Brown, ed. , 92-112. Society for American Archaeology, Memoir 25. Washington, D. C. , 1971.

BROWN, JAMES A. , ed. *Approaches to the Social Dimensions of Mortuary Practices*. Society for American Archaeology, Memoir 25. Washington, D. C. , 1971.

BRUMFIEL, ELIZABETH and TIMOTHY K. EARLE, eds. *Specialization, Exchange, and Complex Society*. Cambridge University Press, Cambridge, 1987.

BRYAN, A. L. Paleoenvironments and Cultural Diversity in Late Pleistocene South America. *Quarternary Research*, vol. 3, 237-256, 1973.

——. An Overview of Paleo-American Prehistory from a Circum-Pacific Perspective. In *Early Man in America*, A. L Bryan, ed. University of Alberta, Department of Anthropology, Occasional Papers, no. 1. Edmonton, 1978.

BRYAN, KIRK and LOUIS R. RAY. *Geologic Antiquity of the Lindenmeier Site in Colorado*. Smithsonian Institution Miscellaneous Collection, vol. 99, no. 2. Washington, D. C. , 1940.

BUCKLEY, WALTER, ed. *Modern Systems Research for the Behavioral Scientist: A Sourcebook*. Aldine, Chicago, 1968.

BULLARD, W. R. , JR. The Maya Settlement Pattern in Northeastern Peten, Guatemala. *American Antiquity*, vol 25, 355-372, 1960.

BULLEN, RIPLEY P. S. T. Walker, an Early Florida Archaeologist. *Florida Anthropologist*, vol. 4, 46-49, Gainesville, 1951.

BUSHNELL, GEOFFREY H. *Peru*, second edition, Ancient Peoples and Places Series, G. Daniel, ed. Praeger, New York, 1963.

BUSHNELL, GEOFFREY H. and C. B. M. MCBURNEY. New World Origins Seen from the Old World. *Antiquity*, vol. 33, 93-101. 1959.

BUTLER, B. ROBERT. *The Old Cordilleran Culture in the Pacific Northwest*. Occasional Papers of the Idaho State University Museum, no. 5. Pocatello, 1961.

BYERS, D. S. and R. S. MACNEISH, eds. *The Prehistory of the Tehuacan Valley*, 5 vols. University of Texas Press, Austin, 1967-1976.

CABRERA, RUBEN, IGNACIO RODRIGUEZ, and NOEL MORALES. *Teotihuacan 80-82, Primeros Resultados*. Instituto Nacional de Antropologia, Mexico, D. F. , 1982.

CALDWELL, JOSEPH R. *Trend and Tradition in the Prehistory of the Eastern United States*. Illinois State Museum Scientific Papers, vol. 10, and the American Anthropological Association, Memoir 88. Springfield and Menasha, 1958.

——. The New American Archaeology. *Science*, vol.

129, no. 3345, 303-307, 1959.

——. Interaction Spheres in Prehistory. In *Hopewellian Studies*, J. R. Caldwell and R. L. Hall, eds. Springfield, Illinois State Museum Scientific Papers, vol. 12, 133-143, 1965.

CANALS FRAU, SALVADOR. *Prehistoria de América*. Editorial Sudamericana, Buenos Aires, 1950.

——. *Las Civilizaciones Prehispanicas de América*. Buenos Aires, 1955.

CARNEIRO, R. L. A Theory of the Origin of the State. *Science*, vol. 169, 733-738, 1970.

CARR, CHRISTOPHER, ed. *For Concordance in Archaeological Analysis: Bridging Data Structure, Quantitative Technique, and Theory*. Westport Publishers, Kansas City, 1985.

CARR, ROBERT F. and JAMES E. HAZARD. *Map of the Ruins of Tikal, El Peten, Guatemala*. University of Pennsylvania Museum Monographs, Tikal Report no. 11, 1961.

CARVER, JONATHAN. *Travels Through the Interior Parts of North America in the Years* 1766, 1767, *and* 1768. S. Price and R. Cross, Dublin, 1779.

CASANOVA, EDUARDO, The Cultures of the Puna and the Quebrada of Humuhuaca. In *Handbook of South American Indians*, Julian H. Steward, ed. , vol. 2, 619-632. Bureau of American Ethnology, Bulletin 143. Washington, D. C. , 1946.

CASAS, BARTOLOMÉDE LAS. *Apologética Historia de las Indias*, M. Serrano y Sanz, ed. Bailliere, Madrid, 1909.

——. *Historia de las Indias*. Gonzalo de Paparaz, ed. , 3 vols. M. Aguilar, Madrid, 1927.

——. *Apologética Historia Sumaria*, edition prepared by Edmundo O'Gorman. Madrid, 1967.

CASO, ALFONSO. *Exploraciones en Oaxaca, Quinta y Sexta Temporadas*, 1936-1937. Pan American Institute of Geography and History, Publication 34.

Tacubaya, Mexico, 1938.

——. Calendario y Escritura de las antiguas culturas de Monte Alban. In *Obras Completas de Miguel Othón de Mendizábal*. Talleres Gráficos de la Nación, D. F., Mexico, 1946.

CASTELNAU, FRANCIS DE. *Expédition dans les parties centrales de l'Amérique du Sud, troisieme partie: Antiquités des Incas et autres peuples anciens*. Bertrand, Paris, 1854.

CATHERWOOD, FREDERICK. *View of Ancient Monuments in Central America, Chiapas, and Yucatan*. Vizetally, London, 1844.

CHANG, KWANG-CHIH. Study of the Neolithic Social Grouping: Examples from the New World. *American Anthropologist*, vol. 60, no. 2, 298-334, 1958.

——. *Rethinking Archaeology*. Random House, New York, 1967a.

——. Major Aspects of the Interrelationship of Archaeology and Ethnology. *Current Anthropology*, vol. 18, no. 3, 227-243, 1967b.

——. Toward a Science of Prehistoric Society. In *Settlement Archaeology*, K. C. Chang, ed., 1-9. National Press Books, Palo Alto, 1968.

CHANG, KWANG-CHIH, ed. *Settlement Archaeology*. National Press Books, Palo Alto, 1968.

CHAPMAN, ROBERT, IAN KINNAS, and KLAUS RANDSBERG, eds. *The Archaeology of Death, New Directions in Archaeology*. Cambridge University Press, Cambridge, 1981.

CHARD, CHESTER S. The Old World Roots: Review and Speculations. *University of Alaska Anthropological Papers*, vol. 10, no. 2, 115-121. College, 1963.

CHARLTON, T. H. Teotihuacan, Tepeapulco, and Obsidian Exploitation. *Science*, vol. 200, no. 4247, 1227-1236, 1978.

CHARNAY, DÉSIRÉ. *The Ancient Cities of the New World*. Harper, New York, 1887.

CHILDE, V. GORDON. *The Most Ancient East*. Paul Kegan, London, 1934.

——. *Man Makes Himself*. Watts, London, 1936.

——. *What Happened in History*. Pelican Books, London and New York, 1943.

——. *Social Evolution*. Watts, London, 1951.

CHRISTENSON, A. and D. W. READ. Numerical Taxonomy, R-mode Factor Analysis, and Archaeological Classification. *American Antiquity*, vol. 42, 163-179, 1977.

CIGLIANO, E. M. *El Ampajanguense*, Instituto de Antropologia, Rosario, Universidad Nacional de Litoral, 1962.

CLAASSEN, CHERYL, ed. *Exploring Gender Through Archaeology*. Monographs in World Archaeology, No. 11. Prehistory Press, Madison, 1992.

CLAESSEN, H. J. M. and P. SKALNIK, eds. *The Early State*. Mouton, The Hague, 1978.

CLARK, G. A. More on Contingency Table Analysis, Decision Making Criteria and the Use of Log Linear Models. *American Antiquity*, vol. 41, 259-273, 1976.

CLARK, J. GRAHAME D. *The Mesolithic Settlement of Northern Europe*. Cambridge University Press, Cambridge, 1936.

——. *Archaeology and Society*. Methuen, London, 1939.

——. *Prehistoric England*. S. Batsford, London, 1940.

——. *Prehistoric Europe: The Economic Basis*. Methuen, London, 1952 (reprinted 1972).

——. The Economic Approach to Prehistory. *Proceedings of the British Academy*, vol. 39, 215-238, 1953.

——. *Excavations at Starr Carr*. Cambridge University Press, Cambridge, 1954.

CLARKE, DAVID L. *Analytical Archaeology*. Methuen, London, 1968.

——. Reply to the Comments on *Analytical Archaeology*. *Norwegian Archaeological Review*, vol. 34, nos.

3-4, 25-34. 1970.

CLARKE, DAVID L., ed. *Models in Archaeology*. Methuen, London, 1972.

——. *Spatial Archaeology*. Academic Press, London, 1977.

CLAVIJERO, FRANCISCO J. *The History of Mexico*, translated by Charles Cullen. Thomas Dobson, Philadelphia, 1817.

CLELAND, CHARLES E. *The Prehistoric Animal Ecology and Ethnology of the Upper Great Lakes Region*. University of Michigan Museum Anthropological Papers, no. 29. Ann Arbor, 1966.

CLEWLOW, C. WILLIAM and ALEŠ HRDLIČKA Some Thoughts on the Background of Early Man. *Kroeber Anthropological Society Papers*, vol. 42, 26-46, 1970.

CLINTON, DE WITT. *A Memoir on the Antiquities of the Western Parts of the State of New York*. E. and E. Hosford, Albany, 1820.

COE, JOFFRE L. *The Formative Cultures of the Carolina Piedmont*. Transactions, American Philosophical Society, vol. 54, pt. 5. Philadelphia, 1964.

COE, MICHAEL D. *Mexico*. Thames and Hudson, London and New York, 1962.

——. *The Maya*. Thames and Hudson, London and New York, 1966.

——. San Lorenzo and the Olmec Civilization. *Proceedings, Dumbarton Oaks Conference on the Olmec*, 41-78. Washington, D. C., 1968a.

——. *America's First Civilization*. American Heritage, New York, 1968b.

COE, MICHAEL D. and CLAUDE F. BAUDEZ. The Zoned Bichrome Period in Northwestern Costa Rica. *American Antiquity*, vol. 26, no. 4, 505-515, 1961.

COE, MICHAEL D. and KENT V. FLANNERY. Microenvironments and Mesoamerican Prehistory. *Science*, vol. 143, no. 3607, 650-654, 1964.

——. *Early Cultures and Human Ecology in South Coast-*

*al Guatemala*, Smithsonian Contributions to Anthropology, vol. 3. Washington, D. C., 1967.

COE, WILLIAM R. Environmental Limitation on Maya Culture: A Reexamination. *American Anthropologist*, vol 59, 328-335, 1957.

——. Tikal: Ten Years of Study of a Maya Ruin in the Lowlands of Guatemala. *Expedition*, vol. 8, no. 1, 50-56, 1965.

COGGINS, CLEMENCY. A New Order and the Role of the Calendar: Some Characteristics of the Middle Classic Period at Tikal. In *Maya Archaeology and Ethnohistory*, N. Hammond and G. R. Willey, eds., 38-50. University of Texas Press, Austin, 1979.

COHEN, M. N. Population Presence and the Origins of Agriculture: An Archaeological Example from the Coast of Peru. In *Origins of Agriculture*, C. A. Reed, ed., 135-177. Mouton, The Hague, 1977a.

——. *The Food Crisis in Prehistory*. Yale University Press, New Haven, 1977b.

——. Archaeological Plant Remains from the Central Coast of Peru. *Ñawpa Pacha*, vol. 16, 23-51, 1978.

COHEN, RONALD and ELMAN R. SERVICE, eds. *Origins of the State, the Anthropology of Political Evolution*. Institute for the Study of Human Issues, Philadelphia, 1978.

COLE, FAY-COOPER and THORNE DEUEL. *Rediscovering Illinois*. University of Chicago Publications in Anthropology. University of Chicago Press, Chicago, 1937.

COLLIER, DONALD. *Cultural Chronology and Change as Reflected in the Ceramics of the Virú Valley, Peru*. Chicago Natural History Museum, Fieldiana: Anthropology, vol. 43. Chicago, 1955.

COLLINGWOOD, R. G. *The Idea of History*. Oxford University Press, Oxford, 1946.

COLLINS, HENRY B., JR. Potsherds from Choctaw Village Sites in Mississippi. *Journal of the Wash-*

*ington Academy of Sciences*, vol. 17, no. 10, 259-263, 1927.

——. *Archaeology of St. Lawrence Island, Alaska.* Smithsonian Miscellaneous Collections, vol. 96, no. 1. Washington, D. C. , 1937.

——. Outline of Eskimo Prehistory. *Essays in Historical Anthropology.* Smithsonian Miscellaneous Collections, vol. 100, 533-592. Washington, D. C. , 1940.

COLTON, HAROLD S. and LYNDON L. HARGRAVE. *Handbook of Northern Arizona Pottery Wares.* Museum of Northern Arizona Bulletin, no. 11. Flagstaff, 1937.

CONKEY, MARGARET W. Boundaries in Art and Society. In *Symbolic and Structural Archaeology*, I. Hodder, ed. , 15-128. Cambridge University Press, Cambridge, 1982.

CONKEY, MARGARET W. and JOAN M. GERO. Tensions, Pluralities, and Engendering Archaeology: An Introduction to Women and Prehistory. In *Engendering Archaeology: Women and Prehistory*, J. M. Gero and M. W. Conkey, eds. , 3-30. Basil Blackwell, London, 1991.

CONKEY, MARGARET W. and JANET SPECTOR. Archaeology and the Study of Gender. In *Advances in Archaeological Method and Theory*, vol. 7, M. B. Schiffer, ed. , 1-38. Academic Press, New York, 1984.

COOK DE LEONARD, CARMEN, ed. *Esplendor del México antiquo*, 2 vols. Centro de Investigaciiones Anthropologicos de Mexico, Mexico, D. F. , 1959.

COOK, ROBERT M. Archaeomagnetism. In *Science in Archaeology*, revised edition, D. Brothwell and E. Higgs, eds. , 76-87. Basic Books, New York, 1969.

COOK, SHERBURNE F. A Reconsideration of Shellmounds with Respect to Population and Nutrition. *American Antiquity*, vol. 12, no. 1, 50-53, 1946.

——. Physical Analysis as a Method for Investigating Prehistoric Habitation Sites. *University of California Archaeological Survey Reports*, no. 7, 2-5. Berkeley, 1950.

——. Dating Prehistoric Bone by Chemical Analysis. In *Viking Fund Publications in Anthropology*, no. 28, 223-245. New York, 1960.

COOK, SHERBURNE F. and H. C. EZRA-COHN. An Evaluation of the Fluorine Dating Method. *Southwestern Journal of Anthropology*, vol. 15, no. 3, 276-290, 1959.

COOK, SHERBURNE F. and ROBERT F. HEIZER. Archaeological Dating by Chemical Analysis of Bone. *Southwestern Journal of Anthropology*, vol. 9, no. 2, 231-238, 1953.

CORDELL, LINDA S. Predicting Site Abandonment at Wetherill Mesa. *The Kiva*, vol. 40, no. 3, 189-202, 1975.

——. *Prehistory of the Southwest.* Academic Press, New York, 1984.

COURBIN, P. *What is Archaeology?* University of Chicago Press, Chicago, 1989.

COVARRUBIAS, MIGUEL. *Indian Art of Mexico and Central America.* Knopf, New York, 1957.

COWGILL, GEORGE L. Computer Applications in Archaeology. *American Federation of Information Processing Societies Conference Proceedings*, vol. 31, 331-337. Washington, D. C. , 1967a.

——. Computers and Prehistoric Archaeology. In *Computers in Humanist Research*, E. A. Bowles, ed. , 47-56. Prentice-Hall, Englewood Cliffs, N. J. , 1967b.

——. Archaeological Applications of Factor, Cluster, and Proximity Analyses. *American Antiquity*, vol. 33, no. 3, 367-375, 1968.

——. Albert Spaulding and Archaeological Method and Theory. *American Antiquity*, vol. 42, no. 3, 325-330, 1977a.

——. The Trouble with Significance Tests and What We Can Do About It. *American Antiquity*, vol. 42, no. 3, 350-368, 1977b.

COWGILL, GEORGE L., JEFFREY H. ALTSCHUL, and REBECCA S. SLOAD. Spatial Analysis of Teotihuacan: A Mexican Metropolis. In *Intrasite Spatial Analysis in Archaeology*, H. J. Hietala, ed., 154-195. Cambridge University Press, Cambridge, 1984.

CRADER, DANA C. Slave Diet at Monticello. *American Antiquity*, vol. 55, 690-717, 1990.

CRAWFORD O. G. S. The Distribution of Early Bronze Age Settlements in Britain. *Geographical Journal*, vol. 40, no. 3, 183-217. London, 1912.

——. *Man and His Past*. Oxford University Press, London, 1921.

CRESSMAN, LUTHER S. Man in the World. In *Man, Culture, and Society*, H. L. Shapiro, ed., 139-167. Oxford University Press, New York, 1956.

CRESSMAN, LUTHER S. and others. *Cultural Sequences at the Dalles, Oregon*. Transactions, American Philosophical Society, vol. 50, pt. 10. Philadelphia, 1960.

CRONE, GERALD. R. *The Discovery of America*. New York, 1969.

CRUMLEY, CAROLE L. A Dialectical Critique of Hierarchy. In *Power Relations and State Formation*. T. C. Patterson and C. W. Gailey, eds., 155-169. Archaeology Section, American Anthropological Association, Washington, D. C., 1987.

CULBERT, T. P., ed. *Classic Maya Political History*. Cambridge University Press, Cambridge, 1991.

CULBERT, T. P. and D. S. RICE, eds. *Precolumbian Maya Population History*. University of New Mexico Press, Albuquerque, 1990.

CUMMINGS BYRON The Ancient Inhabitants of the San Juan Valley. *Bulletin of the University of Utah*, vol. 3, no. 3, pt. 2. Salt Lake City, 1910.

CUSHING, FRANK H. A Study of Pueblo Pottery as Illustrative of Zuñi Culture Growth. *Bureau of American Ethnology, Fourth Annual Report*, 467-521. Washington, D. C., 1886.

——. Preliminary Notes on the Origin, Working Hypothesis and Primary Researches of the Hemenway. . . Expedition. *Seventh International Congress of Americanists*, 151-194. Berlin, 1890.

DALL, WILLIAM H. On Succession in the Shell-Heaps of the Aleutian Islands. In *Contributions to North American Ethnology*, vol. 1, 41-91. U. S. Department of the Interior, Washington, D. C., 1877.

DANIEL, GLYN E. *A Hundred Years of Archaeology*. Duckworth, London, 1950.

——. *The Idea of Prehistory*. Penquin Books, Harmondsworth, England, 1964.

——. *The Origins and Growth of Archaeology*. Penguin Books, Harmondsworth, England, 1967.

——. One Hundred Years of Old World Prehistory. In *One Hundred Years of Anthropology*, J. O. Brew, ed., 57-96. Harvard University Press, Cambridge, Mass., 1968.

DARRAH, WILLIAM C. *Powell of the Colorado*. Princeton University Press, Princeton, 1951.

DAWSON, J. W. *Fossil Men and Their Modern Representatives*. Dawson Brothers, Montreal, 1880.

DEAGAN, KATHLEEN. *Spanish St. Augustine: The Archaeology of a Colonial Creole Community*. Academic Press, New York, 1983.

DEBENEDETTI, SALVADOR. Exploración arqueológica en los cementerios prehistoricos de la Isla de Tilcara. *Revista de la Universidad de Buenos Aires*, vol. 6, 1910.

——. Influencias de la cultura de Tiahuanaco en la region del noroeste Argentino. *Revista de la Universidad de Buenos Aires*, vol. 17, 326-352, 1912.

DEETZ, JAMES J. F. *An Archaeological Approach to Kinship Change in Eighteenth Century Arikara Culture*. Ph. D. dissertation, Harvard University, Cambridge, Mass., 1960.

——. Archaeological Investigations at La Purisima Mission. *Annual Reports of the University of California Archaeological Survey*, vol. 5, 161-244. Los Angeles, 1962-1963.

——. *The Dynamics of Stylistic Change in Arikara Ceramics*. University of Illinois Series in Anthropology, no. 4. Urbana, 1965.

——. The Inference of Residence and Descent Rules from Archaeological Data. In *New Perspectives in Archaeology*, S. R. Binford and L. R. Binford, eds. , 41-49. Aldine, Chicago, 1968a.

——. Late Man in North America: Archaeology of European Americans. In *Anthropological Archaeology in the Americas*, B. J. Meggers, ed. , 121-130. Washington, D. C. , 1968b.

——. *In Small Things Forgotten: The Archaeology of Early American Life*. Anchor Press, Garden City, 1977.

DEETZ, JAMES J. F. and EDWIN DETHLEFSEN. The Doppler Effect and Archaeology: A Consideration of the Spatial Aspects of Seriation. *Southwestern Journal of Anthropology*, vol 21, 196-206, 1965.

——. Some Social Aspects of New England Colonial Mortuary Art. In *Approaches to the Social Dimensions of Mortuary Practices*, J. A. Brown, ed. Society for American Archaeology, Memoir 25, 30-38. Washington, D. C. , 1971.

DEGARMO, G. D. Identification of Prehistoric Intrasettlement Exchange. In *Exchange Systems in Prehistory*, T. K. Earle and J. E. Ericson, eds. , 153-170. Academic Press, New York, 1977.

DEJARNETTE, D. L. and S. B. WIMBERLY. *The Bessemer Site*. Geological Survey of Alabama, Museum Paper 17. University of Alabama, Tuscaloosa, 1941.

DELORIA, VINE, JR. *Custer Died for Your Sins: An Indian Manifesto*. Macmillan, London, 1969.

DEL RIO, ANTONIO and PAUL F. CABRERA. *Description of the Ruins of an Ancient City, Discovered near Palenque, in the Kingdom of Guatemala, in Spanish America*; followed by *Teatro Critico Americano*. London, 1822.

DERBY, ORVILLE A. Artificial Mounds of the Island of Marajó, Brazil. *American Naturalist*, vol. 13, no. 4, 224ff, 1879.

DETHLEFSEN, EDWIN and JAMES J. F. DEETZ. Death's Heads, Cherubs, and Willow Trees: Experimental Archaeology in Colonial Cemeteries. *American Antiquity*, vol. 31, no. 4, 502-511, 1966.

DEUEL, THORNE. Basic Cultures of the Mississippi Valley. *American Anthropologist*, vol. 37, no. 3, 429-445, 1935.

DEXTER, RALPH W. Contributions of Frederic Ward Putnam to *Ohio Archaeology*. *Ohio Journal of Science*, vol. 65, no. 3, 110-117, 1965.

——. Frederick Ward Putnam and the Development of Museums of Natural History and Anthropology in the United States. *Curator*, vol. 9, no. 2, 151-155, 1966a.

——. Putnam's Problems Popularizing Anthropology. *American Scientist*, vol. 54, no. 3, 315-332, 1966b.

DILLEHEY, THOMAS D. *Paleoenvironment and Site Context. Monte Verde: A Late Pleistocene Settlement in Chile*, vol. 1. Smithsonian Institution Press, Washington, D. C. , 1989.

DILLEHEY, THOMAS D. and DAVID J. MELTZER, eds. *The First Americans: Search and Research*. CRC Press, Boca Raton, Florida, 1991.

DINCAUZE. DENA. An Archaeo-logical Evaluation of the Case for Pre-Clovis Occupations. In *Advances in World Archaeology*, Vol. 3, Fred Wendorf and Angela Close, eds. , 275-323. Academic Press, New York, 1984.

DI PESO, CHARLES C. Cultural Development in Northern Mexico. In *Aboriginal Cultural Development in Latin America: An Interpretative Review*, B. J. Meggers and C. Evans, eds. Smithsonian Miscellaneous Collection, vol. 146, no. 1, 1-16. Washington, D. C., 1963.

DI PESO, CHARLES C. and others. *The Upper Pima of San Cayetano del Tumacacori: An Archaeological Reconstruction of the Ootam of Pimeria Alta*. Amerind Foundation, Publication 7. Dragoon, Ariz., 1956.

DISSELHOFF, HANS-DIETRICH. *Geschichte der Altamerikanischen Kulturen*, revised and enlarged edition. Oldenbourg, Munich, 1967.

DORAN, JAMES E. Systems Theory, Computer Simulations, and Archaeology. *World Archaeology*, vol. 1, no. 3, 829-898, 1970.

DORAN, JAMES E. and F. R. HODSON. *Mathematics and Computers in Archaeology*. Edinburgh University Press, Edinburgh, 1975.

DORSEY, G. A. Archaeological Investigations on the Island of La Plata, Ecuador. *Field Columbian Museum Archaeological Series*, vol. 22, no. 5, 245-280. Chicago, 1901.

DRAY, WILLIAM H. *Laws and Explanation in History*. Oxford University Press, Oxford, 1957.

——. *Philosophical Analysis and History*, W. H. Dray, ed. Harper & Row, New York, 1966.

——. *Philosophy of History*. Prentice-Hall, Englewood Cliffs, N. J., 1967.

DRENNAN, R. D. A Refinement of Chronological Seriation Using Nonmetric Multidimensional Scaling. *American Antiquity*, vol. 41, no. 3, 290-302, 1976.

——. Cultural Evolution, Human Ecology, and Empirical Research. In *Profiles in Cultural Evolution*. A. T. Rambo and K. Gillogly, eds., 113-136. Anthropological Papers, Museum of Anthropology, University of Michigan, Ann Arbor, 1991.

DRENNAN, R. D. and C. A. URIBE, eds. *Chiefdoms in the Americas*. University Press of America, Lanham, 1987.

DRUCKER, PHILLIP. *La Venta, Tabasco: A Study of Olmec Ceramics and Art*. Bureau of American Ethnology, Bulletin 153 Washington, D C., 1952.

DRUCKER, PHILLIP, ROBERT F. HEIZER, and ROBERT J. SQUIER. *Excavations at La Venta, Tabasco*, 1955. Bureau of American Ethnology, Bulletin 170. Washington, D. C., 1959.

DUNNELL, ROBERT C. Seriation Method and Its Evaluation. *American Antiquity*, vol. 35, no. 3, 305-319, 1970.

——. Sabloff and Smith's "The Importance of Both Analytic and Taxonomic Classification in the Type-Variety System." *American Antiquity*, vol. 36, no. 1, 115-118, 1971.

——. Style and Function: A Fundamental Dichotomy. *American Antiquity*, vol. 43, no. 2, 192-202, 1978.

——. Evolutionary Theory and Archaeology. In *Advances in Archaeological Method and Theory*, vol. 3, M. B. Schiffer, ed., 62-74. Academic Press, New York, 1980.

——. Science, Social Science, and Common Sense: The Agonizing Dilemma of Modern Archaeology. *Journal of Anthropological Research*, vol. 38, 1-25, 1982.

——. The Concept of Progress in Cultural Evolution. In *Evolutionary Progress*, M. H. Nitecki, ed., 169-194. University of Chicago Press, Chicago, 1988.

——. Aspects of the Application of Evolutionary Theory in Archaeology. In *Archaeological Thought in America*, C. C. Lamberg-Karlovsky, ed., 35-49. Cambridge University Press, Cambridge, 1989a.

——. Philosophy of Science and Archaeology. In *Critical Traditions in Contemporary Archaeology: Essays in the Philosophy, History, and Socio-Politics of Archaeology*, V. Pinsky and A. Wylie, eds., 5-9. Cambridge University Press, Cambridge, 1989b.

——. Methodological Impacts of Catastrophic Depopulation on American Archaeology and Ethnology. In *Columbian Consequences*, vol. 3, D. H. Thomas, ed., 561-580. Smithsonian Institution Press, Washington, D. C., 1991.

DUPAIX, GUILLAUME. *Antiquités Mexicaines: relation des trois expéditions du Capitaine Dupaix*, ordonnées en 1805, 1806, et 1807... par MM. Baradère de St. Priest. Paris, 1834.

DURÁN, FRAY DIEGO. *The Aztecs: The History of the Indies of New Spain*, translated by Doris Heyden and Fernando Hocasitas. Orion Press, New York, 1964.

EARLE, TIMOTHY K. Chiefdoms in Archaeological and Ethnohistorical Perspective. *Annual Review of Anthropology*, vol. 16, 279-308, 1987.

EARLE, TIMOTHY K., ed. *Chiefdoms: Power, Economy, and Ideology*. Cambridge University Press, Cambridge, 1991.

EARLE, TIMOTHY K. and J. E. ERICKSON, eds. *Exchange Systems in Prehistory*. Academic Press, New York, 1977.

EASTON, DAVID. *Framework for Political Analysis*. Prentice-Hall, Englewood Cliffs, N. J., 1965.

EKHOLM, GORDON F. Transpacific Contacts. In *Prehistoric Man in the New World*, J. D. Jennings and E. Norbeck, eds., 489-510. University of Chicago Press, Chicago, 1964.

ELVAS, GENTLEMAN OF. The Narrative of the Expedition of Hernando de Soto. In *Spanish Explorers in the Southern United States*, Theodore H. Lewis, ed., 127-272. Scribner's, New York, 1907.

EMERSON, THOMAS E. and R. BARRY LEWIS, eds. *Cahokia and the Hinterlands: Middle Mississippian Cultures of the Midwest*. University of Illinois Press, Urbana, 1991.

EMERY, F. E., ed. *Systems Thinking*. Penguin Books, New York, 1969.

EMORY, WILLIAM H. Notes of a Military Reconnaissance from Fort Leavenworth, in Missouri, to San Diego, in California, Including Parts of the Arkansas, Del Norte, and Gila Rivers. *30th Congress, 1st session*, *Senate Executive Docket* 7. Washington, D. C., 1848.

EMPERAIRE, JOSE M., ANNETTE LAMING-EM-PERIRE, and HENRI REICHLEN. La grotte Feli et autres sites de la región volcanique de la Patagonie chilienne. *Journal de la Société des Américanistes*, vol. 52, 169-254, 1964.

ENGEL, FRÉDÉRIC. Le complexe précéramique d'El Paraiso (Pérou). *Journal de la Société des Américanistes*, vol. 55, no. 1, 43-96, 1967.

ESTRADA, EMILIO. *Ensayo preliminar sobre la arqueologia del Milagro, Guayaquil*. Publicaciones del Museo Victor Emilio Estrada. Guayaquil Ecuador, 1954.

——. *Prehistoria de Manabí*. Publicaciones del Museo Victor Emilio Estrada, no. 4. Guayaquil, 1957.

EULER, R. C. and G. J. GUMERMAN, eds. *Investigations of the Southwestern Anthropological Research Group: An Experiment in Archaeological Cooperation*. Museum of Northern Arizona, Flagstaff, 1978.

EVANS, CLIFFORD and B. J. MEGGERS. Formative Period Cultures in the Guayas Basin, Coastal Ecuador. *American Antiquity*, vol. 22, no. 3, 235-246, 1957.

——. *Archaeological Investigations in British Guiana*, Bureau of American Ethnology, Bulletin 177. Washington, D. C., 1960.

EVANS, FRANCIS C. Ecosystem as the Basic Unit in Ecology. *Science*, vol. 123, 1127-1128, 1956.

FAGAN, B. M. *Elusive Treasure: The Story of Early Archaeologists in the Americas*, Scribner's, New York, 1977.

FARABEE, WILLIAM C. Exploration at the Mouth of the Amazon, *Museum Journal of the University Museum*, vol. 12, no. 13, 142-161. Philadelphia, 1921.

FASH, W. L., JR. A New Look at Maya Statecraft

from Copan, Honduras. *Antiquity*, vol. 62, 157-169, 1988.

FERDON, EDWIN N., JR. Agricultural Potential and the Development of Cultures. *Southwestern Journal of Anthropology*, vol. 15, 1-19, 1959.

FERGUSON, LELAND. *Uncommon Ground*: *Archaeology and Early African America*, 1650-1800. Smithsonian Institution Press, Washington, D. C., 1992.

FERNANDEZ, J. *Historia de la arqueologia Argentina*. Anales de Aqueologia y Etnologia, Universidad Nacional de Cuyo, vols. 34-35, Mendoza, 1982.

FEWKES, JESSE W. Anthropology. In *The Smithsonian Institution*, 1846-1896, G. B. Goode, ed., 745-772. Washington, D. C., 1897.

——. The Aborigines of Porto Rico and Neighboring Islands. *Bureau of American Ethnology*, *Twenthfifth Annual Report*. Washington, D. C., 1907.

——. Casa Grande, Arizona. *Bureau of American Ethnology*, *Twenth-eighth Annual Report*, 35-179. Washington, D. C., 1912.

——. A Prehistoric Island Culture Area of America. *Bureau of American Ethnology*, *Thirty-fourth Annual Report*, 35-281. Washington, D. C., 1922.

FIEDEL, S. J. *Prehistory of the Americas*. Cambridge University Press, New York, 1987.

FIGGINS, JESSE D. The Antiquity of Man in America. *Natural History*, vol. 27, no. 3, 229-239, 1927.

FISH, S. K. and S. A. KOWALEWSKI, eds. *The Archaeology of Regions*: *A Case for Full Coverage Survey*. Smithsonian Institution Press, Washington, D. C., 1990.

FISK, H. N. *Summary of the Geology of the Lower Alluvial Valley of the Mississippi River*. Mississippi River Commission, War Department, Corps of Engineers, Washington, D. C., 1944.

FITTING, JAMES E. Environmental Potential and the Post-Glacial Readaptation in Eastern North America.

*American Antiquity*, vol. 33, no. 4, 441-445, 1968.

——. *The Archaeology of Michigan*; *A Guide to the Prehistory of the Great Lakes Region*. Garden City Press, Garden City, 1970.

FITTING, J. E., ed. *The Development of North American Archaeology*. Anchor Press-Doubleday, Garden City, N. Y., 1973.

FLANNERY, KENT V. The Ecology of Eary Food Production in Mesopotamia. *Science*, vol. 147, no. 3663, 1247-1256. , 1965.

——. Culture History vs. Cultural Process: A Debate in American Archaeology. *Scientific American*, vol. 217, 119-122, 1967a.

——. Vertebrate Fauna and Hunting Patterns. in *The Prehistory of the Tehuacan Valley*, *vol. 1*, *Environment and Subsistence*, D. S. Byers, ed., 132-177. R. S. Peabody Foundation, Andover, Mass. ; University of Texas Press, Austin, 1967b.

——. Archaeological Systems Theory and Early Mesoamerica. In *Anthropological Archaeology in the Americas*, B. J. Meggers, ed., 67-87. Washington, D. C., 1968a.

——. The Olmec and the Valley of Oaxaca: A Model for Inter-Regional Interaction in Formative Times. In *Dumbarton Oaks Conference on the Olmec*, E. P. Benson, ed., 79-110. Washington, D. C., 1968b.

——. Origins and Ecological Effects of Early Domestication in Iran and the Near East. In *The Domestication and Exploitation of Plants and Animals*, G. W. Dimbleby and P. J. Ucko, eds., 73-100. Aldine, Chicago, 1969.

——. The Cultural Evolution of Civilizations. *Annual Review of Ecology and Systematics*, vol. 3, 399-426. Palo Alto, 1972a.

——. Summary Comments: Evolutionary Trends in Social Exchange and Interaction. In *Social Exchange and Interaction*, E. N. Wilmsen, ed., 129-136.

University of Michigan, Museum of Anthropology, Anthropological Papers, no. 46. Ann Arbor, 1972b.

——. The Origins of Agriculture. *Annual Review of Anthropology*, vol. 2, 271-310. Palo Alto, 1973.

——. Tne Golden Marshalltown: A Parable for the Archaeology of the 1980s. *American Anthropologist*, vol. 84, 265-278, 1982.

FLANNERY, KENT V. , ed. *The Early Mesoamerican Village*. Academic Press, New York, 1976.

——. *Guila Naquitz: Archaic Foraging and Early Agriculture in Oaxaca, Mexico*. Academic Press, Orlando, 1986.

FLANNERY, KENT V. and others. Farming Systems and Political Growth in Ancient Oaxaca. *Science*, vol. 158, no. 3800, 445-454, 1967.

FLANNERY, KENT V. and JOYCE MARCUS. Formative Oaxaca and the Zapotec Cosmos. *American Scientist*, vol. 64, no. 4, 374-383, 1976.

FLANNERY, K. V. and JOYCE MARCUS, eds. *The Cloud People: Divergent Evolution of the Zapotec and Mixtec Civilizations*. Academic Press, Orlando. 1983.

FLANNERY, K. V. , JOYCE MARCUS, and S. A. KOWALEWSKI. The Preceramic and Formative of the Valley of Oaxaca. In *Supplement to the Handbook of Middle American Indians*, *Vol. 1: Archaeology*, V. R. Bricker and J. A. Sabloff, eds. , pp. 48-93. University of Texas Press, Austin, 1981.

FLANNERY, KENT V. and JAMES SCHOENWETTER. Climate and Man in Formative Oaxaca. *Archaeology*, vol. 23, no. 2, 144-152, 1970.

FLEMING, S. *Dating in Archaeology: A Guide to Scientific Techniques*. St. Martin's Press, New York, 1976.

FORD, JAMES A. *Ceramic Decoration Sequence at an Old Indian Village Site, Near Sicily Island, Louisiana*. Anthropological Study no. 1, Department of Conservation, Louisiana State Geological Survey. New Orleans, 1935.

——. *Analysis of Indian Village Site Collections from Louisiana and Mississippi*. Anthropological Study no. 2, Department of Conservation, Louisiana State Geological Survey. New Orleans, 1936.

——. A Chronological Method Applicable to the Southeast. *American Antiquity*, vol. 3, no. 3, 260-264, 1938.

——. *Report of the Conference on Southeastern Pottery Typology*, mimeographed. Ceramic Repository, Museum of Anthropology, University of Michigan, Ann Arbor, 1938.

——. Cultural Dating of Prehistoric Sites in the Virú Valley, Peru. *Anthropological Papers of the American Museum of Natural History*, vol. 43, pt. 1. New York, 1949.

——. Measurements of Some Prehistoric Design Developments in the Southeastern States. *Anthropological Papers of the American Museum of Natural History*, vol. 44, pt. 3. New York, 1952.

——. Letter, Spaulding's Review of Ford. *American Anthropologist*, vol. 56, 109-112, 1954a.

——. Comment on A. C. Spaulding, "Statistical Techniques for the Discovery of Artifact Types. " *American Antiquity*, vol. 19, no. 4, 390-391, 1954b.

——. On the Concept of Types. *American Anthropologist*, vol. 56, 42-53, 1954c.

——. *A Quantitative Method for Deriving Cultural Chronology*, Pan American Union Technical Manual, no. 1. Washington, D. C. , 1962.

——. *A Comparison of Formative Cultures in the Americas: Diffusion or the Psychic Unity of Man?*. Smithsonian Institution Contributions to Anthropology, vol. II. Washington, D. C. , 1969.

FORD, JAMES A. , PHILIP PHILLIPS, and WILLIAM G. HAAG. The Jaketown Site in West-Central Mississippi. *Anthropological Papers of the American Museum of Natural History*, vol. 45, pt. 1. New

York 1955.

FORD, JAMES A. and GORDON R. WILLEY. An Interpretation of the Prehistory of the Eastern United States. *American Anthropologist*, vol. 43, no. 3, 325-363, 1941.

——. The Virú Valley: Background and Problems. *Anthropological Papers of the American Museum of Natural History*, vol. 43, pt. 1. New York, 1949.

FÖRSTEMANN, ERNST W. Commentary on the Maya Manuscripts in the Royal Public Library of Dresden. *Papers of the Peabody Museum*, vol. 4, no. 2, 49-266. Cambridge, Mass. , 1906.

FOSTER, JOHN W. *Prehistoric Races of the United States*. S. C. Griggs, Chicago, 1873.

FOWKE, GERARD. Stone Art. *Bureau of American Ethnology*, *Thirteenth Annual Report*, 47-184. Washington, D. C. , 1896.

FOWLER, M. L. Cahokia: Ancient Capital of the Midwest. Addison-Wesley Module in Anthropology, no. 48, 3-38. Reading, Mass. , 1974.

——. A Pre-Columbian Urban Center on the Mississippi. *Scientific American*, vol. 233, no. 2, 93-101, 1975.

——. Cahokia and the American Bottom: Settlement Archaeology. In *Mississippian Settlement Patterns*, B. D. Smith, ed. , 455-478. Academic Press, New York, 1978.

——. *The Cahokia Atlas: A Historical Atlas of Cahokia Archaeology*. Studies in Illinois Archaeology, no. 6, Illinois Historic Preservation Agency, Springfield, 1989.

FOWLER, M. L. , ed. *Explorations into Cahokia Archaeology*, Illinois Archaeological Survey, Bulletin no. 7. University of Illinois, Urbana, 1973.

FOWLER, M. L. and others. *Perspectives in Cahokia Archaeology*, Illinois Archaeological Survey, Bulletin no. 10. University of Illinois, Urbana, 1975.

FOX, CYRIL. *The Archaeology of the Cambridge Region*. Cambridge University Press, Cambridge, 1932.

——. The Personality of Britain. *Man*, vol. 32, 202ff. , 1932.

FREEMAN, JOHN F. University Anthropology: Early Departments in the United States. *Papers of the Kroeber Anthropological Society*, vol. 32, 78-90. Berkeley, 1965.

FREEMAN, L. G. , JR. , and J. A. BROWN. Statistical Analysis of Carter Ranch Pottery. In *Chapters in the Prehistory of Eastern Arizona*, *II*, P. S. Martin and others, eds. , 126-154. Chicago Museum of Natural History, Fieldiana: Anthropology, vol. 55. Chicago, 1964.

FRIED, M. H. *The Evolution of Political Society*. Random House, New York, 1967.

FRIEDMAN, I. , R. L. SMITH, and D. CLARK. Obsidian Dating. In *Science in Archaeology*, revised edition, D. Brothwell and E. Higgs, eds. , 62-75. Basic Books, New York, 1969.

FRISON, G. C. , ed. *The Casper Site, a Hell Gap Bison Kill on the High Plains*. Seminar Press, New York, 1974.

FRITZ, GAYLE J. Multiple Pathways to Farming in Precontact Eastern North America. *Journal of World Prehistory*, vol. 4, 387-436, 1990.

FRITZ, JOHN M. Paleopsychology. Today: Ideational Systems and Human Adaptation in Prehistory. In *Social Anthropology: Beyond Subsistence and Dating*, C. L. Redman et al, eds. , 37-59. Academic Press, New York, 1978.

FRITZ, JOHN M. and FRED T. PLOG. The Nature of Archaeological Explanation. *American Antiquity*, vol. 35, no. 4, 405-412, 1970.

GALL, PATRICIA and A. A. SAXE. The Ecological Evolution of Culture: The State as Predator in Succession Theory. In *Exchange Systems and Prehistory*, T. Earle and J. Ericson, eds. , 255-268. Academic Press, New York, 1977.

GALLATIN, ALBERT. A Synopsis of the Indian Tribes Within the United States East of the Rocky Mountains, in the British and Russian Possessions in North America. *Archaeologia Americana*, vol. 2, 1-422, 1836.

———. Notes on the Semi-Civilized Nations of Mexico, Yucatan, and Central America. *Transactions of the American Ethnological Society*, vol. 1. New York, 1845.

GAMIO, MANUEL. Arqueologia de Atzcapotzalco, D. F., Mexico. *Proceedings, Eighteenth International Congress of Americanists*, 180-187. London, 1913.

———. *La Poblacion del Valle de Teotihuacan*, 3 vols. Secretaria de Fomento, Mexico, 1922.

GANDARA, MANUEL. La vieja "nueva arqueologia." *Boletin de Antropología Americana*, vols. 2-3, 7-45 and 7-70, 1980-1981.

GANDARA, MANUEL, FERNANDO LOPEZ, and IGNACIO RODRIQUEZ. Arqueología y Marxismo en Mexico. *Boletin de Antropología Americana*, vol. 11, 5-17, 1985.

GANN, THOMAS W. F. Mounds in Northern Honduras. *Bureau of American Ethnology, Nineteenth Annual Report*, pt. 2, 655-692. Washington, D. C., 1900.

GARCÍA DE PALACIO, DIEGO. Description de la province de Guatemala, Envoyée au Roi d'Espagne en 1576, par le licencié Palacios. In *Recueil de Documents et Mémoires Originaux sur l'Historie des Possesiones Espagnoles*, H. Ternaux-Compana, ed. Paris, 1840.

GARCILASO DE LA VEGA. *The Florida of the Inca: A History of the Adelantado, Hernando de Soto, Governor and Captain General of the Kingdom of Florida, and Other Heroic Spanish and Indian Cavaliers*, translated by John Grier Varner and Jeannette Johnson Varner. University of Texas Press, Austin, 1951.

———. *Royal Commentaries of the Incas*, 2 vols., translated with an Introduction by Harold V. Livermore. University of Texas Press, Austin, 1966.

GARDINER, PATRICK, ed. *Theories of History*. Free Press, Glencoe, Ill., 1959.

GAYTON, ANNA H. The Uhle Collections from Nieveria. *University of California Publications in American Archaeology and Ethnology*, vol. 21, no. 8, 305-329. Berkeley, 1927.

GAYTON, ANNA H. and ALFRED L. KROEBER. The Uhle Pottery Collections from Nazca. *University of California Publications in American Archaeology and Ethnology*, vol. 24, no. 1, 1-21. Berkeley, 1927.

GELFAND, ALAN E. Seriation Methods for Archaeological Materials. *American Antiquity*, vol. 36, no. 3, 263-274, 1971.

GERO, JOAN M. Socio-Politics and the Woman-at-Home Ideology. *American Antiquity*, vol. 50, no. 2, 342-350, 1985.

GERO, JOAN M. and MARGARET W. CONKEY, eds. *Engendering Archaeology: Women and Prehistory*. Basil Blackwell, London, 1991.

GIBBON, GUY. *Explanation in Archaeology*. Basil Blackwell, Oxford, 1989.

GIBBS, GEORGE. Instructions for Archaeological Investigations in the United States. *Smithsonian Institution Annual Report for* 1861, 392-396. Washington, D. C., 1862.

GIDDINGS, JAMES L. The Archaeology of Bering Strait. *Current Anthropology*, vol. 1, no. 2, 121-138. Chicago, 1960.

———. *The Archaeology of Cape Denbigh*. Brown University Press, Providence, 1964.

GIFFORD, EDWARD W. Composition of California Shellmounds. *University of California Publications in American Archaeology and Ethnology*, vol. 12, no. 1, 1-29. Berkeley, 1916.

GIFFORD, JAMES C. The Type-Variety Method of Ceramic Classification as an Indicator of Cultural Phenomena. *American Antiquity*, vol. 25, no. 31, 341-347, 1960.

GIFFORD-GONZALEZ, DIANE. Bones Are Not Enough: Analogues, Knowledge, and Interpretive Strategies in Zooarchaeology. *Journal of Anthropological Archaeology*, vol. 10, 215-254, 1991.

GILMAN, A. Marxism in American Archaeology. In *Archaeological Thought in America*, C. C. Lamberg-Karlovsky, ed., 63-73. Cambridge University Press, Cambridge, 1989.

GIVENS, DOUGLAS R. *Alfred Vincent Kidder and the Development of American Archaeology*. University of New Mexico Press, Albuquerque, 1992.

GLADWIN. HAROLD S. *Excavations at Casa Grande Arizona*. Papers of the Southwest Museum, no. 2. Los Angeles, 1928.

——. *Excavations at Snaketown*, vol. 2: Comparisons and Theories. Medallion Papers, no. 26. Globe, Ariz., 1937.

GLADWIN, HAROLD S. and others. *Excavations at Snaketown: Material Culture*. Medallion Papers, no. 25, vol. 1. Globe, Ariz., 1937.

GLADWIN, WINIFRED and HAROLD S. GLADWIN. *A Method for the Designation of Ruins in the Southwest*. Medallion Papers, no. 1. Pasadena, 1928a.

——. *The Use of Potsherds in an Archaeological Survey of the Southwest*. Medallion Papers, no. 2. Pasadena, 1928b.

——. *The Red-on-Buff Culture of the Gila Basin*. Medallion Papers, no. 31. Globe, 1929.

——. *A Method for the Designation of Southwestern Pottery Types*. Medallion Papers, no. 7. Globe, 1930.

——. *Some Southwestern Pottery Types. Series II*. Medallion Papers, no. 10, Globe, 1931.

——. *A Method for the Designation of Cultures and Their Variations*. Medallion Papers, no. 15. Globe, 1934.

——. *The Eastern Range of the Red-on-Buff Culture*. Medallion Papers, no. 16. Globe, 1935.

GLASSOW, M. A. Changes in the Adaptations of Southwestern Basketmakers: A Systems Perspective. In *Contemporary Archaeology*, *A Guide to Theory and Contributions*, M. P. Leone, ed., 289-303. Southern Illinois University Press, Carbondale, 1972.

GOELDI, EMILIO A. *Excavações archaeológicas en 1895*, pt. 1. *Memories do Museu Goeldi*, Belém do Pará, Brazil, 1900.

GOETZMANN, WILLIAM H. *Army Exploration in the American West*, 1803-1863. Yale University Press, New Haven, 1959.

——. *Exploration and Empire*. Knopf, New York, 1967.

GOGGIN, JOHN M. Cultural Traditions in Florida Prehistory. In *The Florida Indian and His Neighbors*, J. W. Griffin, ed., 13-44. Rollins College, Winter Park, 1949.

GOLDSCHMIDT, WALTER R. *Man's Way: A Preface to the Understanding of Human Society*. World, Cleveland, 1959.

GOLDSTEIN, LYNNE GAIL. *Mississippian Mortuary Practices: A Case Study of Two Cemeteries in the Lower Illinois Valley*. Northwestern University Archaeology Program, Evanston, 1980.

GONZALEZ, ALBERTO R. La Estratigrafia de la Gruta de Intihuasi (Prov. de San Luis, R. A.) y sus relaciones con otros sitios precerámicos de Sudamérica. *Revista del Instituto de Antropología*, vol. 1, 5-302. Córdoba, 1960.

——. The La Aguada Culture of Northwestern Argentina. In *Essays in Precolumbian Art and Archaeology*, S. K. Lothrop and others, eds., 389-420. Harvard University Press, Cambridge, 1961.

——. Cultural Develovment in Northwestern Argentina. In *Aboriginal Cultural Development in Latin A-*

merica: *An Interpretative Review*, B. J. Meggers and C. Evans, eds. Smithsonian Miscellaneous Collection, vol. 1240, no. 1, 103-118. Washington, D. C., 1963.

GONZÁLEZ SUÁREZ, FEDÉRICO. *Estudio histórico sobre los Cañaris, antiguos habitantes de la provincia del Azuay, en la Republica del Ecuador*. Imprenta del Clero, Quito, 1878.

——. *Los aborigenes de Imbabura y del Carchi*. Tipografia Salesiana, Quito, 1910.

GOODMAN, JOSEPH T. The Archaic Maya Inscriptions. In *Biologia Centrali Americana*, A. P. Maudslay, ed., pt. 8, Appendix to vol. 1. Porter and Dulau, London, 1897.

——. Maya Dates. *American Anthropologist*, vol. 7, 642-647, 1905.

GOODYEAR, A. C., L. M. RAAB, T. C. KLINGER. The Status of Archaeological Research Design in Cultural Resource Management. *American Antiquity*, vol. 43, no. 2, 159-173, 1978.

GORDON, GEORGE B. *Prehistoric Ruins of Copan, Honduras*. Memoirs of the Peabody Museum, Harvard University, vol. 10. Cambridge, Mass., 1896.

——. *The Hieroglyphic Stairway; Ruins of Copan*. Memoirs of the Peabody Museum, Harvard University, vol. 1, no. 6. Cambridge, Mass., 1902.

GORENSTEIN, SHIRLEY. History of American Archaeology. In *Perspectives on Anthropology*. American Anthropological Association Special Publication, no. 10. Washington, D. C., 1976.

GOULD, R. A. *Living Archaeology*. Cambridge University Press, Cambridge, 1980.

GOULD, R. A. and P. J. WATSON. A Dialogue on the Meaning and Use of Analogy in Ethnoarchaeological Reasoning. *Journal of Anthropological Archaeology*, vol. 1, 355-381, 1982.

GRAEBNER, FRITZ. *Methode der Ethnologie*. Winter's Universitätsbuchhandlung, Heidelberg, 1911.

GRAHAM, IAN. Juan Galindo, Enthusiast. *Estudios de Cultura Maya*, vol. 3, 11-36. Mexico, D. F., 1963.

——. Introduction and Catalogue. In *The Art of Maya Hieroglyphic Writing*. Peabody Museum, Cambridge, Mass., 1971.

——. Lord Kingsborough, Sir Thomas Phillips, and Obadiah Rich: Some Biographical Notes. In *Social Process in Maya Prehistory*, N. Hammond, ed., 45-57. Academic Press, London, 1977.

GRAHAM, JOHN A. George C. Engerrand in Mexico, 1907-1917. *Bulletin of Texas Archaeological Society*, vol. 32, 19-31. 1962.

GRAYSON, D. K. Eoliths, Archaeological Ambiguity, and the Generation of "Middle-Range" Research. In *American Archaeology Past and Future*, D. J. Meltzer, D. D. Fowler, and J. A. Sabloff, eds., 135-162. Smithsonian Institution Press, Washington, D. C., 1986.

GREEN, ERNESTINE L., ed. *Ethics and Values in Archaeology*. Free Press, New York, 1984.

GREEN, SALLY. *Prehistorian: A Biography of V. Gordon Childe*. Moonraker Press, Bradford-on-Avon, England, 1981.

GRIFFIN, JAMES. B. *The Fort Ancient Aspect: Its Cultural and Chronological Position in Mississippi Valley Archaeology*. University of Michigan Press, Ann Arbor, 1943.

——. Culture Change and Continuity in Eastern United States. In *Man in Northeastern North America*, F. Johnson, ed., 37-95. R. S. Peabody Foundation, Andover, Mass., 1946.

——. The Study of Early Cultures. In *Man, Culture, and Society*, H. L. Shapiro, ed., 22-48. Oxford University Press, New York, 1956.

——. The Pursuit of Archaeology in the United States. *American Archaeologist*, vol. 61, 379-388, 1959.

——. Some Prehistoric Connections Between Siberia and America. *Science*, vol. 131, no. 3403, 801-812, 1960.

——. Eastern North American Archaeology: A Summary *Science*, vol. 156, no. 3772, 175-191, 1967.

GRIFFIN, JAMES B., ed. *Essays on Archaeological Methods*. Anthropological Papers of Anthropology, no. 8. Ann Arbor, 1951.

——. *Archaeology of Eastern United States*. University of Chicago Press, Chicago, 1952.

GROOD, HUGO DE. *Desertatio de Origini Gentium Americanarum*. Amsterdam and Paris, 1643.

GRUBER, J. W. Review of A *History of Archaeological Thought* by B. D. Trigger. Science, vol. 251, 1116-1117, 1991.

GUAMAN POMA DE AYALA, FELIPE. *Nueva corónica y buen gobierno*, 1613 [original manuscript in the Kongelige Bibliothek, Copenhagen; also published in *Travaux et Memoires*, vol. 23, Institut d'Ethnologie, Paris, 1936].

GUIDON, N. Las unidades culturales de São Raimundo Nonato-sudeste del Estado Piaui, Brasil. In *New Evidence for the Pleistocene Peopling of the Americas*, A. L. Bryan, ed., 157-171. Center for the Study of the First Americans, University of Maine, Orono, 1986.

GUMERMAN, G. J. The Reconciliation of Theory and Method in Archaeology. In *Conservation Archaeology: A Guide for Cultural Resource Management Studies*, M. Schiffer and G. Gumerman, eds., 97-106. Academic Press, New York, 1977.

GUMERMAN, G. J. and D. A. PHILLIPS, JR. Archaeology Beyond Anthropology. *American Antiquity*, vol. 43, no. 2, 184-192, 1978.

HAAG, WILLIAM G. Recent Work by British Archaeologists. *Annals of the Association of American Geographers*, vol. 43, 298-303, 1957.

——. The Status of Evolutionary Theory in American Archaeology. In *Evolution and Anthropology: A Centennial Appraisal*, 90-105. Anthropological Society of Washington, Washington, D. C., 1959.

——. Twenty-five Years of Eastern Archaeology. *American Antiquity*, vol. 27, no. 1, 16-23, 1961.

——. Federal Aid to Archaeology in the Southeast, 1933-1942. *American Antiquity*, vol. 50, 272-280, 1985.

HAAS, JONATHAN. *The Evolution of the Prehistoric State*. Columbia University Press, New York, 1982.

HABERLAND, WOLFGANG. *Archaeologische Untersuchungen in Südost-Costa Rica*. Acta Humboldtiana, Series Geographia et Ethnographica, no. 1. Wiesbaden, 1959.

——. Die Kulturen Meso-und Zentral-Amerikas. In *Handbuch der Kulturgeschichte*, 3-192. Frankfurt, 1969.

HAGEN, VICTOR VON. *Maya Explorer: John Lloyd Stephens and the Lost Cities of Central America and Yuctán*. University of Oklahoma Press, Norman, 1947.

HAGGETT, PETER. *Locational Analysis in Human Geography*. St. Martin's Press, London, 1965.

HALL, E. T. Dating Pottery by Thermoluminescence. In *Science in Archaeology*, revised edition, D. Brothwell and E. Higgs, eds., 106-108. Basic Books, New York, 1969.

HALL, R. L. *Some Problems of Identity and Process in Cahokia Archaeology*. Paper presented at a Symposium on Mississippian Cultural Development, 1974.

——. Cahokia Identity and Interaction Models of Cahokia Missippian. In *Cahokia and the Hinterlands: Middle Mississippian Cultures of the Midwest*, T. E. Emerson and R. B. Lewis, eds., 3-34. University of Illinois Press, Urbana, 1991.

HALLOWELL, A. I. The Beginnings of Anthropology in America. In *Selected Papers from the American Anthropologist*, 1888-1920, Frederica de Laguna, ed., 1-90. American Anthropological Association,

Evanston, 1960.

HAMMOND, NORMAN. The Distribution of Late Classic Maya Major Ceremonial Centres in the Central Area. In *Mesoamerican Archaeology-New Approaches*, Norman Hammond, ed. , 313-335. Duckworth, London, 1974.

HANKE, LEWIS. *The Spanish Struggle for Justice in the Conquest of America*. University of Pennsylvania Press, Philadelphia, 1949.

——. *Bartolomé de las Casas*: *An Interpretation of His Life and Writings*. M. Nijhoff, The Hague, 1951.

HARDESTY, DONALD L. The Ecosystem Model, Human Energetics and the Analysis of Environmental Relations. *The Western Canadian Journal of Archaeology*, vol. 2, no. 2, 1-17. Edmonton, 1971.

HARGRAVE, LYNDON L. *Guide to Forty Pottery Types from Hopi Country and the San Francisco Mountains, Arizona*. Museum of Northern Arizona, Bulletin 1. Flagstaff, 1932.

HARPENDING, H. C. Review of *Mathematics and Computers in Archaeology* by J. E. Doran and F. R. Hodson. *Journal of Anthropological Research*, vol. 33, 352-353, 1977.

HARRIS, D. R. The Prehistory of Tropical Agriculture: An Ethnoecological Model. In *The Explanation of Culture Change*: *Models in Prehistory*, A. C. Renfrew, ed. , 391-418. Duckworth, London, 1973.

HARRIS, MARVIN. *The Rise of Anthropological Theory*. Crowell, New York, 1968.

——. *Cultural Materialism*: *The Struggle for a Science of Culture*. Random House, New York, 1979.

HARRIS, THADDEUS M. *The Journal of a Tour into the Territory Northwest of the Alleghany Mountains*; *Made in the Spring of the Year* 1805. Manning and Loring, Boston, 1805.

HARRISON, P. D. and B. L. TURNER II, eds. *Pre-Hispanic Maya Agriculture*. University of New Mexico Press, Albuquerque, 1978.

HARRISON, WILLIAM H. A Discourse on the Aborigines of the Ohio Valley. In *Transactions of the Historical and Philosophical Society of Ohio*, vol. 1, pt. 2. Cincinnati, 1839.

HARTMAN, CARL V. *Archaeological Researches in Costa Rica*. Royal Ethnological Museum, Stockholm, 1901.

——. *Archaeological Researches on the Pacific Coast of Costa Rica*. Memoirs of the Carnegie Museum, vol. 3, no. 1. Pittsburgh, 1907.

HARTT, CHARLES F. The Ancient Indian Pottery of Marajó, Brazil. *American Naturalist*, vol. 5, 259-271, 1871.

HARVEY, DAVID. *The Condition of Postmodernity*: *An Enquiry into the Origin of Culture Change*. Basil Blackwell, Oxford, 1989.

HASTORF, CHRISTINE A. Gender, Space, and Food in Prehistory. In *Engendering Archaeology*: *Women and Prehistory*, J. M. Gero and M. W. Conkey, eds. , 132-159. Basil Blackwell, London, 1991.

HASTORF, CHRISTINE A. and S. JOHANNESSEN. Understanding Changing People/Plant Relationships in the Prehispanic Andes. In *Processual and Postprocessual Archaeologies*: *Multiple Ways of Knowing the Past*, R. Preucel, ed. , 140-155. Center for Archaeological Investigations, Southern Illinois University, Occasional Paper no. 10. Carbondale, 1991.

HAURY, EMIL W. *Roosevelt*: 9∶6, *a Hohokam Site of the Colonial Period*. Medallion Papers, no. 11. Globe, 1932.

——. *The Canyon Creek Ruin. . . of the Sierra Ancha*. Medallion Papers, no. 14. Globe, 1934.

——. *The Mogollon Culture of Southwestern New Mexico*. Medallion Papers, no. 20. Globe, 1936a.

——. Some Southwestern Pottery Types, Series IV. Medallion Papers, no. 19. Globe, 1936b.

——. *Excavation in the Forestdale Valley*, *East-Cen*-

tral Arizona. University of Arizona Social Science Bulletin, no. 12. Tucson, 1940.

HAURY, EMIL W. and others. *The Stratigraphy and Archaeology of Ventana Cave*. University of Arizona Press, Albuquerque and Tucson, 1950.

HAVEN, SAMUEL F. *Archaeology of the United States*. Smithsonian Contributions to Knowledge, vol. 8, art. 2. Washington, D. C. , 1856.

HAVILAND, W. A. *Maya. Settlement Patterns: A Critical Review*. Middle American Research Institute, Publication 26. Tulane University, New Orleans, 1966.

——. A New Population Estimate for Tikal, Guatemala. *American Antiquity*, vol. 34, no. 4, 429-433, 1969.

——. Tikal, Guatemala and Mesoamerican Urbanism. *World Archaeology*, vol. 2, no. 2, 186-199, 1970.

HAWKES, C. F. C. Archaeological Theory and Method: Some Suggestions from the Old World. *American Anthropologist*, vol. 56, no. 1, 155-168, 1954.

HAY, CLARENCE L. and others. *The Maya and Their Neighbors*. Appleton-Century, New York, 1940.

HAYDEN, BRIAN and A. CANNON. Where the Garbage Goes: Refusal Disposal in the Maya Highlands. *Journal of Anthropological Archaeology*, vol. 2, 117-163, 1983.

HAYDEN, BRIAN and MARGARET NELSON. The Use of Chipped Lithic Material in the Contemporary Maya Highlands. *American Antiquity*, vol. 46, 885-898, 1981.

HAYNES, C. VANCE, JR. Fluted Projectile Points: Their Age and Dispersion. *Science*, vol. 145, no. 3639, 1408-1413, 1964.

——. Carbon-14 Dates and Early Man in the New World. In *Pleistocene Extinctions; the Search for a Cause*, P. S. Martin and H. E. Wright, Jr. , eds. , 267-268. Proceedings of the Seventh Congress of the International Association for Quarternary Research, vol. 6. Yale University Press, New Haven. 1967.

HAYNES, HENRY W. The Prehistoric Archaeology of North America. In *Narrative and Critical History of America*, Justin Winsor, ed. Houghton Mifflin, Boston, 1889.

——. Progress of American Archaeology During the Past Ten Years. *Journal of the Archaeological Institute of America*, ser. 2, vol. 4, 17-39, 1900.

HAYWOOD, JOHN. *The Natural and Aboriginal History of Tennessee, Up to the First Settlements Therein by the White People, in the Year* 1768. Nashville, 1823.

HEART, JONATHAN. Account of Some Remains of Ancient Work on the Muskingun, with a Plan of these Works. *Columbian Magazine*, vol. 1, 425-427, 1787.

——. Observations on the Ancient Mounds. In *Topographical Description of the Western Territory*, Gilbert Imlay, ed. Debrett, London, 1792.

HEINE-GELDERN, ROBERT VON. Die Asiatische Herkunft, der Südamerikanischen Metalltechnik. *Paideuma*, vol. 5, 347-423, 1954.

——. Representations of the Asiatic Tiger in the Art of the Chavin Culture: A Proof of Early Contacts Between China and Peru. *Actas del 33rd Congreso Internacional de Americanistas*, 321-326. San José 1959a.

——. Chinese Influence in Mexico and Central America: The Tajin Style of Mexico and the Marble Vases from Honduras. *Actas del 33rd Congreso Internacional de Americanistas*, 207-210. San Jose, 1959b.

——. The Problem of Transpacific Influences in Mesoamerica. In *Handbook of Middle America Indians*, R. Wauchope and others, eds. , vol. 4, 277-297. University of Texas Press, Austin, 1966.

HEIZER, ROBERT F. The Direct-Historical Approach in California Archaeology. *American Antiquity*, vol. 7, no. 2, 98-122ff. , 1941.

——. Preliminary Report on the Leonard Rockshelter

Site, Pershing County, Nevada. *American Antiquity*, vol. 17, no. 2, 89-98, 1951.

——. Long-Range Dating in Archaeology. In *Anthropology Today*, edited under the chairmanship of A. L. Kroeber, 3-42. University of Chicago Press, Chicago, 1953.

——. Primitive Man as an Ecologic Factor. *Papers of the Kroeber Anthropological Society*, no. 13, 1-31. Berkeley, 1955.

——Physical Analysis of Habitation Residues. In *Viking Fund Publications in Anthropology*, no. 28, 93-142. New York, 1960.

——. The Western Coast of North America. In *Prehistoric Man in the New World*, J. D. Jennings and E. Norbeck, eds., 117-148. University of Chicago Press, Chicago, 1964.

HEIZER, ROBERT F., ed. *The Archaeologist at Work*. Harper & Row, New York, 1959.

HEIZER, ROBERT F. and FRANKLIN FENENGA. Archaeological Horizons in Central California. *American Anthropologist*, vol. 41, 378-399, 1939.

HELM, JUNE. The Ecological Approach to Anthropology. *American Journal of Anthropology*, vol. 67, no. 6, 630-639, 1962.

HEMPEL, C. G. *Aspects of Scientific Exploration and Other Essays in the Philosophy of Science*. Free Press, New York, 1965.

——. *Philosophy of Natural History*. Prentice-Hall, Englewood Cliffs, N. J., 1966.

HENRY, JOSEPH. Editorial Comment. *Annual Report of the Smithsonian Institution for* 1874, 335. Washington, D. C., 1875.

HENSHAW, HENRY W. Animal Carvings from the Mounds of the Mississippi Valley. *U. S. Bureau of American Ethnology*, *Second Annual Report* 1880/1881, 4-35. Washington, D. C., 1883.

HERRERA, L. F., R. D. DRENNAN, and C. A.

URIBE, eds. *Prehispanic Chiefdoms in the Valle de La Plata*. University of Pittsburgh Memoirs in Latin American Archaeology, no. 2. Pittsburgh, 1989.

HESTER, JAMES J. A Comparative Typology of New World Cultures. *American Anthropologist*, vol. 64, no. 5, 1001-1015, 1962.

HEWETT, EDGAR L. *Antiquities of the Jemez Plateau, New Mexico*. U. S. Bureau of American Ethnology, Bulletin 32. Washington, D. C., 1906.

HILBERT, PETER F. *Archäologische Untersuchungen am Mittleren Amazonias*. Dietrich Riemer Verlag, Berlin, 1968.

HILL, JAMES N. A Prehistoric Community in Eastern Arizona. *Southwestern Journal of Anthropology*, vol. 22, no. 1, 9-30, 1966.

——. Broken K Pueblo: Patterns of Form and Function. In *New Perspectives in Archaeology*, S. R. Binford and L. R. Binford, eds., 103-143. Aldine, Chicago, 1968.

——. Archaeology and the Accumulation of Knowledge. In *Processual and Postprocessual Archaeologies: Multiple Ways of Knowing*, R. W. Preucel, ed., 42-53. Center for Archaeological Investigations, Southern Illinois University, Occasional Paper No. 10. Carbondale, 1991.

HILL, JAMES N., ed. *Explanation of Prehistoric Change*. School of American Research, Advanced Seminar Series. University of New Mexico Press, Albuquerque, 1977.

HINSLEY, C. M. *Savages and Scientists: The Smithsonian Institution and the Development of American Anthropology*, 1846-1910. Smithsonian Institution Press, Washington, D. C., 1981.

——. From Shell-heaps to Stelae. In *Objects and Others: Essays on Museums and Material Culture*. Edited by G. P. Stocking, Jr., 49-74. History of Anthropology, vol. 3. University of Wisconsin Press,

Madison, 1985.

HIRSCHBERG, RICHARD and JOAN F. HIRSCH-BERG. Meggers' Law of Environmental Limitation on Culture. *American Anthropologist*, vol. 59, 890-892, 1957.

HODDER, IAN, Theoretical Archaeology: A Reactionary View, In *Symbolic and Structural Archaeology*, I. Hodder, ed. , 1-16. Cambridge University Press, Cambridge, 1982.

——. Archaeology in 1984. *Antiquity*, vol. 58, 25-32, 1984.

——. Postprocessual Archaeology. In *Advances in Archaeological Method and Theory*, M. Schiffer, ed. , vol. 8, 1-26. Academic Press, New York, 1985.

——. The Contribution of the Long Term. In *Archaeology as Long-term History*, I. Hodder, ed. , 1-8. Cambridge University Press, Cambridge, 1987.

——. Postprocessual Archaeology and the Current Debate. In *Processual and Postprocessual Archaeologies: Multiple Ways of Knowing the Past*, R. W. Preucel, ed. , 30-41. Center for Archaeological Investigations, Southern Illinois University, Occasional Paper no. 10. Carbondale, 1991a.

——. *Reading the Past: Current Approaches to Interpretation in Archaeology*, second edition. Cambridge University Press, Cambridge, 1991b.

HODDER, IAN, ed. *Simulation Studies in Archaeology*. New Directions in Archaeology. Cambridge University Press, Cambridge, 1978.

HODGE, FREDERICK W. , ed. *Handbook of American Indians North of Mexico*, 2 pts. Bureau of American Ethnology, Bulletin 30. Washington, D. C. , 1907-1910.

HODSON, FRANK R. Classification by Computer. In *Science in Archaeology*, revised edition, D. Brothwell and E. Higgs, eds. , 649-660. Basic Books, New York, 1969.

——. Cluster Analysis and Archaeology: Some New Developments and Applications. *World Archaeology*, vol. 1, no. 3, 299-320, 1970.

HOLE, BONNIE. Sampling in Archaeology: A Critique. *Annual Review of Anthropology*, vol. 9, 217-234, 1980.

HOLE, FRANK. Questions of Theory in the Explanation of Culture Change in Prehistory. In *Explanation of Culture Change: Models in Prehistory*, C. Renfrew, ed. , 19-34. Duckworth, London, 1973.

——. Editorial. *American Antiquity*, vol. 43, no. 2, 151-152, 1978.

HOLE, FRANK, KENT V. FLANNERY and JAMES NEELY. *Prehistoric and Human Ecology of the Deh Luran Plain*. Memoirs of the University of Michigan, Museum of Anthropology, no. 1. Ann Arbor, 1968.

HOLE, FRANK and ROBERT F. HEIZER. *An Introduction to Prehistoric Archaeology*. Holt, Rinehart and Winston, New York, 1966 (second edition, 1969; third edition, 1973).

HOLE, FRANK and MARY SHAW. *Computer Analysis of Chronological Seriation*. Rice University Studies, vol. 53, no. 3. Houston, 1967.

HOLMBERG, ALLEN R. Virú: Remnant of an Exalted People. *Patterns for Modern Living*, 367-416. The Delphian Society, Chicago, 1950.

HOLMES, WILLIAM H. Evidences of the Antiquity of Man on the Site of the City of Mexico. *Transactions of the Anthropological Society of Washington*, vol. 3, 68-81. Washington, D. C. , 1885.

——. Ancient Art of the Province of Chiriqui. *Bureau of American Ethnology*, *Sixth Annual Report* 1884/85, 3-187. Washington, D. C. , 1888.

——. Modern Quarry Refuse and the Paleolithic Theory. *Science* vol. 20, 295-297, 1892.

——. *Archaeological Studies Among the Ancient Cities of Mexico*. Field Columbian Museum Anthropological Series, vol. 1, no. 1. Chicago, 1895-7.

——. Aboriginal Pottery of the Eastern United States. *Bureau of American Ethnology*, *Twentieth Annual Report*. Washington, D. C. , 1903.

——. Areas of American Culture Characterization Tentatively Outlined as an Aid in the Study of the Antiquities. *American Anthropologist*, vol. 16, no. 3, 413-446, 1914.

HOLSER, DOROTHY, J. A. SABLOFF, and DALE RUNGE. Simulation Model Development: A Case Study of the Classic Maya Collapse. In *Social Process in Maya Prehistory*, N. Hammond, ed. , 553-590. Academic Press, London, 1977.

HORN, GEORGE. *De Originibus Americanis*. Leyden, 1652.

HOUGH, WALTER. Archaeological Field Work in Northeastern Arizona. *U. S. National Museum Annual Report for* 1901, 279-358. Washington, D. C. , 1903.

——. Experimental Work in American Archaeology and Ethnology. In *Holmes Anniversary Volume*, 194-197. J. W. Bryan Press, Washington, D. C. , 1916.

——. William Henry Holmes. *American Anthropologist*, vol. 35, 752-764, 1933.

HOUSTON, S. D. Archaeology and Maya Writing. *Journal of World Prehistory*, vol. 3, 1-32, 1989.

HOWARD, E. B. Evidence of Early Man in America. *The Museum Journal*, vol. 24, 53-171. Philadelphia, 1935.

HRDLIČKA, ALEŠ and OTHERS. *Early Man in South America*. Bureau of American Ethnology, Bulletin 52. Washington, D. C. , 1912.

——. The Origin and Antiquity of the American Indian. *Annual Report of the Smithsonian Institute for* 1923, 481-494. Washington, D. C. , 1925.

HUDDLESTON, LEE E. *Origins of the American Indians: European Concepts*, 1492-1729. University of Texas Press, Austin, 1967.

HUMBOLDT, ALEXANDER VON. *Political Essay on the Kingdom of New Spain*. Longmans, London, 1811.

——. *Researches Concerning the Institutions and Monuments of the Ancient Inhabitants of America*, translated by H. M. Williams. Longmans, London, 1814.

HUNTER-ANDERSON, ROSALIND L. A Theoretical Approach to the Study of House Form. In *For Theory Building in Archaeology: Essays on Fauunal Remains, Aquatic Resources, Spatial Analysis, and Systematic Modeling*, L. Binford, ed. , 287-315. Academic Press, New York, 1977.

HYER, N. F. Ruins of the Ancient City of Aztlan. *Milwaukee Advertiser*, February 25, 1837.

HYMES, DELL H. Comments on *Analytical Archaeology*. *Norwegian Archaeological Review*, vol. 34, nos. 3-4, 16-21, 1970.

IHERING, HERMANN VON. A civilisacão prehistoria do Brazil meridional. *Revista do Museu Paulista*. vol. 1, 34-159, 1895.

IMBELLONI, JOSÉ. Culturas y geografía, cultural y raza. *Acta Venezolana*, 1, 129-140, 1945.

IRWIN-WILLIAMS, CYNTHIA. Archaic Culture History in the Southwestern United States. In *Early Man in Western North America*, Eastern New Mexico Contributions to Anthropology, vol. 1, no. 4, 48-54. Portales, 1968.

ISBELL, W. H. *The Rural Foundation for Urbanism: Economic and Stylistic Interaction Between Rural and Urban Communities in Eighth-Century Peru*. Illinois Studies in Anthropology, no. 10. University of Illinois Press, Urbana, 1977.

ISBELL, W. H. and G. F. MCEWAN, eds. *Huari Administrative Structure: Prehistoric Monumental Architecture and State Government*. Dumbarton Oaks, Washington, D. C. , 1991.

ISBELL, W. H. and K. J. SCHREIBER. Was Huari a State? *American Antiquity*, vol. 43, no. 3, 372-390, 1978.

IVES, RONALD L. An Early Speculation Concerning

the Asiatic Origin of the American Indian. *American Antiquity*, vol. 21, no. 4, 420-421, 1956.

IZUMI, SEIICHI. A Viewpoint Based on Material from the Kotosh Site. *Dumbarton Oaks Conference on Chavin*, E. P. Benson, ed., 49-72. Washington, D. C., 1971.

IZUMI, SEIICHI and TOSHIHIKO SONO. *Andes* 2: *Excavations at Kotosh*, *Peru*, 1960. Kadokawa, Tokyo, 1963.

JEFFERSON, THOMAS. *The Life and Selected Writings of Thomas Jefferson*, Adrienne Koch and William Reden, eds. Modem Library, New York, 1944.

JENNESS, DIAMOND. Archaeological Investigations in Bering Strait. *Annual Report of the National Museum of Canada for* 1926. Ottawa, 1928.

——. The Problem of the Eskimo. In *The American Aborigines. Their Origin and Antiquity*, D. Jenness, ed., 373-396. University of Toronto Press, Toronto, 1933.

JENNINGS, JESSE D. *Danger Cave*. Society for American Archaeology, Memoir 14. Washington, D. C., 1957.

——. Administration of Contract Emergency Archaeological Programs. *American Antiquity*, vol. 28, no. 3, 282-285, 1963.

——. The Desert West. In *Prehistoric Man in the New World*, J. D. Jennings and E. Norbeck, eds., 149-174. University of Chicago Press, Chicago, 1964.

——. *Prehistory of North America*. McGraw-Hill, New York, 1968.

——. *Prehistory of North America*, second edition. McGraw-Hill, New York, 1974.

——. *Prehistory of North America*, third edition. Mayfield, Mountain View, California, 1989.

JENNINGS, JESSE D. and EDWARD NORBECK. Great Basin Prehistory: A Review. *American Antiquity*, vol. 21, no. 1, 1-11, 1955.

JENNINGS. JESSE D. and EDWARD NORBECK, eds. *Prehistoric Man in the New World*. University of Chi-

cago Press, Chicago, 1964.

JETER, M. D. *Edward Palmer's "Arkansaw Mounds."* University of Arkansas Press, Fayetteville, 1991.

JIJÓN Y CAAMAÑO, JACINTO. *Contribución al conocimiento de los aborigines de la provincia de Imbabura en la República del Ecuador*, Estudio de Prehistoria Americana, II. Blass, Madrid, 1914.

——. Nueva contribución al conocimiento de los aborigenes de la provincia de Imbabura. *Boletin de la Sociedad Equatoriana de Estudios Historicos Americanos*, vol. 4, 1-120, 183-244, 1920.

——. *Puruhá. Contribución al concimiento de los aborigenes de la provincia de Chimborazo*, *de la República del Ecuador*, 2 vols. Academia Nacional de Historia de Ecuador, Quito, 1927.

JIMÉNEZ MORENO, WIGBERTO. Sintesis de la historia pretolteca de Mesoamerica. In *Esplendor del México Antiquo*, vol. 2, 1019-1108. Centro de Investigaciones Antropologicas de México, Mexico, D. F., 1959.

JOHNSON, A. W. and T. K. EARLE. *The Evolution of Human Societies: From Foraging Group to Agrarian State*. Stanford University Press, Stanford, 1987.

JOHNSON, FREDERICK. A Quarter Century of Growth in American Archaeology. *American Antiquity*, vol. 27, no. 1, 1-16, 1961.

——. Archaeology in an Emergency. *Science*, vol. 152, no. 3729, 1966.

JOHNSON, FREDERICK, ed. *The Boylston Street Fishweir*. Papers of the Robert S. Peabody Foundation for Archaeology, vol 2. Andover, Mass., 1942.

JOHNSON, FREDERICK, and OTHERS. *Prehistoric America and the River Valleys*, prepared by the Committee for the Recovery of Archaeological Remains. R. S. Peabody Foundation, Andover, Mass., 1945.

JOHNSON, H. G. Revolution and Counter-Revolution in Economics. *Encounter*, vol. 36, no. 4, 23-33, 1971.

JONES, CHRISTOPHER. Inauguration Dates of Three

Late Classic Rulers of Tikal, Guatemala. *American Antiquity*, vol. 42, no. 1, 28-60, 1977.

JONES, J. M. Recent Discoveries of Kjokkenmodings. *Anthropological Review and Journal of the Anthropological Society of London*, vol. 2, 223-226. London, 1864.

JONES, V. H. James Bennett Griffin, Archaeologist. In *Cultural Change and Continuity*, C. E. Cleland, ed., xxxxix-lxvii. Academic Press, New York, 1976.

JOSEPHY, ALVIN M., JR. Indians in History. *Atlantic*, vol 225, no. 6, 67-72, 1970.

JOYCE, ROSEMARY. *Cerro Palenque: Power and Ideology on the Maya Periphery*. University of Texas Press, Austin, 1991.

JOYCE, THOMAS A. *South American Archaeology*. Putnam, London, 1912.

——. *Mexican Archaeology*. Putnam, London, 1914.

——. *Central American and West Indian Archaeology*. Putnam, London, 1916.

JUDD, NEIL M. Arizona's Prehistoric Canals, from the Air. *Explorations and Fieldwork of the Smithsonian Institution in 1930*, 157-166. Washington, D. C., 1931.

——. *The Bureau of American Ethnology*. University of Oklahoma Press, Norman, 1967.

——. *Men Met Along the Trail*. University of Oklahoma Press, Norman, 1968.

KALM, PETER. *Travels into North America*, second edition. London, 1772.

KEHOE, ALICE B. Contextualizing Archaeology. In *Tracing Archaeology's Past: The Historiography of Archaeology*, A. L. Christenson, ed., 97-106. Southern Illinois University Press, Carbondale, 1989.

——. The Muted Class: Unshackling Tradition. In *Exploring Gender Through Archaeology*, Cheryl Claassen, ed., 23-32. Monographs in World Archaeology, no. 11. Prehistory Press, Madison, 1992.

KELLEY, DAVID H. Glyphic Evidence for a Dynastic Sequence at Quirigua, Guatemala. *American Antiquity*, vol. 27, no. 3, 323-335, 1962.

KELLEY, DAVID H. and DUCCIO BONAVIA New Evidence for Pre-Ceramic Maize on the Coast of Peru. *Ñawpa Pacha*. no. 1, 39-42. Institute of Andean Studies, Berkeley, 1963.

KELLEY, JANE H. and MARSHA P. HANEN. *Archaeology and the Methodology of Science*. University of New Mexico Press, Albuquerque, 1988.

KEUR, DOROTHY L. *Big Bead Mesa*. Society for American Archaeology, Memoir 1. Menasha, Wisconsin, 1941.

KIDDER, ALFRED V. Pottery of the Pajarito Plateau and Some Adjacent Regions in New Mexico. *Memoirs of the American Anthropological Association*, vol. 2, pt. 6, 407-462. Lancaster, Pa., 1915.

——. *An Introduction to the Study of Southwestern Archaeology, with a Preliminary Account of the Excavations at Pecos*. Papers of the Southwestern Expedition, Phillips Academy, no. 1. Yale University Press, New Haven, 1924.

——. Southwestern Archaeological Conference. *Science*, vol. 66, 486-491, 1927.

——. *The Pottery of Pecos*, vol. 1. Papers of the Southwestern Expedition, Phillips Academy. Yale University Press, New Haven, 1931.

——. Speculations on New World Prehistory. In *Essays in Anthropology*, 143-152. Berkeley, 1936.

——. Archaeological Problems of the Highland Maya. In *The Maya and Their Neighbors*, C. L. Hay and others, eds., 117-125. Appleton-Century, New York, 1940.

KIDDER, ALFRED II. South American Penetrations in Middle America. In *The Maya and Their Neighbors*, C. L. Hay and others, eds., 441-459. Appleton-Century, New York, 1940.

KILLION, T. W. *Agricultural and Residential Site Structure Among Campesions in Southern Veracruz, Mexico: Building a Foundation for Archaeological Inference.* Ph. D. dissertation, Department of Anthropology, University of New Mexico, Albuquerque, 1987.

KING, THOMAS F. A Conflict of Values in American Archaeology. *American Antiquity*, vol. 36, no. 3, 253-262, 1971.

——. Resolving a Conflict of Values in American Archaeology. In *Conservation Archaeology: A Guide for Cultural Resource Management Studies*, M. Schiffer and G. Gumerman, eds., 87-96. Academic Press, New York, 1977.

KINGSBOROUGH, EDWARD. *Antiquities of Mexico.* Privately printed, London, 1831-1848.

KIRBUS, F. B. *Historia de la arqueologia Argentina.* Editorial La Barca Grafica, Buenos Aires, 1976.

KIRCH, P. V. The Archaeological Study of Adaptation: Theoretical and Methodological Views. In *Advances in Archaeological Method and Theory*, M. B. Schiffer, ed., 101-156. Academic Press, New York, 1980.

KIRCHOFF, PAUL. Mesoamerica. *Acta Americana*, vol. 1, 92-107, 1943.

KLEJN, L. S. A Panorama of Theoretical Archaeology. *Current Anthropology*, vol. 18, no. 1, 1-43, 1977.

KLUCKHOHN, CLYDE. Some Reflections on the Method and Theory of the Kulturkreislehre. *American Anthropologist*, vol. 38, no. 2, 157-196, 1936.

——. The Place of Theory in Anthropological Studies. *Philosophy of Science*, vol. 6, no. 3, 328-344, 1939.

——. The Conceptual Structure in Middle American Studies. In *The Maya and Their Neighbors*, C. L. Hay and others, eds., 41-51. Appleton-Century, New York, 1940.

KLUCKHOHN, CLYDE and PAUL REITER, eds. *Preliminary Report on the 1937 Excavations, Bc 50-51,*

Chaco Canyon, New Mexico. University of New Mexico Anthropological Series, vol. 3, no. 2. Albuquerque, 1939.

KNOROZOV, Y. V. *Selected Chapters from the Writing of the Maya Indians*, translated by Sophie Coe, Russian Translation Series of the Peabody Museum, vol. 4. Cambridge, Mass., 1967.

KOWALEWSKI, S. A., G. M. FEINMAN, LAURA FINSTEN, R. E. BLANTON, and L. M. NICHOLAS. *Monte Alban's Hinterland, Part II. Prehistoric Settlement Patterns in Tlacolula, Etla, and Ocotlán, the Valley of Oaxaca, Mexico.* Museum of Anthropology, Memoirs 23. University of Michigan, Ann Arbor, 1989.

KRICKEBERG, WALTER. *Altmexikanische Kulturen.* Safari Verlag, Berlin, 1956.

——. Early Man in the New World. In *Prehistoric Man in the New World*, J. D. Jennings, and E. Norbeck, eds., 23-84. University of Chicago Press, Chicago, 1964.

KROEBER, ALFRED L. The Archaeology of California. In *Putnam Anniversary Volume*, 1-42. G. E. Stechert, New York, 1909.

——. Zuñi Potsherds. *Anthropological Papers of the American Museum of Natural History*, vol. 18, pt. 1, 7-37. New York, 1916.

——. On the Principle of Order in Civilizations as Exemplified by Changes of Fashion. *American Anthropologist*, vol. 21, no. 3, 2335-2363, 1919.

——. The Uhle Pottery Collections from Supe. *University of California Publications in American Archaeology and Ethnology*, vol. 21, 235-264. Berkeley, 1925a.

——. The Uhle Pottery Collections from Moche. *University of California Publications in American Archaeology and Ethnology*, vol. 21, 191-234. Berkeley, 1925b.

——. Archaic Culture Horizons in the Valley of Mexico.

*University of California Publications in American Archaeology and Ethnology*, vol. 17, 373-408. Berkeley, 1925c.

——. The Uhle Pottery Collections from Chancay. *University of California Publications in American Archaeology and Ethnology*, vol. 21, no. 7, 265-304. Berkeley, 1926.

——. Coast and Highland in Prehistoric Peru. *American Anthropologist*, vol. 29, 625-653, 1927.

——. Cultural Relations Between North and South America. In *Proceedings of the Twenty-third International Congress of Americanists*, 5-22. New York, 1930.

——. Cultural and Natural Areas of Native North America. *University of California Publications in American Archaeology and Ethnology*, vol. 38, 1-242. Berkeley, 1939.

——. Conclusions. In *The Maya and Their Neighbors*, C. L. Hay and others, eds., 406-490. Appleton-Century, New York, 1940.

——. *Peruvian Archaeology in* 1942. Viking Fund Publications in Anthropology, no. 4. New York, 1944.

——. *Anthropology*. Harcourt, Brace and World, New York, 1948.

KROEBER, ALFRED L. and WILLIAM D. STRONG. The Uhle Pottery Collections from Ica. *University of California Publications in American Archaeology and Ethnology*, vol. 21, no. 3, 95-133. Berkeley, 1924a.

——. The Uhle Collections from Chincha. *University of California Publications in American Archaeology and Ethnology*, vol. 223, no. 1, 1-54. Berkeley, 1924b.

KUBLER, GEORGE. *The Art and Architecture of Ancient America. The Mexican, Maya, and Andean Peoples*. Pelican Books, Baltimore, 1962.

KUHN, THOMAS S. *The Structure of Scientific Revolutions*. University of Chicago Press, Chicago, 1962.

KUSHNER, GILBERT. A Consideration of Some Processual Designs for Archaeology as Anthropology. *American Antiquity*, vol. 35, no. 2, 125-132, 1970.

KUZARA, RICHARD S., GEORGE R. MEAD, and KEITH A. DIXON. Seriation of Anthropological Data: A Computer Program for Matrix-Ordering. *American Anthropologist*, vol. 68, no. 6, 1442-1455, 1966.

LAET, JOHANNES DE. *Notae ad Dissertationem Hugonis Grotti de Origine Gention Americanarium: Et Observationes Aliquot ad Meliorem Indaginem Difficillimae Illius Quaestionis*. Paris, 1643.

——. *Responsis ad Dissertationem Secundum Hugonis Grotti*. Amsterdam, 1644.

LAGUNA, FREDERICA DE. *The Archaeology of Cook Inlet, Alaska*. University of Pennsylvania, Philadelphia, 1934.

——. *The Archaeology of Prince William Sound, Alaska*. University of Washington Publications in Anthropology, no. 13. Seattle, 1956.

LAMBERG-KARLOVSKY, C. C. Operations Problems in Archaeology. *Bulletin of the American Anthropological Association*, vol. 3, no. 3, pt. 2, 111-114. Washington, D. C., 1970.

LAMBERG-KARLOVSKY, C. C., ed. *Archaeological Thought in America*. Cambridge University Press, Cambridge, 1989.

LANDA, DIEGO DE. *Relation de choses de Yucatan de Diego de Landa*, translated by Charles E. Brasseur de Bourbour. Paris, 1864.

——. *Relación de las cosas de Yucatán, a Translation*, Alfred M. Tozzer, ed. Papers of the Peabody Museum, vol. 18. Cambridge, Mass., 1941.

LANNING, E. P. *Peru Before the Incas*. Prentice-Hall, Englewood Cliffs, N. J., 1967.

LAPHAM, INCREASE A. *The Antiquities of Wisconsin*, Smithsonian Contributions to Knowledge, vol. 7, art. 4. Washington, D. C., 1855.

LARCO, HOYLE, RAFAEL. *Los Mochicas*, 2 vols. Casa Editora "La Cronica," Lima, 1938-1940.

——. *Los Cupisniques*. Casa Editora "La Cronica," Lima, 1941.

——. *Cronologia arqueólogica del notre del Peru*. Hacienda Chiclin, Trujillo, 1948.

LARKIN, FREDERICK. *Ancient Man in America*. New York, 1880.

LARSEN, HELGE. Archaeology in the Arctic, 1935-60. *American Antiquity*, vol. 27, no. 1, 7-15, 1961.

LARSEN, HELGE and F. G. RAINEY. *Ipiutak and the Arctic Whale Hunting Culture*. Anthropological Papers of the American Museum of Natural History, vol. 42. New York, 1948.

LARSON, LEWIS H., JR. Archaeological Implications of Social Stratification at the Etowah Site, Georgia. In *Approaches to the Social Dimensions of Mortuary Practices*, J. A. Brown, ed., 58-67. Society for American Archaeology, Memoir 25. Washington, D. C., 1972.

LATCHAM, R. E. *La Alfareria indigena Chilena*. La Comision Oficial Organizadora de la Concurrencia de Chile a la Exposición Ibero-Americana de Sevilla, Santiago, 1928a.

——. *La Prehistoria Chilena*. La Comisión Oficial Organizadora de la Concurrencia de Chile a la Exposición Ibero-Americana de Seville, Santiago, 1928b.

LATHRAP, DONALD W. The Culture Sequence at Yarinacocha, Eastern Peru. *American Antiquity*, vol. 23, no. 4, 379-388, 1958.

——. *Yarinacocha: Stratigraphic Excavations in the Peruvian Montana*, Ph. D. dissertation. Harvard University, Cambridge, Mass., 1962.

——. *The Upper Amazon*. Praeger, New York, 1970.

——. The Tropical Forest and the Cultural Context of Chavin. *Dumbarton Oaks Conference on Chavín*, E. P. Benson, ed., 73-100. Washington, D. C., 1973.

——. Gifts of the Cayman: Some Thoughts on the Subsistence Basis of Chavin. In *Variation in Anthropology*, D. W. Lathrap and Jody Douglas, eds., 91-107. Illinois Archaeological Survey, Urbana, 1973.

LATHRAP, DONALD W., ed. An Archaeological Classification of Culture Contact Situations. In *Seminars in Archaeology: 1955*, R. Wauchope, ed., 1-30. Society for American Archaeology, Memoir 22. Washington, D. C., 1956.

LATHRAP, D. W., J. G. MARCOS, and JAMES ZEIDLER. Real Alto: An Ancient Ceremonial Center. *Archaeology*, vol. 30, no. 1, 2-14, 1977.

LAUDAN. L. *Science and Relativism: Some Key Controversies in the Philosophy of Science*. University of Chicago Press, Chicago, 1990.

LEHMANN-HARTLEBEN, KARL. Thomas Jefferson, Archaeologist. *American Journal of Archaeology*, vol. 47, 161-163, 1943.

LEHMER, DONALD J. *Introduction to Middle Missouri Archaeology*. Anthropological Papers of the National Park Service, no. 2. Washington, D. C., 1971.

LE MOYNE, JACQUES. *Brevis Narratio*. de Bry, Frankfort, 1591.

LEON PORTILLA, MIGUEL. *Pre-Columbian Literatures of Mexico*. University of Oklahoma Press, Norman, 1969.

LEONARD, ROBERT D., and GEORGE T. JONES. Elements of an Inclusive Evolutionary Model for Archaeology. *Journal of Anthropological Archaeology*, vol. 6, 199-219, 1987.

LEONE, MARK P. Neolithic Economic Autonomy and Social Distance. *Science*, vol. 162, no. 3858, 1150-1151, 1968.

——. Some Opinions About Recovering Mind. *American Antiquity*, vol. 47, 742-760, 1982.

——. Method as Message: Interpreting the Past with the Public. *Museum News*, vol. 62, 34-41, 1983.

——. Interpreting Ideology in Historical Archaeology: Using the Rules of Perspective in the William Paca Garden in Annapolis, Maryland. In *Ideology, Pow-*

*er*, *and Prehistory*, D. Miller and C. Tilley, eds., 25-35. Cambridge University Press, Cambridge, 1984.

LEONE, MARK P., ed. *Contemporary Archaeology*. Southern Illinois University Press, Carbondale, 1972.

LEONE, M. P. and P. B. POTTER, JR. *Archaeological Annapolis*. University of Maryland, College Park, 1984.

——. Introduction: Issues in Historical Archaeology. In *The Recovery of Meaning: Historical Archaeology in the Eastern United States*, M. P. Leone and P. B. Parker, Jr., eds., 1-22. Smithsonian Institution Press, Washington, D. C., 1988.

LEONE, MARK P. and P. B. POTTER, JR., eds. *The Recovery of Meaning: Historical Archaeology in the Eastern United States*. Smithsonian Institution Press, Washington, D. C., 1988.

LEONE, MARK P., P. B. POTTER, JR., and P. A. SHACKEL. Toward a Critical Archaeology. *Current Anthropology*, vol. 28, 283-302, 1987.

LEONE, MARK P., and ROBERT W. PREUCEL. Archaeology in a Democratic Society: A Critical Theory Perspective. In *Quandaries and Quests: Visions of Archaeology's Future*, LuAnn Wandsnider, ed., 115-135, Center for Archaeological Investigations, Occasional Paper No. 20. Southern Illinois University, Carbondale, 1992.

LE PAGE DU PRATZ, ANTOINE S. *Histoire de la Louisiane*, 3 vols. De Bure, Paris, 1758.

LEROI-GOURHAN, A. *Treasures of Prehistoric Art*. Abrams, New York, 1967.

LEVIN, MICHAEL E. On Explanation in Archaeology: A Rebuttal to Fritz and Plog. *American Antiquity*, vol. 38, 387-395, 1973.

LEWIS, THOMAS M. N. and MADELINE KNEBERG. *The Prehistory of Chickamuga Basin in Tennessee*. Tennessee Anthropological Papers, no. 1. Knoxville, 1941.

——. *Hiwassee Island: An Archaeological Account of Four Tennessee Indian Peoples*. University of Tennessee Press, Knoxville, 1946.

LIBBY, WILLARD F. *Radiocarbon Dating*, second edition. University of Chicago Press, Chicago, 1955.

LINARES, OLGA. *Ecology and the Arts in Ancient Panama*. Studies in Pre-Columbian Art and Archaeology, No. 37. Dumbarton Oaks, Washington, D. C., 1977.

LINNIÉ, SIGVALD. *Danien in the Past*. Göteborgs Kungl. Vetenskaps-Och, Vittenkets-Samhalles Handlingar, Femte Foljden, Ser. A, Bd. 1, No. 3. Göteborg, Sweden, 1929.

LINTON, RALPH. *The Study of Man*. Appleton-Century, New York, 1936.

——. North American Cooking Pots. *American Antiquity*, vol. 9, no. 4, 1944.

LIPE, W. D. A Conservation Model for American Archaeology. *Kiva*, vol. 39, 213-245, 1974.

LIPE, W. D., and A. J. LINDSAY, eds. *Proceedings of the 1974 Cultural Resource Management Conference, Denver, Colorado*. Museum of Northern Arizona, Technical Series, 14. Flagstaff, 1974.

LONGACRE, WILLIAM A. Archaeology as Anthropology: A Case Study. *Science*, vol. 144, no. 3625, 1454-1455, 1964.

——. Changing Pattern of Social Integration: A Prehistoric Example from the American Southwest. *American Anthropologist*, vol. 68, no. 1, 94-102, 1966.

——. Some Aspects of Prehistoric Society in East-Central Arizona. In *New Perspectives in Archaeology*, S. R. Binford and L. R. Binford, eds., 89-102. Aldine, Chicago, 1968.

——. Current Thinking in American Archaeology. *Bulletin of the American Anthropological Association*, vol. 3, no. 3, pt. 2, 126-138. Washington, D. C., 1970.

LOTHROP, SAMUEL K. *Pottery of Costa Rica and Nicaragua*, 2 vols. Contributions from the Museum of the

American Indian, Heye Foundation, vol. 8. New York, 1926.

——. South America as Seen from Middle America. In *The Maya and Their Neighbors*, C. L. Hay and others, eds. , 417-429. Appleton-Century, New York, 1940.

——. *Cocle, An Archaeological Study of Central Panama, Parts I and II*. Peabody Museum Memoirs, vols. 7 and 8. Harvard University, Cambridge, Mass. , 1937-1942.

——. The Diaguita of Chile. In *Handbook of South American Indians*, Julian H. Steward, ed. , vol. 2, 633-636. Bureau of American Ethnology, Bulletin 143. Washington, D. C. , 1946.

LOUNSBURY, FLOYD. On the Derivation and Reading of the "Ben-Ich" Prefix. In *Mesoamerican Writing Systems*, E. Benson, ed. , 99-143. Dumbarton Oaks, Washington, D. C. , 1973.

LOWE, J. W. G. *The Dynamics of Apocalypse: A Systems Simulation of the Classic Maya Collapse*. University of New Mexico Press, Albuquerque, 1985.

LOWIE, ROBERT H. Reminiscences of Anthropological Currents in America Half a Century Ago. *American Anthropologist*, vol. 58, no. 6, 995-1016, 1956.

LUBBOCK, JOHN. *Prehistoric Times*. London, 1865.

LUMBRERAS, LUIS G. Towards a Re-evaluation of Chavin. *Dumbarton Oaks Conference on Chavin*, E. P. Benson, ed. , 1-28. Dumbarton Oaks, Washington, D. C. , 1971.

LUND, P. W. Blik poa Brasiliens Dyreverden, etc. *Det Kongelige Danske Videnskabernes Selskabs Naturvidenskabelige og Mathematiske Afhandlinger*, *Niende Dul*, 195-196. Copenhagen, 1842.

LYNCH, BARBARA D. and THOMAS F. LYNCH. The Beginnings of a Scientific Approach to Prehistoric Archaeology in Seventeenth and Eighteenth-Century Britain. *Southwestern Journal of Anthropology*, vol. 24, no. 1, 33-65, 1968.

LYON, PATRICIA J. Anthropological Activity in the United States, 1865-1879. *Kroeber Anthropological Society Papers*, no. 40, 8-37. Berkeley, 1969.

MCCLUNG DE TAPIA, EMILY and EVELYN RATFRAY, eds. *Teotihuacan: nuevos datos, nuevas síntesis, nuevos problemas*. Universidad Nacional Autónoma de México, Mexico, D. F. 1987.

MCCULLOH, JAMES H. , JR. *Researches Philosophical and Antiquarian Concerning the Aboriginal History of America*. Fielding Lucas, Baltimore, 1829.

MACCURDY, GEORGE G. *A Study of Chiriquian Antiquities*. Memoirs of the Connecticut Academy of Sciences, vol. 3. New Haven, 1911.

MACNEISH, R. S. A Synopsis of the Archaeological Sequence in the Sierra de Tamaulipas. *Revista Mexicana de Estudios Antropologicos*, tomo 11, 79-96, 1950.

——. *Preliminary Archaeological Investigations in the Sierra de Tamaulipas, Mexico*. Transactions, American Philosophical Society, vol. 48, pt. 6. Philadelphia, 1958.

——. Ancient Mesoamerican Civilization. *Science*, vol. 143, no. 3606, 531-537, 1964a.

——. *Investigations in the Southwest Yukon: Part II, Archaeological Excavation, Comparisons and Speculations*. Papers of the R. S. Peabody Foundation for Archaeology, vol. 6, no. 1. Andover, Mass. , 1964b.

——. A Summary of the Subsistence. In *Prehistory of the Tehuacan Valley*, vol. 1, D. S. Byers, ed. , 290-309. University of Texas Press, Austin, 1967.

——. *First Annual Report of the Ayacucho Archaeological-Botanical Project*. Andover, R. S. Peabody Foundation, 1969.

——. Early Man in the Andes. *Scientific American*, vol. 224, no. 4, 36-46, 1971.

——. Review of *A History of American Archaeology* by G. R. Willey and J. A. Sabloff. *American Anthropolo-*

gist, vol. 77, no. 2, 447-448, 1975.

——. *The Science of Archaeology?* Duxbury Press, North Scituate, Mass. , 1975.

——. A History of North American Archaeology. Manuscript, 1981.

MACNEISH, R. S. , ANTOINETTE NELKEN-TURNER, and ANGEL GARCIA COOK. *Second Annual Report of the Ayacucho Archaeological-Botanical Project.* R. S. Peabody Foundation, Andover, Mass. , 1970.

MACNEISH, R. S. , T. C. PATTERSON, and D. L. BROWMAN. *The Central Peruvian Prehistoric Interaction Sphere.* Papers of the R. S. Peabody Foundation for Archaeology. Andover, Mass. , 1975.

MCGIMSEY, CHARLES R. III. Archaeology and the Law. *American Antiquity*, vol. 36, no. 2, 125-126, 1971.

——. *Public Archaeology.* Seminar Press, New York, 1972.

MCGIMSEY, CHARLES R. III and H. A. DAVIS, eds. *The Management of Archaeological Resources; The Airlie House Report.* Special Publication of the Society for American Archaeology, Washington, D. C. , 1977.

MCGREGOR, JOHN C. *Southwestern Archaeology.* Wiley, New York, 1941.

——. *Southwestern Archaeology*, second edition. University of Illinois Press, Urbana, 1965.

MCGUIRE, R. H. A *Marxist Archaeology.* Academic Press, Orlando, 1992.

MCKERN, WILLIAM C. The Midwestern Taxomonic Method as an Aid to Archaeological Study. *American Antiquity*, vol. 4, 301-313, 1939.

——. On Willey and Phillips' Method and Theory in American Archaeology. *American Anthropologist*, vol. 58, 360-361, 1956.

MCKUSICK, MARSHALL. *The Davenport Conspiracy.* Office of the State Archaeologist, Report no. 1. Io-

wa City, 1979.

——. *The Davenport Conspiracy Revisited.* Iowa State University Press, Ames, 1991.

MCNAIRN, BARBARA. *Method and Theory of V. Gordon Childe.* Edinburgh University Press, Edinburgh, 1980.

MCPHERRON, ALAN. *The Juntenen Site and the Late Woodland Prehistory of the Upper Great Lakes Area.* Anthropological Papers of the University of Michigan Museum of Anthropology, no. 30. Ann Arbor, 1967.

MADISON, JAMES. A Letter on the Supposed Fortification of the Western Country from Bishop Madison of Virginia to Dr. Barton. *Transactions of the American Philosophical Society*, vol. 6. Philadelphia, 1803.

MALER, TEOBERT. *Researches in the Central Portion of the Usumatsintla Valley.* Memoirs of the Pcabody Museum, vol. 2, no. 1. Cambridge, Mass. , 1901.

——. *Researches in the Central Portion of the Usumatsintla Valley.* Memoirs of the Peabody Museum, vol. 2, no. 2. Cambridge, Mass. , 1903.

——. *Explorations of the Upper Usumatsintla and Adjacent Region: Altar de Sacrificios. Seibal. Itsimte-Sacluk, Cankuen.* Memoirs of the Peabody Museum, vol. 4, no. 1. Cambridge, Mass. , 1908.

MANGELSDORF, PAUL C. *Corn, its Origin, Evolution, and Improvement.* Harvard University Press, Cambridge, 1974.

MANGELSDORF, PAUL C. and EARLE C. SMITH. New Archaeological Evidence on Evolution in Maize. *Botanical Museum Leaflets*, Harvard University, vol. 13, no. 8, 213-247. Cambridge, Mass. , 1949.

MANNERS, ROBERT A. , ed. *Process and Pattern in Culture: Essays in Honor of Julian H. Steward.* Aldine, Chicago, 1964.

MANZANILLA, LINDA, ed. *Colloquio V. Gordon Childe: estudios sobre las revoluciones neolítica y urbana.* Instituto de Investigaciones Antropologicas, Arqueología, Serie Monografías, vol. 2. Universidad Nacional Autónoma de México, Mexico, D. F., 1988.

MARCANO, G. Ethnographie précolombienne du Venezuela, Vallées d'Aragua et de Caracas. *Mémoires d'Anthropologie*, ser. 2, vol. 4, 1-86, 1889.

MARCUS, JOYCE. Territorial Organization of the Lowland Classic Maya. *Science*, vol. 180, no. 4089, 911-916, 1973.

——. *Emblem and State in the Classic Maya Lowlands.* Dumbarton Oaks, Washington, D. C., 1976.

MARCUS, JOYCE, ed. *Debating Oaxaca Archaeology.* Anthropological Papers, no. 84. Museum of Anthropology, University of Michigan, Ann Arbor, 1990.

MARKHAM, SIR CLEMENTS R. *Cuzco: A Journey to the Ancient Capital of Peru.* Chapman and Hall, London, 1856.

——. On the Geographical Positions of the Tribes Which Formed the Empire of the Yucas. *Journal of the Royal Geographical Society*, vol. 41, 281-338, 1871.

——. *A History of Peru.* Charles H. Siegel, Chicago, 1892.

——. *The Incas of Peru.* E. P. Dutton, New York, 1910.

MÁQUEZ MIRANDA, FERNANDO. The Diaguita of Argentina. In *Handbook of South American Indians*, Julian H. Steward, ed., vol. 2, 637-654. Bureau of American Ethnology, Bulletin 143. Washington, D. C., 1946a.

——. The Chaco-Santiagueño Culture. In *Handbook of South American Indians*, Julian H. Steward, ed., vol. 2, 655-660. Bureau of American Ethnology, Bulletin 143. Washington, D. C., 1946b.

MARTIN, PAUL S. Early Development in Mogollon Research. In *Archaeological Researches in Retrospect*, G. R. Willey, ed., 3-33. Winthrop, Cambridge, 1974.

MARTIN, PAUL S., CARL LLOYD, and ALEXANDER SPOEHR. Archaeological Works in the Ack-man-Lowry Area, Southwestern Colorado, 1937. *Field Museum of Natural History Anthropological Series*, vol. 23, no. 2, 217-304. Chicago, 1938.

MARTIN, PAUL S., GEORGE L. QUIMBY, and DONALD COLLIER. *Indians Before Columbus.* University of Chicago Press, Chicago, 1947.

MARTIN, PAUL S. and JOHN RINALDO. Modified Basket Maker Sites, Ackman-Lowry Area, Southwestern Colorado, 1938. *Field Museum of Natural History Anthropological Series*, vol. 23, no. 3, 305-499. Chicago, 1939.

——. The Southwestern Co-Tradition. *Southwestern Journal of Anthropology*, vol. 7, 215-229, 1951.

MARTIN, PAUL S., JOHN RINALDO, and MARJORIE KELLY. The SU Site, Excavations at a Mogollon Village, Western New Mexico, 1939. *Field Museum of Natural History Anthropological Series*, vol. 32, no. 1. Chicago, 1940.

MARTIN, PAUL S., LAWRENCE ROYS, and GERHARDT VON BONIN. Lowry Ruin in Southwestern Colorado. *Field Museum of Natural History Anthropological Series*, vol. 23, no. 1. Chicago, 1936.

MARUYAMA, MOGOROH. The Second Cybernetics: Deviation-Amplifying Mutual Causal Processes. *American Scientist*, vol. 51, no. 2, 164-179, 1963.

MASON, J. ALDEN. *The Ancient Civilizations of Peru.* Pelican Books, Baltimore, 1957.

MASON, OTIS T. Influence of Environment upon Human Industries or Arts. *Annual Report of the Smithsonian Institution for* 1895, 639-665. Washington, D. C., 1895.

——. Environment. In *Handbook of American Indians*, F. W. Hodge, ed., 427-430. Bureau of American Ethnology, Bulletin 30. Washington, D. C., 1905.

MATHIASSEN, THERKEL. *Archaeology of the Central Eskimos.* Report of the Fifth Thule Expedition, 1921-24, vol. 4. Copenhagen, 1927.

——. The Eskimo Archaeology of Greenland. *Annual Report of the Smithsonian Institution for* 1936, 397-404. Washington, D. C. , 1937.

MATTOS, ANIBAL. Lagoa Santa Man. In *Handbook of South American Indians*, Julian H. Steward, ed. , vol. 1, 399-400. Bureau of American Ethnology, Bulletin 143. Washington, D. C. , 1946.

MAUDSLAY, ALFRED P. Archaeology. In *Biologia Centrali Americana*, 4 vols. Porter and Dulau, London, 1889-1902.

MAYER-OAKES, WILLIAM J. *Prehistory of the Upper Ohio Valley: An Introductory Study*. Carnegie Museum Anthropological Series, no. 2. Pittsburgh, 1955.

——. A Developmental Concept of Pre-Spanish Urbanization in the Valley of Mexico. *Middle American Research Records*, vol. 2, no. 8, 167-175. Tulane University, New Orleans, 1961.

——. Comments on *Analytical Archaeology*. *Norwegian Archaeological Review*, vol. 34, nos. 3-4, 12-16, 1970.

MEANS, PHILIP A. A Survey of Ancient Peruvian Art. *Transactions of the Connecticut Academy of Arts and Sciences*, vol. 21, 315-324, 1917.

——. *Ancient Civilizations of the Andes*. Scribner's, New York, 1931.

MEEHAN, EUGENE J. *Explanation in Social Science, a System Paradigm*. Dorsey, Homewood, Ill. 1968.

MEGGERS, BETTY J. Environmental Limitation on the Development of Culture. *American Anthropologist*, vol. 56, no. 5, 801-824, 1954.

——. The Coming of Age of American Archaeology. In *New Interpretations of Aboriginal American Culture History*, 116-129. Washington, D. C. , 1955.

——. Functional and Evolutionary Implications of Community Patterning. In *Seminars in Archaeology: 1955*, R. Wauchope, ed. , 129-157. Society for American Archaeology, Memoir 11. Washington, D. C. , 1956.

——. Environment and Culture in the Amazon Basin: An Appraisal of the Theory of Environmental Determinism. In *Studies in Human Ecology*, Angel Palerm and others, ed. , 71-90. Pan Amencan Union Social Sciences Monograph, no. 3. Washington, D. C. , 1957.

——. Field Testing of Cultural Law: A Reply to Morris Opler. *Southwestern Journal of Anthropology*, vol. 17, no. 14, 352-354, 1961.

——. *Ecuador*. Praeger, New York, 1966.

MEGGERS, BETTY J. and CLIFFORD EVANS. *Archaeological Investigations at the Mouth of the Amazon*. Bureau of American Ethnology, Bulletin 167, Washington, D. C. , 1957.

——. Review of *Method and Theory in American Archaeology* by G. Willey and P. Phillips. *American Antiquity*, vol. 24, no. 2, 195-196, 1958.

——. An Experimental Formulation of Horizon Styles in the Tropical Forest Area of South America. In *Essays in Pre-Columbian Art and Archaeology*, S. K. Lothrop and others, eds. , 372-388. Harvard University Press, Cambridge, Mass. , 1961.

——. *Aboriginal Cultural Development in Latin America: An Interpretative Review*. Smithsonian Miscellaneous Collection, vol. 146, no. 1. Washington, D. C. , 1963.

MEGGERS, BETTY J. , CLIFFORD EVANS, and EMILIO ESTRADA. *Early Formative Period of Coastal Ecuador*. Smithsonian Contributions to Anthropology, vol. 1. Washington, D. C. , 1965.

MEIGHAN, CLEMENT W. Excavations in Sixteenth Century Shellmounds at Drake's Bay, Marin County. *Reports of the California Archaeological Survey*, no. 9, 27-322. Berkeley, 1950.

——. The Little Harbor Site, Catalina Island: An Example of Ecological Interpretation in Archaeology. *American Antiquity*, vol. 24, no. 4, 383-405, 1959.

——. The Growth of Archaeology in the West Coast and the Great Basin, 1935-60. *American Antiquity*, vol. 27, no. 1, 33-38, 1961.

——. Pacific Coast Archaeology. In *The Quaternary of the United States*, H. E. Wright, Jr. and D. G. Frey, eds., 709-722. Seventh Congress of the International Association for Quarternary Research. Princeton, 1965.

MEIGHAN, CLEMENT W. and others. Ecological Interpretation in Archaeology. *American Antiquity*, vol. 24, no. 1, 1-23 and no. 2, 131-150, 1958.

MELDGAARD, JORGEN A. On the Formative Period of the Dorset Culture. In *Prehistoric Cultural Relations Between the Arctic and Temperate Zones of North America*, J. M. Campbell, ed., 92-95. Arctic Institute of North America Technical Paper no. 11. Montreal, 1962.

MELTZER, D. J. The Antiquity of Man and the Development of American Archaeology. In *Advances in Archaeological Method and Theory*, vol. 6, M. B. Schiffer, ed., 1-51. Academic Press, New York, 1983.

——. North American Archaeology and Archaeologists, 1879-1934. *American Antiquity*, vol. 50, 249-260, 1985.

——. Late Pleistocene Human Adaptations in Eastern North America. *Journal of World Prehistory*, vol. 2, 1-52, 1988.

——. Why Don't We Know When the First People Came to North America? *American Antiquity*, vol. 54, 471-490, 1989.

MENGHIN, OSWALD F. A. *Weltgeschichte der Steinzeit*. Anton Schroll, Vienna, 1931.

——. Das Protolithikum in Amerika. Acta Praehistorica, no. 1, 1957.

MENZEL, DOROTHY. Style and Time in the Middle Horizon, *Ñawpa Pacha*, no. 2, 1-106, 1964.

MENZEL, DOROTHY, JOHN ROWE, and LAWRENCE E. DAWSON. *The Paracas Pottery of Ica, a Study in Style and Time*. University of California Publications in American Archaeology and Ethnology, vol. 50. Berkeley, 1964.

MERRIAM, C. HART. William Healy Dall. *Science*, vol. 65, no. 1684, 345-347, 1927.

MERTON, R. K. *Social Theory and Social Structure*. Free Press, New York, 1968.

MERWIN, RAYMOND E. and GEORGE C. VAILLANT. *The Ruins of Holmul, Guatemala*. Memoirs of the Peabody Museum, vol. 3, no. 2. Cambridge, Mass., 1932.

MIDDENDORF, E. W. *Peru*, 3 vols. Robert Oppenheim, Berlin, 1893-1895.

MILLER, A. G. *Maya Rulers of Time*. University Museum, Philadelphia, 1986.

MILLER, DANIEL. Explanation and Social Theory in Archaeological Practice. In *Theory and Explanation in Archaeology*, C. Renfrew, M. Rowlands, and B. Seagraves, eds., 83-95. Academic Press, New York, 1982.

MILLER, TOM. Evolutionism and History in American Archaeology. *Tebiwa*, vol. 2, no. 2, 55-56, 1959.

MILLON, RENÉ F. Teotihuacán. *Scientific American*, vol. 216, no. 6, 38-48, 1967.

——. Teotihuacán: Completion of Maps of Giant Ancient City in the Valley of Mexico. *Science*, vol. 170, 1077-1082, 1970.

——. Social Relations in Ancient Teotihuacan. In *The Valley of Mexico*, E. R. Wolf, ed., 205-249 School of American Research, Advanced Seminar Series. University of New Mexico Press, Albuquerque, 1976.

MILLON, RENÉ F., ed. *Urbanization of Teotihuacan, Mexico*, vol. 1: The Teotihuacan Map (Parts One and Two, Text and Maps). University of Texas Press, Austin, 1973.

MILLS, WILLIAM C. Baum Prehistoric Village. *Ohio*

*State Archaeological and Historical Quarterly*, vol. 16, no. 2, 113-193. Columbus, 1906.

——. Explorations of the Edwin Harness Mound. *Ohio State Archaeological and Historical Quarterly*, vol. 25, no. 3, 262-398, 1907.

MILNER, G. R. The Late Prehistoric Cahokia Cultural System of the Mississippi River Valley: Foundations, Florescence, and Fragmentation. *Journal of World Prehistory*, vol. 4, 1-44, 1990.

MINNIS, P. E. Domesticating People and Plants in the Greater Southwest. In *Prehistoric Food Production in North America*, R. I. Ford, ed., 309-339. University of Michigan Museum of Anthropology, Anthropological Papers, no. 75. Ann Arbor, 1985.

MINNIS, P. E., and C. L. REDMAN, eds. *Perspectives on Southwestern Prehistory*. Westview Press, Boulder, Col., 1990.

MIRAMBELL SILVA, LORENA. Excavaciones en un sitio pleistocénico de Tlapacoya, Mexico. *Boletín del Instituto Nacional de Antropología e Historia*, no. 29, 37-41. Mexico, D. F., 1967.

MITRA, PANCHANAN. *A History of American Anthropology*. University of Calcutta Press, Calcutta, 1933.

MOBERG, CARL-AXEL. Comments on *Analytical Archaeology*. *Norwegian Archaeological Review*, vol. 34, nos. 3-4, 21-24, 1970.

MONTAGU, M. F. ASHLEY. Earliest Acounts of the Association of Human Artifacts with Fossil Mammals in North America. *Science*, vol. 95, 380-381, 1942.

MOORE, CLARENCE B. Certain Sand Mounds of the St. John's River, Florida. *Journal of the Academy of Natural Sciences of Philadelphia*, vol. 10, 1894.

——. Certain River Mounds of Duval County, Florida. *Journal of the Academy of Natural Sciences of Philadelphia*, vol. 10, 1896.

——. Certain Aboriginal Remains of the Northwest Florida Coast, pt. 2. *Journal of the Academy of Natural Sciences of Philadelphia*, vol. 12, 1902.

——. Antiquities of the St. Francis, White and Black Rivers, Arkansas. *Journal of the Academy of Natural Sciences of Philadelphia*, vol. 14, 1910.

MOORE, J. A. and A. S. KEENE, eds. *Archaeological Hammers and Theories*. Academic Press, New York, 1983.

MOORHEAD, WARREN K. *Primitive Man in Ohio*. Putnam, New York, 1892.

——. *The Stone Age in North America*, 2 vols. Houghton Mifflin, Boston, 1910.

——. *A Report on the Archaeology of Maine*. Publications of the Department of Archaeology, Philadelphia Academy, Publication 5. Andover, Mass., 1922.

——. *The Cahokia Mounds*. University of Illinois Bulletin, vol. 26, no. 4. Urbana, 1928.

MORAN, EMILIO F., ed. *The Ecosystem Approach in Anthropology: From Concept to Practice*. University of Michigan Press, Ann Arbor, 1990.

MORGAN, C. G. Archaeology and Explanation. *World Archaeology*, vol. 4, 259-276, 1973.

MORGAN, LEWIS H. Montezuma's Dinner. *North American Review*, vol. 122, 265-308, 1876.

——. *Ancient Society*. Henry Holt, New York, 1877.

MORGAN, RICHARD G. and JAMES H. RODABAUGH. *Bibliography of Ohio Archaeology*. Ohio State Archaeological and Historical Society, Columbus, 1947.

MORLEY, SYLVANUS G. Excavations at Quirigua, Guatemala. *National Geographic Magazine*, vol. 24, 339-361, 1913.

——. *The Ancient Maya*. Stanford University Press, Stanford, 1946.

MORLEY, SYLVANUS G. and G. W. BRAINERD. *The Ancient Maya*, third edition. Stanford University Press, Stanford, 1956.

MORLOT, A. VON. General Views on Archaeology. *Annual Report of the Smithsonian Institution for 1860*,

284-343. Washington, D. C. , 1861.

MOSELEY, MICHAEL E. Organizational Preadaptation to Irrigation: The Evolution of Early Water-Management Systems in Coastal Peru. In *Irrigation's Impact on Society*, T. E. Downing and McGuire Gibson, eds. Anthropological Papers of the University of Arizona, no. 25. Tucson, 1974.

——. *The Maritime Foundations of Andean Civilization*. Cummings, Menlo Park, Calif. , 1975a.

——. Chan Chan: Andean Alternative of the Preindustrial City. *Science*, vol 187, 219-225, 1975b.

MOSELEY, MICHAEL E. and KENT C. DAY, eds. *Chan Chan: Andean Desert City*. A School of American Research Book. University of New Mexico Press, Albuquerque, 1982.

MOSELEY, MICHAEL E. and CAROL J. MACKEY, eds. *Twenty-four Architectural Plans of Chan Chan, Peru*. Peabody Museum Press, Cambridge, Mass. , 1974.

MOSELEY, MICHAEL E. and GORDON R. WILLEY. Aspero, Peru: A Reexamination of the Site and Its Implications. *American Antiquity*, vol. 38, no. 4, 452-468, 1973.

MUELLER, J. W. , ed. *Sampling in Archaeology*. University of Arizona Press, Tucson, 1975.

MÜLLER-BECK, HANSJÜRGEN. Paleohunters in America: Origins and Diffusions. *Science*, vol. 152, no. 3726, 1191-1210, 1966.

NADAILLAC, JEAN FRANCOIS, MARQUIS DE. *Prehistoric America*, translated by N. d'Anvers, W. H. Dall, ed. G. P. Putnam's Sons, New York and London, 1884.

NANCE, J. D. Regional Sampling in Archaeological Survey: The Statistical Perspective. In *Advances in Archaeological Method and Theory*, vol. 6, M. B. Schiffer, ed. , 289-356. Academic Press, New York, 1983.

NAROLL, RAOUL S. Floor Area and Settlement Population. *American Antiquity*, vol. 27, no. 4, 587-589, 1962.

NELSON, NELS C. Shellmounds of the San Francisco Bay Region. *University of California Publications in American Archaeology and Ethnology*, vol. 7, no. 4, 319-348. Berkeley, 1909.

——. The Ellis Landing Shellmound. *University of California Publications in American Archaeology and Ethnology*, vol. 7, no. 5, 357-426. Berkeley, 1910.

——. Pueblo Ruins of the Galisteo Basin. *Anthropological Papers of the American Museum of Natural History*, vol. 14, pt. 1. New York, 1914.

——. Chronology of the Tano Ruins, New Mexico. *American Anthropologist*, vol. 18, no. 2, 150-180, 1916.

——. Notes on Pueblo Bonito. In *Pueblo Bonito*, G. H. Pepper, ed. , Anthropological Papers of the American Museum of Natural History, vol. 27, New York, 1920.

——. The Antiquity of Man in America in the Light of Archaeology. In *The American Aborigines, Their Origin and Antiquity*, D. Jenness, ed. , 85-130. University of Toronto Press, Toronto, 1933.

NETTO, LADISLÁU. Investigacoes sobre a archeologia Brazileira. *Archivos do Museo Nacional*, vol. 6, 257-555, 1885.

NEWELL, H. PERRY, and ALEX D. KRIEGER. *The George C. Davis Site, Cherokee County, Texas*, Society for American Archaeology, Memoir 5. Menasha, 1949.

NICHOLS, FRANCES S. , compiler. *Index to Schoolcraft's "Indian Tribes of the United States,"* Bureau of American Ethnology, Bulletin 152. Washington, D. C. , 1954.

NICHOLSON, HENRY B. Settlement Pattern Analysis in Contemporary American Archaeology. *American Anthropologist*, vol. 60, no. 6, 1189-1192, 1958.

NOËL HUME, IVOR. *Historical Archaeology*. Knopf, New York, 1969.

——. *A Guide to the Artifacts of Colonial America*. Knopf, New York, 1970.

NORDENSKIÖLD, ERLAND VON. Urnengräber und Mounds im Bolivianischen Flachlande. *Braessler Archives*, vol. 3, 205-255, 1913.

——. *Comparative Ethnographical Studies IV: The Copper and Bronze Ages in South America*. Elanders Boktryckeri Aktiebolag, Göteberg, 1921.

——. *Origin of the Indian Civilizations in South America*. Comparative Ethnographical Studies, no. 9. Elanders Boktryckeri Aktiebolag, Göteborg, 1931.

NÖRDENSKIÖLD, GUSTAF VON. *The Cliff Dwellers of the Mesa Verde, Southwestern Colorado*; Their Pottery and Implements, translated by D. L. Morglan. Norstedt, Stockholm, 1893.

NUTTALL, ZELIA. The Island of Sacrificios. *American Anthropologist*, vol. 12, 257-295, 1910.

OAKLEY, KENNETH P. Analytical Methods of Dating Bones. In *Science in Archaeology*, revised edition, D. Brothwell and E. Higgs, eds., 35-45. Basic Books, New York, 1969.

O'BRIEN, P. J. Urbanism, Cahokia, and Middle Mississippian. *Archaeology*, vol. 25, no. 3, 188-197, 1972.

ODUM, EUGENE P. *Fundamentals of Ecology*. Saunders, Philadelphia, 1953.

——. *Ecology*. Holt, Rinehart and Winston, New York, 1963.

——. *Fundamentals of Ecology*, third edition. Saunders, Philadelphia, 1971.

OPLER, MORRIS E. Cultural Evolution, Southern Athapaskans, and Chronology in Theory. *Southwestern Journal of Anthropology*, vol. 17, no. 1, 1-20, 1961.

ORTON, C. *Mathematics in Archaeology*. Collins, London, 1980.

OSGOOD, CORNELIUS. *Ingalik Material Culture*. Yale University Publications in Anthropology, no. 2. New Haven, 1940.

——. *The Ciboney Culture of Cayo Redondo, Cuba*. Yale University Publications in Anthropology, no. 25. New Haven, 1942.

O'SHEA, J. *Mortuary Variability: An Archaeological Investigation*. Academic Press, New York, 1984.

OTTO, J. S. Artifacts and Status Differences-A Comparison of Ceramics from Planter, Overseer, and Slave Sites on an Antebellum Plantation. In *Research Strategies in Historical Archaeology*, Stanley South, ed., 91-118. Academic Press, New York, 1977.

OUTES, FELIX F. La Edad de la piedra en Patagonia. *Anales del Museo Nacional de Buenos Aires*, vol. 12, 203-575, 1905.

——. Arqueología de San Blas, provincia de Buenos Aires. *Anales del Museo Nacional de Buenos Aires*, vol. 14, 249-275, 1907.

——. *Los Querandies*. Impreuta Martin Biedma, Buenos Aires, 1897.

PADDAYYA, K. *The New Archaeology and Aftermath: A View from Outside the Anglo-American World*. Ravish, Pune, India, 1990.

PALERM, ANGEL. The Agricultural Basis of Urban Civilization in Mesoamerica. In *Irrigation Civilizations: A Comparative Study*. Pan American Union Social Sciences Monograph, no. 1, 28-42. Washington, D. C., 1955.

PALERM, ANGEL and E. R. WOLF. Ecological Potential and Cultural Development in Mesoamerica. In *Studies in Human Ecology*, Pan American Union Social Sciences Monograph, no. 3. 1-37. Washington, D. C., 1957.

PARKER, ARTHUR C. *Excavations in an Erie Indian Village and Burial Site at Ripley, Chataqua County, New York*. New York State Museum, Bulletin 117. Albany, 1907.

——. *Archaeological History of New York*, New York State Museum, Bulletins 235-238. Albany, 1922.

PARSONS, J. R. Teotihuacan, Mexico, and its Impact on Regional Demography. *Science*, vol. 162, 872-877, 1968.

——. *Prehistoric Settlement Patterns in the Texcoco Region, Mexico*. Memoirs of the Museum of Anthropology, University of Michigan, no. 3. Ann Arbor, 1971.

——. Settlement and Population History of the Basin of Mexico. In *The Valley of Mexico*, E. R. Wolf, ed., 69-101. School of American Research, Advanced Seminar Series. University of New Mexico Press, Albuquerque, 1976.

PARSONS, LEE A. The Nature of Horizon Markers in Middle American Archaeology. *Anthropology Tomorrow*, vol. 5, no. 2, 98-121, 1957.

PARSONS, SAMUEL H. *Discoveries Made in the Western Country*. Memoirs of the American Academy of Arts and Sciences, vol. 2. Boston, 1793.

PATRIK, LINDA E. Is There an Archaeological Record? In *Advances in Archaeological Method and Theory*, vol. 8, M. B. Schiffer, ed., 27-62. Academic Press, Orlando, 1985.

PATTERSON, CLAIR C. Native Copper, Silver, and Gold Accessible to Early Metallurgists. *American Antiquity*, vol. 36, no. 3, 286-321, 1971.

PATTERSON, THOMAS C. Chavin: An Interpretation of Its Spread and Influence. *Dumbarton Oaks Conference on Chavín*, E. P. Benson, ed., 29-48. Washington, D. C., 1971.

——. The Last Sixty Years: Toward a Social History of Americanist Archaeology in the United States. *American Anthropologist*, vol. 88, 7-26, 1986.

——. History and the Post-Processual Archaeologies. *Man*, vol. 24, 555-566, 1989.

——. Some Theoretical Tensions Within and Between Processual and Postprocessual Archaeologists. *Journal of Anthropological Archaeology*, vol. 9, 189-200, 1990.

PATTERSON, THOMAS C. and CHRISTINE W. GAILEY, eds. *Power Relations and State Formation*. Archaeology Section, American Anthropological Association, Washington, D. C., 1987.

PATTERSON, THOMAS C. and EDWARD P. LANNING. Changing Settlement Patterns on the Central Peruvian Coast. *Ñawpa Pacha*, vol. 2, 113-123, 1964.

PEEBLES, CHRISTOPHER S. Moundville and Surrounding Sites: Some Structural Consideration of Mortuary Practices II. In *Approaches to the Social Dimensions of Mortuary Practices*, J. A. Brown, ed. Society for American Archaeology, Memoir 25, 68-91. Washington, D. C., 1971.

PEEBLES, CHRISTOPHER S. and SUSAN M. KUS. Some Archaeological Correlates of Ranked Societies. *American Antiquity*, vol. 42, no. 3, 421-448, 1977.

PEET, STEPHEN D. *Prehistoric America*, 5 vols. American Antiquarian, Chicago, 1892-1905.

PETERSON, FREDERICK A. *Ancient Mexico*. Putnam, New York, 1959.

PETRIE, W. M. FLINDERS. Sequences in Pre-historic Remains. *Journal of the Royal Anthropological Institute of Great Britain and Ireland*, vol. 29, 295-301, 1899.

——. *Methods and Aims in Archaeology*. Macmillan, London, 1904.

PHILLIPS, PHILIP. Middle American Influences on the Archaeology of the Southwestern United States. In *The Maya and Their Neighbors*, C. L. Hay and others, eds., 349-367. Appleton-Century, New York, 1940.

——. Alfred Marston Tozzer, 1877-1954. *American Antiquity*, vol. 21, no. 1, 72-80, 1955.

——. The Role of Transpacific Contacts in the Development of New World Pre-Columbian Civilizations. In *Handbook of Middle American Indians*, R. Wauchope and others, eds. , vol. 4, 296-319. University of Texas Press, Austin, 1966.

PHILLIPS, PHILIP, JAMES A. FORD, and JAMES B. GRIFFIN. *Archaeological Survey in the Lower Mississippi Alluvial Valley, 1940-47*. Papers of the Peabody Museum, vol. 25. Cambridge, Mass. , 1951.

PHILLIPS, PHILIP and GORDON R. WILLEY. Method and Theory in American Archaeology: An Operational Basis for Culture-Historical Integration. *American Anthropologist*, vol. 55, 615-633, 1953.

PIDGEON, WILLIAM. *Traditions of De-coo-dah, and Antiquarian Researches*. Horace Thayer, New York, 1858.

PICGOTT, STUART. Prehistory and Evolutionary Theory. In *Evolution After Darwin*, Sol Tax, ed. , vol. 2, 85-98. University of Chicago Press, Chicago, 1960.

PIÑA CHAN, ROMAN. *Una visión del Mexico prehispánico*. Instituto de Investigaciones Historicas, Universidad Nacional Autonoma de México, Serie de Culturas Mesoamericanos, no. 1. Mexico, 1967.

PINSKY, VALERIE and ALISON WYLIE, eds. *Critical Traditions in Contemporary Archaeology*. New Directions in Archaeology. Cambridge University Press, Cambridge, 1989.

PLOG, FRED T. *The Study of Prehistoric Change*. Academic Press, New York, 1974.

——. Systems Theory in Archaeological Research. *Annual Review of Anthropology*, vol. 4, 207-224. Palo Alto, 1975.

PLOG, STEPHEN. Sampling in Archaeological Surveys: A Critique. *American Antiquity*, vol. 43, 280-285, 1978.

POLLOCK, HARRY E. D. Sources and Methods in the Study of Maya Architecture. In *The Maya and Their Neighbors*, C. L. Hay and others, eds. , 179-201.

Appleton-Century, New York, 1940.

POPPER, KARL R. *The Poverty of Historicism*, second edition. Rutledge and Kegan Paul, London, 1961.

POWELL, JOHN W. Introduction. In *Annual Report of the Bureau of Ethnology to the Secretary of the Smithsonian Institution*, vol. 1. Washington, D. C. , 1879-1880.

POWELL, MARY LUCAS. *Status and Health in Prehistory: A Case Study of the Moundville Chiefdom*. Smithsonian Institution Press, Washington, D. C. , 1988.

POZORSKI, SHEILA and THOMAS POZORSKI. Reexamining the Critical Preceramic/Ceramic Period Transition: New Data from Coastal Peru. *American Anthropologist*, vol. 92, 481-491, 1990.

——. The Impact of Radiocarbon Dates on the Maritime Hypothesis: Response to Quilter. *American Anthropologist*, vol. 93, 454-455, 1991.

PRESCOTT, WILLIAM H. *History of the Conquest of Mexico*. Harper, New York, 1843.

PREUCEL, R. W. The Philosophy of Archaeology. In *Processual and Postprocessual Archaeologies: Multiple Ways of Knowing the Past*, R. W. Preucel, ed. , 17-29. Center for Archaeological Investigations, Occasional Paper no. 10. Southern Illinois University, Carbondale, 1991.

PREUCEL, R. W. , ed. *Processual and Postprocessual Archaeologists: Multiple Ways of Knowing the Past*. Center for Archaeological Investigations, Occasional Paper no. 10. Southern Illinois University, Carbondale, 1991.

PRICE, BARBARA J. Secondary State Formation: An Explanatory Model. In *Origins of the State, The Anthropology of Political Evolution*, Ronald Cohen and E. R. Service, eds. , 161-186. Institute for the Study of Human Issues, Philadelphia, 1978.

PROGRAMA NACIONAL DE PESQUISAS ARQUEOLÓG-

*ICAS. Resultados Preliminaries de Primerio*, *Segundo*, *e Terceiro Anos*, Publicacâos Avulsas, nos. 6, 10, and 13. Belem, 1967-1969.

PROSKOURIAKOFF, TATIANA. Historical Implications of a Pattern of Dates at Piedras Negras, Guatemala. *American Antiquity*, vol. 25, no. 4, 454-475, 1960.

——. Historical Data in the Inscriptions of Yaxchilan, Part I. *Estudios de Cultura Maya*, vol. 3, 149-167. Universidad Nacional Autónoma de México, Mexico, D. F., 1963.

——. Historical Data in the Inscription of Yaxchilan, Part II. *Estudios de Cultura Maya*, vol. 4, 177-201. Universidad Nacional Autónoma de México, Mexico, D. F., 1964.

PRUDDEN, THEOPHIL M. An Elder Brother to the Cliff-Dwellers. *Harper's New Monthly Magazine*, vol. 95, June, 56-63, 1897.

PULESTON, D. E. The Art and Archaeology of Hydraulic Agriculture in the Maya Lowlands. In *Social Process in Maya Prehistory*: *Studies in Memory of Sir Eric Thompson*, Norman Hammond, ed., 63-71. Academic Press, London, 1977.

PUTNAM, FREDERIC W. The First Notice of the Pine Grove or Forest River Shellheap. *Bulletin of the Essex Institute*, vol. 15, 86-92, 1883.

——. On Methods of Archaeological Research in America. *Johns Hopkins University Circular*, vol. 5, no. 49, 89. Baltimore, 1886.

——. A Problem in American Anthropology. *Proceedings of the American Association for the Advancement of Science*, vol. 48, 1-17, 1899.

——. The Serpent Mound of Ohio. *Century Illustrated Magazine*, vol. 39. April, 871-888, 1890.

QUILTER, JEFFREY. Problems with the Late Preceramic of Peru. *American Anthropologist*, vol. 93, 450-454, 1991.

QUILTER, JEFFREY, BERNARDINO E. OJEDA, D. M. PEARSALL, D. H. SANDWEISS, J. G. JONES, and E. S. WING. Subsistence Economy of El Paraiso, an Early Peruvian Site. *Science*, vol 251, 277-283, 1991.

QUIMBY, GEORGE I. Cultural and Natural Areas Before Kroeber, *American Antiquity*, vol. 19, 317-331, 1954.

——. Habitat, Culture, and Archaeology. In *Essays in the Science of Culture*, G. E. Dole and R. L. Carneiro, eds., 380-389. Crowell, New York, 1960a.

——. *Indian Life in the Upper Great Lakes*, 11,000 B. C. to A. D. 1800. University of Chicago Press, Chicago, 1960b.

——. A Brief History of WPA Archaeology. In *The Uses of Anthropology*, W. Goldschmidt, ed., 110-123. Special Publication of the American Anthropological Association, Washington, D. C., 1979.

RAAB, L. M. and A. C. GOODYEAR. Middle Range Theory in Archaeology: A Critical Review of Origins and Applications. *American Antiquity*, vol. 49, 255-268, 1984.

RAFINESQUE, CONSTANTINE S. *Ancient History or Annals of Kentucky*. Frankfort, 1824.

RAINEY, FROELICH G. and ELIZABETH K. RALPH. Archaeology and Its New Technology. *Science*, vol. 153, no 3743, 1481-1491, 1966.

RAMBO, A. T. The Study of Cultural Evolution. In *Profiles in Cultural Evolution*, A. T. Rambo and K. Gillogly, eds., 23-109. Anthropological Papers, Museum of Anthropology, University of Michigan, no. 85. Ann Arbor, 1991.

RANDS, R. L. *The Water Lily in Maya Art*: *A Complex of Alleged Asiatic Origin*. Bureau of American Ethnology, Smithsonian Institution, Anthropological Papers, no. 34, Bulletin 151. Washington, D. C., 1953.

RAPPAPORT, ROY A. *Pigs for the Ancestors*: *Ritual in the Ecology of a New Guinea People*. Yale University Press, New Haven, 1968.

RATHJE, WILLIAM L. Socio-Political Implications of Lowland Maya Burials: Methodology and Tentative Hypotheses. *World Archaeology*, vol. 1, no. 3, 359-374, 1970.

——. The Origin and Development of Lowland Classic Maya Civilization. *American Antiquity*, vol. 36, no. 3, 275-285, 1971.

——. Classic Maya Development and Denouement: A Research Design. In *The Classic Maya Collapse*, T. P. Culbert, ed. , 405-454. School of American Research, Advanced Seminar Series. University of New Mexico Press, Albuquerque, 1973.

——. The Garbage Project: A New Way of Looking at the Problems of Archaeology. *Archaeology*, vol. 27, no. 4, 236-241, 1974.

——. Archaeological Ethnography. . . Because Sometimes It Is Better to Give Than to Receive. In *Explorations in Ethnoarchaeology*, R. Gould, ed. , 49-75. School of American Research, Advanced Seminar Series. University of New Mexico Press, Albuquerque, 1978.

RATHJE, WILLIAM L. and GAIL C. HARRISON. Monitoring Trends in Food Utilization: Application of an Archaeological Method. In *Anthropology and the Assessment of Nutritional Status*, Federation Proceedings, vol. 37, no. 1, 9-14, 1978.

RATHJE, WILLIAM L. and MICHAEL MCCARTHY. Regularity and Variability in Contemporary Garbage. In *Research Strategies in Historical Archaeology*, Stanley South, ed. , 261-286. Academic Press, New York, 1977.

RAU, CHARLES. *The Archaeological Collection of the United States National Museum, in Charge of the Smithsonian Institution*. Smithsonian Contributions to Knowledge, vol. 22, no. 4. Washington, D. C. , 1876.

——. *The Palenque Tablet in the United States National Museum, Washington*, D. C. Smithsonian Contributions to Knowledge, vol. 22, art. 5. Washington, D. C. , 1879.

REDMAN, C. L. Research and Theory in Current Archaeology: An Introduction. In *Research and Theory in Current Archaeology*, C. L. Redman, ed. , 5-26. Wiley, New York, 1973.

——. Distinguished Lecture in Archaeology. In Defense of the Seventies-The Adolescence of New Archaeology. *American Anthropologist*, vol. 93, 295-307, 1991.

REDMAN, C. L. , ed. *Research and Theory in Current Archaeology*. Wiley, New York, 1973.

REED, C. A. , ed. *Origins of Agriculture*. Mouton, The Hague, 1977.

REICHEL-DOLMATOFF, GERARDO. *Colombia*. Praeger, New York, 1965a.

——. *Excavaciones Arqueológicas en Puerto Hormiga (Departamento de Bolívar)*. Publicaciones de la Universidad de Los Andes, Antropologia 2. Bogotá, 1965b.

REID, J. J. and D. E. DOYEL, eds. *Emil Haury's Prehistory of the American Southwest*. University of Arizona Press, Tucson, 1986.

REID, J. J. , W. L. RATHJE, and M. B. SCHIFFER. Expanding Archaeology. *American Antiquity*, vol. 39, 126-129, 1974.

REISS, WILHELM, and ALTHONS STÜBEL. *The Necropolis of Ancón in Peru*. 3 vols. Berlin. 1880-1887.

RENFREW, COLIN. *The Emergence of Civilization*: *The Cyclades and the Aegean in the Aegean in the Third Millennium* B. C. Methuen, London, 1972.

RENFREW, COLIN, ed. *The Explanation of Culture Change*: *Models in Prehistory*. Duckworth, London, 1973.

RENFREW, COLIN and PAUL BAHN. *Archaeology*: *Theories*, *Methods*, *and Practices*. Thames and Hudson, London, 1991.

RESTREPO, VINCENTE. *Los Chibchas antes de la Conquista Espãnola. Imprenta de La Luz*, Bogotá, 1895.

REYMAN, JONATHAN E., ed. *Rediscovering Our Past*: *Essays on the History of American Archaeology*. World-wide Archaeological Series 2, Avebury, Aldershot, Great Britain, 1992.

RHOADES, ROBERT E. Archaeological Use and Abuse of Ecological Concepts and Studies: The Ecotone Example. *American Antiquity*, vol. 43, 608-614, 1978.

RICE, PRUDENCE M. Economic Change in the Lowland Maya Late Classic Period. In *Specialization*, *Exchange*, *and Complex Societies*, Elizabeth M. Brumfiel and Timothy K. Earle, eds., 76-85. Cambridge University Press, Cambridge, 1987.

RICHARDS, HORACE G. Reconsideration of the Dating of the Abbott Farm Site at Trenton, New Jersey. *American Journal of Science*, vol 237, no. 5, 345-354, 1939.

RICKETSON, OLIVER G., JR., and EDITH B. RICKETSON. *Uaxactun*, *Guatemala*, *Group E*: 1926-1931. Carnegie Institution of Washington, Publication 477. Washington, D. C., 1937.

RILEY, CARROLL L. and others, eds. *Man Across the Sea*: *Problems of Pre-Colombian Contacts*. University of Texas Press, Austin, 1971.

RINDOS, DAVID. *The Origins of Agriculture*. Academic Press, Orlando, 1984.

——. Undirected Variation and the Darwinian Explanation of Cultural Change. *Archaeological Method and Theory*, vol. 1, M. B. Schiffer, ed., 1-46. University of Arizona Press, Tucson, 1989.

RITCHIE, WILLIAM A. The Algonkin Sequence in New York. *American Anthropologist*, vol. 34, 406-414, 1932.

——. A Perspective of Northeastern Archaeology. *American Antiquity*, vol. 4, no. 2, 94-112, 1938.

——. *The Archaeology of New York State*. Garden City Press, Garden City, 1965.

ROBERTS, FRANK H. H., JR. *Shabik'eshchee Village*, *a Late Basketmaker Site in the Chaco Canyon*, *New Mexico*. Bureau of American Ethnology, Bulletin 992. Washington, D. C., 1929.

——. *The Ruins of Kiatuthlanna*, *Eastern Arizona*. Bureau of American Ethnology, Bulletin 100. Washington, D. C., 1931.

——. *The Village of the Great Kivas on the Zuñi Reservation*, *New Mexico*. Bureau of American Ethnology, Bulletin 111. Washington, D. C., 1932.

——. A Survey of Southwestern Archaeology. *American Anthropologist*, vol. 37, no. 1, 1-33, 1935a.

——. *A Folsom Complex*: *Preliminary Report on Investigations at the Lindenmeier Site in Northern Colorado*. Smithsonian Miscellaneous Collections, vol. 94, no. 4. Washington, D. C., 1935b.

——. *Additional Information on the Folsom Complex*. Smithsonian Miscellaneous Collections, vol. 95, no. 10. Washington, D. C., 1936.

——. Archaeology in the Southwest. *American Antiquity*, vol. 3, no. 1, 3-33, 1937.

——. *Archaeological Remains of the Whitewater District*, *Eastern Arizona*. Bureau of American Ethnology, Bulletin 121. Washington, D. C., 1939.

——. Developments in the Problem of the North American Paleo-Indian. In *Essays in Historical Anthropology in North America*. Smithsonian Miscellaneous Collections, vol. 100, 51-116. Washington, D. C., 1940.

ROBERTSON, WILLIAM. *The History of America*, 2 vols. Strahan, London, 1777.

ROBINSON, W. S. A Method for Chronologically Ordering Archaeological Deposits. *American Antiquity*, vol. 16, no. 4, 293-300, 1951.

ROOSEVELT, ANNA C. *Moundbuilders of the Amazon*: *Geophysical Archaeology on Marajo Island*, *Brazil*. Academic Press, San Diego, 1991.

ROSEN, ERIC VON. *Archaeological Researches on the Frontier of Argentina and Bolivia in 1901-1902*. Stockholm, 1904.

———. *Popular Account of Archaeological Research During the Swedish Chaco-Cordillera Expedition*, 1901-1902. C. E. Fritze, Stockholm, 1924.

ROSSIGNOL, JACQUELINE and LUANN WAND-SNIDER, eds. *Space*, *Time*, *and Archaeological Landscapes*. Plenum, New York, 1992.

ROTHSCHILD, NAN A. *New York City Neighborhoods*: *The 18th Century*. Academic Press, San Diego, 1990.

ROUSE, IRVING. *Prehistory in Haiti*, *A Study in Method*. Yale University Publications in Anthropology, no. 21. New Haven, 1939.

———. *Culture of the Ft. Liberté Region*, *Haiti*. Yale University Publications in Anthropology, no. 24. New Haven, 1941.

———. The Strategy of Culture History. In *Anthropology Today*, A. L. Kroeber and others, eds. , 57-76. University of Chicago Press, Chicago, 1953a.

———. The Circum-Caribbean Theory, an Archaeological Test. *American Anthropologist*, vol. 55, 188-200, 1953b.

———. On the Use of the Concept of Area Co-Tradition. *American Antiquity*, vol. 19, no. 3, 221-225, 1954.

———. On the Correlation of Phases of Culture. *American Anthropologist*, vol. 57, no. 4, 713-722, 1955.

———. Settlement Patterns in the Caribbean Area. In *Prehistoric Settlement Patterns in the New World*, G. R. Willey, ed. Viking Fund Publications in Anthropology, no. 23, 165-172. New York, 1956.

———. Culture Area and Co-Tradition. *Southwestern Journal of Anthropology*, vol. 13, 123-133, 1957.

———. The Classification of Artifacts in Archaeology. *American Antiquity*, vol. 25, no. 3, 313-323, 1960.

———. The Caribbean Area. In *Prehistoric Man in the New World*, J. Jennings and E. Norbeck, eds. , 389-417. University of Chicago Press, Chicago, 1964a.

———. Prehistory in the West Indies. *Science*, vol. 144, no. 3618, 499-514, 1964b.

———. Archaeological Approaches to Cultural Evolution. In *Explorations in Cultural Anthropology*, Ward H. Goodenough, ed. , 455-468. Mcgraw-Hill, New York, 1964c.

———. Seriation in Archaeology. In *American Historical Anthropology*, *Essays in Honor of Leslie Spier*, C. L. Riley and W. W. Taylor, eds. , 153-195. Southern Illinois University Press, Carbondale, 1967.

———. Prehistory, Typology, and the Study of Society. In *Settlement Archaeology*, K. C. Chang, ed. , 10-30. National Press Books, Palo Alto, 1968.

———. Comments on *Analytical Archaeology. Norwegian Archaeological Review*, vol. 34, nos. 3-4, 4-12. Oslo, 1970.

ROWE, JOHN H. Technical Aids in Anthropology: A Historical Survey. In *Anthropology Today*, A. L. Kroeber and others, eds. , 895-940. University of Chicago Press, Chicago, 1953.

———. *Max Uhle*, 1856-1944: *A Memoir of the Father of Peruvian Archaeology*, University of California Publications in American Archaeology and Ethnology, vol. 46, no. 1. Berkeley, 1954.

———. Archaeological Dating and Cultural Process. *Southwestern Journal of Anthropology*, vol. 15, no. 4, 317-324, 1959b.

———. Carl Hartman and his Place in the History of Archaeology. *Thirty-third International Congress of Americanists*, vol. 2, 268-279. San José, 1959b.

———. Cultural Unity and Diversification in Peruvian

Archaeology. In *Men and Cultures*, A. F. Wallace, ed. Selected Papers of the Fifth International Congress of Anthropological and Ethnological Sciences, 627-631. University of Pennsylvania Press, Philadelphia, 1960.

——. Stratigraphy and Seriation. *American Antiquity*, vol. 26, no. 3, 324-330, 1961.

——. Alfred Louis Kroeber, 1876-1960. *American Antiquity*, vol. 27, no. 3, 395-415, 1962a.

——. Worsaae's Law and the Use of Grave Lots for Archaeological Dating. *American Antiquity*, vol. 28, no. 2, 129-137, 1962b.

——. *Chavín Art*. Museum of Primitive Art, New York, 1962c.

——. Stages and Periods in Archaeological Interpretation. *Southwestern Journal of Anthropology*, vol. 18, no. 1, 40-54, 1962d.

——. Urban Settlements in Ancient Peru. *Nawpa Pacha*, vol. 1, no. 1, 1-27, 1963.

——. The Renaissance Foundations of Anthropology. *American Anthropologist*, vol. 67, no. 1, 1-20, 1965.

——. Diffusionism and Archaeology. *American Antiquity*, vol. 31, no. 3, 334-338, 1966.

——. Form and Meaning in Chavin Art. In *Peruvian Archaeology*, *Selected Readings*, J. H. Rowe and Dorothy Menzel, eds., 72-103. Peek Publications, Palo Alto, California, 1967.

——. Review of *A History of American Archaeology* by G. R. Willey and J. A. Sabloff. Antiquity, vol. 49, no. 194, 156-158, 1975.

ROWSE, A. L. *The Elizabethans and America*. Harper, New York, 1959.

RUBENKO, SERGEI I. The Ust'-Kanskaia Paleolithic Cave Site, Siberia. *American Antiquity*, vol. 27, no. 2, 203-215, 1961.

SABLOFF, JEREMY A. Major Themes in the Past Hypotheses of the Collapse. In *The Classic Maya Collapse*, T. P. Culbert, ed., 35-40. School of American Research, Advanced Seminar Series. University of New Mexico Press, Albuquerque, 1973.

——. Review of *The Origins of Maya Civilizations*, R. E. W. Adams, ed. *Journal for Anthropological Research*, vol. 34, 154-155, 1978.

——. Background. In *Simulations in Archaeology*, J. A. Sabloff, ed., 3-10. School of Advanced Research, Advanced Seminar Series. University of New Mexico Press, Albuquerque, 1981.

——. Recent Trends in the Development of American Archaeology. In *Crisis in Anthropology*: *View from Spring Hill 1980*, E. A. Hoebel, R. Currier, and S. Kaiser, eds., 293-299. Garland Publishing, New York, 1982a.

——. When the Rhetoric Fades: A Brief Appraisal of Intellectual Trends in American Archaeology During the Past Two Decades. *Bulletin of the Schools of Oriental Research*, vol. 242, 1-6, 1982b.

——. Classic Maya Settlement Pattern Studies: Past Problems, Future Prospects. In *Prehistoric Settlement Patterns*, *Essays in Honor of Gordon R. Willey*, E. Z. Vogt and R. M. Leventhal, eds., 413-422. Peabody Musum, Harvard University and University of New Mexico Press, Cambridge, Mass., and Albuquerque, 1983.

——. Interaction Among Classic Maya Polities: A Preliminary Examination. In *Peer Polity Interaction and Socio-Political Change*, C. Renfrew and J. F. Cherry, eds., 109-116. Cambridge University Press, Cambridge, 1986.

——. Analyzing Recent Trends in American Archaeology from a Historic Perspective. In *Explaining Archaeology's Past*: *Method and Theory in the History of Archaeology*, A. Christensen, ed., 34-40. Southern Illinois University Press, Carbondale, 1989a.

——. *The Cities of Ancient Mexico*. Thames and Hudson. New York 1989b.

——. *The New Archaeology and the Ancient Maya*. Scientific American Library. W. H. Freeman, New 1990.

——. Interpreting the Collapse of Classic Maya Civilization: A Case Study of Changing Archaeological Perspectives. In *Meta-Archaeology*, L. Embree, ed. Boston Studies in the Philosophy of Science, Kluwer Academic Press. Boston, 1992a (in press).

——. Review of *A History of Archaeological Thought* by B. G. Trigger. *Philosophy of Science*, 1992b (in press).

——. Visions of Archaeology's Future: Some Comments. In *Quandaries and Quests*: *Visions of Archaeology's Future*, LuAnn Wandsnider, ed., 266-272. Center for Archaeological Investigation, Southern Illinois University, Carbondale, Occasional Paper 20, 1992c.

SABLOFF, JEREMY A., ed. *Simulations in Archaeology*. School of American Research, Advanced Seminar Series. University of New Mexico Press, Albuquerque, 1981.

SABLOFF, JEREMY A., A. T. BEALE, and A. KURLAND. Recent Developments in Archaeology. *The Annals of the American Academy of Political and Social Science*, vol. 408, 103-118, 1973.

SABLOFF, JEREMY A., LEWIS R. BINFORD, and PATRICIA A. MCANANY. Understanding the Archaeological Record. *Antiquity*, vol. 61, 203-209, 1987.

SABLOFF, JEREMY and C. C. LAMBERG-KARLOVSKY, eds. *Ancient Civilization and Trade*. School of American Research, Advanced Seminar Series. University of New Mexico Press, Albuquerque, 1975.

SABLOFF, JEREMY A. and ROBERT E. SMITH. The Importance of Both Analytic and Taxonomic Classification in the Type-Variety System. *American Antiquity*, vol. 34, no. 3, 278-285, 1969.

SABLOFF, JEREMY A. and GORDON R. WILLEY. The Collapse of Maya Civilization in the Southern Lowlands: A Consideration of History and Process.

*Southwestern Journal of Anthropology*, vol. 23, no. 4, 311-336, 1967.

SAITTA, D. J. Dialectics, Critical Inquiry, and Archaeology. In *Critical Traditions in Contemporary Archaeology*, V. Pinsky and A. Wylie, eds., 38-43. Cambridge University Press, Cambridge, 1989.

SAHAGUN. FRAY BERNARDINO DE. *Florentine Codex*; *General History of the Things of New Spain*, translated by Charles E. Dibble and Arthur J. O. Anderson. Monographs of the School of American Research and the Museum of New Mexico, no. 14, pts. 2 and 6, 8-13. Santa Fé, 1950-1953.

SAHLINS, M. D. and ELMAN R. SERVICE, eds. *Evolution and Culture*. University of Michigan Press, Ann Arbor, 1960.

SALMON, MERRILEE H. "Deductive" Versus "Inductive" Archaeology. *American Antiquity*, vol. 41, 376-381, 1976.

——. What Can Systems Theory Do for Archaeology? *American Antiquity*, vol. 43, no. 2, 174-183, 1978.

——. *Philosophy and Archaeology*. Academic Press, New York, 1982.

——. On the Possibility of Lawful Explanation in Archaeology. *Critica*, *Revista Hispanoamericana de Filosofía*, vol. 22, 87-114, 1990.

——. Postprocessual Explanation in Archaeology. In *Meta-Archaeology*, L. Embree, ed. Boston Studies in the Philosophy of Science. Kluwer Academic Press, Boston, 1992 (in press).

SALMON, MERRILEE H. and WESLEY C. SALMON. Alternative Models of Scientific Explanation. *American Anthropologist*, vol. 81, 61-74, 1979.

SANDERS, WILLIAM T. The "Urban Revolution" in Central Mexico. Undergraduate honors thesis, Harvard University, Cambridge, 1949.

——. *Tierra y Agua*. Ph. D. dissertation, Harvard University, Cambridge, 1956.

——. *Teotihuacan Valley Project*, *1960-61*, *Mexico*. Pennsylvania State University, mimeographed. Pennsylvania State University, University Park, 1962.

——. *The Cultural Ecology of the Teotihuacan Valley*. Pennsylvania State University, University Park, 1965.

——. Hydraulic Agricultures, Economic Symbiosis and the Evolution of States in Central Mexico. In *Anthropological Archaeology in the Americas*, B. J. Meggers, ed., 88-107. Anthropological Society of Washington, Washington, D. C., 1968.

——. The Agricultural History of the Basin of Mexico. In *The Valley of Mexico*, E. R. Wolf, ed., 101-161. School of American Research, Advanced Seminar Series, University of New Mexico Press, Albuquerque, 1976.

——. Ecological Adaptation in the Basin of Mexico: 23,000 B. C. to the Present. *Supplement to the Handbook of Middle American Indians*, *Vol. 1*: *Archaeology*, V. R. Bricker and J. A. Sabloff, eds., 147-197. University of Texas Press, Austin, 1981.

SANDERS, W. T. and JOSEPH MERINO. *New World Prehistory*; *Archaeology of the American Indian*. Foundations of Modern Anthropology Series. Prentice-Hall, Englewood Cliffs, N. J., 1970.

SANDERS, W. T. and DEBORAH L. NICHOLS. Ecological Theory and Cultural Evolution in the Valley of Oaxaca. *Current Anthropology*, vol. 29, 33-80, 1988.

SANDERS, W. T. and BARBARA J. PRICE. *Mesoamerica*, *the Evolution of a Civilization*. Random House, New York, 1968.

SANDERS, W. T. and others. *The Natural Environment*, *Contemporary Occupation and Sixteenth-Century Population of the Valley*. The Teotihuacan Valley Project, Final Report, vol. 1, Pennsylvania State University, Department of Anthropology Occasional Papers, no. 3. University Park, 1970.

SANDERS, W. T., J. R. PARSONS, and M. H. LOGAN. Summary and Conclusions. In *The Valley of Mexico*, E. R. Wolf, ed., 161-179. School of American Research, Advanced Serminar Series. University of New Mexico Press, Albuquerque, 1976.

SANDERS, W. T., J. R. PARSONS, and R. S. SANTLEY. *The Basin of Mexico*: *Ecological Processes in the Evolution of a Civilization*. Academic Press, New York, 1979.

SANDERS, W. T. and ROBERT S. SANTLEY. Review of *Monte Alban*, *Settlement Patterns at the Ancient Zapotec Capital* by R. E. Blanton. *Science*, vol. 202, 303-304, 1978.

SANDERS, W. T. and DAVID WEBSTER. Unilinealism, Multilinealism, and the Evolution of Complex Societies. In *Social Archaeology*: *Beyond Subsistence and Dating*, C. L. Redman et al., eds., 249-302. Academic Press, New York, 1978.

SANDERS, W. T., HENRY WRIGHT, and R. M. ADAMS. *On the Evolution of Complex Societies*: *Essays in Honor of Harry Hoijer*, *1982*. Other Realities, vol. 6. Undena, Malibu, California, 1984.

SANDERSON, S. K. *Social Evolutionism*: *A Critical History*. Basil Blackwell. Oxford, 1990.

SANGER, DAVID. Prehistory of the Pacific Northwest Plateau as Seen from the Interior of British Columbia. *American Antiquity*, vol. 32, no. 2, 186-198, 1967.

SANOJA, MARIO, and IRAIDA VARGAS. *Antiques formaciones y modes de produccion Venezolanos*: *notas para el estudio de los processos de integración de la sociedad Venezuela* (*12,000 A. C. -1900D. C.*). Monte Avila, Caracas, 1974.

SAPIR, EDWARD. *Time Perspective in Aboriginal American Culture*, *A Study in Method*. Canada, Dept. of Mines, Geological Survey, Memoir 90, no. 13, Anthropological Series. Ottawa, 1916.

SAPPER, KARL. Altindianische Ansiedlungen in Guatemala und Chiapas. *Publications of the Königlichen Museum für Völkerunde*, vol. 4, 13-20. Berlin, 1895.

SARGENT, WINTHROP. A Letter from Colonel Winthrop Sargent to Dr. Benjamin Smith Barton Accompanying Drawings and Some Accounts of Certain Articles, Which Were Taken out of an Ancient Tumulus, or Grave in the Western Country. *Transactions of the American Philosophical Society*, vol. 4, 173-176. Philadelphia, 1799.

SAUER, CARL O. *Agricultural Origins and Dispersals*. American Geographical Society, New York, 1952.

SAVILLE, MARSHALL H. Explorations on the Main Structure of Copan, Honduras. *Proceedings of the American Association for the Advancement of Science*, no. 41, 271-275. Salem, 1892.

——. *The Antiquities of Manabí, Ecuador*, 2 vols. Contributions to South American Archaeology, Museum of the American Indian, Heye Foundation. New York, 1907-1910.

SAYLES, EDWIN B. *Some Southwestern Pottery Types, Series V*. Medallion Papers, Gila Pueblo, no. 21. Globe, 1936.

SAYLES, EDWIN B. and ERNST ANTEVS. *The Cochise Culture*. Medallion Papers, Gila Pueblo, no. 29. Globe, 1941.

SCHÁVELZON, DANIEL WILLIAM. *Holmes y el origen de la estratigrafía científica en Mexico (1884)*. Paper presented at a conference on the history of archaeology in Mesoamerica, Mexico City, 1984.

SCHELE, LINDA and DAVID A. FREIDEL. *A Forest of Kings*. William Morrow, New York, 1990.

SCHELE, LINDA and MARY E. MILLER. *The Blood of Kings*. Kimbell Art Museum, Fort Worth, 1986.

SCHIFFER, M. B. Archaeological Context and Systematic Context. *American Antiquity*, vol. 37, 372-375, 1972.

——. *Behavioral Archaeology*. Academic Press, New York, 1976.

——. Is There a "Pompeii Premise" in Archaeology? *Journal of Anthropological Research*, vol. 41, 18-41, 1985a.

——. Review of *Working at Archaeology* by L. R. Binford. *American Antiquity*, vol. 50, 191-193, 1985b.

——. *Formation Processes of the Archaeological Record*. University of New Mexico Press, Albuquerque, 1987.

——. The Structure of Archaeological Theory. *American Antiquity*, vol. 53, 461-485, 1988.

SCHIFFER, M. B. and G. J. GUMERMAN, eds. *Conservation Archaeology: A Guide for Cultural Resource Management Studies*. Academic Press, New York, 1977.

SCHIFFER, M. B. and J. H. HOUSE, eds. *The Cache River Archaeological Project: An Experiment in Contract Archaeology*. Arkansas Archaeological Survey, Research Series. University of Arkansas, S. Fayetteville, 1975.

SCHIFFER, M. B. and W. L. RATHJE. Efficient Exploitation of the Archaeological Record: Penetrating Problems. In *Research and Theory in Current Archaeology*, C. Redman, ed., 169-179. Wiley, New York, 1973.

SCHMIDT, ERICH F. *Time-Relations of Prehistoric Pottery Types in Southern Arizona*. Anthropological Papers of the American Museum of Natural History, vol. 30, pt. 5. New York, 1928.

SCHOBINGER, JUAN. *Prehistoria de Suramérica*. Nueva Colección Labor, no. 95. Editorial Labor, S. A., Barcelona, 1969.

SCHOOLCRAFT, HENRY R. *Historical and Statistical Information Respecting the History, Condition, and Prospects of the Indian Tribes of the United States, Part IV*. Philadelphia, 1854.

SCHROEDER, ALBERT H. The Hakataya Cultural Tradition. *American Antiquity*, vol. 23, no. 2, 176-178,

1957.

——. Unregulated Diffusion from Mexico into the Southwest Prior to A. D. 700. *American Antiquity*, vol. 30, no. 3, 297-309, 1965.

SCHULTZ, ADOLPH H. Biological Memoir of Aleš Hrdlička. *Biological Memoirs of the National Academy of Sciences*, vol. 23. Memoir 12, 305-338. Washington, D. C. , 1945.

SCHUMACHER, PAUL. Remarks on the Kjokkenmoddings on the Northwest Coast of America. *Annual Report of the Smithsonian Institution for* 1873, 354-362. Washington, D. C. , 1874.

SCHUYLER, ROBERT L. Historical and Historic Sites Archaeology as Anthropology: Basic Definitions and Relationships. *Historical Archaeology*, vol. 4, 83-89, 1970.

SCHUYLER, ROBERT L. , ed. *Historical Archaeology: A Guide to Substantive and Theoretical Contributions.* Baywood, Farmingdale, N. Y. , 1978.

SCHWARTZ, DOUGLAS W. *Conceptions of Kentucky Prehistory.* University of Kentucky Press, Lexington, 1967.

——. North American Archaeology in Historical Perspective. *Actes du XI Congrès International d'Histoire de Sciences*, vol. 2, 311-315. Warsaw and Cracow, 1968.

——. An Overview and Initial Analysis of a Conceptual Inventory of American Archaeology. In *Eighth Congress of Anthropological and Ethnological Sciences, Part C, Prehistory and Archaeology*, 172-174, 1970.

SEARS, WILLIAM H. The Study of Social and Religious Systems in North American Archaeology. *Current Anthropology*, vol. 2, no. 3, 223-231, 1961.

SEBASTIAN, LYNNE. *The Chaco Anasazi: Sociopolitical Evolution in the Prehistoric Southwest.* Cambridge University Press, Cambridge, 1992.

SERRANO, ANTONIO. The Sambaquís of the Brazilian Coast. In *Handbook of South American Indians*, Julian H. Steward, ed. , vol. 1, 401-407. Bureau of American Ethnology, Bulletin 143. Washington, D. C. , 1946.

SERVICE, E. R. *Primitive Social Organization*. Random House, New York, 1962.

——. *Origins of the State and Civilization.* Norton, New York, 1975.

SETZLER, FRANK M. Archaeological Perspectives in the Northern Mississippi Valley. *Essays in Historical Anthropology*, Smithsonian Miscellaneous Collections, col. 100, 253-290. Washington, D. C. , 1940.

SHANKS, MICHAEL and CHRISTOPHER TILLEY. *Re-constructing Archaeology.* Cambridge University Press, Cambridge, 1987a.

——. *Social Theory and Archaeology.* Polity Press, Cambridge, 1987b.

——. Archaeology into the 1990s. *Norwegian Archaeological Review*, vol. 22, 1-12, 1989.

SHENNAN, STEPHEN. Towards a Critical Archaeology. *Proceedings of the Prehistoric Society*, vol. 52, 327-356, 1986.

——. *Quantifying Archaeology.* Edinburgh University Press, Edinburgh, 1988.

SHEPPARD, ANNA O. *Ceramics for the Archaeologist.* Carnegie Institution of Washington Publication, no. 609. Washington, D. C. , 1956.

SHETRONE, HENRY C. The Culture Problem in Ohio Archaeology. *American Anthropologist*, vol. 22, no. 2, 144-172, 1920.

——. *The Mound-Builders.* Appleton, New York, 1939.

SHIPPEE, ROBERT. The "Great Valley of Peru" and Other Aerial Photographic Studies by the Shippee-Johnson Peruvian Expedition. The *Geographical Review*, vol. 22, no. 1, 1-29. New York, 1932.

SHIPTON, CLIFFORD K. The American Antiquarian Society. *The William and Mary Quarterly*, 3rd series, vol. 2, April, 164-172, 1945.

——. The Museum of the American Antiquarian Socie-ty. In *A Cabinet of Curiosities*, W. M. Whitehall, ed., 35-48. University of Virginia Press, Charlot-tesville, 1967.

SILVERBERG, ROBERT. *Mound Builders of Ancient A-merica: The Archaeology of a Myth*. New York Graph-ic Society, Greenwich, Conn., 1968.

SINGLETON, THERESA. *The Archaeology of Slavery and Plantation Life*. Academic Press, Orlando, 1985.

SMITH, B. D. The Origins of Agriculture in Eastern North America. *Science*, vol. 246, 1566-1571, 1989.

SMITH, G. S. and J. E. Ehrenhard, eds. *Protecting the Past*. CRC Press, Boca Raton, 1991.

SMITH, H. I. *The Prehistoric Ethnology of a Kentucky Site*. Anthropological Papers, American Museum of Natural History, no. 6, pt. 2. New York, 1910.

SMITH, P. E. L. *The Consequences of Food Produc-tion*. Addison-Wesley Module in Anthropology, 31. Reading, Mass., 1972.

SMITH, ROBERT E. *Preliminary Shape Analysis of Uax-acutun Pottery*. Special Publications of the Carnegie Institution. Washington, D. C., 1936a.

——. *Ceramics of Uaxactun: A Preliminary Analysis of Decorative Techniques and Designs*. Special Publica-tions of the Carnegie Institution. Washington, D. C., 1936b.

——. *Ceramic Sequence at Uaxactun, Guatemala*, 2 vols., Middle American Research Series, Publi-cation 20. New Orleans, 1955.

SMYTH, M. P. Domestic Storage Behavior in Me-soamerica: An Ethnoarchaeological Approach. In *Archaeological Method and Theory*, vol. 1, M. B. Schiffer, ed., 89-136. University of Arizona Press, Tucson, 1989.

SOUTH, STANLEY A. Evolutionary Theory in Archaeol-ogy. *Southern Indian Studies*, vol. 7, 10-32, 1955.

——. Evolution and Horizon as Revealed in Ceramic A-nalysis in Historical Archaeology. In *The Conference on Historic Site Archaeology Papers*, 1971, vol. 6, no. 2, 71-106, 1972.

——. *Method and Theory in Historical Archaeology*. Academic Press, New York, 1977a.

——. Research Strategies in Historical Archaeology: The Scientific Paradigm. In *Research Strategies in Historical Archaeology*, Stanley South, ed., 1-12. Academic Press, New York, 1977b.

SOUTH, STANLEY A., ed. *Research Strategies in Histori-cal Archaeology*. Academic Press, New York, 1977.

*Southwestern Archaeological Conference Newsletters*, vol. 1, nos. 1-5. Lexington, Kentucky, 1939.

SPAULDING, ALBERT C. Review of *Measurements of Some Prehistoric Design Developments in the South-eastern States* by J. A. Ford. *American Anthropolo-gist*, vol. 55, 588-591, 1953a.

——. Statistical Techniques for the Discovery of Arti-fact Types. *American Antiquity*, vol. 18, no. 4, 305-313, 1953b.

——. Reply (to Ford). *American Antiquity*, vol. 19, no. 4, 391-393, 1954a.

——. Reply (to Ford). *American Anthropologist*, vol. 56, 112-114, 1954b.

——. Review of "Method and Theory in American Ar-chaeology" by G. R. Willey and P. Phillips. *Ameri-can Antiquity*, vol. 23, no. 1, 85-87, 1957.

——. The Dimensions of Archaeology. In *Essays in the Science of Culture*, G. E. Dole and R. L. Carneiro, eds., 437-456. Crowell, New York, 1960.

——. Explanation in Archaeology. In *New Perspective in Archaeology*, S. R. Binford and L. R. Binford, eds., 33-41. Aldine, Chicago, 1968.

——. Distinguished Lecture: Archaeology and Anthropolo-gy. *American Anthropologist*, vol. 90, 263-271, 1988.

SPENCER, CHARLES. On Tempo and Mode of State

Formation: Neoevolutionism Reconsidered. *Journal of Anthropological Archaeology*, vol. 9, 1-30, 1990.

SPENCER, ROBERT F. and others, eds. *The Native Americans*. Harper & Row, New York, 1965.

SPENCER-WOOD, SUZANNE M., ed. *Consumer Choice in Historical Archaeology*. Plenum, New York, 1987.

SPIER, LESLIE. *An Outline for a Chronology of Zuñi Ruins*, Anthropological Papers of the American Museum of Natural History, vol. 18, pt. 3. New York, 1917.

——. N. C. Nelson's Stratigraphic Technique in the Reconstruction of Prehistoric Sequence in Southwestern America. In *Methods in Social Science*, S. A. Rice, ed., 275-283. University of Chicago Press, Chicago, 1931.

SPINDEN, HERBERT J. *A Study of Maya Art*. Memoirs of the Peabody Museum, vol. 6. Cambridge, Mass., 1913.

——. The Origin and Distribution of Agriculture in America. *Proceedings, Nineteenth International Congress of Americanists*, 269-276. Washington, D. C., 1917.

——. *Ancient Civilizations of Mexico and Central Mexico*. American Museum of Natural History Handbook Series, no. 3. New York, 1928.

——. Origin of Civilizations in Central America and Mexico. In *The American Aborigines, Their Origin and Antiquity*, D. Jenness, ed., 217-246. University of Toronto Press, Toronto, 1933.

SPOONER, BRIAN, ed. *Population Growth: Anthropological Implications*. M. I. T. Press, Cambridge, Mass., 1972.

SPORES, RONALD M. *The Mixtec Kings and Their People*. University of Oklahoma Press, Norman, 1967.

SPRIGGS, MATFHEW, ed. *Marxist Perspectives in Archaeology*. Cambridge University Press, Cambridge, 1984.

SQUIER, EPHRAIM G. Observations on the Aboriginal Monuments of the Mississippi Valley. *Transactions of the American Ethnological Society*, vol. 2, 131-207. New York, 1948.

——. *Aboriginal Monuments of New York* (later revised as *Antiquities of the State of New York*). Smithsonian Contributions to Knowledge, vol. 2. Washington, D. C., 1849.

——. *Nicaragua: Its People, Scenery, Monuments...*, 2 vols. Harper, New York, 1852.

——. Observations on the Archaeology and Ethnology of Nicaragua. *Transactions of the American Ethnological Society*, vol. 3, 83-158, 1853.

——. *Peru: Incidents of Travel and Exploration in the Land of the Incas*. Harper, New York, 1877.

SQUIER, EPHRAIM G. and E. H. DAVIS. *Ancient Monuments of the Mississippi Valley*. Smithsonian Contributions to Knowledge, vol. 1. Washington, D. C., 1848.

STEERE, J. B. *The Archaeology of the Amazon*, University of Michigan Official Publications, vol. 29, no. 9. Report of the Associate Director of the Museum of Anthropology. University of Michigan, Ann Arbor, 1927.

STEINEN, KARL VON DEN. Ausgrabungen am Valenciasee. *Globus*, vol. 86, no. 77, 101-108, 1904.

STEPHENS, JOHN L. *Incidents of Travel in Egypt, Arabia Petraea and the Holy Land*, 2 vols. Harper, New York, 1837.

——. *Incidents of Travel in Greece, Turkey, Russia and Poland*, 2 vols. Harper, New York, 1838.

——. *Incidents of Travel in Central America, Chiapas and Yucatan*, 2 vols. Harper, New York, 1841.

——. *Incidents of Travel in Yucatan*, 2 vols. Harper, New York, 1843.

STEPHENSON, ROBERT L. Administrative Problems of the River Basin Surveys. *American Antiquity*, vol. 28, no. 3, 277-281, 1963.

———. A Strategy for Getting the Job Done. In *Research Strategies in Historical Archaeology*, Stanley South, ed., 307-322. Academic Press, New York, 1977.

STERNS, FREDERICK H. A Stratification of Cultures in Eastern Nebraska. *American Anthropologist*, vol. 17, no. 1, 121-127, 1915.

STEWARD, JULIAN H. *Ancient Caves of the Great Salt Lake Region*. Bureau of American Ethnology, Bulletin 116 Washington. D C. 1937a.

———. Ecological Aspects of Southwestern Society. *Anthropos*, vol. 32, 87-104, 1937b.

———. *Basin-Plateau Aboriginal Sociopolitical Groups*. Bureau of American Anthropology, Bulletin 120, 1-3ff. Washington, D. C., 1938.

———. The Direct Historical Approach to Archaeology. *American Antiquity*, vol. 7, no. 4, 337-433, 1942.

———. American Culture History in the Light of South America. *Southwestern Journal of Anthropology*, vol. 3, 85-107, 1947.

———. Culture Areas of the Tropical Forest. In *Handbook of South American Indians*, Julian H. Steward., ed., vol. 3, 883-899. Bureau of American Ethnology, Bulletin 143. Washington, D. C., 1948a.

———. A Functional-Developmental Classification of American High Cultures. In *A Reappraisal of Peruvian Archaeology*, W. C. Bennett, ed., Society for American Archaeology, Memoir 4, 103-104. Menasha, Wis., 1948b.

———. Cultural Causality and Law: A Trial Formulation of the Development of Early Civilizations. *American Anthropologist*, vol. 51, 1-27, 1949a.

———. South American Cultures: An Interpretative Summary. In *Handbook of South American Indians*, Julian H. Steward, ed., vol. 5, 669-772. Bureau of American Ethnology, Bulletin 143. Washington, D. C., 1949b.

———. *Irrigation Civilizations: A Comparative Study*, Julian H. Steward, ed. Pan American Union Social Science Monographs, no. 2. Washington, D. C., 1955a.

———. *Theory of Culture Change*. University of Illinois Press, Urbana, 1955b.

———. Toward Understanding Cultural Evolution. *Science*, vol. 153, 729-730, 1966.

STEWARD, JULIAN H., ed. *The Handbook of South American Indians*, 6 vols. Bureau of American Ethnology, Bulletin 143. Washington, D. C., 1946-1950.

STEWARD, JULIAN H. and L. C. FARON. *Native Peoples of South America*. McGraw-Hill, New York, 1959.

STEWARD, JULIAN H. and FRANK M. SETZLER. Function and Configuration in Archaeology. *American Antiquity*, vol. 4, no. 1, 4-10, 1938.

STIRLING, MATTHEW W. The Historic Method as Applied to Southeastern Archaeology. In *Essays in Historical Anthropology of North America*, Smithsonian Miscellaneous Collections, vol. 100, 117-124. Washington, D. C., 1946.

———. *Stone Monuments of Southern Mexico*. Bureau of American Ethnology, Bulletin 138. Washington, D. C., 1943.

STODDARD, AMOS. *Sketches, Historical and Descriptive, of Louisiana*. Matthew Carey, Philadelphia, 1812.

STONE, DORIS Z. *Introduction to the Archaeology of Costa Rica*. Museo Nacional, San José, 1958.

STOREY, REBECCA. *Life and Death in the Ancient City of Teotihuacan: A Modern Paleodemographic Synthesis*. University of Alabama Press, Tuscaloosa, 1992.

STRONG, WILLIAM D. The Uhle Pottery Collections from Ancón. *University of California Publications in American Archaeology and Ethnology*, vol. 21, 135-

190. Berkeley, 1925.

——. An Analysis of Southwestern Society. *American Anthropologist*, vol. 29, 1-61, 1927.

——. The Plains Culture Area in the Light of Archaeology. *American Anthropologist*, vol. 35, no. 2, 271-287, 1933.

——. *An Introduction to Nebraska Archaeology.* Smithsonian Miscellaneous Collections, vol. 93, no. 10. Washington, D. C., 1935.

——. Anthropological Theory and Archaeological Fact. In *Essays in Anthropology*, R. H. Lowie, ed., 359-368. University of California Press, Berkeley, 1936.

——. From History to Prehistory in the Northern Great Plains. In *Essays in Historical Anthropology of North America.* Smithsonian Miscellaneous Collections, vol. 100, 353-394. Washington, D. C., 1940.

——. Cultural Epochs and Refuse Stratigraphy In Peruvian Archaeology. In *A Reappraisal of Peruvian Archaeology*, W. C. Bennett, ed., 93-102. Society for American Archaeology, Memoir 4. Menasha, Wis., 1948.

——. The Value of Archaeology in the Training of Professional Anthropologists. *American Anthropologist*, vol. 54, 318-321, 1952.

STRONG, WILLIAM D. and CLIFFORD EVANS, JR. *Cultural Stratigraphy in the Virú Valley, Northern Peru: The Formative and Florescent Epochs.* Columbian Studies in Archaeology and Ethnology, vol. 4. Columbia University Press, New York, 1952.

STRUEVER, STUART. Woodland Subsistence Settlement Systems in the Lower Illinois Valley. In *New Perspectives in Archaeology*, S. R. Binford and L. R. Binford, eds., 285-312. Aldine, Chicago, 1968a.

——. Problems, Methods and Organization: A Disparity in the Growth of Archaeology. In *Anthropological Archaeology in the Americas*, 131-151. Anthropological Society of Washington, Washington, D.

C., 1968b.

STRUEVER, STUART and GAIL HOUART. An Analysis of the Hopewell Interaction Sphere. In *Social Exchange and Interaction*, E. Wilmsen, ed., 47-80. Museum of Anthropology, University of Michigan, Ann Arbor, 1972.

STÜBEL, ALPHONS and MAX UHLE. *Die Ruinenstaette von Tiahuanaco in Hochlande des alten Peru.* Karl W. Hiersemann, Leipzig, 1892.

STURTEVANT, WILLIAM C. *The Significance of Ethnological Similarities Between Southeastern North America and the Antilles.* Yale University Publications in Anthropology, no. 64. New Haven, 1960.

SUGIYAMA, S. Burials Dedicated to the Old Temple of Quetzalcoatl at Teotihuacan, Mexico. *American Antiquity*, vol. 54, 85-106.

SULLIVAN, A. P. Inference and Evidence in Archaeology: A Discussion of the Conceptual Problems. In *Advances in Archaeological Method and Theory*, vol. 1, M. B. Schiffer, ed., 183-222. Academic Press, New York, 1978.

SWANSON, EARL H., JR. Theory and History in American Archaeology. *Southwestern Journal of Anthropology*, vol. 15, 120-124, 1959.

SWARTZ, B. K., JR. A Logical Sequence of Archaeological Objectives. *American Antiquity*, vol. 32, no. 4, 487-498, 1967.

TANSLEY, A. G. The Use and Abuse of Vegetational Concepts and Terms. *Ecology*, vol. 16, 284-307, 1935.

TAX, SOL and OTHERS, eds. *An Appraisal of Anthropology Today, Supplement to Anthropology Today*, A. L. Kroeber, ed. University of Chicago Press, Chicago, 1953.

TAX, T. G. E. George Squier and the Mounds, 1845-1850. In *Toward a Science of Man: Essays in the History of Anthropology*, T. H. H. Thoresen, ed., 99-124. Mouton, The Hague, 1975.

TAYLOR, RICHARD C. Notes Respecting Certain Indian Mounds and Earthworks in the Form of Animal Effigies, Chiefly in the Wisconsin Territory, U. S. *American Journal of Science and Art*, vol. 34, 88-104, 1838.

TAYLOR, R. E. Science in Contemporary Archaeology. In *Advances in Obsidian Glass Studies*, R. E. Taylor, ed., 1-21. Noyes Press, Park Ridge, N. J., 1976.

——. Dating Methods in New World Archaeology. In *Chronologies in New World Archaeology*, R. E. Taylor and C. W. Meighan, eds., 1-27. Academic Press, New York, 1978.

TAYLOR, R. E., ED. *Advances in Obsidian Glass Studies*. Noyes Press, Park Ridge, N. J., 1976.

TAYLOR, WALTER W., JR. *A Study of Archaeology*. Memoir Series of the American Anthropologist Association, no. 69. Menasha, Wis., 1948.

——. Review of *New Perspectives in Archaeology*, S. R. Binford and L. R. Binford, eds. Science, vol. 165, 382-384, 1969.

TELLO, JULIO C. Vira-Kocha. *Inca*, vol. 1, 93-320 and 583-606. Museo Nacional, Lima, 1923.

——. *Antiguo Peru*; *primera epoca*. Editado por la Comisión Organizadora del Segundo Congreso Sudamericano de Turismo. Lima, 1929.

——. Origin y desarrollo de las civilizaciones prehistóricas Andinas. In *Actas y Trabajos Científicos*, *Twenty-seventh International Congress of Americanists*, vol. 1, 589-720. Lima, 1942.

——. Discovery of the Chavin Culture in Peru. *American Antiquity*, vol. 9, 135-160, 1943.

——. *Chavin*: *cultura matriz de la civilizacion Andina*, pt. 1, K. Mejia Xesspe, ed. Universidad de San Marcos, Lima, 1960.

THOMAS, CYRUS. Who Were the Moundbuilders? *American Antiquarian and Oriental Journal*, no. 2, 65-74, 1885.

——. *Report of the Mound Explorations of the Bureau of Ethnology*. Washington, D. C., 1894.

——. *Introduction to the Study of North American Archaeology*. Robert Clarke, Cincinnati, 1898.

——. Maudslay's Archaeological Work in Central America. *American Anthropologist*, vol. 1, no. 3, 552-561, 1899.

THOMAS, DAVID H. A Computer Simulation Model of Great Basin Shoshonean Subsistence and Settlement Systems. In *Models in Archaeology*, D. Clarke, ed., 671-704. Methuen, London, 1972.

——. *Figuring Anthropology*: *First Principles of Probability and Statistics*. Holt, Rinehart and Winston, New York, 1976.

——. The Awful Truth about Statistics in Archaeology. *American Antiquity*, vol. 43, 231-244, 1978.

——. *Refiguring Anthropology*: *First Principles of Probability and Statistics*. Waveland Press, Prospect Heights, Ill., 1986.

——. Saints and Soldiers at Santa Catalina: Hispanic Designs for Colonial America. In *The Recovery of Meaning*: *Historical Archaeology in the Eastern United States*, M. P. Leone and P. B. Potter, Jr., eds., 73-140. Smithsonian Institution Press, Washington, D. C., 1988.

THOMPSON, DONALD E. Formative Period Architecture in the Casma Valley, Peru. In *Actas y Memorias*, *Thirty-fifth International Congress of Americanists*, vol. 1, 205-212. Mexico, D. F., 1964a.

——. Postclassic Innovations in Architecture and Settlement Patterns in the Casma Valley, Peru. *Southwestern Journal of Anthropology*, vol. 20, no. 1, 91-105, 1964b.

THOMPSON, EDWARD H. *The Chultunes of Labna*, *Yucatan*. Memoirs of the Peabody Museum, vol. 1, no. 3. Cambridge, Mass., 1897.

——. Ruins of Xkichmook, Yucatan. *Field Columbian*

*Museum Anthropological Series*, vol. 2, no. 3, 209-229. Chicago, 1898.

——. *Archaeological Researches in Yucatan*. Memoirs of the Peabody Museum, vol. 31, no. 1. Cambridge, Mass., 1904.

THOMPSON, J. E. S. Maya Chronology: The Correlation Question. *Publications of the Carnegie Institution of Washington*, no. 456, 51-104. Washington, D. C., 1937.

——. *Excavations at San José, British Honduras*. Publications of the Carnegie Institution of Washington, no. 506. Washington, D. C., 1939.

——. *Late Ceramic Horizons at Benque Viejo, British Honduras*. Publications of the Carnegie Institution of Washington, no. 528. Washington, D. C., 1940.

——. *Maya Hieroglyphic Writing: An Introduction*. Publications of the Carnegie Institution of Washington, no. 589. Washington, D. C., 1950.

——. *The Rise and Fall of Maya Civilization*. University of Oklahoma Press, Norman, 1954.

——. *Thomas Gage's Travels in the New World*, J. E. S. Thompson, ed. University of Oklahoma Press, Norman, 1958a.

——. Research in Maya Hieroglyphic Writing. In *Middle American Anthropology*, G. R. Willey, ed., 43-60. Pan American Union, Washington, D. C., 1958b.

THOMPSON, RAYMOND H. Review of *Archaeology from the Earth* by R. E. M. Wheeler. *American Antiquity*, vol. 21, no. 2, 188-189, 1955.

——. An Anthropological Approach to the Study of Cultural Stability, R. H. Thompson, ed. In *Seminars in Archaeology*: 1955, R. Wauchope, ed., 31-58. Society for American Archaeology, Memoir 11. Washington, D. C., 1956.

——. *Modern Yucatan Maya Pottery Making*. Society for American Archaeology, Memoir 15. Washington, D. C., 1958.

THURSTON, GATES P. *The Antiquities of Tennessee*. Robert Clarke, Cincinnati, 1890.

TITE, M. S. *Methods of Physical Examination in Archaeology*. Seminar Press, New York, 1972.

TORRES, LUIS M. Arqueologia de la Cuenca del Rio Paraná. *Revista del Musco de La Plata*, vol. 14, 53-122, 1907.

——. *Los Primitivas habitantes del Delta del Paraná*. Universidad Nacioinal de La Plata Biblioteca Centenaria, vol. 4. Buenos Aires, 1911.

TOURTELLOT, GAIR III. The Peripheries of Seibal: An Interim Report. In *Monographs and Papers in Maya Archaeology*, W. R. Bullard, ed., 405-421. Papers of the Peabody Museum, vol. 61. Cambridge, Mass., 1970.

TOZZER, ALFRED M. *A Preliminary Study of the Prehistoric Ruins of Tikal, Guatemala*. Memoirs of the Peabody Museum, vol. 5, no. 3, 93-135. Cambridge, 1913.

——. Report of the Director of the International School of Archaeology and Ethnology in Mexico for 1913-1914. *American Anthropologist*, vol. 17, no. 2, 391-395, 1915.

——. Chronological Aspects of American Archaeology. *Proceedings of the Massachusetts Historical Society*, vol. 59, 283-292. Boston, 1926.

——. Time and American Archaeology. *Natural History*, vol. 27, no. 3, 210-221, 1927.

——. Frederic Ward Putnam. *National Academy of Sciences Biographical Memoirs*, vol. 16, no. 4. Washington, D. C., 1935.

TREUTLEIN, T. E., trans. *Pfefferkorn's Description of the Province of Sonora*. Coronado's Quarto Centennial Publications, 1540-1940. Albuquerque, 1949.

TRIGGER, BRUCE G. Settlement as an Aspect of Iroquoian Adaptation at the Time of Contact. *American Anthropologist*, vol. 65, no. 1, 86-101, 1963.

——. Settlement Archaeology-its Goals and Promise. *American Antiquity*, vol. 32, no. 1, 149-161, 1967.

——. The Determinants of Settlement Patterns. In *Settlement Archaeology*, K. C., Chang, ed., 53-78. National Press Books, Palo Alto, 1968a.

——. Major Concepts of Archaeology in Historical Perspective. *Man*, vol. 3, no. 4, 527-541, 1968b.

——. Aims in Prehistoric Archaeology. *Antiquity*, vol. 44, no. 173, 26-37, 1970.

——. Archaeology and Ecology. *World Archaeology*, vol. 2, no. 3, 321-336, 1971.

——. Review of *A History of American Archaeology* by G. R. Willey and J. A. Sabloff. *Man*, vol. 9, no. 4, 632-633, 1974.

——. *Time and Traditions: Essays in Archaeological Interpretation*. Columbia University Press, New York, 1978.

——. Archaeology and the Image of the American Indian. *American Antiquity*, vol. 45, 662-676, 1980a.

——. *Gordon Childe: Revolutions in Archaeology*. Thames and Hudson, London, 1980b.

——. Marxism in Archaeology: Real or Spurious? *Reviews in Anthropology*, vol. 12, 114-123, 1985a.

——. Writing the History of Archaeology: A Survey of Trends. In *History of Anthropology*, vol. 3, G. W. Stocking, Jr., ed., 218-235. University of Wisconsin Press, Madison, 1985b.

——. *A History of Archaeological Thought*. Cambridge University Press, Cambridge, 1989.

——. Post-Processual Developments in Anglo-American Archaeology. Paper to be published in the *Norwegian Archaeological Review*, 1991a.

——. Constraint and Freedom: A New Synthesis for Archaeological Explanation. *American Anthropologist*, vol. 93, 551-569, 1991b.

TSHUDI, JOHANN. *Reisen Durch Süd-Amerika*, 5 vols. Leipzig, 1869.

TUGBY, DONALD J. Archaeology and Statistics. In *Science in Archaeology*, revised edition, D. Brothwell and Higgs, eds., 633-648. Basic Books, New York, 1969.

TUGGLE, H. DAVID, ALEX H. TOWNSEND, and THOMAS J. RILEY. Laws, Systems, and Research Design. *American Antiquity*, vol. 37, no. 1, 3-12, 1972.

TURNER, B. L. II. Prehispanic Terracing in the Central Maya Lowlands: Problems of Agricultural Intensification. In *Maya Archaeology and Ethnohistory*, N. Hammond and G. R. Willey, eds., 103-115. University of Texas Press, Austin, 1979.

TURNER, B. L. II and P. D. HARRISON. Implications from Agriculture for Maya Prehistory. In *Prehispanic Maya Agriculture*, P. D. Harrison and B. L. Turner II, eds., 337-374. University of New Mexico Press, Albuquerque, 1978.

UHLE, MAX. *Pachacamac*. University of Pennsylvania Press, Philadelphia, 1903.

——. *The Emeryville Shellmound*. University of California Publications in American Archaeology and Ethnology, vol. 7, no. 1. Berkeley, 1907.

——. Über die Frühkulturen in der Umgebung von Lima. *Sixteenth International Congress of Americanists*, 347-370. Vienna, 1910.

——. Die Muschelhügel von Ancón, Peru. *Eighteenth International Congress of Americanists*, 22-45. London, 1913a.

——. Die Ruinen von Moche. *Journal de la Société des Americanistes de Paris*, vol. 10, 95-117, 1913b.

——. Sobre la Estación Paleolíon de Taltal. *Publicaciones del Museo de Ethnolgía*, vol. 31-50. Santiago, 1916.

——. La Arqueología de Arica y Tacna. *Boletin de la Sociedad Ecuatoriana de Estudios Historicos Americanos*, vol. 3, nos. 7 and 8, 1-48, 1919.

——. *Fundamentos etnicos y arqueologia de Arica y Tacna*, second edition. Imprenta de la Universidad Central, Quito, 1922a.

——. Influencias Mayas en el Alto Ecuador. *Boletin de*

*la Academia Nacional de Historia*, vol. 4, nos. 10 and 11, 205-246, 1922b.

——. Civilizaciones Mayoides de la Costa Pacifica de Sudamérica. *Boletin Academia Nacional de Historia*, vol. 6, 87-92, 1923.

UPHAM, STEADMAN. Adaptive Diversity and Southwestern Abandonment. *Journal of Anthropological Research*, vol. 4, 235-256, 1984.

VAILLANT, GEORGE C. *The Chronological Significance of Maya Ceramics*. Ph. D. dissertation, Harvard University, Cambridge, 1927.

——. *Excavations at Zacatenco*. Anthropological Papers of the American Museum of Natural History, vol. 32, pt. 1. New York, 1930.

——. *Excavations at Ticoman*. Anthropological Papers of the American Museum of Natural History, vol. 32, pt. 2. New York, 1931.

——. *Some Resemblances in the Ceramics of Central and North America*. Medallion Papers, no. 12. Globe, Ariz. 1932.

——. The Archaeological Setting of the Playa de Los Muertos Culture. *Maya Research*, vol. 1, no. 2, 87-100. Middle American Research Institute, Tulane University, New Orleans, 1934.

——. Chronology and Stratigraphy in the Maya Area. *Maya Research*, vol. 2, no. 2, 119-143. Middle American Research Institute, Tulane University, New Orleans, 1935.

——. History and Stratigraphy in the Valley of Mexico. *Scientific Monthly*, vol. 44, 307-324, 1937.

——. Patterns in Middle American Archaeology. In *The Maya and Their Neighbors*, C. L. Hay and others, eds., 295-305. Appleton-Century, New York, 1940.

——. *Aztecs of Mexico*. Garden City Press, Garden City, 1941.

VAILLANT, SUZANNAH B. and GEORGE C. VAILLANT. *Excavations at Gualupita*. Anthropological Pa-

pers of the American Museum of Natural History, vol. 35, no. 6. New York, 1934.

VAYDA, ANDREW P. and ROY A. RAPPAPORT. Ecology, Cultural and Noncultural. In *Introduction to Cultural Anthropology*, J. A. Clifton, ed., 477-497. Houghton Mifflin, Boston, 1968.

VERNEAU, RENE, and PAUL RIVET. *Ethnographie ancienne de L'Equateur*, 2 vols. Gauthier Villars, Paris, 1912-1922.

VIVIAN, R. G. *The Chacoan Prehistory of the San Juan Basin*. Academic Press, San Diego, 1990.

WALCKENAËR, DE LARENAUDIÈRE, and JOMARD. Rapport sur le concours relatif à la Géographie et aux antiquités de l'Amérique Centrale. *Bulletin de la Sociéte de Géographie*, second series, vol. 5, 253-291, 1836.

WALDE, DALE and NOREEN WILLOWS, eds. *The Archaeology of Gender*. Archaeological Association of the University of Calgary, Calgary, 1991.

WALDECK, JEAN FRÉDÉRIC MAXIMILIAN, COUNTE DE. *Voyage pittoresque et archéologique dans la province d'Yucatan (Améique Centrale)*, *pendant les années* 1834 et 1836. Paris, 1838.

WALKER, S. T. Mounds, Shellheaps, Ancient Canal, etc., Florida. *Annual Report of the Smithsonian Institution for* 1881, 685. Washington, D. C., 1883.

WARING, ANTONIO J., JR., and PRESTON HOLDER. A Prehistoric Ceremonial Complex in the Southeastern United States. *American Anthropologist*, vol. 47, no. 1, 1-34, 1945.

WARREN, CLAUDE N. The San Dieguito Complex: A Review and Hypothesis. *American Antiquity*, vol. 32, no. 2, 168-186, 1967.

——. *The View from Wenas: A Study in Plateau Prehistory*. Occasional Papers of the Idaho State University Museum, no. 24. Pocatello, 1968.

WASHBURN, DOROTHY K. *A Symmetry Analysis of Upper Gila Area Ceramic Design*. Papers of the Peabody Museum, vol. 68. Cambridge, Mass. , 1977.

WASHBURN, WILCOMB E. Joseph Henry's Conception of the Purpose of the Smithsonian Institution. In *A Cabinet of Curiosities*, W. N. Whitehall, ed. , 106-166. University of Virginia Press, Charlottesville, 1967.

WATSON, PATTY JO. A Parochial Primer: The New Dissonance as Seen from the Midcontinental U. S. A. In *Processual and Postprocessual Archaeologies: Multiple Ways of Knowing the Past*, R. W. Preucel, et. , 265-274. Center for Archaeological Investigations, Occasional Paper no. 10. Southern Illinois University, Carbondale, 1991.

WATSON, PATTY JO. and MICHAEL FOTIADIS. The Razor's Edge: Symbolic-Structuralist Archaeology and the Expansion of Archaeological Inference. *American Anthropologist*, vol. 92, 613-629, 1990.

WATSON, PATTY JO, S. A. LEBLANC, and CHARLES L. REDMAN. *Explanation in Archaeology, an Explicitly Scientific Approach.* Columbia University Press, New York, 1971.

——. *Archaeological Explanation: The Scientific Method in Archaeology.* Columbia University Press, New York, 1984.

WATSON, RICHARD A. Ozymandias, King of Kings: Postprocessual Radical Archaeology as Critique. *American Antiquity*, vol. 55, 673-689, 1990.

——. What the New Archaeology Has Accomplished. *Current Anthropology*, vol. 32, 275-291, 1991.

WAUCHOPE, ROBERT. Implications of Radiocarbon Dates from Middle and South America. *Middle American Research Records*, vol. 2, no. 2, 19-39. Tulane University, New Orleans, 1954.

——. *Lost Tribes and Sunken Continents.* University of Chicago Press, Chicago, 1962.

——. *Archaeological Survey of Northern Georgia.* Memoirs of the Society for American Archaeology, Memoir 21.

Washington, D. C. , 1966.

WAUCHOPE, ROBERT, ed. *Handbook of Middle American Indians*, vols. 1-16. University of Texas Press, Austin, 1964-1976.

WEBB, MALCOM C. *The Post-Classic Decline of the Peten Maya: An Interpretation in the Light of a General Theory of State Society*, Ph. D. dissertation. University of Michigan, Ann Arbor, 1964.

WEBB, WILLIAM S. and DAVID L. DEJARNETTE. *An Archaeological Survey of Pickwick Basin in the Adjacent Portions of the States of Alabama, Mississippi, and Tennessee.* Bureau of American Ethnology, Bulletin 129. Washington, D. C. , 1942.

WEBB, WILLIAM S. and C. E. SNOW. *The Adena People.* University of Kentucky Report in Anthropology and Archaeology, vol. 6. Lexington, 1945.

WEBSTER, DAVID. Warfare and the Evolution of the State: A Reconsideration. *American Antiquity*, vol. 40, 464-470, 1975.

WEDEL, WALDO R. *An Introduction to Pawnee Archaeology.* Bureau of American Ethnology, Bulletin 112. Washington, D. C. , 1936.

——. *The Direct-Historical Approach in Pawnee Archaeology.* Smithsonian Miscellaneous Collections, vol. 97, no. 7. Washington, D. C. , 1938.

——. Culture Sequence in the Central Great Plains. In *Essays in Historical Anthropology of North America.* Smithsonian Miscellaneous Collections, vol. 100, 291-352. Washington, D. C. , 1940.

——. *Environment and Native Subsistence Economies in the Central Great Plains.* Smithsonian Miscellaneous Collections, vol. 100, no. 3. Washington, D. C. , 1941.

——. Some Aspects of Human Ecology in the Central Plains. *American Anthropologist*, vol. 55, 499-514, 1953.

——. *Prehistoric Man on the Great Plains.* University of Oklahoma Press, Norman, 1961.

WELCH, PAUL D. *Moundville's Economy*. University of Alabama Press, Tuscaloosa, 1991.

WHALLON, ROBERT, JR. Investigations of Late Prehistoric Social Organization in *New York State. In New Perspectives in Archaeology*, S. R. Binford and L. R. Binford, eds., 223-244. Aldine, Chicago, 1968.

WHEAT, JOE BEN A Paleo-Indian Bison Kill. *Scientific American*, vol. 216, no. 1, 43-52, 1967.

WHEAT, JOE BEN, JAMES C. GIFFORD, and WILLIAM WASLEY. Ceramic Variety, Type Cluster, and Ceramic System in Southwestern Pottery Analysis. *American Antiquity*, vol. 24, no. 1, 34-47, 1958.

WHEELER, MORTIMER. *Archaeology from the Earth*. Oxford University Press, Oxford, 1954.

WHITE, LESLIE A. *The Science of Culture: A Study of Man and Civilization*. Farrar, Straus, New York, 1949.

——. *The Evolution of Culture*. McGraw-Hill, New York, 1959.

——. *Ethnological Essays*, B. Dillingham and R. L. Carneiro, eds. University of New Mexico Press, Albuquerque, 1987.

WHITNEY, JOSIAH D. *Cave in Calaveras County, California*. Annual Report of the Smithsonian Institution for 1867. Washington, D. C., 1872.

WIENER, CHARLES. *Pérou et Bolíví*. Librairie Hachette, Paris, 1880.

WIENER, NORBERT. *The Human Use of Human Beings: Cybernetics and Society*. Houghton Mifflin, New York, 1950.

——. *Cybernetics*, second edition. M. I. T. Press, Cambridge, Mass., 1961.

WILLEY, GORDON R. Ceramic Stratigraphy in a Georgia Village Site. *American Antiquity*, vol. 5, no. 2, 140-147, 1939.

——. A Supplement to the Pottery Sequence at Ancón. In *Archaeological Studies in Peru*, W. D. Strong, G. R. Willey, and J. M. Corbett, eds., 119-211. Columbia University Studies in Archaeology and Ethnology, vol. 1, no. 4. Columbia University Press, New York, 1943.

——. Horizon Styles and Pottery Traditions in Peruvian Archaeology. *American Antiquity*, vol. 11, 49-56, 1945.

——. The Archaeology of the Greater Pampa. In *Handbook of South American Indians*, Julian H. Steward, ed., 25-46. Bureau of American Ethnology, Bulletin 143, vol. 1. Washington, D. C., 1946a.

——. The Virú Valley Program in Northern Peru. *Acta Americana*, vol. 4, no. 4, 224-238, 1946b.

——. A Functional Analysis of "Horizon Styles" in Peruvian Archaeology. In *A Reappraisal of Peruvian Archaeology*, W. C. Bennett, ed., 8-15. Society for American Archaeology, Memoir 4. Menasha, 1948.

——. *Archaeology of the Florida Gulf Coast*. Smithsonian Miscellaneous Collections, vol. 113. Washington, D. C., 1949.

——. Growth Trends in New World Cultures. In *For the Dean: Anniversary Volume for Byron Cummings*, 223-247. National Park Service, Santa Fé, 1950.

——. Archaeological Theories and Interpretation: New World. In *Anthropology Today*, A. L. Kroeber and others, eds., 361-385. University of Chicago Press, Chicago, 1953a.

——. Comments on Cultural and Social Anthropology. In *An Appraisal of Anthropology Today*, S. Tax and others, ed., 229-230. University of Chicago Press, Chicago, 1953b.

——. *Prehistoric Settlement Patterns in the Virú Valley, Peru*. Bureau of American Ethnology, Bulletin 155. Washington, D. C., 1953c.

——. A Pattern of Diffusion-Acculturation. *Southwestern Journal of Anthropology*, vol. 9, 369-384, 1953d.

——. The Interrelated Rise of the Native Cultures of Middle and South America. In *New Interpretations of*

*Aboriginal American Culture History.* Seventyfifth Anniversary Volume, Anthropological Society of Washington, 28-45. Washington, D. C. , 1955a.

——. The Prehistoric Civilizations of Nuclear America. *American Anthropologist*, vol. 57, no. 3, 571-593, 1955b.

——. Estimated Correlations and Dating of South and Central American Culture Sequences. *American Antiquity*, vol. 23, no. 4, 353-378, 1958.

——. New World Prehistory. *Science*, vol. 131, no. 3393, 73-83, 1960a.

——. Historical Patterns and Evolution in Native New World Cultures. In *Evolution After Darwin*, Sol Tax, ed. , vol. 2, 111-141. University of Chicago Press, Chicago, 1960b.

——. Review of *Evolution and Culture*, M. D. Sahlins and E. R. Service, eds. *American Antiquity*, vol. 26, no. 3, 441-443, 1961.

——. The Early Great Styles and the Rise of the Pre-Colombian Civilizations. *American Anthropologist*, vol. 64, no. 1, 1-14, 1962.

——. *An Introduction to American Archaeology*, 2 vols. Prentice-Hall, Englewood Cliffs, N. J. , 1966-71.

——. One Hundred Years of American Archaeology. In *One Hundred Years of Anthropology*, J. O. Brew, ed. , 29-56. Harvard University Press, Cambridge, 1968a.

——. Settlement Archaeology: An Appraisal. In *Settlement Archaeology*, K. C. Chang, ed. , 208-226. National Press Book, Palo Alto, 1968b.

——. Commentary on: The Emergence of Civilizations in the Maya Lowlands. In *Observations on the Emergence of Civilization in Mesoamerica*, R. F. Heizer and J. A. Graham, eds. , 97-112. Contributions of the University of California Archaeological Research Facility, no. 11. Berkeley, 1971.

——. The Virú Valley Settlement Pattern Study. In *Archaeological Researches in Retrospect*. G. R. Willey,

ed. , 149-179. Winthrop, Cambridge, 1974.

——. Mesoamerican Civilization and the Idea of Transcendence. *Antiquity*, vol. 50, no. 199-200, 200-215, 1976.

——. A Consideration of Archaeology. *Daedalus*, vol. 106, no. 3, 81-96, 1977.

——. The Convergence of Humanistic and Scientific Approaches in Maya Archaeology. In *Gedenkschrift Gerdt Kutscher*, *Indiana* 10, Teil 2, 215-226. Gebr. Mann Verlag, Berlin, 1985.

——. *Portraits in American Archaeology*. University of New Mexico Press, Albuquerque, 1988.

——. Horizontal Integration and Regional Diversity: An Alternating Process in the Rise of Civilizations. *American Antiquity*, vol. 56, 197-215, 1991.

WILLEY, GORDON R. , ed. *Prehistoric Settlement Patterns in the New World*. Viking Fund Publications in Anthropology, no. 23. New York, 1956.

WILLEY, GORDON R. , and others. *Prehistoric Maya Settlements in the Belize Valley*. Papers of the Peabody Museum, vol. 54. Cambridge, Mass. , 1965.

WILLEY, GORDON R. and CHARLES R. MCGIMSEY. *The Monagrillo Culture of Panama*. Papers of the Peabody Museum, vol. 49, no. 2. Cambridge, Mass. , 1954.

WILLEY, GORDON R. and PHILIP PHILLIPS. Method and Theory in American Archaeology, II: Historical-Developmental Interpretations. *American Anthropologist*, vol. 57, 723-819, 1955.

——. *Method and Theory in American Archaeology*. University of Chicago Press, Chicago, 1958.

WILLEY, GORDON R. and D. B. SHIMKIN. The Collapse of Classic Maya Civilization in the Southern Lowlands: A Symposium Summary Statement. *Southwestern Journal of Anthropology*, vol. 27, no. 1, 1-18, 1971.

——. The Maya Collapse: A Summary View. In *The*

*Classic Maya Collapse*, T. P. Culbert, ed., 457-503. School of American Research, Advanced Seminar eries. University of New Mexico Press, Albuquerque, 1973.

WILLIAMS, HOWEL. Petrographic Notes on Tempers of Pottery from Chupicuaro, Cerro de Tepelcate and Ticoman, Mexico. *Transactions of the American Philosophical Society*, vol. 45, no. 5, 576-580, 1956.

WILLIAMS, HOWEL and ROBERT F. HEIZER. Sources of Rocks Used in Olmec Monuments. *Contributions of the University of California Archaeological Research Facility*, no. 1, 1-40. Berkeley, 1965.

WILLIAMS, STEPHEN. Anthropology 239: *Archaeology of Eastern North America*. Class Syllabus, Harvard University, Department of Anthropology, 1964.

——. *Fantastic Archaeology: The Wild Side of North American Prehistory*. University of Pennsylvania Press, Philadelphia, 1991.

WILLIS, ERIC H. Radiocarbon Dating. In *Science in Archaeology*, revised edition, D. Brothwell and E. Higgs, eds., 46-47. Basic Books, New York, 1969.

WILLS, W. H. Early Agriculture and Sedentism in the American Southwest: Evidence and Interpretations *Journal of World Prehistory*, vol. 2, 445-488, 1988.

WILLOUGHBY, CHARLES CLARK. Pottery of the New England Indians. *Putnam Anniversary Volume*, 83-101. G. E. Stelchert, New York, 1909.

WILMSEN, EDWIN N. An Outline of Early Man Studies in the United States. *American Antiquity*, vol. 31, no. 2, 172-192, 1965.

——. *Lithic Analysis and Cultural Inference: A PaleoIndian Case*. Archaeological Papers of the University of Arizona, no. 16. University of Arizona Press, Tucson, 1970.

WILSON, DANIEL. *Prehistoric Man: Researches into the Origin of Civilization in the Old and New World*, 2 vols. Macmillan, London, 1862.

WILSON, DAVID. *Prehispanic Settlement Patterns in the Lower Santa Valley, Peru*. Smithsonian Institution Press, Washington, D. C., 1988.

WILSON, THOMAS. Chipped Stone Classifications. *Report of the U. S. National Museum for 1897*, 887-944. Washington, D. C., 1899.

WINSOR, JUSTIN, ed. The Progress of Opinion Respecting the Origin and Antiquity of Man in America. In *Narrative and Critical History of America*, vol. 1, 369-412. Boston, 1889.

WINTEMBERG, W. J. *Uren Prehistoric Village Site, Oxford County, Ontario*. National Museum of Canada, Bulletin no. 51. Ottawa, 1928.

——. *Roebuck Prehistoric Village Site, Grenville County, Ontario*. National Museum of Canada, Bulletin no. 83. Ottawa, 1936.

——. *Lawson Prehistoric Village Site, Middlesex County, Ontario*. National Museum of Canada, Bulletin no. 94. Ottawa, 1939.

WINTERS, H. D. *The Riverton Culture: A Second Millenium Occupation in the Central Wabash Valley*. Illinois State Museum, Reports of Investigations, no. 13, and the Illinois Archaeological Survey, Monograph no. 1. Springfield, 1969.

WISSLER, CLARK. Material Cultures of the North American Indians. *American Anthropologist*, vol. 16, no. 3, 447-505, 1914.

——. The New Archaeology. *The American Museum Journal*, vol. 17, 100-101, 1917.

——. Dating Our Prehistoric Ruins. *Natural History*, vol. 21, 13-26, 1921.

——. *The American Indian*, third edition. Oxford University Press, New York, 1938.

——. The American Indian and the American Philosophical Society. *Proceedings of the American Philosophical Society*, vol. 86, 189-204. Philadelphia, 1942.

WITTFOGEL, KARL A. *Oriental Despotism*. Yale University Press, New Haven, 1957.

WITTRY, WARREN L. and ROBERT E. RITZENTHAL-ER. The Old Copper Complex: An Archaic Manifestation in Wisconsin. *American Antiquity*, vol. 21, no. 3, 244-254, 1956.

WOLF, ERIC R. , ed. *The Valley of Mexico*. School of American Research, Advanced Seminar Series. University of New Mexico Press, Albuquerque, 1976.

WOLF, ERIC R. and ANGEL PALERM. Investigation in the Old Acolhua Domain, Mexico. *Southwestern Journal of Anthropology*, vol. 11, no. 3, 265-281, 1955.

WOODBURY, RICHARD B. Review of *A Study of Archaeology* by W. W. Taylor. *American Antiquity*, vol. 19, no. 3, 292-296, 1954.

——. Nels C. Nelson and Chronological Archaeology. *American Antiquity*, vol. 25, no. 3, 400-401, 1960a.

——. Nelson's Stratigraphy. *American Antiquity*, vol. 26, no. 1, 98-99, 1960b.

——. *Alfred V. Kidder*. Columbia University Press, New York, 1973.

WORMINGTON, H. MARIE. *Ancient Man in North America*, fourth edition. Denver Museum of Natural History Popular Series, no. 4. Denver, 1957.

——. *Prehistoric Indians of the Southwest*, fifth edition. Denver Museum of Natural History Popular Series, no. 7. Denver, 1961.

WORSAAE, JENS J. A. *Danmarks Oldtid Oplyst ved Oldsager og Gravhøie. Copenhagen*, 1843.

WRIGHT, H. T. The Evolution of Civilizations. In *American Archaeology Past and Future*. D J. Meltzer, D. D Fowler, and J. A. Sabloff, eds. , 323-365. Smithsonian Institution Press, Washington, D. C. , 1986.

WRIGHT, H. T. and G. A. JOHNSON. Population Exchange, and Early State Formation in Southwestern Iran. *American Anthropologist*, vol. 79, 267-289, 1975.

WRIGHT, JAMES V. Type and Attribute Analysis: Their Application to Iroquois Culture History. *Proceedings of the 1965 Conference on Iroquois Research*, 99-100. Albany, 1967.

WRIGHT, JOHN H. , and others. Report of the Committee on Archaeological Nomenclature. *American Anthropologist*, vol. 11, 114-119, 1909.

WYLIE, ALISON. The Reaction Against Analogy. In *Advances in Archaeological Method and Theory*, M. Schiffer, ed. , vol. 8, 63-111. Academic Press, New York, 1985.

——. The Interpretive Dilemma. In *Critical Traditions in Contemporary Archaeology*, V. Pinsky and A. Wylie, eds. , 18-277. Cambridge University Press, Cambridge, 1989a.

——. Matters of Fact and Matters of Interest. In *Archaeological Approaches to Cultural Identity*, S. Shennan, ed. , 94-109. Unwin Hyman, London, 1989b.

——. Gender Theory and the Archaeological Record. In *Engendering Archaeology*, *Women and Prehistory*, J. M. Gero and M. W. Conkey, eds. , 31-56. Basil Blackwell, London, 1991.

——. On "Heavily Decomposing Red Herrings": Scientific Method in Archaeology and the Ladening of Evidence with Theory. In *Meta-Archaeology*, L. Embree, ed. Boston Studies in the Philosophy of Science, Kuwer Academic Press, Boston, 1992 (in press).

WYMAN, JEFFRIES. An Account of the Fresh-Water Shell-Heaps of the St. Johns River, Florida. *American Naturalist*, vol. 2, nos. 8 and 9, 393-403 and 449-463, 1863a.

——. An Account of Some Kjoekken, Moeddings, or Shell-Heaps, in Maine and Massachusetts. *American Naturalist*, vol. 1, 561-584, 1868b.

——. Fresh-Water Shell Mounds of the St. John's River, Florida. *Memoirs of the Peabody Academy of*

Science, no. 4, 3-94, 1875.

YARNELL, RICHARD A. *Aboriginal Relationships Between Culture and Plant Life in the Upper Great Lakes Basin*. Anthropological Papers of the Museum of Anthropology of the University of Michigan, no. 23. Ann Arbor, 1964.

YENGOYAN, A. A. Evolutionary Theory in Ethnological Perspectives. In *Profiles in Cultural Evolution*, A. T. Rambo and K. Gillogly, eds., 3-22. Anthropological Papers, Museum of Anthropology, University of Michigan, no. 85. Ann Arbor, 1991.

ZEISBERGER, DAVID. History of the Northern American Indians, A. B. Hulbert and W. N Schwarze, eds. *Ohio Archaeological and Historical Quarterly*, vol. 19, 1-189, 1910.

ZIMMERMAN, L. J. *Prehistoric Locational Behavior: A Computer Simulation*. Office of the State Archaeologist, University of Iowa, Report 10. Iowa City, 1977.

ZUBROW, EZRA B. W. Carrying Capacity and Dynamic Equilibrium in the Prehistoric Southwest. *American Antiquity*, vol. 36, 127-138, 1971.

——. Models and Complexity in Archaeological Simulations. *Newsletter of Computer Archaeology*, vol 12, no. 2, 1-16, 1976.

# 人名索引

注:

1. 右侧数字表示该人名的原书页码（用方括号标于正文侧面）。

2. 页码后的"n"表示该人名见于相关章节的注释页。

# 主题索引

注：

1. 右侧数字表示该主题的原书页码（用方括号标于正文侧面）。

2. 页码后的"n"表示该主题见于相关章节的注释页。

# 译后记

20 世纪 90 年代，俞伟超先生在《当代国外考古学理论与方法》（三秦出版社，1991 年）一书的序言中，曾引用了戈登·威利和萨伯洛夫教授在本书第二版中对美洲考古学发展史所做的分期，这大概算是《美洲考古学史》首次被介绍给国内的学者。

2005 年，在我的导师——西北大学王建新教授的支持下，承蒙宾夕法尼亚大学夏南悉教授（Prof. Nancy S. Steinhardt）、周秀琴老师的帮助，我获得了"亚洲文化协会"（Asian Cultural Council）的资助，到美国宾夕法尼亚大学访学交流。在此期间，我拜访了萨伯洛夫教授，在向他请教美洲考古学诸多学术问题之余，说起希望将来有机会把他和戈登·威利教授合著的这本书翻译成中文。萨伯洛夫教授听闻后非常高兴，不仅一直鼓励我，还在之后帮助我联系了 Thames & Hudson 出版社，获得了本书中文版的免费授权。在随后的翻译过程中，虽然因为种种原因几易其稿，但在经历了多位译者反复数轮的润色修改之后，中文译本终于问世了。

在本书中文版即将付梓之际，我曾专门去函向萨伯洛夫教授报告这一喜讯，并请他为中文版作序。萨伯洛夫教授不仅很快就把序言写好，还专门在回信中叮嘱我，要将我们 2005 年在宾大的合影随文刊出，令我非常感动。

本书的翻译是一个集体的成果。参与文稿翻译的有张颖岚、邵文斌、张苏、张小杨、沈易铭、问娜娜、周明明等，张朝辉、刘骋、卢颖做了大量的组织协调工作，李威乐、陆余可、周兴华等核校了参考文献和索引。本译本的初校由沈易铭承担，最后由我做了全部文稿的统稿和终校。

本书的出版得到了陕西历史博物馆学术出版专项资金的支持。在此，向成建正、罗文利、强跃、侯宁彬、庞雅妮、杨瑾、杨效俊、翟战胜等诸位前辈、领导和同事给予的支持帮助表示衷心感谢！

亚洲文化协会的 Sarah Bradley 和 Michelle Vosper 两位女士、时任秦始皇兵马俑博物馆馆长吴永琪先生为我赴美交流提供了重要的支持；宾大的马晓毅、吴欣夫妇给予了热情的帮助，令我在异国他乡感受到无比温暖。文物出版社同仁为本书的编辑出版付出了超乎寻常的耐心与精力。诸位老师、家人和朋友的关爱，更是激励我不断前行的力量。在此一并致谢！

学术论著的翻译对学科发展是有着重要作用的。我至今仍记得，20 世纪 90 年代，陈星灿、曹兵武等诸位先生编译的《当代国外考古学理论与方法》《考古学的历史·理论·实践》等书，以及《东南文化》等期刊编发的一些学术译文，在当时的中国考古界所产生的重要影响。学术论著的翻译要做到"信、达、雅"，是需要付出诸多心血与不懈努力的。我在经过了本书的翻译过程后，对其中的辛苦更有了深刻的体悟。由此，我也对陈淳、徐坚等诸位先生长期致力于学术翻译的艰辛付出更加心生敬意！

尽管在本书的翻译过程中，我始终心存敬畏与谨慎，但一定还会有许多不足之处，敬请诸位老师学者多多海涵与批评！

路虽漫漫，却也无悔付出。

张颖岚

2022 年 9 月于浙江大学